ALPENVEREINSHÜTTEN
Südalpen

Alpenvereinshütten

Südalpen

Schutzhütten in Slowenien, Südösterreich Norditalien und in der Ostschweiz

1125 Schutzhütten und Biwakschachteln des
Slowenischen Alpenvereins (PZS)
Österreichischen Alpenvereins (OeAV)
Alpenvereins Südtirol (AVS)
Italienischen Alpenvereins (CAI)
Schweizer Alpenclubs (SAC)
Deutschen Alpenvereins (DAV)
sowie anderer alpiner Vereine und Privathütten

Mit 611 Fotos sowie 30 Kartenskizzen

BERGVERLAG RUDOLF ROTHER GMBH • MÜNCHEN

Umschlagbild:
Die Grasleitenhütte im Rosengarten.
(Foto: Franz Hauleitner)

Redaktion: Alois Draxler

Die Reproduktion der Abbildungen S. 15 (Enderlinhütte), S. 23 (Schesaplanahütte), S. 32 (Chamanna dal Linard), S. 499 (Ramozhütte), S. 511 (Chamonas d'Ela), S. 512 (Chamanna da Grialetsch), S. 512 (Chamanna digl Kesch) erfolgte mit freundlicher Genehmigung des SAC-Verlages, Worben.

Kartographie:
Kartenskizzen gezeichnet von
Ingenieurbüro für Kartographie Heidi Schmalfuß, München.

1. Auflage 1995

ISBN 3-7633-8090-6
Druck und Bindung: Rother Druck GmbH, München
(2411 / 41073)

Liebe Bergfreunde!
Der Bergverlag Rother freut sich über jede Anregung und Berichtigung zu diesem Hüttenverzeichnis.

Bergverlag Rudolf Rother
D-85521 Ottobrunn • Haidgraben 3 • Tel. (089) 60 86 69-0

Vorwort

Die Herausgabe dieses Hüttenverzeichnisses wurde notwendig, da im bestehenden Hüttenverzeichnis »Die Alpenvereinshütten – Band 1: Ostalpen« nur jene Gebiete erfaßt sind, in denen der Deutsche Alpenverein, der Österreichische Alpenverein und der Alpenverein Südtirol Schutzhütten besitzen. Selbst in diesen Berggruppen aber sind die Berghütten anderer Vereine (PZS, CAI, SAC, TVN und ÖTK) und private Berghütten, wenn überhaupt, dann nur mit geringen Informationen enthalten. Einige Berggruppen der südlichen Ostalpen sind darin gar nicht aufgenommen worden.

Das vorliegende Hüttenverzeichnis soll diese Lücke schließen. Es wurden zwischen der Berninagruppe im Westen und dem Bachergebirge im Osten die Berghütten aller alpinen Vereine und auch private Hütten aufgenommen, soweit diese für Wanderer und Bergsteiger von Interesse sind. Gasthöfe in Talnähe fanden nur dann Aufnahme, wenn diese für Bergtouren von Bedeutung sind. Bei einigen Berggruppen in Alpenhauptkammnähe wurden vornehmlich die Hütten südlich des Zentralalpenkammes erfaßt; jedoch wurden auch einige Hütten des nördlichen Teiles berücksichtigt, wenn diese durch Übergänge von einer Schutzhütte aus dem südlichen Teil erreichbar sind.

Dieses Hüttenverzeichnis soll in knapper Form Informationen über die Lage, die Erreichbarkeit, die Ausstattung und die Bewirtschaftungszeit der angeführten Schutzhütten vermitteln. Es kann auf keinen Fall einen Alpenvereinsführer oder andere Führerwerke und Wanderkarten ersetzen. Die Gehzeiten bei den Hüttenzugängen, Übergängen und Gipfelanstiegen sind Durchschnittszeiten ohne Rast- und Fotopausen, sie können bei ungünstigen Verhältnissen beträchtlich überschritten werden (z. B. durch Altschneefelder im Frühsommer).

Höhenangaben können differieren, weil sich in den zur Bearbeitung dieses Verzeichnisses benützten Karten gelegentlich abweichende Angaben finden.

Bergunerfahrene seien auf die Gefahren des Hochgebirges hingewiesen. Entsprechende Bekleidung und Ausrüstung ist unerläßlich. Es werden oftmals ausgesetzte Bergpfade und sogar versicherte Klettersteige als »Höhenwege« bezeichnet. Weniger erfahrenen Wanderern wird daher empfohlen, sich im Zweifelsfall vor Antritt einer Bergtour über die »Begehbarkeit« des »Höhenweges« zu informieren. Eine rechtliche Verantwortung in bezug auf die Sicherheit kann mit der Herausgabe dieses Hüttenverzeichnisses selbstverständlich nicht übernommen werden.

Die angeführten Bewirtschaftungszeiten können sich aufgrund der Wetterverhältnisse sowohl im Frühjahr als auch im Herbst geringfügig ändern. Es ist daher anzuraten, in solchen Fällen beim Bewirtschafter oder einer alpinen Auskunftsstelle (evtl. auch beim Gendarmerieposten) anzufragen.

Es wäre erfreulich, wenn viele Bergfreunde durch dieses Buch auch auf weniger bekannte und daher auch weniger überlaufene Hütten aufmerksam würden. Wir wünschen allen Bergfreunden schöne und erholsame Stunden in den Bergen unserer Alpen.

Weikertschlag, im Herbst 1994 — Alois Draxler

Inhaltsverzeichnis

Wichtige Telefonnummern

Die angeführten Rufnummern beinhalten lediglich die Ortsnetzkennziffer innerhalb des jeweiligen Landes. Aus dem Ausland ist zusätzlich die entsprechende Landesvorwahl zu verwenden.

Deutscher Alpenverein (DAV)	0 89 / 29 49 40
Österreichischer Alpenverein (OeAV)	05 12 / 5 32 01 75
Naturfreunde Österreich (TVN)	02 22 / 8 92 35 34
Alpenverein Südtirol (AVS)	04 71 / 97 81 41
Italienischer Alpenverein (CAI) Bozen	04 71 / 97 81 72
Trientiner Alpenverein (SAT)	04 61 / 98 18 71
Italienischer Alpenverein (CAI) Mailand	02 / 26 14 13 78
Schweizer Alpenclub (SAC, CAS)	0 31 / 3 51 36 11
Naturfreunde Schweiz (NFS)	0 31 / 3 01 60 88
Slowenischer Alpenverein (PZS)	0 61 / 31 54 93

Alpenvereins Wetterdienst:
Achtung! Der Alpinwetterdienst »Euromet-Alpin« ist jetzt – zusätzlich zu den normalen Telefoneinheiten – kostenpflichtig. In Deutschland kostet die Minute DM 1,10, in Österreich öS 8,67.

	Deutschland	Österreich
Alpenwetter	0190/1160-11	0450/199/0000-11
Franz. Alpen	0190/1160-16	0450/199/0000-16
Schweizer Alpen	0190/1160-17	0450/199/0000-17
Ostalpen	0190/1160-18	0450/199/0000-18
Regionalwetter	0190/1160-19	0450/199/0000-19

In der Schweiz kann die Wetterinformation in allen 3 Sprachen abgefragt werden:

	Deutsch	Französisch	Italienisch
Franz. Alpen	1571262-17	-47	-77
Schweizer Alpen	1571262-18	-48	-78
Ostalpen	1571262-19	-49	-79

Beratungsnummer des OeAV in Innsbruck: 05 12/291600

Zeichen und Abkürzungen im Text

✆	Telefon
Y	Funktelefon
	Hüttenadresse
	Hüttenwirt oder Hüttenwart (bei unbewirtschafteten Hütten)
	Bewirtschaftungszeit
⊓	Matratzenlager
⊔	Notlager
	Stromanschluß
	Winterraum
	Alpenvereinsschloß
	Sonderschloß
↗	Zugänge
→	Übergänge
△	Besteigungen
	Skitouren
	nächste Bahnstation
	nächste Postauto- bzw. Bus-Haltestelle
	mit PKW Fahrmöglichkeit bis
P	gute Parkmöglichkeit
[P]	leidliche Parkmöglichkeit

	Zahnradbahn, Schrägaufzug
	Seilbahn
	Sessellift
	Schlepplift (nur Winter)
	Materialseilbahn
bew.	bewirtschaftet
CAI	Club Alpino Italiano
erb.	erbaut
erw.	erweitert
Fe.	Feiertag
gj.	ganzjährig
Nichtbew.	Nichtbewirtschaftungszeit
ÖAK	Österreichischer Alpenklub
ÖTK	Österreichischer Touristen-Klub
Sa	Samstag
SAC	Schweizer Alpenclub
So	Sonntag
SR	Selbstversorgerraum
SV	Selbstversorger
TVN	Touristenverein »Die Naturfreunde«

Hüttenordnung des Deutschen und des Österreichischen Alpenvereins

(Auszug)

I. Allgemeines

Die Alpenvereinshütten können von allen Alpenvereinsmitgliedern ohne Rücksicht auf die Sektionszugehörigkeit in gleicher Weise benutzt werden. Darüber hinaus stehen die Hütten allen Besuchern offen, die die Bestimmungen der Hüttenordnungen anerkennen. Mitglieder haben die in den Hüttenordnungen bestimmten Vorrechte.

III. Meldepflicht und Ausweis

1. Jeder Hüttenbesucher muß sich bei Ankunft in das Hüttenbuch eintragen. Er hat zusätzlich den gesetzlichen und örtlichen Meldevorschriften nachzukommen.
2. Vergünstigungen und Ermäßigungen werden nur den Inhabern gültiger Ausweise laut Gebührentafel bei Vorzeigen gewährt.

IV. Anspruch auf Schlafplätze

1. Mitglieder haben bei der Unterbringung das Vorrecht vor Nichtmitgliedern. Nichtmitglieder dagegen erhalten Schlafplätze nach einem von der Sektion festgesetzten Zeitpunkt, jedoch **nicht vor 19.00 Uhr** (bei Sommerzeit 20.00 Uhr) und nur für eine Nacht.
4. Anspruch auf Notlager besteht erst dann, wenn sämtliche Lager belegt sind.
6. Vorausbestellungen für Nichtmitglieder sind grundsätzlich unzulässig, ebenso für Gruppen und Kurse, die nicht vom Alpenverein oder seinen Sektionen veranstaltet werden.
   Alle Schlafplätze dürfen nur mit Schlafsack benützt werden.

V. Gebühren

1. Die Hüttengebühren werden von der Sektion festgesetzt und sind aus der Gebührentafel ersichtlich.
6. Tagesgebühren
   Der Umweltbeitrag wird von allen Besuchern ab dem vollendeten 15. Lebensjahr (Mitglieder und Nichtmitglieder) erhoben, die nicht in der Hütte übernachten.

VI. Verpflegung

1. **Bergsteigeressen, Bergsteigergetränk und Teewasser sind nur an Mitglieder und ihnen Gleichgestellte abzugeben.**
2. Jeder Besucher ist berechtigt, ohne in der Aufnahme und Behandlung

zurückgesetzt zu werden, seine eigenen Vorräte zu verzehren, ausgenommen alkoholische Getränke.

3. Der Selbstversorgerraum steht nur Mitgliedern zur Verfügung. Für Benutzung sowie für Brennmaterial wird eine Gebühr laut Gebührentafel erhoben.

IX. Verhalten in der Hütte

2. **Von 22.00 Uhr bis 6.00 Uhr hat in der Hütte völlige Ruhe zu herrschen.** Frühaufsteher müssen sich so verhalten, daß sie die Hüttenruhe nicht stören.
5. Von Besuchern mitgebrachte Rundfunk-, Fernseh- und mechanische oder elektronische Musikgeräte dürfen weder in der Hütte noch im Hüttenumkreis benutzt werden.
6. **Rauchen ist nur in dafür gekennzeichneten Räumen gestattet.**
7. In den Schlafräumen darf weder gekocht noch geraucht werden. Sie dürfen nicht mit Berg- und Skischuhen betreten werden. Das Hantieren mit offenem Licht (Kerzen etc.) ist nicht gestattet.
8. **Das Mitnehmen von Hunden und anderen Tieren in Schlaf- und Küchenräume ist nicht gestattet.**
11. **Eigenen Abfall hat jeder Besucher mit nach Hause zu nehmen.**

X. Aufsicht, Beschwerden

2. Wer diese Hüttenordnung nicht einhält, kann aus dem Haus verwiesen werden.

Hüttenordnung des Alpenvereins Südtirol

Die Hüttenordnungen der Alpenvereine sind im wesentlichen inhaltsgleich. Unterschiede gibt es in den Reservierungsmöglichkeiten:

Voranmeldungen

Bis zum 31.1. ist eine Reservierung den Sektionen vorbehalten. Danach kann der Hüttenwirt Voranmeldungen bis zu 2/3 der Schlafkapazität entgegennehmen, muß aber, bei gleichzeitiger Anfrage, Mitgliedern den Vorrang geben. Für bestimmte Hochsaisonzeiten, die Woche vor und nach Ostern und die zwei Mittsommerwochen, kann der Hüttenwirt über die 2/3 hinaus Reservierungen vornehmen, sofern er garantiert, daß mindestens zehn Schlafplätze, seien es teilweise auch Notlager, für unangemeldete Mitglieder vorhanden sind.

Gebühren und Verpflegung

Mitglieder und Gleichgestellte erhalten auf die Nächtigungsgebühren eine Ermäßigung. Mitglieder und Gleichgestellte erhalten auf Speisen und Getränke eine Ermäßigung von 10 %. Ausnahmen sind nur für Selbstbedienungsbetriebe oder Selbstbedienungsabteilungen mit besonderer Genehmigung der Hauptleitung möglich. Die Begünstigungen sind auf jeden Fall aus der aushängenden Preisliste zu ersehen.

Hüttenruhe

Ab 22.00 Uhr hat in der Hütte völlige Ruhe zu herrschen. In der Wintersaison ist es der Sektion gestattet, den Pächtern die Genehmigung zu erteilen, die Hüttenruhe bis maximal 24.00 Uhr zu verlegen.

Gegenrecht

Mitglieder alpiner Vereine, die eine gültige UIAA-Marke auf ihren Ausweis aufgeklebt haben oder auf deren gültiger Jahresmarke das UIAA-Zeichen eingedruckt ist, genießen auf den Hütten des DAV, OeAV und AVS gleiche Mitgliederrechte.
Mitglieder anderer österreichischer alpiner Vereine, auf deren Ausweis die »Österreichische Hüttenmarke« aufgeklebt ist, genießen auf den Hütten des DAV in Österreich und auf den Hütten des OeAV gleiche Rechte.

Österreichische Hüttenmarke

Um auf den Hütten der anderen im VAVÖ (Verband alpiner Vereine Österreichs) zusammengeschlossenen alpinen Vereine Österreichs Gegenrecht zu bekommen, ist die jährlich zu erneuernde Österreichische Hüttenmarke erforderlich, die man bei seiner Sektion bekommt.

Hüttenordnung für die Clubhütten des SAC

Die Hüttenordnung des SAC geht in den wesentlichen Punkten mit den Hüttenordnungen des DAV, OeAV und AVS konform. Besonderheiten:

Voranmeldungen

Die Reservation von Schlafplätzen ist nur schriftlich möglich und ist nur verbindlich bei schriftlicher Bestätigung durch einem Vertreter der hüttenbesitzenden SAC-Sektion. Eine Annullierung muß mind. 24 Stunden vorher vorgenommen werden, sonst kann eine Entschädigung eingefordert werden.

Gegenrecht

In den SAC- und AAC-Hütten genießen die Mitglieder der Bergsteigerverbände, welche ein Gegenrechtsabkommen unterzeichnet haben, dieselben Vergünstigungen wie die SAC-Mitglieder. Mitglieder von der UIAA angeschlossenen Vereinen, welche das Abkommen nicht unterzeichnet haben, können durch den Kauf einer Gegenrechtsmarke (SFr. 30,-/Jahr, erhältlich bei der UIAA über den eigenen Verband) ebenfalls in den Genuß des Gegenrechts kommen.
Bei der Verteilung der Schlafplätze werden die SAC-Mitglieder aber gegenüber den Mitgliedern der Gegenrecht haltenden Organisationen stets bevorzugt behandelt.

25 Rätikon

Umgrenzung

Ill von der Einmündung in den Rhein bis St. Gallenkirch – Gargellen-Tal – Valzifenzbach – Schlappinerjoch – Schlappinbach bis Einmündung in die Landquart – Landquart bis Einmündung in den Rhein – Rhein bis Einmündung der Ill

Bellawiese, Berghaus

1470 m; privat

- 🯅 Fam. Wasescha
  CH-7246 St. Antönien
  ✆ 081/541536
- ⌂ Berghaus Bellawiese
  CH-7246 St. Antönien
  ✆ 081/541536
- ✗ ganzjährig, Do Ruhetag
  15 🛏, 35 ⊓
- ⌁ 220 Volt
- ↗ Küblis 3 Std.
  St. Antönien 20 Min.
  mit PKW zum Haus
- → Berghaus Sulzfluh 2 Std.
  Garschinahütte ca. 3 Std.
  Tilisunahütte 3 Std.; Lindauer Hütte 5 Std.
- △ Sulzfluh, 2818 m, 4 Std.; Eggberg, 2202 m, 3 Std.
  Gafierjoch, 2415 m, 3½ – 4 Std.; Rätschenhorn, 2703 m, 3 – 4 Std.
- 🚂 Küblis
- 🚌 St. Antönien
- 🚗 beim Haus 🅿

Douglasshütte

1976 m; erb. 1960
ÖAV Sektion Vorarlberg
Hermann-Sander-Str. 12
A-6700 Bludenz
✆ 05552/62639

- 🯅 Ernst Hämmerle jun.
  Hotel Hämmerle
  A-6708 Brand
  ✆ 05559/213
- ⌂ Douglasshütte
  A-6708 Brand
  ✆ 05559/206
- ✗ Pfingsten bis Anfang Oktober
  75 🛏, 95 ⊓, 20 ⊔
- ⌁ 220 Volt
- ❄ offen; vom Staudammwärter betreut; 20 ⊓
- ↗ Lünerseebahn Talstation 1 Std.; 🚡 zum Haus
- → Heinrich-Hueter-Hütte 2 Std.; Totalphütte 1 Std.; Lindauer Hütte 4 Std.
- △ Schesaplana, 2965 m, 3 Std.
- 🚂 Bludenz
- 🚌 Lünerseebahn Talstation
- 🚗 Lünerseebahn Talstation

Enderlinhütte

1501 m; erb. 1956, umgeb. 1976
SAC Sektion Piz Sol
Doris Nägeli
Gaschür 1
CH-7310 Bad Ragaz
✆ 081/3022696

† Niclaus Saxer
Brämabühlstr. 5 a
CH-7270 Davos-Platz
✆ 081/434129
⌂ ✆ Hütte 077/816129
Adresse siehe Hüttenwart
✕ Juni – Okt. an Wochenenden
sonst auf Anfrage; 40 ⊓
⊠ Hütte immer zugänglich
↗ Maienfeld $2\frac{1}{2}$ Std.; Luziensteig $1\frac{1}{2}$ – 2 Std.
→ Pfälzer Hütte 6 Std.; Alpe Lawena $4\frac{1}{2}$ Std.; Schesaplanahütte 7 Std.
△ Falknis, 2560 m, 3 – $3\frac{1}{2}$ Std.; keine ⛷ wegen Lawinengefahr
Maienfeld
Maienfeld
Maienfeld – Luziensteig

Feldkircher Hütte

1200 m; erb. 1922
TVN Ortsgruppe Feldkirch
Werner Breuss
Seb.-Kneipp-Straße 42
A-6800 Feldkirch
✆ 05522/612234

† Otto Welte
Ammerlügen
A-6820 Frastanz
✆ 05522/77979
⌂ Feldkircher Hütte
Adresse siehe Hüttenwirt
✕ 01.05. – 15.10., im Winter evtl.
an Wochenenden; 20 🛏, 15 ⊓
220 Volt
↗ Feldkirch 2 Std.
Frastanz $1\frac{3}{4}$ Std.
→ Gafadurahütte 2 Std.; Saminatal – Steg $4\frac{1}{2}$ Std.
△ Drei Schwestern, 2053 m, 3 Std.; Garsellakopf, 2105 m, $3\frac{1}{2}$ Std.
Frastanz
Frastanz
Ammerlügen

Gafadurahütte

1428 m; erb. 1924 – 25
Liechtensteiner Alpenverein
Stein-Egerta 26
FL-9494 Schaan
✆ 075/29812

- Silvio Sprenger
  Im Sand 377
  FL-9495 Triesen
  ✆ 075/23542
- Gafadurahütte
  FL-9494 Schaan
  ✆ 075/32442
- Pfingsten bis Mitte Oktober
  45
- 220 Volt
- Planken $1\frac{1}{2}$ Std.
- Feldkircher Haus $1\frac{1}{2}$ Std.; Berggasthof Gaflei 4 Std.
- Drei Schwestern, 2053 m, $1\frac{1}{2}$ Std.
- Buchs oder Schaan
- Planken
- Planken

Gamperdona, Alpenghf.

1370 m
Besitzer: Agrargemeinde Nenzing
Am Platz 10
A-6710 Nenzing
✆ 05552/2144

- Bernhard Gasperini
  Bundesstr. 1
  A-6752 Dalaas,
  ✆ 05585/563
- Alpengasthof Gamperdona
  Nenzinger Himmel
  A-6710 Nenzing
  Y 0663/50731
- Anf. Mai – Okt.; 28, 12
- 220 Volt
- Nenzing 4 Std.; Brand 4 – 5 Std.; von Nenzing mit Kleinbus zum Haus
- Oberzalimhütte 3 Std.; Schesaplanahütte 4 Std.
  Mannheimer Hütte $4\frac{1}{2}$ Std.; Pfälzer Hütte 2 Std.; Malbun 3 Std.
- Schesaplana, 2966 m, 4 Std.
- Nenzing
- Nenzing oder Brand
- Nenzing, Brand oder Malbun

Garschinahütte

2223 m; erb. 1968, umgeb. 1993
SAC Sektion Rätia
Guido Maissen
Tittwiesenstr. 58
CH-7000 Chur
✆ 081/242336

- Roman Guidon
  Beim Bahnhof Laret
  CH-7265 Davos-Wolfgang
  ✆ 081/463522
- Garschinahütte
  CH-7246 St. Antönien
  Y 070/742797
- 20.06. – 10.10.; 85 Betten
- Solaranlage
- offen; 20 Lager
- St. Antönien 2½ Std.; Partnun-Berghaus Sulzfluh 2 Std.; Bergli P ¾ Std.
- Tilisunahütte 2½ Std.; Lindauer Hütte 2 Std.; Douglasshütte 4 Std.
- Großer Drusenturm, 2830 m, 3½ Std.; Sulzfluh, 2818 m, 2½ Std.
- Küblis
- St. Antönien
- Partnun, Schuders, Bergli, Zufahrt auf schmaler Bergstraße ohne Ausweichen; P

Gauertalhütte

1250 m; erb. 1958
TVN Landesleitung Vorarlberg
Dr.-A.-Schneider-Str. 19
A-6900 Bregenz
✆ 05574/45781

- Franz Stampfer
  A-6744 Tschagguns 690
  ✆ 05556/73109
- Gauertalhütte
  A-6744 Tschagguns
- ganzjährig bewirtschaftet
  Etagendusche; 10 Betten, 20 Lager
- 220 Volt
- Tschagguns-Latschau ¾ Std.
  Tschagguns-Ort 1¼ Std.
- Lindauer Hütte 2 Std.; Douglasshütte 5 Std.; Heinrich-Hueter-Hütte 5 Std.
  Tilisunahütte 5 Std.
- Sulzfluh, 2818 m, 5½ Std.; Drusenfluh, 2827 m, 5 Std.
- Tschagguns
- Latschau
- beim Haus P

Heinrich-Hueter-Hütte

1766 m; erb. 1909, umgeb. 1975–77
ÖAV Sektion Vorarlberg
Hermann-Sander-Straße 12
A-6700 Bludenz
✆ 05552/62639

Erhart Osswald
Kabisreit 144
A-6522 Prutz
✆ 05472/2173

Heinrich-Hueter-Hütte
A-6773 Vandans

Mitte Juni – Mitte Okt.
20 ⊨, 90 ⊓, 12 ⊔

220 Volt

offen; 18 ⊓

Vandans 3 – 3½ Std.; Bergstation Golmerbahn 3 – 4 Std.
Bergstation Lünerseebahn 2½ Std.; Bus 3 x tägl. Vandans – Rellkirchle, 1 Std.

Douglasshütte 2½ Std.; Lindauer Hütte 3½ – 4 Std.; Sarotlahütte 2½ – 3 Std.

Zimba, 2643 m, 3 Std.; Saulakopf, 2516 m, 2½ – 3 Std.

Vandans

Vandans

Vandans

Lindauer Hütte

1744 m; erb. 1898, umgeb. 1956
DAV Sektion Lindau
Holdereggenstr. 19
D-88131 Lindau
✆ 08382/24238

I. Moosmann
Zelfenstr. 584
A-6774 Tschagguns

Lindauer Hütte
A-6774 Tschagguns

01.06. bis 10.10.; 35 ⊨, 100 ⊓

220 Volt

offen; 2 Räume; 20 ⊓

Latschau 2½ Std.
ab Bergstation Golmerbahn 2 Std.

Douglasshütte 4 Std.; Tilisunahütte 2½ Std.; Heinrich-Hueter-Hütte 3 – 4 Std.
Garschinahütte 2 Std.; Berghaus Sulzfluh 3½ Std.; Schesaplanahütte 5 Std.

Gr. Drusenturm, 2830 m, 3 Std.; Sulzfluh, 2818 m, Drusenfluh, 2828 m, je 4 Std.

Tschagguns

Latschau

Latschau

Madrisahütte

1660 m; erb. 1926
DAV Sektion Karlsruhe
Willi-Egler-Str. 6
D-76189 Karlsruhe
✆ 0721/575547

✗ Selbstversorgerhütte, nicht bew. Kochgelegenheit, Holz u. Geschirr vorhanden; 15 ⊓, 5 ⊔. Schlüssel und Auskunft bei Familie Bachmann
Haus Wulfenia
A-6787 Gargellen
✆ 05557/6126.
Anmeldung bei der Sektion
Axel Modersohn
Kolbergerstr. 20d
D-76139 Karlsruhe
✆ 0721/681656

↗ Gargellen 1 Std.
→ Tilisunahütte 5 Std.; Tübinger Hütte 5 Std.; Klosters 4½ Std.
△ Schlappiner Spitze, 2442 m 2 Std.; Rotbühelspitze, 2853 m, 4 Std.
Madrisa, 2770 m, 4½ Std.; Heimspitze, 2685 m, 4 Std.; Valisera, 2716 m, 4 Std.
Schruns
Gargellen
Gargellen

Mannheimer Hütte

2679 m; erb. 1905, umgeb. 1963
DAV Sektion Mannheim
Rickertstr. 1
D-68199 Mannheim
✆ 0621/853241

Thomas Beck
A-6708 Brand 12
✆ 05559/582 oder 279
Mannheimer Hütte
A-6708 Brand (postlagernd)
✆ 0663/50278
✗ Juli – Ende Sept.
26 Betten, 150 ⊓
220 Volt mit Aggregat,
offen; 14 ⊓
↗ Brand 5 – 6 Std.; Bergstation Lünersee- 3½ Std.; Oberzalimhütte 2½ Std.
→ Douglasshütte 3½ Std.; Lindauer Hütte 6 – 7 Std.; Pfälzer Hütte 4 Std.
Schesaplanahütte 3 Std.; Nenzinger Himmel 3 Std.

△ Schesaplana, 2965 m, 1½ Std.; Panüelerkopf, 2859 m, 1 Std.
Bahn: Bludenz
Bus: Brand oder Talstation der Lünersee-Seilbahn
Auto: Brand oder Talstation der Lünersee-Seilbahn

Matschwitz, Haus

1500 m; erb. 1913, umgeb. 1986
DAV Sektion Tübingen
Am Stadtgraben 21
D-72070 Tübingen
✆07071/23451

- Luise Tallafus
  A-6774 Tschagguns 125
  ✆ 05556/2589
- DAV Haus Matschwitz
  A-6774 Tschagguns
  ✆ 05556/3700
- Weihnachten – Ostern, Mitte Juni – Ende Sept.; 32 Lager
- 220 Volt
- Tschagguns 3 Std.
  Latschau 2 Std.; Vandans 3 Std.; mit Seilbahn zur Hütte (Mittelstation)
- → Lindauer Hütte 2½ Std.
- △ Golmer Joch, 2124 m
- Bahn: Schruns-Tschagguns
- Bus: Latschau
- Auto: Latschau

Mattajoch, Berghaus

1562 m; erb. 1932, umgeb. 1991
privat

- Familie Kessler
  Beschling, Dorfstraße 20
  A-6710 Nenzing
  ✆ 05525/245513
- Berghaus Mattajoch
  Alpe Gamp
  A-6710 Nenzing
  ✆ 05525/20703
- 01.07. bis 15.10.; 7 Betten, 32 Lager
- 220 Volt mit Generator
- Gurtis 2 Std.; Malbun 3 Std.
  Hst. Schlins (Beschling) 3½ Std.
  P 1½ Std.; Nenzing 3 Std.
- → Nenzinger Himmel 4 – 6 Std.; Pfälzer Hütte 5 Std.

△ Galinakopf, 2198 m, 2½ Std.; Innerer Älpelekopf, 2122 m, 2½ Std.
🚆 Nenzing oder Schlins
🚌 Gurtis
🚗 Wanderparkplatz

Oberzalimhütte

1889 m; erb. 1905
DAV Sektion Mannheim
Rickertstr. 1
D-68199 Mannheim
✆ 0621/853241

🚶 Thomas Beck
A-6708 Brand 12
✆ 05559/582 oder 279
⌂ Oberzalimhütte
A-6708 Brand (postlagernd)
✕ Mitte Juni bis Anfang Oktober
7 🛏, 30 ⊓, 20 ⊔
⚡ 220 Volt mit Aggregat
↗ Brand 2½ Std.
→ Mannheimer Hütte 2½ – 3 Std.
Nenzinger Himmel (Alpenghf. Gamperdona) 3 – 4 Std.
△ Schesaplana, 2965 m, 4 Std.; Panüelerkopf, 2859 m, 3½ Std.;
Oberzalimkopf, 2340 m, 1 Std.
🚆 Bludenz
🚌 Brand
🚗 Brand

Pfälzer Hütte

2108 m; erb. 1928, umgeb. 1985
Liechtensteiner Alpenverein
Stein-Egerta 26
FL-9494 Schaan
✆ 075/29812

🚶 Imelda Beck
Kemma
FL-9497 Triesenberg-Malbun
✆ 075/29587
⌂ Pfälzer Hütte
FL-9497 Triesenberg-Steg
✆ 075/23679
✕ Mitte Juni bis etwa 10.Oktober
15 🛏, 100 ⊓, 10 ⊔
⚡ 220/380 Volt
❄ Nebengebäude immer offen

↗ Steg-Valuner Alm 2½ Std.; Nenzinger Himmel 2 Std. von der 🚡-Bergstation Malbun-Sareis 2 Std.
→ Mannheimer Hütte 5 Std.; Schesaplanahütte 3 Std.
△ Naafkopf, 2578 m, 1 Std.; Augstenberg, 2359 m, ¾ Std.
🚆 Schaan oder Nenzing
🚌 Steg-Malbun
🚗 Steg-Malbun

Rellstal, Alpengasthof

1500 m; erb. 1955; privat

🚶 Christl und Margit Maier
Bahnhofstr. 87
A-6773 Vandans
✆ 05556/75415
🏠 Alpengasthof Rellstal
A-6773 Vandans
✆ 05556/74176
✕ Anfang Juni – Mitte Okt.; 20 🛏
⚡ 220 Volt
↗ Vandans 2½ Std.;
Bergstation Golmer 🚠 2 Std.
→ Douglasshütte 3 Std.
Lindauer Hütte 5 Std.
Heinrich-Hueter-Hütte 1 Std.
△ Zimba, 2643 m, 3 Std.
Saulakopf, 2516 m, 3 Std.
🚆 Vandans
🚌 Wanderbus ins Rellstal
🚗 Vandans

Sareiserjoch, Berggasthof

2008 m; privat

🚶 W. Bühler
FL-9497 Malbun
✆ 075/2623742
🏠 Berggasthof Sareiserjoch
FL-9497 Malbun
✆ 075/2634686
✕ Mitte Dez. bis Anfang April
Ende Mai bis Mitte Oktober
40 ⊓; nur nach Voranmeldung
⚡ 220 Volt
↗ Malbun 1½ Std.
von Malbun 🚡 zum Haus
→ Pfälzer Hütte 2 Std.

△ Augstenberg, 2359 m, 1½ Std.
🚂 Buchs oder Schaan
🚌 Malbun
🚗 Malbun

Sarotlahütte

1645 m
ÖAV Sektion Vorarlberg
Hermann-Sander-Str. 12
A-6700 Bludenz
✆ 05552/62639

🚹 Andreas Hassler
Fröstlberg 12
A-6561 Rauris
✆ 06544/6680
⌂ Sarotlahütte
A-6707 Brand (postlagernd)
✕ 15.06. bis 06.10.; 45 ⊓
↗ Bludenz 3½ Std.
Brand 2½ Std.
Bürserberg 2½ Std.
→ Heinrich-Hueter-Hütte 3 – 3½ Std.
△ Zimba, 2643 m, 3½ Std.
🚂 Bludenz
🚌 Brand, Bürserberg oder Tschappina
🚗 Tschappina

Schesaplanahütte

1908 m
SAC Sektion Pfannenstiel
CH-8708 Männedorf

🚹 Christian Fausch-Fausch
CH-7212 Seewis i. P.
✆ 081/521547
⌂ Schesaplanahütte
CH-7212 Seewis i. P.
✆ 081/521163
✕ 15.06. bis 15.10.; 100 ⊓
⚡ 220 Volt, Solarstrom
❄ offen; 10 ⊓
↗ Seewis 4 Std.
Bergstation 🚡 von Fanas 3 Std.
→ Pfälzer Hütte 4 Std.
Nenzinger Himmel 4 Std.; Mannheimer Hütte 3 Std.; Douglasshütte 3½ – 4 Std.
Totalphütte 2¾ Std.; Lindauer Hütte 5½ Std.; Garschinahütte 4½ Std.

△ Schesaplana, 2965 m, 3 Std.; Augstenberg, 2359 m, 2¼ Std. Hornspitze, 2537 m, 2½ Std.
🚂 Grüsch
🚌 Seewis-Dorf
🚗 Seewis

Schwaben-Haus auf der Tschengla

1198 m
erb. ca. 1815, umgeb. 1925/65/87
DAV Sektion Schwaben
Senefelderstr. 1
D-70178 Stuttgart
✆ 0711/624634 oder 624428

- Gertrud Paterno
  Haus Furkla
  A-6700 Bürserberg,
  ✆ 05552/65685
- Schwaben-Haus
  A-6700 Bürserberg-Tschengla
  ✆ 05552/65686
- ✗ ganzjährig; Anmeldung bei der Sektion für Selbstversorger Getränke vorhanden; 35 Schlafplätze
- 220 Volt
- ↗ Bürserberg 1 Std.; Bergstation der Einhorn- ¼ Std. nur im Winter; Bürs 2 Std. Kleinbusverkehr von Bürserberg; Nenzing 3 Std.
- → Alpe Palüd – Niggenkopf-Wirtshaus 3 Std.; Naturfreundehaus Tschengla 1 Std.
- △ Mondspitze, 1967 m, 2 Std.
- 🚂 Bludenz
- 🚌 Bürserberg
- 🚗 Bürserberg oder beim Haus P

Silum, Berggasthof

1469 m; privat

- Familie Eggenberger
  FL-9497 Triesenberg
  ✆ 075/2621951 oder 3923044
- Berggasthof Silum
  FL-9497 Triesenberg
  ✆ 075/2621951 oder 3923044
- ✗ 15.05. bis 11.11.; 16 Betten, 35 Lager
- 220 Volt
- ↗ Gaflei 20 Min.; Vaduz 3 Std. mit PKW zum Haus

→ Gafadurahütte 5 Std.; Pfälzer Hütte 4 Std.; Feldkircher Hütte 6 Std.
Buchs oder Feldkirch
Masescha, Gaflei
beim Haus P

Sulzfluh , Berghaus

1769 m; erb. 1875, umgeb. 1985
privat

Ernst Flütsch
CH-7246 St. Antönien
✆ 081/541213
Berghaus Sulzfluh
Adresse s. Hüttenwirt
von Ostern bis Ende Oktober
16 Betten, 34 Lager, 8 Notlager
220 Volt
↗ St. Antönien 1½ Std.
→ Tilisunahütte 2 Std.
Berghaus Bellawiese 2 Std.
Lindauer Hütte 3½ Std.
Garschinahütte 2 Std.
Schesaplanahütte 6 Std.
△ Sulzfluh, 2817 m, 3½ Std.; Rotspitz, 2517 m, 2 Std.; Scheienfluh, 2627 m, 3 Std.
Küblis
St. Antönien-Rüti
beim Haus P

Tilisunahütte

2211 m
erb. ca. 1879, umgeb. 1964
ÖAV Sektion Vorarlberg
Hermann-Sander-Str. 12
A-6700 Bludenz
✆ 05552/62639

Helmut Fitsch
Innerberg 69
A-6780 Bartholomäberg
✆ 05556/5185
Tilisunahütte
A-6774 Tschagguns
Mitte Juni bis Anfang Oktober
21 Betten, 103 Lager, 10 Notlager
220 Volt
offen; 10 Lager
↗ -Bergstation Grabs 2½ – 3 Std.; Tschagguns 4½ – 5 Std.; Partnun 2 Std.

→ Lindauer Hütte 2½ – 4 Std.; Berghaus Sulzfluh 1¾ Std.; St. Antönien 3 Std. Gargellen 5 Std.
△ Sulzfluh, 2818 m, 2 Std.; Scheienfluh, 2627 m, 2½ Std.; Tschaggunser Mittagsspitze 1½ Std.; Weißplatte, 2630 m, 1½ Std.
Schruns-Tschagguns der Montafoner Bahn
Tschagguns
im Gamperdales-Tal P

Totalphütte

2385 m; erb. 1960
ÖAV Sektion Vorarlberg
Hermann-Sander-Str. 12
A-6700 Bludenz
✆ 05552/62639

Mathilde Huter
A-6672 Flirsch 175
✆ 05447/5274
Totalphütte
A-6708 Brand (postlagernd)
✆ 0663/51432
✕ 01.07. bis 15.10.
60 ⊓, 40 ⊔
220 Volt mit Generator
offen, 10 ⊓
↗ Brand: Talstation der Lünersee- 2½ Std.
Bergstation der Lünersee (Douglasshütte) 1½ Std.
→ Heinrich-Hueter-Hütte 2 Std.; Mannheimer (Straßburger) Hütte 3 Std. Schesaplanahütte 3 Std.
△ Schesaplana, 2965 m, 2½ Std.
Bludenz
Talstation der Lünersee
Lünersee Talstation

Tschenglahütte

1500 m
erb. 1951
TVN Ortsgruppe Bludenz
Hans Peter Seitlinger
Raiffeisenstr. 22
A-6700 Bludenz
✆ 05552/32329

Peter Schragl
Wichnerstraße 20
A-6700 Bludenz
✆ 05552/63221

- Adresse siehe Ortsgruppe Bludenz oder Hüttenwart
  Ganzjährig mit zugänglich, erhältlich beim Hüttenwart
- Selbstversorgerhütte; 10
  Geschirr und Holz vorhanden; Waschraum mit Duschmöglichkeit
  und Langlaufloipe in 5 – 10 Minuten Entfernung
- 220 Volt
- Tschengla ¾ Std.; PKW-Zufahrt über Tschengla möglich
- Brand 2 Std.; Nenzinger Himmel über Amatschonjoch 3½ Std.
  Nenzing über Furka 3½ Std.
- △ Mondspitze, 1967 m, 2½ Std.; Schillerkopf, 2006 m, 3 Std.
  Loischkopf, 1809 m, 1 Std.; Klamperschrofen, 1755 m, 2 Std.
- Bludenz
- Bürserberg
- Tschengla oder beim Haus P

26 Silvretta

Umgrenzung

St. Gallenkirch entlang der Ill bis Partenen – Zeinisjoch – Zeinisbach – Paznaun bis Ischgl – Fimbertal – Fimberpaß – Val Chöglias – Val Sinestra – entlang des Inn von der Einmündung des Branclabaches bis zur Einmündung der Susasca – Val Susasca – Flüelapaß – Davos-Wolfgang – Laretbach – Klosters – Schlappinbach – Schlappinerjoch – Valzifenzbach – Gargellental – St. Gallenkirch

Cler, Chamanna

2467 m
Skiclub Ardez
CH-7546 Ardez

✕ Unbewirtschaftet, geschlossen; 25 Schlafplätze für Selbstversorger
Auskünfte über ⫯ Gebühren und Benützung erteilt der Skiclub Ardez
↗ Ardez 3 Std.
△ La Sella, 2707 m, 3/4 Std.
Piz Cotschen, 3030 m, 2 Std.
🚂 Ardez
🚌 Ardez
🚗 Ardez und Bos-cha

Fergenhütte

2141 m; erb. 1920, umgeb. 1970
SAC Sektion Prättigau
Präsident Hans Joos
Sporthaus
CH-7220 Schiers
✆ 081/531125 oder 531131

⫯ Hansjörg Hobi
Tönschiweg 1
CH-7250 Klosters
✆ 081/692390
✕ Hütte immer offen; 27 ⊓
Holz, Geschirr und Decken vorhanden; Reservierung beim Hüttenwart empfehlenswert
↗ Klosters 3½ – 4 Std.
Monbiel 2½ Std.
→ Seetalhütte 4½ Std.
ins Schlappintal 3½ – 4 Std.
Saarbrücker Hütte 6 Std.
Tübinger Hütte 5 – 6 Std.
△ Fergenhörner, 2840 m und 2860 m, 2½ – 3 Std.
Fergenkegel, 2844 m, 3½ Std.
Schildfluh, 2888 m, 3 Std.
🚂 Klosters
🚌 Monbiel
🚗 Monbiel

Heidelberger Hütte

2264 m; erb. 1889, umgeb. 1978/79
DAV Sektion Heidelberg
Brückenstr. 30
D-69120 Heidelberg
✆ 06221/484076

- Emil Zangerl
  A-6561 Ischgl
  ✆ 05444/5319, 0512/824763
- Heidelberger Hütte
  A-6561 Ischgl
  ✆ 05444/5418
- 20. Dez. – Mitte Mai, Anfang Juli bis 10. Okt.; 72 🛏, 84 ⊓
- 220 Volt
- offen, 10 ⊓
- Ischgl 5 Std.; Bodenalpe 2 Std.; Galtür – Lareintal – Ritzenjoch 4½ – 5 Std.
  Samnaun – Zeblasjoch – Fuorcla da Val Gronda 4½ Std.
  Ramosch – Val Chöglias 5 – 6 Std.
- Jamtalhütte über Zahnjoch 3½ – 4½ Std.; über Kronenjoch 4½ – 5½ Std.
- △ Breite Krone, 3079 m, 4 – 5 Std.; Fluchthorn, 3399 m, 4 Std.
  Piz Tasna, 3179 m, 4½ Std.; Piz Davo Lais, 3027 m, 3 Std.
  Heidelberger Spitze, 2963 m, 3 Std.; Lareinferner Spitze, 3009 m, 3 Std.
  Gemsbleispitze, 3014 m, 3 Std.
- Landeck
- Ischgl oder Galtür
- im Sommer Bodenalpe, sonst Ischgl

Hof Zuort, Berggasthof

1711 m; in der Val Sinestra; privat

- Berggasthof Hof Zuort
  CH-7556 Ramosch
  ✆ 082/93153
- ganzjährig
  34 🛏
- 220 Volt
- Ramosch 3 Std.; Kurhaus in der Val Sinestra 1 Std.
- Heidelberger Hütte 4 Std.; Jamtalhütte über Kronenjoch 5½ Std.
  Schliverahütte (Nalunshütte) 3½ – 4½ Std.
- △ Piz Champatsch, 2920 m, 4 Std.; Piz Soer, 2917 m, 4 Std.;
  Piz Tasna, 3179 m, 5 Std.; Stammerspitze, 3254 m, 5 Std.;
  Muttler, 3294 m, 5 Std.
- Scuol
- Ramosch
- Val Sinestra

Jamtalhütte

2165 m; erb. 1882, umgeb. 1979
DAV Sektion Schwaben
Senefelder Str. 1
D-70178 Stuttgart
© 0711/624428

Franz Lorenz
A-6563 Galtür 68
© 05443/206 Fax 05443/506

Jamtalhütte
A-6563 Galtür
© 05443/40814

20.2. – 20.5., 26.6. – 1.10.
Gepäcktransport möglich
120, 100

220/380 Volt

offen; 6

Galtür 3 Std.

→ Madlenerhaus (Bielerhöhe) 5 Std.; Wiesbadener Hütte 4½ Std. Tuoihütte 5 Std.; Heidelberger Hütte 4½ Std.; Silvrettahaus 7 Std.

△ Dreiländerspitze, 3197 m, 4 Std.; Fluchthorn, 3399 m, 5 Std. Jamspitzen, 3178 m, 4 Std.; Augstenberg, 3228 m, 4 Std. Gemsspitz, 3114 m, 4 Std.; Westl. Gamshorn, 2987 m, 2 Std.

Landeck

Galtür

Galtür

Linard, Chamanna dal

2327 m
SAC Sektion Engadina-Bassa
Ricco Luppi
CH-7551 Ftan
© 081/8641522 oder 8649414

Irma Egler
CH-7543 Lavin
© 081/8622724

Chamanna Linard
CH-7543 Lavin

Selbstversorgerhütte; immer zugänglich; 42; Decken, Geschirr und Holz vorhanden; Wasser 50 m entfernt. An Wochenenden von Juni bis Oktober beaufsichtigt, keine Bewirtung.

Lavin 2½ Std.

→ Berghaus Vereina über den Vereinapaß 4 – 5 Std.

△ Piz Linard, 3411 m, 3½ Std.; Piz Glims, 2868 m, 2½ Std.
🚂 Lavin
🚌 Lavin
🚗 Lavin

Madlenerhaus

1986 m; erb. 1884, umgeb. 1975
DAV Sektion Wiesbaden
Philippsbergstr. 24
D-65195 Wiesbaden
✆ 06121/59334

🚹 Zangerl Marlene
A-6563 Galtür
Madlenerhaus
A-6794 Partenen (Bielerhöhe)
✆ 05558/4234
✕ Weihnachten bis Sonntag nach Ostern, 01.06. bis 31.10.
36 🛏, 64 ⊓
⚡ 220 Volt
↗ An der Silvretta-Hochalpenstraße, befahrbar Juni – Oktober; Partenen 2½ Std.; Galtür 2½ Std.
→ Wiesbadener Hütte 2½ Std.; Jamtalhütte 4½ Std.; Saarbrücker Hütte 3 – 3½ Std. Silvrettahütten 4 – 4½ Std.; Tübinger Hütte 4 Std.; Zeinisjochhaus 5½ Std.
△ Hohes Rad, 2934 m, 3 Std.; Valülla, 2813 m, 3½ Std.; Hochmaderer, 2823 m, 4 Std.; Bielerspitze, 2545 m, 1½ Std.
🚂 Schruns, Landeck, Bludenz
🚌 Bielerhöhe (Sommer), sonst Partenen oder Galtür
🚗 Bielerhöhe beim Haus (Sommer) P, sonst Galtür oder Partenen

Marangunhütte

2023 m; im Lavinuoztal; ausgeb. 1973
im Besitz der Gemeinde Lavin
CH-7549 Lavin
✆ 082/81478

✕ Nicht bewirtschaftet, Selbstversorgerhütte; 14 ⊓ mit Decken; immer zugänglich, Auskunft: Verkehrsverein Lavin
✆ 082/81145
↗ Lavin 2 Std.
→ Berghaus Vereina 4 – 5 Std.; Tuoihütte 4 – 5 Std.; Silvrettahütten 7 Std. Wiesbadener Hütte 7 Std.
△ Piz Linard, 3411 m, 6 Std.
🚂 Lavin
🚌 Lavin
🚗 Lavin

Naluns, Chamanna

2390 m; privat
Skiclub Lischana
CH-7550 Scuol

- ✗ Dezember bis April, 15. Juli bis 15. Oktober, sonst mit zugänglich
  28 Schlafplätze im Sommer, 18 im Winter
  Auskünfte bei J.J. Mayor
  Postfach
  CH-7550 Scuol
  ✆ 081/8641601 oder 081/8641612
- ↗ Scuol 3 Std.; Scuol – Motta Naluns, dann 20 Min.; Ftan – Prui, dann ¾ Std.
- → Schliverahütte 10 Min.; weitere Übergänge siehe dort
- △ siehe Schliverahütte
- Scuol
- Ftan
- Ftan

Saarbrücker Hütte

2538 m; erb. 1911, umgeb. 1932
DAV Sektion Saarbrücken
Rosenstr. 31
D-66111 Saarbrücken
✆ 0681/67702

- P. Weiskopf
  A-6551 Pians 37
  ✆ 05442/2439
- Saarbrücker Hütte
  A-6794 Partenen
  ✆ 05558/4235
- ✗ 15.03. bis Ostern, eine Woche zu Pfingsten, 15.06. bis 06.10.
  27 , 60
- 220 Volt
- offen, 12
- ↗ Vermunt-Stausee – Kromertal 2½ Std.; Bielerhöhe – Tschiefernella 3 – 3½ Std.
- → Tübinger Hütte 2½ – 3 Std.; Seetalhütte 2½ – 3 Std.; Silvrettahütten 3½ – 4 Std.
  Wiesbadener Hütte 4 Std.
- △ Kl. Litzner, 2783 m, 1½ Std.; Gr. Seehorn, 3121 m, 3 Std.
  Kl. Seehorn, 3032 m, 2½ Std.; Östl. Kromerspitze, 2845 m, 1 Std.
- Schruns oder Landeck
- Vermunt-Stausee oder Bielerhöhe im Sommer
  im Winter Partenen, dann Schrägaufzug
- Vermunt-Stausee oder Bielerhöhe im Sommer
  im Winter Partenen, dann Schrägaufzug

Schlivera, Chamanna

2391 m; privat
Skiclub Ftan
CH-7551 Ftan
✆ 084/90156

- ✗ Unbewirtschaftet, geschlossen, Selbstversorgerhütte; 14 ⊓
  Decken, Geschirr und Holz vorhanden; ⚷ beim Skiclub Ftan erhältlich
- ↗ Ftan 2 Std.; Scuol 4 Std.;
  Scuol – Motta Naluns, dann ¾ Std., Ftan – Prui, dann 1 Std.
- → Hof Zuort 4½ Std.; Jamtalhütte 6½ Std.; Heidelberger Hütte 5½ Std.
- △ Piz Champatsch, 2920 m, 2 Std.; Piz Tasna, 3179 m, 4 Std.
  Piz Clünas, 2793 m, 1½ Std.; Fil d'Spadla, 2936 m, 3 Std.
- Scuol
- Ftan
- Ftan

Seetalhütte

2053 m; erb. 1941
SAC Sektion St. Gallen
Max Zangerl
Postfach 21
CH-9100 Herisau
✆ 071/516392

- Max Zangerl
  Postfach 21
  CH-9100 Herisau
  ✆ 071/516392
- Seetalhütte
  Postfach 21
  CH-9100 Herisau
- Hütte immer offen; Pfingsten – Ende Okt. bei Schönwetter am Wochenende und bei Voranmeldung bewartet.; im Winter meist eingeschneit
  12 ⊓, 4 ⊔,
- ↗ Klosters 4 Std.; Monbiel 3 Std.; Taxibus bis Sardasca, dann 1 Std.
- → Silvrettahütte 3 – 4 Std.; Fergenhütte 4 – 5 Std.; Tübinger Hütte 3 – 4 Std.
  Saarbrücker Hütte 3 – 4 Std.
- △ Gr. Litzner, 3109 m, 3 – 4 Std.; Kl. Litzner, 2783 m, 3 – 3½ Std.
  Litzner Seehorn, 3121 m, 4 – 5 Std.; Garneraturm, 2860 m, 3 Std.
- Klosters
- Monbiel (Kleinbus bis Sardasca)
- Monbiel

Silvrettahütte

1994 m; erb. 1951
TVN Landesleitung Vorarlberg
Dr.-A.-Schneider-Str. 19
A-6900 Bregenz
✆ 05574/45781

- Rudolf Zeif
  Oberdanau 16
  A-6700 Bludenz
  ✆ 05552/646863
- ✕ Selbstversorgerhütte
  ganzjährig mit ⚿ zugänglich; ⚿ erhältlich bei der Landesleitung oder beim Hüttenwart
  7 ⛟, 9 ⊓, 4 ⊔; Kochgelegenheit, Geschirr, Getränke und Notversorgung vorhanden, ebenso Heizung, Etagendusche und Decken.
- 220 Volt, ⛷ in 500 m, Langlaufloipe.
- ↗ Im Sommer mit PKW oder Bus zum Haus Partenen 3½ Std.; Galtür 2½ Std.
- → Saarbrücker Hütte 3 Std.; Wiesbadener Hütte 2½ Std.; Jamtalhütte 5½ Std.
  Silvrettahütten (CH) 4½ Std.
- △ Piz Buin, 3312 m, 6 Std.; Dreiländerspitze, 3197 m, 5 Std.
  Hohes Rad, 2934 m, 4½ Std.; Bieler Spitze 2545 m 1½ Std.
- Landeck, Bludenz, Schruns
- Galtür oder Partenen, im Sommer Bielerhöhe
- Galtür oder Partenen, im Sommer beim Haus

Silvrettahütte

2341 m; erb. 1865, umgeb. 1983
SAC Sektion St. Gallen
Remo Tschumper
Chleeacherweg 4
CH-8634 Hombrechtikon
✆ 055/421917

- Valentin Caviezel
  Eschenerstr. 30
  FL-9487 Bendern
  ✆ 075/34362
- Silvrettahütte
  CH-7250 Klosters
  ✆ 081/691306
- ✕ 15.3. bis 10.5., 1.7. bis 20.9.
  85 ⊓
- ❄ Hütte immer offen; 20 ⊓
- ↗ Klosters 4½ – 5 Std.;
  Alp Sardasca 2 Std.; Taxi-Zubringerdienst bis Alp Sardasca möglich
- → Seetalhütte 2½ – 3 Std.; Tuoihütte 4 Std.; Saarbrückner Hütte 3½ – 4 Std.
  Wiesbadener Hütte 4 – 4½ Std.; Jamtalhütte 6 – 7 Std.; Tübinger Hütte 6 Std.

△ Silvrettahorn, 3244 m, 3 – 4 Std.; Egghorn, 3147 m, 3 Std.
Piz Buin, 3312 m, 4 – 5 Std.

🚂 Klosters-Platz

🚌 Klosters-Monbiel

🚗 Klosters-Monbiel

Tübinger Hütte

2191 m, erb. 1908, umgeb. 1928/81
DAV Sektion Tübingen
Am Stadtgraben 21
D-72070 Tübingen
✆ 07071/23451

Waltraud Amann
Batlogstr. 49
A-6780 Schruns
✆ 05556/74827

Tübinger Hütte
A-6793 Gaschurn
✆ 0663/52019

Ende Juni bis Anfang Oktober, Ostern und Pfingsten jeweils nur auf Anfrage
45 Betten, 76 Lager, 20 Notlager

220 Volt, Zentralheizung

offen; 12 Schlafplätze

↗ Gaschurn 4 – 5 Std.
Versettlagrat – Madschunjoch – Vergaldenerjoch 6 Std.
Gargellen – Vergaldenerjoch 4 – 4½ Std.
Vermunt-Stausee – Hochmadererjoch 5 Std.
Klosters – Schlappin – Garnerajoch 5 – 6 Std.

→ Saarbrücker Hütte 3 – 4 Std.;
Madlenerhaus über Hochmadererjoch 4 – 4½ Std.

△ Westl. Plattenspitze, 2883 m, 3 Std.;
Kessispitze, 2833 m, 3½ Std.;
Hochmaderer, 2823 m, 3 Std.

🚂 Schruns

🚌 Gaschurn

🚗 Gaschurn-Ort oder Vermunt-Stausee

Tuoi, Chamanna

2250 m
ausgeb. 1978, umgeb. 1989
SAC Sektion Engiadina-Bassa
Georg Büchli
CH-7554 Sent
✆ 084/91960

- Battesta u. Annemarie Albin
  Chesa Surselva
  CH-7504 Pontresina
  ✆ 082/67541
- Tuoi Hütte
  CH-7545 Guarda
  ✆ 081/8622322
- 20.2. – 20.5., 10.7. – 15.10.
  95 Schlafplätze
- mit Generator
- offen; 12
- Guarda 2½ – 3 Std.
- Silvrettahütten 4½ – 5 Std.; Wiesbadener Hütte 3 Std.; Jamtalhütte 4½ – 5 Std.
- Piz Buin, 3312 m, 4½ Std.; Dreiländerspitze, 3197 m, 3 Std.
  Piz Fliana, 3281 m, 4 Std.; Jamspitzen, 3178 m und 3156 m, 3 – 4 Std.
- Guarda-Giarsun
- Guarda
- Guarda

Vereina-Berghaus Vereinahütte

1943 m; privat

- Frau Schlunegger
  CH-7520 Klosters-Platz
  ✆ 083/42580
- Berghaus Vereina
  CH-7520 Klosters
- 01.07. bis 30.09., sonst auf Anfrage
  20, 50
  Vereinahütte 25
  Selbstversorgerhütte, wenn Berghaus geschlossen
- 220 Volt, Duschgelegenheit
- von Klosters 4 Std. (Straße)
  Zubringerbus 6 x täglich; Lavin 5 Std.; Susch 5 Std.
  von der Flüelapaß-Straße 4 Std.
- Linardhütte 5 Std.; Silvrettahütte 5½ Std.; Seetalhütte 4 Std.

△ Pischahorn, 2979 m
Bahn: Klosters oder Lavin
Bus: Klosters oder Lavin
Auto: Klosters, Flüelapaßstraße oder Lavin

Wiesbadener Hütte

2443 m; erb. 1898, umgeb.1989
DAV Sektion Wiesbaden
Philippsbergstr. 24
D-65195 Wiesbaden
✆ 0611/59334

Franz Pejcl
Fangsweg 14
A-6800 Feldkirch-Tisis
✆ 05558/4233

Wiesbadener Hütte
A-6563 Galtür 69 a
✆ 0663/851526

15.2. – 10.5., 20.6. – 10.10.
40 Betten, 160 Lager

200 Volt

16 Lager; offen; Geschirr, Herd

↗ Bielerhöhe 2½ Std.

→ Jamtalhütte 3½ – 4 Std.; Saarbrücker Hütte 3½ – 4½ Std.
Silvrettahütte 4 – 5½ Std.; Tuoihütte 2½ – 3 Std.

△ Dreiländerspitze, 3197 m, 2¾ Std.; Piz Buin, 3312 m, 3 Std.
Silvrettahorn, 3244 m, 3 Std.; Silvretta-Egghorn, 3147 m, 3 Std.

Bahn: Landeck oder Schruns
Bus: Bielerhöhe (Sommer), Galtür oder Partenen (Winter)
Auto: Bielerhöhe (Sommer), Galtür oder Partenen (Winter)

27 Samnaun-gruppe

Umgrenzung

Paznaun von Ischgl bis Wiesberg – Sanna – Landeck, entlang des Inn bis Ramosch – Val Sinestra – Val Chöglias – Fimberpaß – Fimbertal – bis Ischgl

Alp Trida, Berg- und Skihaus

2263 m; privat

- Besitzer: Sporthotel Milo Bigler
  CH-7550 Scuol
- Berghaus Alp Trida
  CH-7562 Compatsch-Samnaun
  ✆ 084/95120
- Anfang Dezember bis Mitte Mai, Anfang Juli bis Mitte Oktober, 44 Schlafplätze
- 220 Volt
- Compatsch 2 – 2½ Std.; Laret 2 Std.
- Hexenseehütte und Id-Alpe je 4 Std.
- Flimspitze, 2929 m, 2 Std.; Greitspitze, 2850 m, 3 Std.
  Salàaserkopf, 2744 m, 3 – 4 Std.; Piz Munschuns, 2658 m, 1½ Std.
- Landeck oder Scuol
- Weinberg (Vinadi)
- Compatsch-Laret

Ascher Hütte

2256 m; erb. 1895, umgeb. 1957/76
DAV Sektion Asch
Gravelottestr. 14/II
D-81667 München
✆✆089/4484093

- Bruno u. Waltraud Ladner
  Gande 100
  A-6553 See i. Paznauntal
  ✆ 05441/445
- Ascher Hütte
  A-6553 See i. Paznauntal
  ✆ 05441/330
- Ende Juni – 01.10., im Winter auf Anfrage; 40 ⊓; Gepäcktransport auf Anfrage
- 220 Volt
- 10 ⊓; mit Schlüssel zugänglich
- See – Schallertal 4 Std.; Pifang – Medrigalm 4 – 5 Std.
  Bergstation des Medrigjochliftes ½ Std.
- Kölner Haus 3½ – 4 Std.; Hexenseehütte über Masnerjoch 4 Std.
- Rotpleißkopf, 2936 m, 2 Std.; Gamsbergspitze, 2839 m, 2½ Std.
  Blankakopf, 2892 m, 2 Std.; Furgler, 3004 m, 2½ Std.
- Landeck oder Pians
- See i. Paznauntal
- See i. Paznauntal

Boden, Alpengasthof

1848 m; im Fimbertal; privat

- Willi Walser
  A-6561 Ischgl
  ✆ 05444/5261
- Alpengasthof Boden
  A-6561 Ischgl
  ✆ 05444/5285
- Mitte Dezember bis Mitte Mai, Mitte Juni bis Mitte Oktober; 20, 10
- 220 Volt
- ↗ Ischgl 2 Std.; Zufahrt zum Haus
- → Heidelberger Hütte 2½ Std.; Id Alpe 2½ Std.; Samnaun 4 – 5 Std.
- Landeck
- Ischgl
- beim Haus P

Hexenseehütte

2576 m ; erb. 1975
DAV Sektion Rheinland-Köln
Gereonshof 49
D-50670 Köln
✆ 0221/134255

- Franz Althaler
  Herrenanger 19
  A-6534 Serfaus
  ✆ 05476/6454
- Hexenseehütte
  A-5434 Serfaus
  Y über Kölner Haus
- Achtung: Die Hütte wurde am 01.04.94 durch Brand zerstört; Auskünfte über Benutzbarkeit und Wiederaufbau erteilen die Sektion und der Hüttenwirt
- ↗ Serfaus über Kölner Haus – Arrezjoch 5½ Std.
- → Kölner Haus 3 Std.; Ascher Hütte 4 Std.
- △ Hexenkopf, 3035 m, 2 Std.; Pezid, 2770 m, 2 Std.
- Landeck
- Serfaus
- Serfaus

Id-Alpe, Berg- und Skihaus

2307 m

- Besitzer: Silvretta-Bergbahnen A.G.
  A-6561 Ischgl
- Berg- und Skihaus Id-Alpe
  A-6561 Ischgl
- Ende Januar bis Anfang Mai, Ende Juni bis Mitte September; 30 ⛾, 30 ⊓
- Ischgl 3 Std.; Alpengasthof Boden $1\frac{1}{2}$ Std.; -Auffahrt von Ischgl
- Alp Trida 4 Std.; Heidelberger Hütte 6 Std.
- Flimspitze, 2929 m, 2 Std.; Bürkelkopf, 3033 m, $2\frac{1}{2}$ Std.
  Greitspitze, 2850 m, 3 Std.
- Landeck
- Ischgl
- Fimbertal

Kölner Haus

1965 m; erb. 1929, umgeb. 1968/82
DAV Sektion Rheinland-Köln
Gereonshof 49
D-50670 Köln
✆ 0221/134255

- Franz Althaler
  Herrenanger 19
  A-6534 Serfaus
  ✆ 05476/6454
- Kölner Haus
  A-6534 Serfaus
  ✆ 05476/6214
- Weihnachten bis Ende April,
  Pfingsten bis Mitte September
  48 ⛾, 20 ⊓, 8 ⊔
- 220 Volt
- Serfaus $1\frac{3}{4}$ Std.; Tschupbach 3 Std.; Komperdellbahn zum Haus
- Hexenseehütte 3 Std.; Ascher Hütte 4 Std.
- Furgler, 3004 m, $3\frac{1}{2}$ Std.; Hexenkopf, 3035 m, $3\frac{1}{2}$ Std.
  Planskopf, 2804 m, 3 Std.; Blankakopf, 2892 m, $3\frac{1}{2}$ Std.
  Rotpleißkopf, 2936 m, $3\frac{1}{2}$ Std.; Lazidkopf, 2346 m, $1\frac{1}{4}$ Std., mit 10 Min.
- Landeck
- Serfaus
- Serfaus

Landecker Skihütte

1760 m
Besitzer: Skiclub Landeck
A-6500 Landeck

- Günter Eiterer
  Brixnerstraße
  A-6500 Landeck
  ✆ 05442/61454
- Nicht bewirtschaftet, nur für Selbstversorger, Kochgelegenheit; 40 Schlafplätze
  Informationen und Schlüssel beim Hüttenwart
- Landeck 3 Std.; Hochgallmig 1½ Std.
- Kölner Haus 4 – 4½ Std.; Ascher Hütte 4 – 4½ Std.
- Seekopf, 2850 m, 2½ – 3½ Std.; Rotpleißkopf, 2936 m, 3½ Std.
  Gamsbergspitze, 2839 m, 3 Std.; Gamsbergkopf, 2821 m, 2½ – 3 Std.
  Kegelkopf, 2837 m, 3 Std.
- Landeck
- Urgen
- Hochgallmig

29 Sesvenna-gruppe

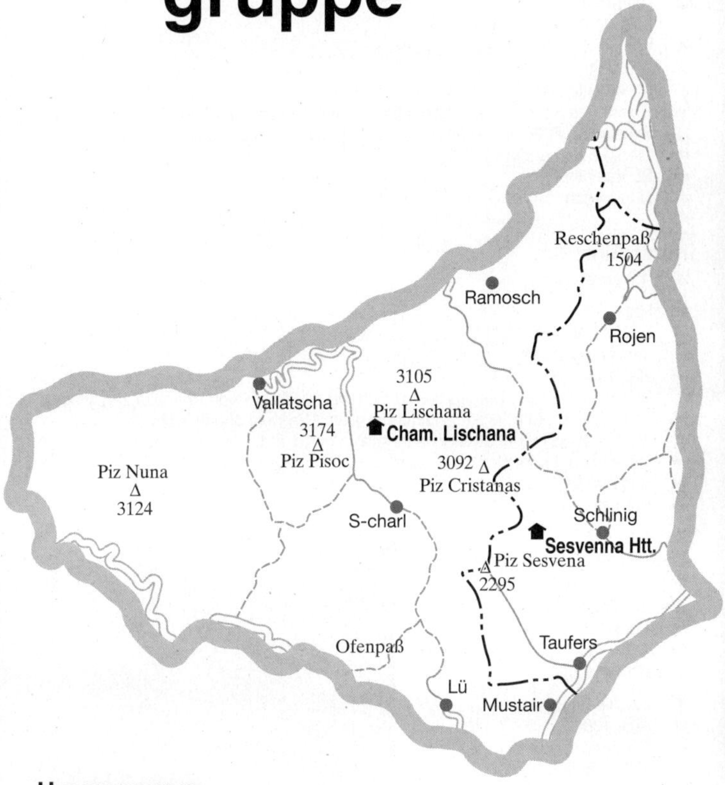

Umgrenzung

Entlang des Inn von Susch bis Finstermünzpaß – Reschenpaß – Obervinschgau bis Glurns – Rambach – Taufers – Münstertal – Ofenpaß – Ova dal Fuorn – Spöl – Zernez – entlang des Inn bis Susch

Haider Alm

2120 m; privat;
Besitzer: Watles AG
I-39024 Mals
Prämajur
✆ 0473/81199

- Haider Alm
  I-39020 St. Valentin a. d. Haide
- Winter- und Sommersaison; 20
- 220 Volt
- St. Valentin a.d. Haide 2 Std.; zum Haus
- Rojenhütte 3 Std.; Schönebenhütte $2\frac{1}{2}$ Std.; Reschener Alm 3 Std.
- Elferspitze, 2926 m und Seebodenspitze, 2859 m, je $2\frac{1}{2}$ Std.
- Meran oder Landeck
- St. Valentin
- St. Valentin

Höfer Alm

2066 m; privat

- Höfer Alm
  I-39024 Schlinig-Mals
- ganzjährig; 20
- 220 Volt
- Prämajur $1\frac{1}{4}$ Std.; Burgeis 3 Std.; Schlinig $1\frac{1}{2}$ Std.; von Prämajur zum Haus
- Plantapatschhütte $\frac{1}{4}$ Std.; Haideralm 4 Std.; Sesvennahütte 3 Std.
- Watles, 2555 m, $1\frac{1}{2}$ Std.; Schafberg, 2411 m, 1 Std.
- Meran oder Landeck
- Burgeis
- Prämajur

Lischana, Chamanna

2500 m; erb. 1926, umgeb. 1982
SAC Sektion Engadina-Bassa
Rico Luppi
CH-7551 Ftan
✆ 081/8641522

- Familie Bezzola
  Aual 128
  CH-7546 Ardez
  ✆ 081/8649544
- Chamanna Lischana
  Postfach 17
  CH-7550 Scuol
  ✆ 081/8649544

Anfang Juli bis Mitte Oktober; 38 Schlafplätze
offen
Scuol $3\frac{1}{2}$ Std.; S-charl 4 Std.
→ Sesvennahütte (I) 4 Std.
△ Piz Lischana, 3105 m, 2 Std.
Scuol
San Jon
Val Lischana

Plantapatschhütte

2150 m; privat
Besitzer: Watles AG
I-39024 Mals
Prämajur
✆ 0473/81199

Plantapatschhütte
I-39024 Schlinig-Mals
✆ 0473/81190 oder 81199
Winter- und Sommersaison
220 Volt
Prämajur $1\frac{1}{2}$ Std.; Schlinig $1\frac{1}{4}$ Std.; Burgeis 3 Std.
mit von Prämajur in Hausnähe
→ Haideralm 4 Std.; Sesvennahütte $2\frac{3}{4}$ Std.; Höfer Alm $\frac{1}{4}$ Std.
△ Watles, 2555 m, $1\frac{1}{4}$ Std.; Schafberg, 2411 m, 1 Std.
Meran oder Landeck
Burgeis
Prämajur

Reschener Alm

1980 m; privat

Theresia Ieronimo
Lorec 39
I-39027 Reschen
Reschener Alm
I-39027 Reschen
Auskunft im Verkehrsamt St. Valentin ✆ 0473/634603
Wintersaison, Anfang Juli bis Ende September; 10
220 Volt
Reschen $1\frac{1}{2}$ Std.; PKW Zufahrt von Reschen möglich
→ Rojenhütte $1\frac{1}{4}$ Std.; Haideralm $3\frac{1}{4}$ Std.
△ Piz Lat, 2808 m, 3 Std.
Meran oder Landeck
Reschen
beim Haus P

Rojenhütte

2006 m
Skiclub Reschen-Graun
I-39027 Reschen

- Rojenhütte
  I-39027 Reschen
- Winter- und Sommersaison; 7 Betten, 5 Lager
- Reschen 3 Std.; PKW-Zufahrt zum Haus möglich
- Reschener Alm 1¼ Std.; Haider Alm 3 Std.; Schönebenhütte ½ Std.
- Zehnerkopf, 2674 m,2 Std.; Elferspitze, 2925 m, 3 Std.
  Zwölferkopf, 2760 m, 2 Std.; Griankopf, 2896 m, 3½ Std.
- Meran oder Landeck
- Reschen
- beim Haus P

Schönebenhütte

2087 m; erb. 1990; privat

- Schönebenhütte
  I-39020 St. Valentin a.d. Haide
- Winter- und Sommersaison; 40 Betten
- 220 Volt
- St. Valentin 2 Std.; Seilbahn vom Reschensee zum Haus; Reschen 2 Std.
- Rojenhütte ½ Std.; Haideralm 2½ Std.
- Zehnerkopf, 2675 m, 2 Std.; Elferspitze, 2926 m, 2½ Std.
  Zwölferkopf, 2783 m, 2 Std.
- Meran oder Landeck
- St. Valentin oder Reschen
- beim Haus P

Sesvennahütte

2256 m; erb. 1976 – 1981
AVS Sektion Mals, Lana, Martell, Vinschgau und Untervinschgau
Rußlandstr. 19
I-39024 Mals
✆ 0473/81325

- Walter Sagmeister
  Schulgasse 1/b
  I-39024 Mals
  ✆ 0473/80509
- Sesvennahütte
  Schlinig
  I-39024 Mals
  ✆ 0473/80234

✗ 01.03. bis 30.04., 01.06. bis 30.10.
23 🛏, 46 ⊓, 18 ⊔
220 Volt
⊞ offen; 6 ⊓
↗ Schlinig 2 Std.; Burgeis 3½ Std.; Sur-En 4 Std.; S-charl 5 Std.
→ Chamanna Lischana 4 Std.; Rojenhütte über Rasaßspitze 5 Std.
△ Piz Sesvenna, 3205 m, 4 Std.; Piz Rims, 3070 m, 3 Std.
Rasaßspitze, 2941 m, 2 Std.; Craista Alta, 2756 m, 2 Std.
Piz Lischana, 3105 m, 4 Std.; Vernungspitzen, 2812 m,und 2818 m, 3 Std.
Föllakopf, 2878 m, 2½ Std.
Meran oder Landeck
Burgeis oder Mals
Schlinig

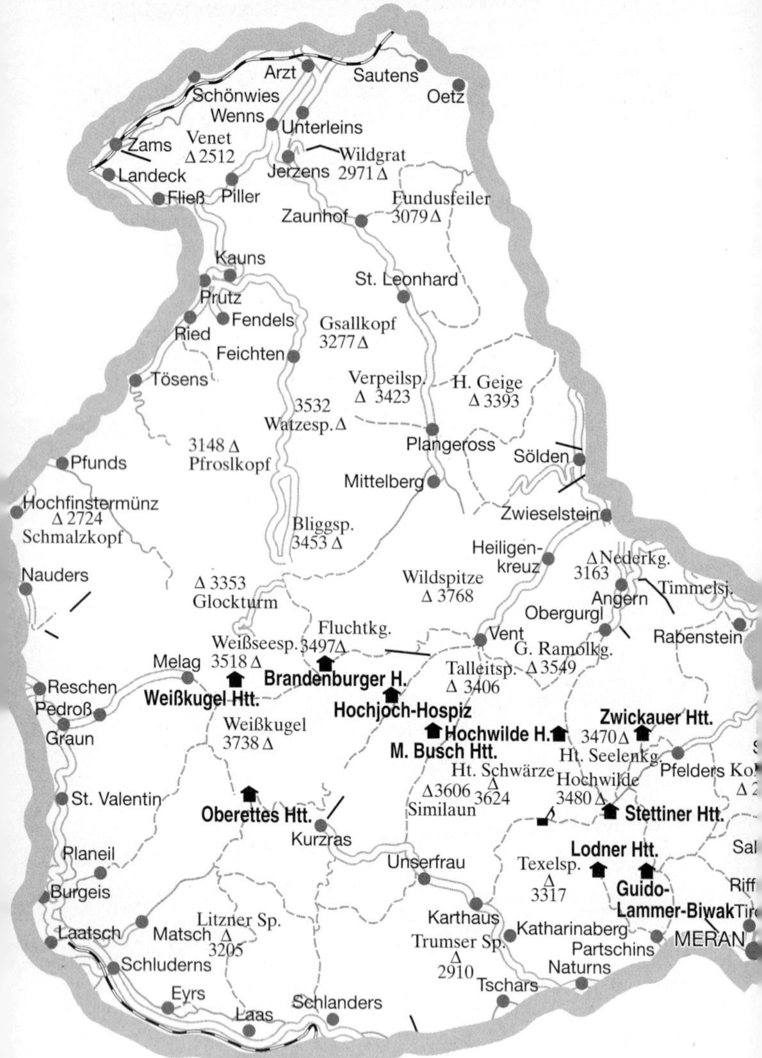
Arzt
Sautens
Oetz
Schönwies
Wenns
Unterleins
Zams
Venet
Δ 2512
Wildgrat
2971 Δ
Landeck
Jerzens
Fließ
Piller
Fundusfeiler
3079 Δ
Zaunhof
Kauns
St. Leonhard
Prutz
Fendels
Ried
Gsallkopf
3277 Δ
Feichten
Tösens
Verpeilsp.
Δ 3423
H. Geige
Δ 3393
3532
Watzesp. Δ
3148 Δ
Pfroslkopf
Plangeross
Sölden
Pfunds
Mittelberg
Hochfinstermünz
Δ 2724
Schmalzkopf
Zwieselstein
Bliggsp.
3453 Δ
Heiligen-
kreuz
Δ Nederkg.
3163
Nauders
Δ 3353
Glockturm
Wildspitze
Δ 3768
Timmelsj.
Angern
Obergurgl
Fluchtkg.
Weißseesp.
3518 Δ
3497Δ
Vent
Rabenstein
G. Ramolkg.
Δ 3549
Melag
Brandenburger H.
Talleitsp.
Δ 3406
Reschen
Weißkugel Htt.
Pedroß
Hochjoch-Hospiz
Zwickauer Htt.
Weißkugel
3738 Δ
Hochwilde H.
3470 Δ
Graun
M. Busch Htt.
Ht. Seelenkg.
Pfelders
Ht. Schwärze
Δ
3624
Hochwilde
3480 Δ
St. Valentin
Δ3606
Similaun
Oberettes Htt.
Stettiner Htt.
Kurzras
Planeil
Lodner Htt.
Unserfrau
Texelsp.
Δ
3317
Guido-
Lammer-Biwak
Burgeis
Karthaus
Litzner Sp.
Matsch
Δ
3205
Laatsch
Katharinaberg
Trumser Sp.
Δ
2910
MERAN
Partschins
Schluderns
Naturns
Tschars
Eyrs
Schlanders
Laas

30 Ötztaler Alpen

Umgrenzung

Im Norden der Alpenhauptkamm entlang der Grenze Italien-Österreich vom Reschenpaß zum Timmelsjoch – weiter das Passeiertal bis Meran und das Etschtal bis zum Reschenpaß

Bockerhütte

1717 m; neuerb. Schutzhütte
Besitzer: IG Sponseralm
I-39019 Dorf Tirol

- ✝ Franz Pircher
  Haslachstr. 110
  I-39019 Dorf Tirol
  ✆ 0473/93514
- ⌂ Bockerhütte
  Sponsertal
  I-39019 Dorf Tirol
  ✆ 0473/945544
- ✕ 15.05. bis 30.10.; 10 [Betten], 30 [Lager],
  Ermäßigung für AV-Mitglieder
- ⚡ 220 Volt mit Generator
- ↗ Dorf Tirol – Longfall 2½ Std.
  Hochmuter (bis hierher Auffahrt mit [Seilbahn]) 2 Std.
- → Hochganghaus 2½ Std.; Leiteralm 1½ Std.; Oberkaser ¾ Std.
- △ Rötelspitze, 2625 m, 2 Std.; Mutspitze, 2294 m, 1 Std.; Tschigat, 2998 m, 4½ Std.
- [Bahn] Meran
- [Bus] Dorf Tirol
- [Auto] Dorf Tirol [Seilbahn]

Brandenburger Haus

3272 m; erb. 1909
DAV Sektion Berlin
Hauptstr. 23/24
D-10827 Berlin
✆ 030/7814930

- ✝ G. Gstrein
  A-6458 Vent 26
  ✆ 05254/8108
- ⌂ Brandenburger Haus
  A-6458 Vent
- ✕ Anfang Juli bis Mitte bzw. Ende September; 25 [Betten], 80 [Lager]
- ⚡ mit Generator
- ❄ offen; 20 [Lager]
- ↗ Vent 6 Std.
  Gepatschhaus 5 Std.
- → Weißkugelhütte 3 Std.; Hochjoch-Hospiz 2½ Std.
- △ Weißkugel, 3738 m, 5 Std.; Weißseespitze, 3526 m, 2 Std.
  Fluchtkogel, 3500 m, 1½ Std.; Langtaufererspitze, 3529 m, 4 Std.
- [Bahn] Ötztal-Bhf.
- [Bus] Vent
- [Auto] Vent

Glieshof, Gasthof

1807 m; privat

⌂ Gasthof Glieshof
Matsch 69
I-39024 Mals
✆ 0473/82622
✗ ganzjährig; 40 Schlafplätze
⚡ 220 Volt
↗ Matsch 1¾ Std.; Schluderns 3¼ Std.
→ Oberetteshütte 2½ – 3 Std.
△ Saldurspitze, 3433 m, 5 Std.; Portlesspitze, 3071 m, 3¾ Std.
Rabenkopf, 3393 m, 4½ Std.; Litzner, 3205 m, 4½ Std.; Hochalt, 3284 m, 5 Std.
🚂 Meran oder Landeck
🚌 Tartsch oder Matsch
🚗 Matsch, beim Haus P

Guido-Lammer-Biwak

2707 m; erb. 1974
AVS Sektion Meran
Galileo-Galilei-Str. 45
I-39012 Meran
✆ 0473/37134 (vormittags)

✗ Immer zugänglich; 9 ⊓
↗ Partschins 6½ Std.; Vellau – Leiteralm, dann 4½ Std.
→ Hochganghaus 2½ Std.
Lodnerhütte 2 Std.
△ Tschigat, 2998 m, 1½ Std.
Lazinser Rötelspitze, 3037 m, 1½ Std.
🚂 Meran
🚌 Partschins
🚗 Vellau-Partschins

Hochganghaus
Casa del Valico, Rifugio

1839 m; privat

Hermann Scheibenstock
I-39019 Dorf Tirol
✆ 0473/923000
⌂ Hochganghaus
I-39020 Partschins
✆ 0473/43310
✗ 15.05. bis 31.10.; 30 ⊓

220 Volt
Partschins 3½ Std.; Leiteralm 1½ Std. (ab Partschins);
Vellau 3 Std.; Greiterhof 1½ Std.
→ Lodnerhütte 4 – 5 Std.; Stettiner Hütte 5 Std.
Nassereithhütte 1½ Std.; Guido-Lammer-Biwak 2½ Std.
△ Tschigat, 2998 m, 4 Std.; Große Rötelspitze, 2625 m, 2½ Std.
Lazinser Rötelspitze, 3037 m, 4 Std.
Meran
Vellau oder Partschins
Vellau

Hochjoch-Hospiz

2413 m; erb. 1927
DAV Sektion Berlin
Hauptstr. 23/24
D-10827 Berlin
✆ 030/7814930

Dietmar Wimmler
A-6458 Vent 26
Hochjoch-Hospiz
A-6458 Vent
Y über Haus Stefani in Vent
05254/8108
Mitte März bis Mitte Mai, Mitte Juni bis Ende September
20, 50, 16
220 Volt mit Generator
offen; 8
Vent über Rofenhöfe 2½ Std.
→ Martin-Busch-Hütte 4 Std.
Vernagthütte 2 Std.
Brandenburger Haus 3 Std.
Wirtshaus Schöne Aussicht (I) 2 Std.
Similaunhütte über Hauslabjoch 3 Std.
△ Weißkugel, 3739 m, 5 Std.
Mutspitze, 3257 m, 2 – 3 Std.
Kreuzspitze, 3457 m, 3 Std.
Saykogel, 3360 m, 3 Std.
Finailspitze, 3516 m, 4 Std.
Hauslabkogel, 3403 m, 3½ Std.
Ötztal-Bhf.
Vent
Vent

Hochwildehaus

2883 m; erb. 1938/39
DAV Sektion Karlsruhe
Willi-Egler-Str. 6
D-76189 Karlsruhe
✆ 0721/575547

- Sigmund Gufler
  Burgstein 60
  A-6444 Längenfeld
  ✆ 05253/5396
- Hochwildehaus
  A-6456 Obergurgl
  Y über Langtalereckhütte
  05256/233
- Anfang März bis Mitte Mai, 20.06. bis 30.09.
  22 Betten, 70 Lager, 20 Notlager; ab Langtalereckhütte
- 220 Volt mit Aggregat
- offen; 10 Lager im Nebengebäude
- Obergurgl über Langtalereckhütte 4½ Std.
- Ramolhaus 3 Std.; Martin-Busch-Hütte 6 Std.
  Stettiner Hütte (Eisjöchlhütte) 3½ Std.; Zwickauer Hütte 3½ – 4 Std.
- △ Hochwilde, 3482 m, 4 Std.; Annakogel, 3336 m, 3 Std.;
  Falschungspitze, 3363 m, 3½ Std.; Schalfkogel, 3540 m, 3½ Std.
  Bankkogel, 3309 m, 3 Std.
- Ötztal-Bhf.
- Obergurgl
- Obergurgl

Lodnerhütte
Cima Fiammante, Rifugio

2262 m; erb. 1890, umgeb. 1986
CAI-Sektion Meran
Freiheitsstr. 188
I-39012 Meran
✆ 0473/48944

- Luis Hofer
  Mitterhofer Str. 46
  I-39020 Partschins
  ✆ 0473/97595
- Lodner Hütte
  Zieltal
  I-39020 Partschins
  ✆ 0473/97367
- 25.06. bis 30.09.
  15 Betten, 30 Lager, 14 Notlager

- 220 Volt mit Aggregat
- offen
- Partschins (Ghs. Birkenwald) 3¾ Std.; Nassereith-Hütte 2 Std.
- Stettiner Hütte (Eisjöchlhütte) 3 Std.; Eishof 3½ Std.
  Guido-Lammer-Biwak 2 Std.; Hochganghaus 5 Std.
- Lodner, 3228 m, 3 Std.; Roteck, 3337 m, 3 Std.
  Tschigat, 2998 m, 3 Std.; Hohe Weiße, 3279 m, 4 Std.
- Meran
- Partschins
- Gasthaus Birkenwald

Martin-Busch-Hütte

2501 m; erb. 1938, umgeb. 1952
DAV Sektion Berlin
Hauptstr. 23/24
D-10827 Berlin
✆ 030/7814930

- Johann Scheiber
  A-6458 Vent 34
  ✆ 05254/8130
- Martin-Busch-Hütte
  A-6458 Vent
  ✆ 05254/8130 Y zur Hütte
- Anfang März bis Mitte Mai, Ende Juni bis Ende September; 40 Betten, 100 Lager
- 220 Volt
- offen, 15 Lager
- Vent 2½ Std.
- Similaunhütte 2 Std.; Hochjoch-Hospiz 5 Std.; Ramolhaus 6 – 7 Std.
  Hochwildehaus 6 Std.; Wirtshaus Schöne Aussicht (I) 5 Std.
- Similaun, 3606 m, 4 Std.; Kreuzspitze, 3457 m, 3 Std.
  Mutmalspitze, 3528 m, 4 Std.; Saykogel, 3360 m, 3 Std.
  Finailspitze, 3514 m, 4 Std.; Hauslabkogel, 3403 m,,3 Std.
  Hintere Schwärze, 3624 m, 4½ Std.
- Ötztal-Bhf.
- Vent
- Vent

Melager Hütte

1970 m; privat

- K. Köllemann
  Melag
  I-39020 Graun/Vinschgau
  ✆ 0473/633144

- Melager Hütte
  Melag
  I-39020 Graun/Vinschgau
- ganzjährig; 8 Betten
- 220 Volt
- Melag $^1/_2$ Std.
- Weißkugelhütte 2 Std.
- siehe Weißkugelhütte
- Meran
- Graun oder Melag
- Melag

Nassereith-Hütte

1523 m; Besitzer: Alminteressengemeinschaft Zielalm

- Hansjörg Reiner
  I-39020 Partschins
  ✆ 0473/98222
- Nassereith-Hütte
  I-39020 Partschins
- 15.05. bis 31.10.; 6 Betten, 20 Lager
- 220 Volt mit Generator
- Partschins $2^1/_2$ Std.; Rabland $2^1/_2$ Std.; Steinerhof 20 Min.
- Lodnerhütte 2 Std.; Hochganghaus $2^1/_2$ Std.
- siehe Lodnerhütte
- Meran
- Partschins
- Partschins, Gasthaus Birkenwald

Oberetteshütte (Höller-Hütte)

2677 m; erb. 1988
AVS Sektion Mals
Rußlandstr. 19
I-39024 Mals
✆ 0473/81325

- Helene Pobitzer-Burgo
  Schleis 71/D
  I-39024 Mals
  ✆ 0473/81094
- Oberetteshütte
  I-39024 Mals
  ✆ 0473/80280
- Ende Juni bis Anfang Oktober
  40 Betten, 25 Lager
  Duschgelegenheit

220 Volt mit Aggregat;
offen
von den Glieshöfen im Matschertal 2½ Std.; Matsch 4 Std.
→ Weißkugelhütte 6 Std.
Wirtshaus Schöne Aussicht 4 Std.
Kurzras über Matscher-Bildstöckljoch 4 Std.
△ Weißkugel, 3739 m, 3½ Std.
Schwemserspitze, 3456 m, 2½ Std.
Äußere Quellspitze, 3385 m, 2 Std.
Saldurspitze, 3433 m, 4 Std.
Freibrunnerspitze, 3355 m, 3½ Std.
Äußerer und Innerer Bärenbartkogel, 3471 m, 3557 m, 4 Std.
Meran oder Landeck
Mals
Glieshof

Schöne-Aussicht, Schutzhaus Bella Vista, Rifugio

2846 m; umgeb. 1985
privat: Paul Grüner
(Gasthaus Goldene Rose)
Karthaus
I-39020 Schnalstal
✆ und Fax 0473/89130

Schutzhaus Schöne Aussicht
Kurzras 62
I-39020 Schnalstal
✆ 0473/662140
20.12. bis 10.05., , 20.06. bis 10.10.; 42 , 19
220 Volt
mit zugänglich
Kurzras 2 Std.; Vent im Ötztal 5 Std.; ab Bergstation der Grawand 1 Std.
→ Similaunhütte 3 Std.
Oberetteshütte (Höllerhütte) 4 Std.
Hochjoch-Hospiz 2 Std.
Martin-Busch-Hütte 4 Std.
△ Finailspitze, 3516 m, 2½ Std.
Weißkugel, 3739 m, 4 Std.
Im Hinteren Eis, 3269 m, 1½ Std.
Meran
Kurzras
Kurzras

Similaunhütte

3017 m; erb. 1893, umgeb. 1992
privat

Markus Pirpamer
A-6458 Vent
✆ 05254/8119 (A)
✆ 0473/89636 (I)

Similaunhütte
I-39020 Vernagt/Schnalstal
✆ 0473/89711

März bis Mai, , Anfang Juli bis Anfang Okt.; 40 , 20

mit Generator

Vernagt im Schnalstal 3 Std.
Vent im Ötztal 4 Std.

Martin-Busch-Hütte 2 Std.
Hochjoch-Hospiz 4 Std.; Wirtshaus Schöne Aussicht (Rif. Bella Vista) 3 Std.

Similaun, 3606 m, 2 Std.; Finailspitze, 3516 m, 2 Std.
Hauslabkogel, 3403 m, 2 Std.; Marzellspitzen – Hintere Schwärze, 3628 m, 5 Std.

Meran oder Ötztal-Bahnhof

Vernagt oder Vent

Vernagt oder Vent

Stettiner Hütte (Eisjöchlhütte) Francesco Petrarca, Rifugio

2875 m, erb. 1897, umgeb. 1992/93
CAI Sektion Meran
Freiheitsstr. 188
I-39012 Meran
✆ 0473/48944

Fam. Fontana
I-39013 Moos im Passeier
✆ 0473/643545

Stettiner Hütte
I-39013 Moos im Passeier

15.07. bis 30.09.; 90 Schlafplätze

220 Volt mit Aggregat

offen

Pfelders 4 Std.; Pfossental (Gasthaus Jägerrast) 4 Std.

Lodnerhütte 2½ Std.; Hochganghaus 5½ Std.; Zwickauer Hütte 4 Std.

Hohe Wilde, 3482 m, 2 Std.; Hohe Weiße, 3279 m, 2½ Std.

Meran

Moos im Passeier

Pfelders-Plan

Weißkugelhütte
Pio XI, Rifugio

2544 m;erb. 1893, umgeb. 1935
CAI-Sektion Desio
Via Montello 34
I-20033 Desio
✆ 0362/626884

- Christian Hohenegger
  Langtaufers 100
  I-39020 Graun im Vinschgau
  ✆ 0473/633434 oder 633157
- Weißkugelhütte
  Langtaufers
  I-39020 Graun
  ✆ 0473/633191
- 01.03. bis 01.05., für ⛷ am Wochenende auf Anfrage, 01.07. bis 01.10. durchgehend
  44 ⊓, 10 ⊔; im Sommer Duschmöglichkeit
- 220 Volt
- derzeit (1994) keiner
- Melag 2 Std.; im Winter 3 Std.
- → Brandenburger Haus 3 Std.
  Rauhekopfhütte 4 Std.
  Hochjoch-Hospiz 5 Std.
  Oberetteshütte 6 Std.
  Wirtshaus Schöne Aussicht 4 Std.
- △ Weißkugel, 3738 m, 4½ Std.
  Langtaufererspitze, 3520 m, 4 Std.
  Weißseespitze, 3526 m, 3½ Std.
  Innerer Bärenbartkogel, 3557 m, 3½ Std.
- Meran oder Landeck
- Melag
- Melag

Zwickauer Hütte (Planfernerhütte); Plan, Rifugio

2979 m; erb. 1894, neu aufgeb. 1984
CAI Sektion Meran
Freiheitsstr. 188
I-39012 Meran
✆ 0473/48944

- Martin Fontana
  I-39013 Moos im Passeier
  ✆ 0473/643557
- Zwickauer Hütte
  I-39013 Moos im Passeier
- 15.06. bis 30.09.; 100 Schlafplätze

220 Volt mit Generator
offen; 4 ⌐¬; Kochgelegenheit
↗ Pfelders 4 Std.
→ Stettiner Hütte 4 Std.
Hochwildehaus 3 Std.
Langtalereckhütte 3 Std.
Schönwieshütte 4 Std.
△ Rotmooskogel, 3336 m, 2½ Std.
Hinterer Seelenkogel, 3470 m, 1½ Std.
Trinkerkogel, 3161 m, 1 Std.
Scheiberkogel, 3135 m, 1 Std.
Meran
Moos im Passeier
Pfelders

Pfaffenhofen
Rietz
Stams
Silz
Haiming
Inzing
Oberperfuss
Kematen
Völs
Axams
Roßkogel
2646
Wald
Au
Oetz
Kühtai
Haggen
St. Sigmund
i. Sellrain
Gries i. Sellrain
Sellrain
3007
3016
Acherkg.
Sulzkogel
Kalkkögel
2804
Umhausen
Niederthai
3287
Breiter
Grießkogel
Milders
Gries
Längen-
feld
Krößbach
Huben
Schrankogel
3497
3474
Ruderhofsp.
Ranalt
3277
Habicht
Wilde Leck
3359
Sulzenau Htt.
Bremer Htt.
Dresdner Htt.
Nürnberger Htt.
Wilder Freiger
Hildesheimer Htt.
Teplitzer Htt.
Müller Htt.
Zuckerhütl
Becher Hs.
Grohmann Htt.
Siegerland Htt.
Maiern
Schneeberg H.
Flading
H. Kreuzsp.
2744
Moos
Walten

31 Stubaier Alpen

Umgrenzung

Im Norden der Alpenhauptkamm entlang der Grenze Österreich – Italien vom Timmelsjoch zum Brennerpaß – das Eisacktal bis Sterzing, dann das Jaufental – Jaufenpaß – St. Leonhard und das Passeiertal bis zum Timmelsjoch

Becherhaus
Gino Biasi al Bicchiera, Rifugio

3195 m; erb. 1893/94, umgeb. 1987
CAI Sektion Verona
Via S. Toskana 11
I-37129 Verona
✆ 045/8030555

- ✝ E. u. H. Vantsch
  Mareit 22
  I-39040 Ratschings
  ✆ 0472/756884
- ⌂ Becherhaus
  I-39040 Ratschings-Margeit
  ✆ 0473/66377
- ✕ 01.07. bis 20.09.
  40 🛏, 60 ⊓, 10 ⊔
- ⚡ 220/240 Volt mit Solaranlage
- ❄ mit 🔑 vom Hüttenwirt zugänglich
- ↗ Maiern-Ridnaun 7 Std.; Schönau 6 – 7 Std.; Ranalt 6 – 7 Std.
- → Müllerhütte ½ Std.; Teplitzer Hütte 2 Std.; Sulzenauhütte 2½ Std.
  Nürnberger Hütte 3½ Std.; Hildesheimer Hütte 4 Std.; Siegerlandhütte 3½ Std.
- △ Zuckerhütl, 3505 m, 3 Std.; Wilder Freiger, 3419 m, 1 Std.; Botzer, 3251 m, 2½ Std.
  Wilder Pfaff, 3457 m, 2 Std.; Sonklarspitze, 3471 m, 2½ Std.
- 🚆 Sterzing oder Fulpmes im Stubaital
- 🚌 Maiern oder Ranalt im Stubaital
- 🚗 Maiern oder Ranalt im Stubaital

Bremer Hütte

2413 m; erb. 1897
DAV Sektion Bremen
Eduard-Grunow-Str. 30
D-28203 Bremen
✆ 0421/72484

- ✝ Heinrich Pranger
  A-6150 Gschnitz 71
  ✆ 05276/292, 0663/58231
- ⌂ Bremer Hütte
  A-6150 Gschnitz
  ✆ 0663/57545
- ✕ Ende Juni bis Ende Sept.
  22 🛏, 40 ⊓, 20 ⊔
  Gepäcktransport auf Anfrage
- ❄ 10 ⊓; mit 🔑 vom Hüttenwirt zugänglich

↗ Gschnitz 3 Std.; Lapones-Alm 2½ Std.
→ Nürnberger Hütte 3 Std.; Innsbrucker Hütte 6 Std.; Magdeburger Hütte 4 Std.
△ Östl. Feuerstein, 3268 m, 3½ Std.; Westl. Feuerstein, 3245 m, 3½ Std.
Innere Wetterspitze, 3055 m, 3 Std.; Schafkampspitze, 3016 m, 3½ Std.
Steinach am Brenner
Gschnitz (Gasthaus Feuerstein)
Gschnitz (Gasthaus Feuerstein)

Dresdner Hütte

2302 m; erb. 1887, umgeb. 1968
DAV Sektion Dresden
Wielandstr. 16
D-71032 Böblingen
✆ 07031/220239

H. u. E. Hofer
A-6167 Neustift/Stubaital
✆ 05226/2717
Dresdner Hütte
A-6167 Neustift/Stubaital
✆ 05226/8112
✕ ganzjährig außer Juni
80 Betten, 120 Lager
220 Volt
❄ 8 Lager
↗ Mutterbergalm 2 Std.
zum Haus
→ Sulzenauhütte 2 Std.; Hildesheimer Hütte 4 Std.; Hochstubaihütte 6 Std.
Neue Regensburger Hütte 5½ Std.; Siegerlandhütte 6 Std.
Becherhaus (I) 6 Std.; Müllerhütte (I) 6½ Std.
△ Zuckerhütl, 3505 m, 4½ Std.; Wilder Pfaff, 3458 m, 4½ Std.
Schaufelspitze, 3332 m, 3½ Std.; Großer Trögler, 2902 m, 2 Std.
Innsbruck oder Fulpmes
Mutterbergalm-Talstation
Mutterbergalm

Edelweißhütte

1996 m; privat

Familie Oberhofer
I-39040 Gossensaß-Pflersch
✆ 0472/770571
Edelweißhütte
I-39040 Gossensaß-Pflersch
✆ 0472/770525
✕ Wintersaison, 10.07. bis 15.09.; 32 Schlafplätze
220 Volt

↗ Außerpflersch 2¼ Std.; Bergstation des Ladurnser 🚡 1¼ Std.; Annichen 2 Std.
→ Sterzinger Haus 3 Std.; Gasthaus Furl 3 Std.
△ Telfer Weißen, 2588 m, 1¾ Std.; Wetterspitze, 2709 m, 2½ Std.
🚆 Pflersch oder Gossensaß
🚌 Außerpflersch – Lift-Talstation
🚗 im Pflerschtal

Egger Grubalm

1929 m; erb. 1964; privat

🏠 Egger Grubalm
Stuls
I-39013 Moos im Passeier
✕ ganzjährig; 20 Schlafplätze
⚡ 220 Volt
↗ Stuls 1¾ Std.
→ Hochalm ¾ Std., Fleckerhütte – Jaufenpaß
△ Hohe Kreuzspitze, 2743 m, 3 Std.; Hochwart, 2608 m, 2 Std.
Kreuzjoch, 2481 m, 2¼ Std.
🚆 Meran oder Sterzing
🚌 Stuls
🚗 Stuls

Furl, Gasthaus

1860 m; erb. 1968, umgeb. 1982
privat

🚶 Johann Leitner
Matzes 31
I-39049 Sterzing
✆ 0472/764357
🏠 Gasthaus Furl
Joh. Leitner
Roßkopf
I-39049 Sterzing
✆ 0472/764825
✕ Anfang Dez. bis 15. April, ⛷,
01.06. bis 15.10.
15 🛏, 10 ⊓, 5 ⊔
⚡ 220 Volt
↗ Sterzing 2 Std.; Gossensaß 2½ Std.; Roßkopf-Bergstation ¼ Std.
→ Sterzinger Haus ¼ Std.; Roßkopfhütte ¼ Std.
△ Roßkopf, 2189 m, 1½ Std.; Telfer Weißen, 2588 m, 2½ Std.
🚆 Sterzing
🚌 Sterzing-Ober-Telfes
🚗 Sterzing- 🚡, im Sommer in Hüttennähe 🅿

Grohmannhütte (Übeltalfernerhütte); Vedretta Piana, Rifugio

2254 m; erb. 1887, umgeb. 1982/84
CAI Sektion Sterzing
Penserjochstr. 8
I-39049 Sterzing
✆ 0472/765369

- Margareth Markart
  I-39040 Ridnaun 10 a
  ✆ 0472/66256
- Grohmannhütte
  I-39040 Ridnaun
- 20.06. bis 30.09.; 10 Schlafplätze
- 220 Volt
- Ridnaun-Maiern Erzaufbereitung 2½ Std.
- Teplitzer Hütte 1 Std.; Becherhaus 4 Std.; Müllerhütte 4½ Std.
  Magdeburger Hütte 4 Std.; Schneeberghütte 5 Std.
- Botzer, 3251 m, 3½ Std.; weitere Gipfel siehe Teplitzer Hütte
- Sterzing
- Maiern-Ridnaun
- Maiern Erzaufbereitung

Hildesheimer Hütte

2899 m; erb. 1896, umgeb. 1974
DAV Sektion Hildesheim
Schuhstraße 33
D-31134 Hildesheim
✆ 02152/134208 (16.30 – 18.30 Uhr)

- Gustav Fiegl
  Windau 608
  A-6450 Sölden
  ✆ 05254/2090
- Hildesheimer Hütte
  A-6450 Sölden
  ✆ 05254/2300
- Ende Juni bis Ende Sept.
  24 Betten, 56 Lager, 25 Notlager
  Gepäcktransport auf Anfrage
- 220 Volt mit Aggregat
- offen; 6 Lager
- Sölden 4 – 5 Std.; vom Eisgratjoch (Seilbahn von der Mutterbergalm) 2½ Std.
- Siegerlandhütte 3 Std.; Dresdner Hütte 2½ Std.; Becherhaus 4 Std.
  Müllerhütte 3½ Std.; Amberger Hütte 5 Std.; Hochstubaihütte 5½ Std.
- Zuckerhütl, 3505 m, 3 Std.; Wilder Pfaff, 3458 m, 3 Std.
- Ötztal-Bhf. für Sölden, Innsbruck für Stubaital
- Sölden oder Mutterbergalm
- Sölden oder Mutterbergalm

Hochalm

2174 m; privat

- Familie Gufler
  Stuls
  I-39013 Moos im Passeier
  ✆ 0473/85547
- siehe Adresse Hüttenwirt
- Pfingsten bis Anfang Oktober; 56 Schlafplätze
- Stuls 2½ Std.
- Egger Grubalm ½ Std.; Fleckerhütte – Jaufenpaß
- Hohe Kreuzspitze, 2743 m, 2½ Std.; Hochwart, 2608 m, 1½ Std.
  Kreuzjoch, 2481 m, 1¾ Std.
- Meran oder Sterzing
- Stuls
- Stuls

Hochfirst, Gasthof

1860 m; erb. 1958, umgeb. 1978
privat

- Siegfried Pöhl
  Kohlstatt 47
  I-39015 St. Leonhard
  ✆ 0473/86297
- Gasthof Hochfirst
  Timmelsjochstr. 56
  I-39013 Moos i. Passeier
  ✆ 0473/643532
- Juni bis November
  18 Betten, 30 Lager
- Moos i. Passeier 3 Std.
  PKW zum Haus
- Schneeberghütte 2 Std.
  Siegerlandhütte 3½ Std.; Müllerhütte 7 Std.
- Meran
- Moos i. Passeier
- beim Haus P

Hochstubaihütte

3173 m; erb. 1931 – 1933
DAV Sektion Dresden
Wielandstr. 16
D-71032 Böblingen

- Antonia Falkner
  Windau-Neubau
  A-6450 Sölden
  ✆ 05254/3240 (Y zur Hütte)
- ✗ Anfang Juli bis Mitte Sept.
  8 Betten, 37 Lager, 10 Notlager
- 6 offen SR
- ↗ Sölden, 1367 m – Klebaralm, 1985 m – Laubkar 5 – 6 Std.
  über Gasthaus Fiegl, 1959 m – Seekar 5 – 6 Std
  Gries, 1572 m – Amberger Hütte, 3115 m, 7 – 8; Stubaier Gletscher 3 – 3½ Std.
- → Amberger Hütte 3 Std.
  Dresdner Hütte 4 – 5 Std.
  Hildesheimer Hütte 3 – 4 Std.
- △ Wilde Leck 2½ – 3 Std.
  Warenkarseitenspitze 1Std.
  Überscheitung des Daunkogelkammes 7 – 8 Std.
  Hoher Nebelkogel ¼ Std.
  Stubaier Wildspitze 3½ Std.
  Östl. Daunkogel 4 Std.
- Ötztal-Bahnhof
- - Sölden P

Ladurnser Hütte

1731 m; privat

- Familie Keim
  I-39040 Gossensaß-Pflersch
  ✆ 0472/770012
- Ladurnser Hütte
  I-39040 Gossensaß-Pflersch
- ✗ Wintersaison, 10.07. bis 15.09.; 13 Schlafplätze
- 220 Volt
- ↗ Außerpflersch 1½ Std.; aus dem Pflerschertal zum Haus
- → Edelweißhütte 1 Std.
- △ siehe Edelweißhütte
- Pflersch oder Gossensaß
- Außerpflersch-Lifttalstation
- im Pflerschertal

Magdeburger Hütte
Cremona, Rifugio

2423 m; erb. 1886, umgeb. 1970/80
CAI Sektion Sterzing
Penserjoch Str. 8
I-39049 Sterzing
✆ 0472/765369

- Josef Rainer
  I-39040 Gossensaß
  ✆ 0472/62014
- Magdeburger Hütte
  I-39040 Gossensaß-Pflersch
  ✆ 0472/62472
- ✕ 30.06. bis 30.09.
  40 Schlafplätze
- 220 Volt mit Aggregat
- offen
- ↗ Innerpflersch-Stein 3 Std.
- → Tribulaunhütte 3 Std.; Teplitzer Hütte 4 Std.; Bremer Hütte 4 Std.
  Becherhaus 5 Std.; Müllerhütte 5½ Std.; Grohmannhütte 5 Std.
- △ Feuersteine, 3250 m und 3267 m, 3 Std.; Schneespitz, 3172 m, 2 Std.
  Agglspitze, 3196 m, 3 Std.; Weißwandspitze, 3018 m, 2 Std.
- Gossensaß
- Pflersch
- Pflersch-Stein

Müllerhütte
Cima Libera, Rifugio

3148 m; erb. 1907, umgeb. 1991/92
CAI Sektion Bozen
Obstplatz 46
I-39100 Bozen
✆ 0471/978172

- Arthur Lanthaler
  Maurerweg 5
  I-39049 Sterzing
  ✆ 0472/766710
- Müllerhütte
  Arthur Lanthaler
  I-39040 Ridnaun-Ratschings
  z.Zt. (1994) Y 0337/451384
- ✕ 01.07. bis 20.09.
  25 Betten, 50 Lager, 25 Notlager
- 220 Volt mit Aggregat
- offen; 20 Lager; Kochgelegenheit

↗ Ridnaun-Maiern 7 Std., Schönau 7 Std., Grawa-Alm 5 Std., Dresdner Hütte 3½ Std.
→ Becherhaus ½ Std., Teplitzer Hütte 2 Std., Sulzenauhütte (A) 2 Std., Nürnberger Hütte (A) 4 Std., Hildesheimer Hütte (A) 3¾ Std., Siegerlandhütte (A) 5 Std.
△ Wilder Pfaff, 3457 m, 1½ Std.; Wilder Freiger, 3419 m, 1½ Std.; Zuckerhütl, 3505 m, 2½ Std.; Sonklarspitze, 3457 m, 1½ Std.; Botzer, 3251 m, 2½ Std.
Sterzing, Meran oder Innsbruck-Fulpmes
Maiern, Ranalt und Mutterberg-Alm
Maiern (Ridnaun) oder Grawa-Alm (Stubaital)

Nürnberger Hütte

2297 m; erb. 1886, umgeb. 1962
DAV Sektion Nürnberg
Kornmarkt 6
D-90402 Nürnberg
✆ 0911/225308

Ignaz Siller
Dorf 246
A-6167 Neustift/Stubaital
✆ 05226/2539

Nürnberger Hütte
A-6167 Neustift/Stubaital
✆ 05226/2492

Mitte Juni bis Anfang Oktober
57 Betten, 84 Lager, 10 Notlager

220 Volt

mit Schlüssel zugänglich; 12 Lager

↗ Ranalt 3 Std.
→ Sulzenauhütte 2½ Std.; Bremer Hütte 3½ Std.; Becherhaus (I) 5 Std. Müllerhütte (I) 5 Std.
△ Wilder Freiger, 3418 m, 4 Std.; Feuersteine, 3268 m und 3245 m, je 3½ Std.
Innsbruck oder Fulpmes
Ranalt, Mutterbergalm
Ranalt, Talende

Padasterjochhaus

2232 m
erb. 1907
TVN Landesleitung Wien
Diefenbachgasse 36
A-1150 Wien
✆ 0222/4936141

Paul Pranger
Kampl 901
A-6167 Neustift
✆ 05226/3101

Padasterjochhaus
A-6167 Neustift
© 0663/58682 (18.00 – 20.00 Uhr)
20. Juni bis Ende September; 15, 40
220 Volt mit Aggregat
Trins 2½ Std.; Steinach 5½ Std.; Needer-Pinnistal (Rohrauer-Steig) 4½ Std.
Maria Waldrast 3½ Std.; Blaserhütte 3½ Std.; Innsbrucker Hütte 5 Std.
Tribulaunhaus TVN
Kirchdachspitze, 2840 m, 2 Std.; Hammerspitze, 2643 m, 1 Std.
Wasenwand, 2563 m, ¾ Std.; Kesselspitze, 2728 m, 2 Std.; Serles, 2718 m, 4 Std.
Steinach am Brenner
Trins
Trins – Bichl

Schneeberghütte San Martino Monteneve, Rifugio

2355 m
erb. 1925, umgeb. 1964/90
CAI Sektion Meran
Freiheitsstr. 188
I-39012 Meran
© 0473/48944

Hermann Gufler
Rabenstein 42
I-39013 Moos i. Passeier
© 0473/643642
Schneeberghütte
Hermann Gufler
I-39013 Moos i. Passeier
© 0473/643933
01.06. bis 15.10.
15, 38, 4
220 Volt
mit vom Hüttenwirt
Rabenstein (Passeier) 2½ Std.; Maiern (Ridnaun) 5 Std.
Siegerlandhütte 3½ Std.; Teplitzer oder Feuersteinhütte 4 Std.
Müllerhütte 5 Std.; Becherhaus 5½ Std.
Botzer, 3251 m, 4 Std.
Wilder Freiger, 3418 m, 6 Std.
Wilder Pfaff, 3456 m, 6 Std.
Zuckerhütl, 3507 m, 6 Std.
Meran oder Sterzing
Moos (Passeier) oder Maiern (Ridnaun)
Rabenstein (Passeier) oder Maiern (Ridnaun)

Siegerlandhütte

2710 m; erb. 1930
DAV Sektion Siegerland
Freudenberger Str. 281
D-57072 Siegen
✆ 0271/37363

- Hermann Fiegl, Wohlfahrt 550, A-6450 Sölden, ✆ 05254/2189
- Siegerlandhütte, A-6450 Sölden, ✆ 05254/2142
- Anfang Juli bis Ende Sept.
  26 Betten, 37 Lager, 9 Notlager
- 220 Volt mit Aggregat
- offen; 7 Lager
- Sölden über Ghs. Fiegl 5 Std.; Ghs. Fiegl 3 Std.
- Hildesheimer Hütte 3 Std.; Müllerhütte 4½ Std.; Schneeberghütte 3½ Std.
- Sonklarspitze, 3477 m, 3 Std.; Zuckerhütl, 3507 m, 4 Std.
- Ötztal-Bhf.
- Sölden
- Sölden-Windachtal

Sterzinger Haus

1930 m; erb. 1975
AVS Sektion Sterzing
I-39049 Sterzing (Postfach)
✆ 0472/765777 (Schölzhorn)

- Reinhold Oberjakober, I-39049 Sterzing, Lahnstr. 25/B, ✆ 0472/764481
- Sterzinger Haus, I-39049 Sterzing, ✆ 0472/765301
- 1.12. – Ostern, 1.6. – 15.10.
  40 Betten, 44 Lager, 15 Notlager
- 220 Volt
- Sterzing 2½ Std.; Gossensaß 3½ Std.; Außerpflersch 3 Std.; Raminges 1½ Std.; Seilbahn zum Roßkopf, dann ¼ Std.
- Furlhütte ¼ Std.; Ridnaun über Pritscher-Alm 5 Std.; Roßkopfhütte ¼ Std.
- Roßkopf, 2189 m, ¾ Std.; Telfer Weißen, 2588 m, 2 Std.
- Sterzing
- Sterzing oder Außerpflersch
- Sterzing, Talstation Roßkopfbahn oder Raminges

Sulzenauhütte

2191 m; erb. 1926, neu aufgeb. 76/78
DAV Sektion Leipzig-München
Wendl-Dietrich-Str. 22
D-80634 München
✆ 089/164460

- Leo Schöpf
  Kampl 625
  A-6167 Neustift/Stubaital
  ✆ 05226/2455
- Sulzenauhütte
  A-6167 Neustift
  ✆ 05226/2432
- Ostern, Pfingsten, im Frühjahr auf Anfrage an Wochenenden, 01.06. bis 30.09.; 28 Betten, 122 Lager
- 220 Volt mit Aggregat, Seilbahn
- mit Schlüssel zugänglich; 18 Lager
- Grawa-Alm 2 Std.
- Nürnberger u. Dresdner Hütte je $2\frac{1}{2}$ Std., Müllerhütte $3\frac{1}{2}$ Std., Becherhaus 4 Std.
- Zuckerhütl, 3507 m, 5 Std.; Wilder Freiger u. Pfaff, 3418 m, 3456 m, $4\frac{1}{2}$ Std.
- Innsbruck oder Fulpmes
- Grawa-Alm
- Grawa-Alm

Teplitzer Hütte
Vedretta Pendente, Rif.

2586 m; erb. 1880, umgeb. 1992
CAI-Sektion Sterzing
Penserjoch Str. 8
I-39049 Sterzing
✆ 0472/765369

- Margareth Markart
  I-39040 Ridnaun 10a
  ✆ 0472/66256
- Anschrift siehe Hüttenwirtin
- 01.07. bis 30.09.; 30 Betten, 30 Lager
  Selbstversorgerraum
- 220 Volt mit Generator
- offen; 5 Lager; Kochgelegenheit
- Ridnaun 3 Std.; Pflersch 5 Std.
- Becherhütte 3 Std.; Müllerhütte $3\frac{3}{4}$ Std.; Magdeburger Hütte 4 Std.
- Wilder Freiger, 3419 m, 3 Std.; Östl. Feuerstein, 3267 m, $2\frac{1}{2}$ Std.
- Sterzing
- Maiern-Ridnaun
- Maiern

Tribulaunhaus

2064 m; erb. 1935, neu aufgeb. 75/76
TVN Landesleitung Innsbruck
Salurner Str. 1
A-6021 Innsbruck
✆ 0512/584144

Josef Pranger
A-6150 Gschnitz 77
✆ 05276/252
Tribulaunhaus des TVN
A-6150 Gschnitz 77
Mitte Juni bis Ende Sept.
2 🛏, 36 ⊓, 10 ⊔
220 Volt mit Aggregat
Gschnitz 2½ Std.
Obernberg 4 Std.
→ Tribulaunhütte 2½ Std.; Schneetalscharte 2 Std.; Gstreinjöchl 1½ Std.
△ Goldkappl, 2793 m, 3½ Std.; Pflerscher Tribulaun, 3096 m, 5 Std.
Gschnitzer Tribulaun, 2946 m, 3 Std.; Schwarze Wand, 2917 m, 3 Std.
Steinach am Brenner
Gschnitz (Gasthaus Feuerstein)
Gschnitz (Gasthaus Feuerstein)

Tribulaunhütte
C. Calciati al Tribulaun, Rif.

2369 m; erb. 1892, umgeb. 1960
CAI-Sektion Sterzing
Penserjochstr. 8
I-39049 Sterzing
✆ 0472/765369

Paul Eisendle
Innerpflersch 136
I-39040 Gossensaß
✆ 0472/770050
Adresse siehe Hüttenwirt
✆ 0472/62470
01.07. bis 30.09.
19 🛏, 30 ⊓, 10 ⊔
220 Volt mit Aggregat
offen; 8 ⊓; Kochgelegenheit
Innerpflersch 2¾ Std.
→ Magdeburger Hütte 3 Std.; Tribulaunhaus 2 Std.
△ Pflerscher Tribulaun, 3097 m, 3 Std.; Weißwandspitze, 3016 m, 2½ Std.
Gossensaß
Pflersch – St. Anton
Pflersch – Hinter Stein

Elzenbaum
Stilfes
Penser Joch
St. Leonhard
Weißhorn
2705
2746
Hochwart
Pens
Weißenbach
Flaggerscharten Htt.
2741
Jakobsspitze
Durnholz
Vahrn
2781
Hirzer Sp.
Aberstückel
Radlsee Htt.
Brixen
Verdins
2436
Ifinger Htt.
Klausener Htt.
Schönna
Reinswald
Meraner Htt.
Rotwand Htt.
MERAN
Astfeld
Latzfons
2509
Villanders B.
St. Katharina
Sarnthein
Rittner Horn
Rittner-
Horn-H.
2259
Burgstall
Bundschen
Barbian
Vöran
Mölten
Flaas
Gargazon
Afing
Lengstein
Vilpian
Salten
1468
Jenesien
Klobenstein
Terlan
BOZEN

32 Sarntaler Alpen

Umgrenzung

Das Eisacktal von Sterzing bis Bozen – das Etschtal bis Meran – das Passeiertal bis St. Leonhard – über den Jaufenpaß und das Jaufental nach Sterzing

Flaggerschartenhütte (Marburg-Siegener-Hütte) Forcella Vallaga, Rif.

2480 m; erb. 1911, umgeb. 1981
CAI Sektion Franzensfeste
Piazza Municipio 1
I-39045 Franzensfeste
✆ 0472/764162

- Sommervilla Giovanna Coccia
  Bahnhofsplatz 13/5
  I-39042 Brixen
  ✆ 0472/34562
- Flaggerschartenhütte
  I-39042 Brixen
  ✆ 0471/625251
- 20.06. bis 30.09.
  16, 24, 4
- 220 Volt
- offen; 4
- Durnholzersee $2\frac{1}{2}$ Std.; Mittewald 4 Std.
- Klausener Hütte 5 Std.; Latzfonser-Kreuz-Hospiz 5 Std.; Penser Joch $4\frac{1}{2}$ Std. Pens-Asten 3 Std.; Grasstein über Pundleidersee 4 Std.
- Tagewaldhorn, 2708 m, $1\frac{1}{2}$ Std.; Jakobsspitze, 2742 m, 1 Std.
- Mittewald, Franzensfeste
- Durnholz, Mittewald
- Durnholzersee

Gasserhütte

1744 m; privat
Besitzerin: Monica Gasser
I-39043 Villanders-St. Moritz   30.000 einschl. Frühstück

- Josef Huber
  I-39042 Villanders-St. Moritz 58
  ✆ 0472/53326   843510
- Wintersaison zum Langlaufen, 15.05. bis 10.11.; 8
- 220 Volt
- Sambergerhof $\frac{3}{4}$ Std.
  Villanders $1\frac{1}{2}$ Std.; PKW-Zufahrt möglich
- Stöfflhütte $1\frac{1}{2}$ Std.
  Schartenbiwak $3\frac{1}{4}$ Std.
  Rittner-Horn-Haus $2\frac{1}{4}$ Std.
- Villandersberg, 2509 m, 3 Std.
- Klausen
- vom 01.07. bis 13.09. Sambergerhof, sonst Villanders
- Sambergerhof oder beim Haus

Hirzerhütte (Tallner Alm)

2020 m; erb. 1873, umgeb. 1965
privat

- Karl Kofler
  Gasthaus Alpenhof
  I-39010 Saltaus-Passeier
  ✆ 0473/645425
- Hirzerhütte
  I-39010 Saltaus
  Y über Gasthaus Alpenhof
- 01.06. bis 31.10.; 10 Betten, 30 Lager
- 220/380 Volt
- Saltaus 4½ Std.
  Aberstückl 5 Std.
  Saltaus-Klammeben, dann ¼ Std.
- → Meraner Hütte 4 – 5 Std.; Ifingerhütte 3 – 4 Std.
  Pfandleralm 3 Std.; Kesselberghütte 5½ Std.
- △ Hirzer, 2781 m, 2 Std.
- Meran
- Saltaus oder Verdins
- Saltaus-Tall oder Verdins

Ifingerhütte, Rifugio Picco Ivigna

1815 m; erb. 1908, umgeb. 1978
CAI Sektion Meran
Freiheitsstr. 188
I-39012 Meran
✆ 0473/48944

- Josef Mittelberger
  Katzensteinerstr. 5
  I-39012 Meran
  ✆ 0473/236404
- Ifingerhütte
  I-39017 Schenna bei Meran
- 15.05. bis 30.10.; 14 Schlafplätze
- 220 Volt mit Aggregat
- Bergstation der Berghof Taser 1¼ Std.
  Bergstation der Meran 2000 1¾ Std.; Schenna 3 Std.
- → Meraner Hütte 2 Std.; Hirzerhütte 3 Std.; Rotwandhütte 2 Std.
- △ Kleine Ifingerspitze, 2552 m, 2 Std.; Große Ifingerspitze, 2581 m, 2¼ Std.
- Meran
- Schenna-St. Georgen
- Talstation der zum Berghof Taser

Kesselberghütte

2300 m; erb. 1970; privat

Otto Gurschler
1.-Mai-Str. 4
I-39012 Meran
© 0473/48148

Kesselberghütte
Meran 2000
I-39012 Meran
© 0473/99477

20.12. bis 20.04.; 76 und

220 Volt; im Winter 1

Aberstückl im Sarntal $2\frac{1}{2}$ Std. Sarnthein $2\frac{1}{2}$ Std.; Astfeld 4 Std.; Falzeben- Bergstation $1\frac{1}{2}$ Std.

Mittager, 2422 m, $\frac{3}{4}$ Std.; Ifinger, 2581 m, 2 Std.; Plattenspitze, 2680 m, $2\frac{1}{2}$ Std.

Meran

Falzeben oder Talstation der Ifinger

Falzeben oder Talstation der Ifinger

Klausener Hütte
Rifugio Chiusa

1920 m; erb. 1907, umgeb. 1987
CAI Sektion Bozen
Obstplatz 46
I-39100 Bozen
© 0471/971872

Rita-Martha Winkler
Latzfons 49a
I-39043 Klausen
© 0472/55351

Klausener Hütte
I-39043 Latzfons-Klausen
© 0472/55194

15.05. bis 15.10.; 6, 25

220 Volt

offen

Latzfons $2\frac{1}{2}$ Std.; Kühhof, Steineben (Latzfons) 1 Std.

Radlseehütte 2 Std.; Latzfonser-Kreuz-Hospiz 1 Std.; Stöfflhütte 3 Std. Rittner-Horn-Haus 4 Std.; Flaggerschartenhütte 5 Std.

Lorenzispitze, 2438 m, $1\frac{1}{2}$ Std.; Kassianspitze, 2581 m, 2 Std. Königsangerspitze, 2436 m, $2\frac{1}{2}$ Std.

Brixen oder Klausen

Latzfons, Klausen oder Brixen

Latzfons, Kühhof oder Steineben

Latzfonser-Kreuz-Hospiz (Heiligkreuzhütte)

2302 m
Besitzer: Pfarrei Latzfons
I-39043 Klausen-Latzfons

- Barbara Pfattner
  I-39043 Klausen-Latzfons
  0472/55186
- Schutzhaus Latzfonser Kreuz
  I-39043 Klausen-Latzfons
  0472/45486
- 01.07. bis 30.09.; 4, 28
- mit Windgenerator
- Latzfons-Steineben $2\frac{1}{2}$ Std.; Durnholz 3 Std.; Reinswald – Bergstation 2 Std.
- Klausener Hütte $\frac{3}{4}$ Std.; Rittner-Horn-Haus 4 Std.; Radlseehütte $2\frac{3}{4}$ Std.
- Kassianspitze, 2581 m, 1 Std.; Blankenhorn, 2589 m, $1\frac{1}{2}$ Std.
- Klausen
- Latzfons
- Latzfons-Steineben

Meraner Hütte (Hermann-Gritsch-Haus)

1960 m; erb. 1970
AVS Sektion Meran
Galileo-Galilei-Str. 45
I-39012 Meran
0473/37134 (vormittags)

- Georg Tribus
  Pardellerweg 17
  I-39020 Kastelbell-Tschars
  0473/624057
- Meraner Hütte
  I-39010 Hafling-Meran 2000
  0473/99405
- 20.12. bis 30.04., 01.06. bis 30.10.; 38, 12
- 220 Volt
- Bergstation Meran 2000 $\frac{1}{4}$ Std.; Sarnthein $3\frac{1}{2}$ Std.; Aberstückl im Sarntal 4 Std. Gasthof Falzeben (Hafling) $1\frac{1}{2}$ Std.; Bergstation der Ifinger 1 Std.
- Hirzerhütte 4 Std.; Ifingerhütte 2 Std.; Rotwandhütte $1\frac{1}{2}$ Std.
- Kl. u. Gr. Ifinger, 2552 m und 2581 m, $1\frac{1}{2}$ – 2 Std.; Hirzer, 2781 m, 3 Std. Verdinser Plattenspitze, 2680 m, $2\frac{1}{2}$ Std.; Gr. Mittager, 2422 m, $1\frac{1}{2}$ Std.
- Meran
- Falzeben, Talstation Ifinger
- Falzeben, Talstation Ifinger

Moar-in-Plun-Alm

1860 m; privat

Josef Erlacher
I-39043 Villanders
St. Moritz 46
✆ 0472/53196
Moar-(Mair-) in-Plun-Alm
I-39043 Villanders
15.06. bis 15.10.; 5 Schlafplätze
Gasserhütte 20 Min.
siehe Gasser Hütte
Villanderer Berg, 2509 m, $2\frac{1}{4}$ Std.
Klausen
01.07. bis 13.09. Sambergerhof, sonst Villanders
Sambergerhof, evtl. Gasser Hütte

Penserjochhaus Gasthaus Alpenrosenhof

2211 m; erb. 1958/59; privat

Familie Leitner
Postfach 39
I-39049 Sterzing
✆ 0472/766256
Alpenrosenhof a. Penserjoch
Postfach 39
I-39049 Sterzing
✆ 0472/771999
01.06. bis 30.09.; 20
220 Volt
Pens $2\frac{1}{2}$ Std.; Stilfes 3 Std.
Sterzing über Zinseler 5 Std.
Zufahrt zum Haus
Flaggerschartenhütte $4\frac{1}{2}$ Std.
Zinseler, 2422 m, 1 Std.; Weißhorn, 2705 m, 3 Std.; Tagewaldhorn, 2708 m, 4 Std.
Tatschspitze, 2526 m, $2\frac{1}{2}$ Std.; Gänsekragenspitze, 2322 m, $\frac{1}{4}$ Std.
Sterzing
Sterzing
beim Haus P

Radlseehütte

2257 m; erb. 1956
AVS Sektion Brixen
Domplatz 13
I-39042 Brixen
✆ 0472/33940 (17.00 – 18.00 Uhr)

Paul Willeit
Vals 121
I-39037 Mühlbach/Pustertal
✆ 0472/57215

Radlseehütte
Mooswiese 180
I-39040 Feldthurns
✆ 0472/855230

01.06. bis 31.10.; 18 Betten, 35 Lager
220 Volt mit Aggregat
offen; 6 Lager
Brixen/Gereuth, $2^1/_2$ Std.
Feldthurn/Garn 3 Std.
Schalders, Badwirt $3^1/_2$ Std.
→ Klausener Hütte 2 Std.
Latzfonser-Kreuz-Hsp. 3 Std.
Rittner-Horn-Haus 7 Std.
△ Königsangerspitze, 2436 m, 35 Min.; Lorenzispitze, 2483 m, 3 Std.
Plankenhorn, 2543 m, 4 Std.; Kassianspitze, 2581 m, 4 Std.
Brixen
Feldthurns
Gereuth-Perlungerhof, Feldthurns-Garn oder Schalders

Rittner-Horn-Haus, Rif. Corno Renon di Sopra

2260 m; erb. 1907, umgeb. 1987
CAI Sektion Bozen
Obstplatz 46
I-39100 Bozen
✆ 0471/978172

Johanna Plattner-Unterhofer
I-39054 Klobenstein

Rittner-Horn-Haus
I-39040 Barbian
✆ 0471/556207

Winter, 10.06. bis 30.10.
10 Betten, 17 Lager
220 Volt
6 Lager; offen; Kochgelegenheit
Bergstation Schwarzseespitze 1 Std.; Gasser Hütte 2 Std.;Pemmern am Ritten 2 Std.; Barbian $3^1/_2$ Std.
→ Heiligkreuzhütte 4 Std.; Stöfflhütte 2 Std.; Schartenbiwak 2 Std.
△ Villanderer Berg, 2509 m, 2 Std.; Sarner Scharte, 2468 m, $2^1/_4$ Std.
Bozen oder Klobenstein
Barbian
Barbian oder Pemmern

Rotwandhütte, Rifugio Parete Rossa

1817 m; erb. 1900, umgeb. 1950; CAI Sektion Meran
Freiheitsstr. 188; I-39012 Meran, ✆ 0473/48944

- Martin Brunner; I-39010 Hafling; ✆ 0473/99462
- Rotwandhütte, Adresse siehe Hüttenwirt ; ✆ 0473/99559
- ganzjährig; 8 Schlafplätze
- 220 Volt
- ↗ Bergstation Meran 2000 10 Min.; Falzeben ¾ Std.
- → Meraner Hütte 1½ Std.; Ifingerhütte 1½ Std.
- △ Kleiner Ifinger, 2552 m, 2 Std.; Großer Ifinger, 2581 m, 2½ Std.
- Meran
- Hafling oder Falzeben
- Falzeben

Sarner Skihütte

1618 m; privat

- Albert Gruber; I-39058 Sarnthein-Auen; ✆ 0471/623452
- ganzjährig; 12 Schlafplätze
- 220 Volt
- ↗ Sarnthein 2 Std.; PKW-Zufahrt möglich
- → Meran 2000 2 Std.; Meraner Hütte 2 Std.; Hafling 2 Std.; Möltner Kaser 2 Std.
- △ Hohe Reisch, 2043 m, 1½ Std.; Schöneck, 2003 m, 1¼ Std.
- Bozen
- Sarnthein
- beim Haus P

Schartenbiwak

2380 m; unterhalb der Sarner Scharte, erb. 1975; Besitzer: Sarner Wanderverein

- Immer zugängliche kleine Holzhütte, Wetterschutz-Unterstand; 2 Schlafplätze
- ↗ Riedelsberg bei Sarnthein 2½ Std.; Gasserhütte auf der Villanderer Alm 2¾ Std.
- → Rittner-Horn-Haus 2 Std.; Stöfflhütte 2½ Std.
- △ Sarner Scharte, 2460 m, ¼ Std.; Villanderer Berg, 2509 m, 1 Std.
- Bozen
- Sarnthein
- Riedelsberg

Sterzinger Jaufenhaus

1998 m; privat

- Familie Rainer
  ✆ 0472/756622
- Sterzinger Jaufenhaus
  I-39040 Sterzing
  ✆ 0472/756622

ganzjährig; 58 Schlafplätze
220 Volt
Zufahrt von Sterzing u. St. Leonhard,im Winter nur von Sterzing (8.00 – 18.00)
→ Bichl im Ratschingstal 1½ Std.
△ Jaufenspitz, 2480 m, 1½ Std.; Hochplattspitze, 2548 m, 2½ – 3 Std.
Sterzing
01.07. – 07.09. beim Haus, sonst Gasteig
beim Haus P

Stöfflhütte

2057 m; privat

Familie Lanziner
I-39043 Klausen-Fragburg
✆ 0472/47457
Stöfflhütte, Adresse siehe Hüttenwirt
15.06. bis 15.10.; 15
220 Volt
Villanderer Alm – Gasser Hütte 1 Std.; Villanders 2½ Std.; Reinswald 2½ Std.
→ Rittner-Horn-Haus 2 Std., Heiligkreuzhütte 2 Std., Klausener Hütte 2½ Std.
△ Villanderer Berg, 2509 m, 2 Std.
Klausen
01.07. bis 13.09. Sambergerhof, sonst Villanders
Sambergerhof oder Gasser Hütte

Unterhornhaus

2044 m; erb. 1889, umgeb. 1975
privat

Familie Fuchsberger
Unterhornhaus
I-39054 Klobenstein-Ritten
✆ 0471/356371
Adresse siehe Hüttenwirt
ganzjährig; 18
220 Volt, 1, 2
Klobenstein 3 Std.; Pemmern 1½ Std.; von der Bergstation der Rittner-Horn ¼ Std.
→ Rittner-Horn-Haus ½ Std.
Latzfonser-Kreuz-Hospiz 3 Std.
Klausener Hütte 3½ – 4 Std.
△ Rittner Horn, 2260 m, ½ Std.
Bozen
Klobenstein, Pemmern
Pemmern

Mayrhofen
Ginzling
H. Riffler
Δ3231
St. Jodok
a. Brenner
Geraer Htt.
Δ Olperer
3476
Zsigmondyspitze
Δ3089
G. Löffler
3379
Berliner Htt.
Schwarzenstein
3369
Brennerpaß
Landshuter
Europa Htt.
Furtschagl H.
3480
G. Möseler
Δ2776
Wolfendorn
Hochferner Biwak
Hochfeiler
Neveserjoch Htt.
St. Jakob
Hochfeiler Hütte
Weißenbach
Amthorspitze
Kematen
Eisbruggjoch Htt.
Δ
2749
Enzo-Miglioranza, Biw.
Luttach
Sterzinger Htt.
W. Brenninger-
Biwak
Lappach
Speikboden
Δ
2517
3132 Δ
Wilde Kreuzsp.
Brixner Htt.
Wiesen
Mühlwald
Pfunders
H. Grubbachsp.
Δ
2809
Tiefenrasten Htt.
Trens
2418
Δ
Sambock
Mauls
Weitental
Vals
Terenten
St.
Georgen
N. Vintl
St. Sigmund
Pfalzen
Mittewald
Kiens
Mühlbach
Schabs

35 Zillertaler Alpen

Umgrenzung

Im Norden der Alpenhauptkamm entlang der Grenze Italien-Österreich vom Brennerpaß bis zur Birnlücke – über Prettau, das Ahrntal und das Taufertal bis Bruneck – entlang der Rienz bis zur Einmündung in den Eisack – Brennerpaß

Berliner Hütte

2040 m; erb. 1879, umgeb. 1911
DAV Sektion Berlin
Hauptstr. 23/24
D-10827 Berlin
✆ 030/7814930

- Familie Hörhager
  Haus 45
  A-6295 Ginzling
  ✆ 05286/240
- Berliner Hütte
  A-6295 Ginzling
  ✆ 05286/223
- 15.06. bis 20.09.
  97 Betten, 54 Lager, 31 Notlager
- 220 Volt aus eigener Anlage
- offen; 16 Lager
- Breitlahner 3 Std.; Ginzling – Gunggltal – Melkerscharte 7 Std.
- → Berliner Weg – Furtschaglhaus 6 Std.; Greizer Hütte 6 Std.
  Nevesjochhütte (Alte Chemnitzer Hütte) 5 Std.; Schwarzensteinhütte 5 Std.
- △ Schönbichlerhorn, 3133 m, 4 Std.; Großer Möseler, 3478 m, 6 Std.
  Turnerkamp, 3418 m, 6 – 7 Std.; Berliner Spitze, 3258 m 4 Std.
  Schwarzenstein, 3368 m, 4 – 5 Std.; Zsigmondyspitze, 3087 m, 3½ Std.
- Mayrhofen im Zillertal
- Breitlahner oder Ginzling
- Breitlahner oder Ginzling

Birnlückenhütte
Rifugio Brigata Tridentina

2441 m; erb. 1890, umgeb. 1960
CAI Sektion Bruneck
Andreas-Hofer-Str. 2
I-39031 Bruneck

- Arthur Untergassmair
  Anton-Steger-Str. 8
  I-39031 Bruneck
  ✆ 0474/32217
- Birnlückenhütte
  I-39030 Prettau i. Ahrntal
  ✆ 0474/654140
- 01.07. bis 10.10.; 20 Betten, 20 Lager
- offen; 6 Lager
- Kasern im Ahrntal über die Lahneralm 2½ Std.; Kasern im Ahrntal über den Lausitzer Höhenweg 4 Std.
- → Warnsdorfer Hütte 3½ Std.; Krimmler Tauernhaus 4 Std.; Richterhütte 6 Std.
- △ Dreiherrnspitze, 3499 m, 4 Std.; Glockenkarkopf, 2913 m, 2½ Std.

🚉 Bruneck
🚌 Kasern
🚗 Kasern – Hl. Geist

Brixener Hütte
Rifugio Bressanone

2307 m; erb. 1908, umgeb. 1973
AVS Sektion Brixen
Domplatz 13
I-39042 Brixen
✆ 0472/33940

- W. u. M. Oberhofer
  Haus Schönblick 87
  I-39037 Mühlbach-Vals
  ✆ 0472/57171
- Brixener Hütte
  Vals 87
  I-39037 Mühlbach-Vals
  ✆ 0472/57131
- 15.06. bis 20.10.
  8 Betten, 35 Lager, 5 Notlager
- 220 Volt
- derzeit keiner, nach Umbau (1995) mit Schlüssel zugänglich
- ↗ Vals-Fanealm 1½ Std.; Mühlbach 5 Std.; Pfunders 4½ Std.
  Kematen 3 Std.; Mauls 5 Std.; Neves-Stausee 3 – 3½ Std.
- → Sterzinger Hütte 4½ Std.; Eisbruggjochhütte 7 Std.
- △ Wilde Kreuzspitze, 3132 m, 2 Std.; Wurmaulspitze, 3022 m, 2 Std.
  Sandspitze, 2755 m, 2 Std.; Blickenspitze, 2988 m, 2½ Std.
- 🚉 Mühlbach
- 🚌 Vals
- 🚗 Vals-Fanealm

Eisbruggjochhütte
Rifugio Ponte di Ghiaccio

2545 m; erb. 1905-07, umgeb. 1991
CAI Sektion Brixen
Widmannbrücke 1
I-39042 Brixen
✆ 0472/34943

- Anton Weißsteiner
  Tulpeweg 1
  I-39030 Niedervintl
  ✆ 0472/49013
- Adresse siehe Hüttenwirt
  ✆ 0472/653230

- ✗ 25.06. bis 05.10.; 17 Betten, 30 Lager
- 220 Volt
- im Nebengebäude (Bivacco Enzo Miglioranza); offen; 25 Schlafplätze
- ↗ Neves-Stausee 2 Std.; Lappach 3 – 3½ Std.; Dun 3 Std.; Pfunders 4½ Std.
- → Hochfeilerhütte 3 Std.; Chemnitzer Hütte 3 Std.; Brixener Hütte 7 – 8 Std. Berliner Hütte 7 – 8 Std.; Tiefenrastenhütte 7 Std.
- △ Hochfeiler, 3509 m, 4 Std.; Hoher Weißzint, 3370 m, 3 Std. Großer Möseler, 3476 m, 5 Std.; Napfspitze, 2888 m, 1 Std.
- Bruneck oder Niedervintl
- Pfunders oder Lappach
- Neves-Stausee

Enzo Miglioranza, Biv.

2545 m; erb. 1980
CAI Sektion Brixen
Widmannbrücke 1
I-39042 Brixen
✆ 0472/34943

Betreut durch den Hüttenwirt der Eisbruggjochhütte. Unmittelbar neben dieser gelegen dient die Biwakschachtel als Winterraum für die Hütte und bietet zusätzliche Schlafgelegenheiten bei überfüllter Hütte. 25 Schlafplätze. Zugänge, Übergänge und Gipfel, Bahnstation, Busstation und Parkmöglichkeit siehe Eisbruggjochhütte.

Furtschaglhaus

2293 m; erb. 1889, umgeb. 1907-13
DAV Sektion Berlin
Hauptstr. 23/24
D-10827 Berlin
✆ 030/7814930

- Helmut Heiss
  Angerstr. 9
  A-6121 Baumkirchen
  ✆ 05224/20585
- Furtschaglhaus
  A-6295 Ginzling
- ✗ Mitte Juni bis Ende Sept.
  77 Lager, 30 Notlager
- 220 Volt

offen; 12
Schlegeisspeicher 2 Std.
→ Berliner Hütte 5 Std.; Hochfeilerhütte, Eisbruggjochhütte, Nevesjochhütte je 5 Std.
△ Schönbichler Horn, 3133 m, 2½ Std.; Furtschaglspitze, 3188 m, 3½ Std.
Großer Möseler, 3478 m, 4 Std.; Hoher Weißzint, 3371 m, 4½ Std.
Mayrhofen oder Jenbach
Schlegeisstausee – Zamsgatterl
Schlegeisstausee

Geraer Hütte

2324 m; erb. 1895, umgeb. 1935/82
DAV Sektion Landshut
Postfach 2640
D-84028 Landshut

Günther Hofmann
A-6156 Gries a. Brenner
© 05274/8102
Geraer Hütte
A-6154 Vals-St.Jodok
Y 0663/57466
20.06. bis 20.09.; 16, 74
220 Volt
offen; 12
Ghs. Touristenrast 2½ Std.
Schmirn-Töldern 3½ Std.
→ Olpererhütte 5 Std.; Dominikushütte 5 Std.; Pfitscherjochhaus 5 Std.
Landshuter Hütte 7 Std.; Tuxerjochhaus 4½ Std.; Furtschaglhaus 7½ Std.
△ Olperer, 3476 m, 4 Std.; Hohe Warte, 2687 m, 3 Std.; Fußstein, 3380 m, 3½ Std.
St. Jodok am Brenner
Vals-Touristenrast oder Schmirn-Töldern
Vals, Schmirn-Töldern

Greizer Hütte

2226 m; erb. 1893, umgeb. 1972-74
DAV Sektion Greiz,
Walter Wenisch
Wildgartenstr. 19
D-95666 Mitterteich
© 09633/1623

Herbert Schneeberger
Gasthaus Brücke
A-6290 Mayrhofen
© 05285/2232
Greizer Hütte
A-6295 Ginzling

✗ Mitte Juni bis Mitte September; 20 ⛿, 52 ⊓, 14 ⊔
220 Volt
❄ offen; 14 ⊓
↗ Ginzling 4 – 4½ Std.; Tristenbachalm 3 – 3½ Std.
→ Berliner Hütte 5 Std.; Kasseler Hütte 4 Std.; Schwarzensteinhütte 3½ Std.
△ Schwarzenstein, 3369 m, 3¼ Std.
Gigalitz, 3001 m, 2 – 3 Std.
Gigalitzturm, 2978 m, 3 Std.
Großer Löffler, 3379 m, 4 Std.
Westl. Floitenspitze, 3194 m, 3 Std.
Östl. Floitenspitze, 3154 m, 4 – 5 Std.
Greizer Spitze, 3007 m, 2 Std.
Lapenspitze, 2992 m, 3 Std.
Mayrhofen (Zillertalbahn) oder Jenbach
Ginzling
Ginzling oder Tristenbachalm

Hochfeilerhütte
Rifugio Gran Pilastro

2710 m; erb. 1986
AVS Sektion Sterzing
I-39049 Sterzing (Postfach)
✆ 0472/765777 (Schölzhorn)

Annelies Mittermair
Weg in die Vill 30
I-39049 Sterzing
✆ 0472/765824
Hochfeilerhütte
I-39040 Pfitsch
✆ 0472/66071
✗ 20.06. bis 31.10.
70 ⛿, 25 ⊓, 20 ⊔, Duschmöglichkeit
220 Volt
❄ offen; 6 ⊓
↗ Stein im Pfitschtal 3½ Std.
3. Kehre der Pfitscherjochstraße 3 Std.
→ Eisbruggjochhütte 2½ Std.
Pfitscherjochhaus 4 – 5 Std.; Brixner Hütte 7 – 8 Std.
△ Hochfeiler, 3509 m, 2½ – 3 Std.
Hochfernerspitze, 3470 m, 3 Std.
Hoher Weißzint, 3370 m, 3½ – 4½ Std.
Sterzing
Pfitsch/Stein
Pfitsch/Stein
3. Kehre der Pfitscherjochstraße (beschränkte Parkmöglichkeit)

Hochferner Biwak (Günther-Messner-Biwak)

2429 m; erb. 1971
AVS Sektion Sterzing
I-39049 Sterzing (Postfach)
✆ 0472/765777 (Schölzhorn)

- ✗ Immer zugänglich
  9 ⊓; Schmelzwasser
- ↗ Pfitscherjochstraße (5. Kehre) 1½ Std.
  Stein im Pfitschtal 2½ Std.
- → Pfitscherjochhaus 2 Std.
- △ Rotbachlspitze, 2897 m, 1½ Std.
  Hochsteller, 3098 m, 2 Std.
  Haupenhöhe, 3041 m, 2 Std.
  Hochfernerspitze, 3470 m
- 🚂 Sterzing
- 🚌 St. Jakob im Pfitsch
- 🚗 Stein im Pfitsch, 3. oder 5. Kehre der Pfitscherjochstraße 🅿

Hühnerspielhütte, Rifugio Gallina

1868 m; erb. 1955/56; privat

- 🚶 Johann Fiechter
  I-39040 Gossensaß
  ✆ 0472/766401
- 🏠 Hühnerspielhütte
  I-39040 Gossensaß
  ✆ 0472/62398
- ✗ Wintersaison, 15.06. bis 30.09.; 12 Schlafplätze
- ⚡ 220 Volt
- ↗ Gossensaß 2½ Std., Lift zum Haus; Riederbergalm ½ Std.
- → Ziroghütte 2 Std.; Landshuter Hütte 7½ Std.
- △ Hühnerspiel (Amthorspitze), 2748 m, 2½ Std., Auffahrt mit Lift möglich
  Rollspitze, 2800 m, 3 Std.
  Weißspitze, 2714 m, 3 Std.
- 🚂 Gossensaß oder Sterzing
- 🚌 Gossensaß
- 🚗 Gossensaß oder Riederberg-Alm

Kasseler Hütte

2177 m; erb. 1927, umgeb. 1982
DAV Sektion Kassel
Friedrichstr. 16
D-34130 Kassel
© 0561/104046

Inge Mair
Stilluppklamm
A-6290 Mayrhofen
© 05285/8192

Kasseler Hütte
A-6290 Mayrhofen

Mitte Juni bis Mitte September
30, 75, 10

220 Volt, ab Stapfenalm

offen; 6

Mayrhofen 6 Std.; Grüne-Wand-Hütte (Taxibus) 2 Std.; Stillupp-Stausee 3 Std.

Greizer Hütte 4 – 5 Std.

△ Hintere Stangenspitze, 3223 m, 3 – 4 Std.; Wollbachspitze, 3210 m, 3 – 4 Std.
Grüne Wand, 2946 m, 2½ Std.; Keilbachspitze, 3093 m, 3 – 4 Std.
Großer Löffler, 3376 m, 6 – 8 Std.

Mayrhofen oder Jenbach

Mayrhofen

Stillupp-Stausee

Kiener-Alm

1741 m; privat

Rosa Volgger
I-39030 Vintl-Weitental
© 0472/50132

Berggasthof Kiener-Alm
I-39030 Vintl-Weitental
© 0472/50132

ganzjährig; 25 Schlafplätze

220 Volt

Meransen 1½ Std.
Weitental 2 Std., Zufahrt auf schmaler und steiler Bergstraße möglich
Bergstation der Gitsch ¾ Std. Abstieg

Zassler Hütte 1¼ Std.

△ Gitsch, 2510 m, 2½ Std.

Niedervintl

Weitental oder Meransen

beim Haus, sonst Meransen oder Weitental

Landshuter Hütte (Europa Hütte)

2693 m
erb. 1895, umgeb. 1988
CAI Sektion Sterzing
Penserjochstr. 8
I-39049 Sterzing
DAV Sektion Landshut
Postfach 2640
D-84028 Landshut

- Helmut Holzer
  I-39040 St. Jakob i. Pfitsch
  © 0472/60156
- Landshuter Europa Hütte
  I-39040 St. Jakob i. Pfitsch
  © 0472/66076
- 15.06. bis 30.09.; 96 Schlafplätze
- 220 Volt
- 10 ⊓, mit vom Hüttenwirt zugänglich
- Pfitscherjoch 2¾ Std., Platz bei St. Jakob 3 Std., St. Jakob i. Pfitsch 3½ Std., Brennersee 4 Std.
- → Pfitscherjochhaus 2½ Std., Geraer Hütte 6 – 7 Std.
- △ Wildseespitze, 2733 m, ¾ Std.; Kraxentrager, 2998 m, 1 Std.; Wolfendorn, 2776 m, 3 Std.
- Sterzing oder Brenner
- St. Jakob oder Platz
- St. Jakob oder Platz

Moarhof Alm

1830 m; erb. 1971, umgeb. 1990
privat

- Johann Plaikner
  Aschbach 14
  I-39030 Hofern-Kiens
  © 0474/565486
- Anschrift siehe Hüttenwirt
- 20.06. bis 10.10.; keine Nächtigungsmöglichkeit
- 220 Volt
- Hofern bei Kiens 1 Std.
- → Über Putzenhöhe zum Pfunderer Höhenweg
- △ Putzenhöhe, 2438 m, 1½ Std.
- Bruneck
- Hofern bei Kiens
- Hofern

Nevesjochhütte (Alte Chemnitzer Hütte) Rifugio Giovanni Porro

2416 m; erb. 1895, umgeb. 1990
CAI Sektion Mailand
Via Pellico 6
I-20121 Milano
✆ 02/86463516

- Erich Burgmann
  Bachreinstr. 5
  I-39032 Sand i. Taufers
  ✆ 0474/678559
- Nevesjochhütte
  I-39032 Sand im Taufers
  ✆ 0474/653244
- 15.06. bis 15.10.
  31 Betten, 30 Lager, 10 Notlager
- 220 Volt
- mit Schlüssel vom Bewirtschafter zugänglich
- Lappach 3 Std.; Neves-Stausee 1½ – 2 Std.; Weißenbach 3 Std.
- Eisbruggjochhütte 3 Std.; Berliner Hütte 5 Std.; Furtschaglhaus 5 Std.
- Großer Möseler, 3479 m, 3 Std.; Turnerkamp, 3418 m, 4 Std.
  Gamslahnernock, 2869 m, 1 Std.; Schaflahnernock, 2703 m, 1 Std.
- Bruneck
- Lappach
- Neves-Stausee

Pfitscherjochhaus Rifugio Passo di Vizze

2276 m; erb. 1888, umgeb. 1985
privat

- Josef Volgger
  St. Jakob 103
  I-39040 Pfitsch
  ✆ 0472/60107
- Pfitscherjochhaus
  I-39040 Pfitsch
  ✆ 0472/60119
- 25.06. bis 15.10.; 30 Betten, 10 Notlager
- 220 Volt
- Stein im Pfitsch 2½ Std.
  Zamsgatterl 1½ Std.
  Dominikushütte 2 Std.
- Landshuter Hütte 2½ Std.; Hochfeilerhütte 3½ Std.; Olpererhütte 4 Std.
  Geraer Hütte 5 – 6 Std.; Eisbruggjochhütte 6 Std.

△ Rotbachlspitze, 2895 m, 1½ Std.; Hochsteller, 3098 m, 3½ Std.
Kraxentrager, 2999 m, 3½ Std.; Hohe Wand, 3289 m, 4 Std.
Schrammacher, 3411 m, 4 – 5 Std.; Sagwand, 3227 m, 3 – 4 Std.
Sterzing oder Mayrhofen
Stein/Pfitschtal oder Schlegeis-Stausee/Zillert.
beim Haus

Schwarzensteinhütte Rifugio Vittorio Veneto (Rifugio Sasso Nero)

2923 m; erb. 1894, umgeb. 1990
CAI Sektion Bruneck
Andreas-Hofer-Str. 2
I-39031 Bruneck

Günther Knapp
Stegackerfeld 6
I-39030 St. Johann/Ahrntal
✆ 0474/671451

Schwarzensteinhütte
I-39030 St. Johann/Ahrntal
✆ 0474/671160

✗ Anfang Juli bis Mitte Sept.
24, 30, 10
⊞ offen; 6
↗ Luttach 5½ Std.; Luttach-Großstallhof 5 Std.; St. Johann/Ahrntal 4¾ – 5½ Std.
→ Greizer Hütte 3½ Std.; Berliner Hütte 5½ Std.; Nevesjochhütte 6 Std.,
△ Schwarzenstein, 3369 m, 1½ Std.; Westl. Floitenspitze, 3195 m, 1½ Std.
Großer Löffler, 3379 m, 3 – 4 Std.; Großer Mörchner, 3283 m, 1½ Std.
Bruneck
St. Johann im Ahrntal
St. Johann (Stallier), ca. 1400 m

Simile Mahdalm

2011 m; privat

Alois Rainer
I-39040 Mauls-Niederflans
✆ 0472/67162

Simile Mahdalm, Adresse siehe Hüttenwirt
✗ 01.07. bis 30.09.; 12 Schlafplätze
↗ Niederflans 2 – 2½ Std.
→ Brixner Hütte 4 Std.; Sterzinger Hütte 2½ Std.
△ Wilde Kreuzspitze, 3132 m, 3½ Std.
Freienfeld oder Mauls
Mauls
Niederflans

Sterzinger Hütte

2344 m; erb. 1889, umgeb. 1980
AVS Sektion Sterzing,
I-39049 Sterzing (Postfach)

- Walter Schölzhorn
  Weg in die Vill 4
  I-39049 Sterzing
  ✆ 0472/765777
- Sterzinger Hütte
  I-39040 Burgum-Pfitsch
  ✆ 0472/66074
- 01.07. bis 30.09., vorherige Anfrage empfohlen; 12 ⊓, 8 ⊔
- mit Schlüssel vom Hüttenwart zugänglich
- ↗ Burgum im Pfitschtal 2½ Std.
- → Brixener Hütte 3 Std.; Simile Mahdalm 2½ Std.
- △ Wilde Kreuzspitze, 3132 m, 2½ Std.; Blickenspitze, 2985 m, 2 Std.
- Sterzing
- Burgum im Pfitschtal
- Burgum im Pfitschtal

Tiefenrastenhütte

2312 m; erb. 1978
AVS Sektion Brixen
Domplatz 13
I-39042 Brixen
✆ 0472/33940

- Oswald und Regina Volgger
  Eggerseiterstr. 5
  I-39030 Pfunders-Vintl
  ✆ 0472/59152
- Tiefenrastenhütte
  I-39030 Terenten
  ✆ 0474/554999
- 01.06. – 31.10.; 7 Betten, 40 ⊓, 10 ⊔
- 220 Volt
- 6 ⊓, mit Schlüssel zugänglich
- ↗ Terenten 3¼ Std.; Alpeggeralm 2 Std.; Unterlappach 4½ Std. Mühlwald 5 Std.; Pfunders 5 Std.
- → Eisbruggjochhütte 6 – 7 Std.
- △ Hochgrubbachspitze, 2809 m, 1¾ Std.; Gamsburg, 2694 m, 1½ Std. Eidechsspitze, 2738 m, 1½ Std.; Kempspitze, 2704 m, 1¼ Std.
- Bruneck oder Vintl
- Terenten oder Ast
- Alpeggeralm oder Terenten

Walther-Brenninger-Biwak

2157 m; erb. 1978
AVS Sektion Brixen
Domplatz 13
I-39042 Brixen
✆ 0472/33940 (17.00 – 18.00 Uhr)

- ✕ Immer zugänglich; 8 ⊓
- ↗ Dun im Pfunderer Tal 2 Std.
- → Brixner Hütte 5 Std. Eisbruggjochhütte 4 Std.
- △ Röteck, 2930 m, 2½ Std.
- Nieder-Vintl
- Pfunders
- Pfunders-Dun

Wieserhütte

1830 m; erb. 1968; privat
Besitzer: Josef Fischnaller
Wieserhof, I-39037 Meransen
✆ 0472/50105

- Ernst Wieland Teis 130, I-39040 Villnöss ✆ 0472/844599
- Schutzhaus Wieser Hütte I-39037 Meransen-Mühlbach
- ✕ 15.06. – 15.10.; 18 Schlafplätze
- ↗ Meransen 2 Std.
- → Furkelscharte – Pfunders 6 Std.
- △ Seefeldspitze, 2715 m, 2¾ Std.
- Mühlbach oder Brixen
- Meransen
- Meransen

Zassler Hütte

2064 m; privat

- Josef Lechner; I-39037 Mühlbach-Meransen; ✆ 0472/50131
- Zassler Hütte; I-39037 Mühlbach-Meransen; ✆ 0472/50131
- ✕ ganzjährig, 01.11. bis 10.12 geschlossen; 32 Schlafplätze
- 220 Volt
- ↗ Meransen 2 Std.; Bergstation der Gitsch 20 Min.; Weitental 3½ Std.
- △ Gitsch, 2510 m, 1¼ Std.; Fallmetzer, 2568 m, 2 Std.
- Mühlbach oder Niedervintl
- Meransen oder Weitental
- Meransen Talstation der oder Kiener-Alm

36 Venediger-gruppe

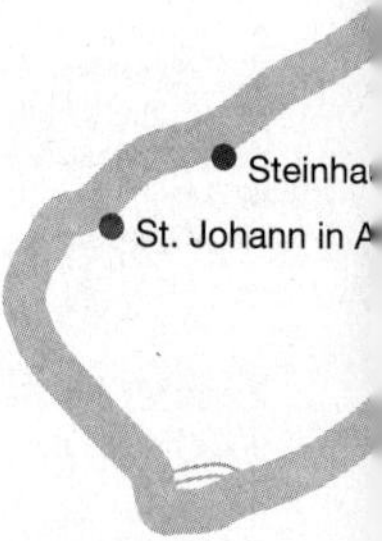

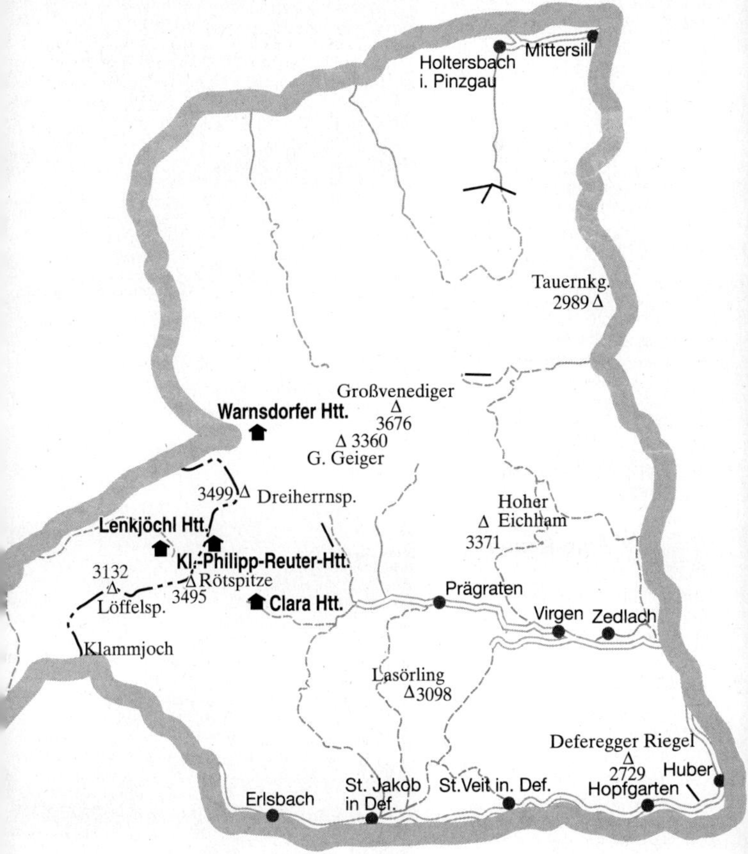

Umgrenzung

Von der Venedigergruppe wurde nur jener schmale Streifen zwischen den Zillertaler Alpen im Norden und der Rieserfernergruppe im Süden erfaßt. Die Hütten des östlichen Teils der Venedigergruppe fanden im Band I: Ostalpen Aufnahme.

Clarahütte

2038 m; erb. 1872, umgeb. 1974
DAV Sektion Essen
Postfach 100835
D-45008 Essen
✆ 0201/381562

- † Paula Brandstätter-Gröfler
  St. Andrä 45/b
  A-9974 Prägraten
  ✆ 04877/5261
- ⌂ Adresse siehe Hüttenwirtin
- ✕ Anfang Juli bis Ende Sept.
  20 ⊓, 5 ⊔
- ❄ 5 ⊓; mit ⚷ zugänglich
- ↗ Hinterbichl 3½ Std.
  Streden 2¾ Std.
- → Neue Reichenberger Hütte 5½ Std.; Rostocker-Essener-Hütte 7 Std.
  Kleine-Philipp-Reuter-Hütte 2½ Std.; Lenkjöchlhütte 5 Std.
- △ Daberspitze, 3401 m, 6 – 7 Std.;, Rötspitze, 3495 m, 5 Std.
  Dreiherrnspitze, 3499 m, 5½ – 6 Std.; Simonyspitzen, 3488 m, 4 – 5 Std.
- 🚂 Lienz-Osttirol
- 🚌 Hinterbichl, evtl. Streden
- 🚗 Streden

Kleine Philipp-Reuter-Hütte

2690 m; Ersatzbau 1978
DAV Sektion Essen
Postfach 100835
D-45008 Essen
✆ 0201/381562

- ✕ unbew., mit ⚷ erhältlich bei der Clara- oder Rostocker-Essener-Hütte. 8 ⊓; Kochgelegenheit; beaufsichtigt von der Hüttenwirtin der Clarahütte
- ↗ Hinterbichl 6½ Std.
  Streden 5½ Std.
  Clarahütte 2½ Std.
- → Lenkjöchlhütte 2½ Std.
  Rostocker-Essener-Hütte 5 Std.
- △ Rötspitze, 3495 m, 3 Std.; Dreiherrnspitze, 3499 m, 3½ – 4 Std.
  Simonyspitzen, 3488 m, 3 – 4 Std.; Malhalmspitzen, 3373 m, 4 Std.
- 🚂 Lienz-Osttirol
- 🚌 Hinterbichl, evtl. Streden
- 🚗 Streden

Lenkjöchlhütte
Rifugio Giogo Lungo

2603 m; erb. 1887
CAI Sektion Bruneck
Andreas-Hofer-Str. 2
I-39031 Bruneck

Richard Steger
Dorf 79 P
I-39030 Prettau-Kasern
✆ 0474/654222

Lenkjöchlhütte
I-39030 Prettau-Kasern
✆ 0474/654144

✕ 01.07. bis 31.09.; 28, 21

offen

↗ Kasern

→ Clarahütte 3½ Std.; Kleine-Philipp-Reuter-Hütte 2½ Std.

△ Rötspitze, 3495 m, 3 Std.; Dreiherrenspitze, 3499 m, 4½ Std.

Bruneck

Kasern-Prettau

Kasern

Warnsdorfer Hütte

2336 m; erb. 1891, umgeb. 1958/92
ÖAV Sektion Warnsdorf-Krimml
A-5743 Krimml
✆ 06564/212 (Sommer)

Ernst Meschik
Dorf 78
A-5761 Maria Alm
✆ 06584/7676, 06564/212

Warnsdorfer Hütte
A-5747 Krimml
✆ 06564/8241

✕ 15.06. bis 30.09.; 15, 50,
Gepäcktransport auf Anfrage

220 Volt

offen; 10

↗ Krimml 6 Std., Jeep-Taxi bis Krimmler Tauernhaus, dann 2½ – 3 Std.

→ Kürsingerhütte 3½ Std.; Rostocker-Essener-Hütte 4 Std.; Birnlückenhütte 2½ Std.

△ Gamsspitzl, 2888 m, 1½ – 2 Std.; Großer Geiger, 3360 m, 4 Std.
Schliefer Spitze, 3289 m, 3 – 3½ Std.; Dreiherrnspitze, 3499 m, 4 – 5 Std.
Simonyspitzen, 3488 m, 2½ Std.; Großvenediger, 3674 m, 7 Std.

Krimml oder Zell am See

Krimml

Krimml am Wasserfall

37 Rieserferner-gruppe

Umgrenzung

Im Norden das Defreggen- und Affental – im Osten das Antholzer Tal – im Süden das Pustertal – im Westen das Tauferer- und Reintal

Barmer Hütte

2610 m; erb. 1960
DAV Sektion Barmen
Höfen 13
D-42277 Wuppertal
✆ 0202/643177

- Udo Schmidt
  Hauptstr. 8
  D-56154 Boppard
  ✆ 06741/2202
- Barmer Hütte
  Oberrotte 54
  A-9963 St. Jakob i. Defereggen
  Y 0663/55999
- Ende Juni bis Ende Sept.
  54 Schlafplätze; Duschgelegenheit
- 220 Volt
- 4
- Erlsbach 3½ Std.; Patscher Alm 2½ Std.; Oberseehütte 3½ Std.
- Hochgallhütte 6½ Std.; Antholzersee 3½ Std.
- Barmer Spitze, 3200 m, 3 Std.; Hochgall, 3435 m, 3½ Std.
  Lenkstein, 3237 m, 3 Std.; Mittlere Ohrenspitze, 3005 m, 2½ Std.
  Almerhorn, 2986 m, 2 Std.; Roßhorn, 3068 m, 2½ Std.
- Lienz (Osttirol) oder Bruneck
- Erlsbach oder Antholz-Obertal
- Patscher Alm oder Antholzersee

Enzianhütte am Antholzersee

1650 m; privat

- Elisabeth Mederko-Fler
  Ferraristr. 1
  I-39031 Bruneck
- Enzianhütte
  I-39030 Antholz
  ✆ 0474/42334
- Anfang Juli bis Ende September; 10 Schlafplätze
- 220 Volt
- Antholz 2 Std., Straße zum Haus
- Oberseehütte am Stallersattel 1½ Std.; Barmer Hütte 4½ Std.
- Rote Wand, 2816 m, 4 Std.; Höllensteinspitze, 2755 m, 5 Std.
  Regelspitze, 2744 m, 3½ Std.
- Bruneck
- Antholzersee
- beim Haus P

Hochgallhütte (Alte Kasseler Hütte) Rifugio Roma

2276 m; erb. 1895, umgeb. 1984
CAI Sektion Roma,
Piazza S. Andrea della Valle
I-00186 Roma,
✆ 06/68803424

Antonia und Arnold Seeber
Haus Edelweiß 63
I-39030 Sand i. Taufers
✆ 0474/672521

Hochgallhütte
Rain
I-39030 Sand i. Taufers
✆ 0474/672550

15.03. bis 10.05. (Ski), 15.06. bis 10.10.; 50 Betten, 25 Lager
Rain i. Taufers 2½ Std.; Antholz-Mittertal 6 Std.
Barmer Hütte 7 Std.; Rieserfernerhütte 5 Std.
Hochgall, 3435 m, 5 Std.
Lenkstein, 3237 m, 5 Std.
Magerstein, 3273 m, 3 Std.
Schneebiger Nock, 3358 m, 4 Std.
Bruneck
Rain i. Taufers
Rain i. Taufers

Oberseehütte (Stallerseehütte)

2020 m; erb. 1959, umgeb. 1980; privat

Raimund Wieser
A-9963 St. Jakob i. Defr.
✆ 0663/56402

Oberseehütte
A-9963 St. Jakob i. Defereggen
✆ 0663/56402

Anfang Juni bis Ende Oktober, Juni und Oktober Montag Ruhetag; 6 Betten u. Lager
220 Volt
Erlsbach 2 Std.; St. Jakob i. Defereggen 4 Std.; Antholz-Obertal 1½ Std.
Barmer Hütte 4½ Std.
Almerhorn, 2985 m, 3 Std.
Rote Wand, 2818 m, 3 Std.
Hinterbergkofel, 2727 m
Lienz oder Bruneck
beim Haus (Erlsbach) oder Antholz-Obertal
beim Haus P

Patscher Hütte

1667 m; privat

- Familie Tegischer
  Oberrotte 8
  A-9963 St. Jakob i. Defreggen
  ✆ 04873/5348
- Patscher Hütte
  Oberrotte 56
  A-9963 St. Jakob i. Defereggen
  ✆ 0663/58752
- Mitte Juni bis Mitte Oktober, Montag Ruhetag; 13 Betten, 15 Lager
- 220 Volt
- Erlsbach 1 Std., Mautstraße zum Haus; St. Jakob 2½ Std.
- Barmer Hütte 2½ Std.
- Roßhorn, 3068 m, 6 Std.; Barmer Spitze, 3200 m, 7 Std.
- Lienz
- Erlsbach
- beim Haus P, Mautstraße, auf eigene Gefahr (Weidegebiet)

Rieserfernerhütte

2792 m, erb. 1980
AVS Sektion Bozen u. Bruneck
Bindergasse 25
I-39100 Bozen
✆ 0471/978729

- Gottfried Leiteg
  Im Neuraut 24
  I-39030 Antholz-Mittertal
  ✆ 0474/42228
- Rieserfernerhütte
  I-39030 Antholz
  ✆ 0474/42125
- 30.06. bis 30.09.; Duschgelegenheit, Gepäcktransport
  25 Betten, 20 Lager, 20 Notlager
- 220 Volt
- offen; 20 Schlafplätze
- Rain i. Taufers 3½ – 4 Std.; Antholz 4 Std.
- Hochgallhütte (Kasseler Hütte) 5 Std.
- Fernerköpfel, 3249 m, 1½ Std.; Magerstein, 3273 m, 2 Std.; Wasserkofel, 3135 m, 2 Std.; Schneebiger Nock, 3360 m, 3 Std.
- Bruneck, Olang
- Antholz, Rain i. Taufers
- Antholz, Rain i. Taufers

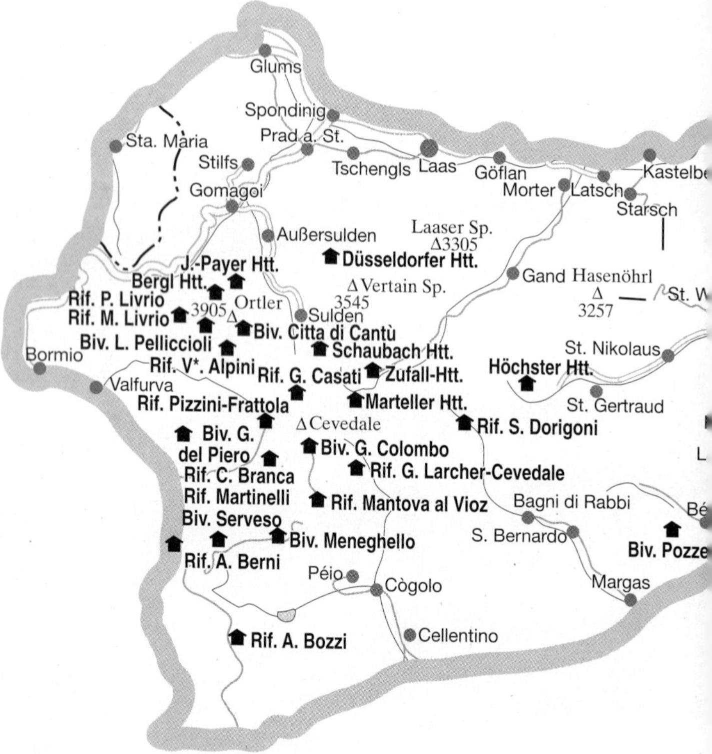
Glums
Spondinig
Sta. Maria
Prad a. St.
Stilfs
Tschengls
Laas
Göflan
Kastelb
Gomagoi
Morter
Latsch
Starsch
Außersulden
Laaser Sp.
Δ3305
Düsseldorfer Htt.
J.-Payer Htt.
Bergl Htt.
Gand
Hasenöhrl
Δ
3257
St. W
Δ Vertain Sp.
3545
Rif. P. Livrio
Ortler
3905 Δ
Rif. M. Livrio
Sulden
Biv. Citta di Cantù
Bormio
Biv. L. Pellicciolli
Schaubach Htt.
St. Nikolaus
Rif. V*. Alpini
Rif. G. Casati
Zufall-Htt.
Höchster Htt.
Valfurva
St. Gertraud
Rif. Pizzini-Frattola
Marteller Htt.
Δ Cevedale
Rif. S. Dorigoni
Biv. G.
del Piero
Biv. G. Colombo
Rif. C. Branca
Rif. G. Larcher-Cevedale
Rif. Martinelli
Rif. Mantova al Vioz
Bagni di Rabbi
Biv. Serveso
Biv. Meneghello
S. Bernardo
Biv. Pozze
Rif. A. Berni
Péio
Cògolo
Margas
Rif. A. Bozzi
Cellentino

48a Ortleralpen

Umgrenzung

Im Norden der Vinschgau (Etschtal): Mals – Spondinig – Nals (südl. von Meran). Im Nordwesten und Westen: Münstertal – Santa Maria – Umbrailpaß – Bormio – Addatal – Tonalepaß – Val di Sole – Cles. Die Linie Cles – Nals bei Meran bildet dann die östliche Abgrenzung zur Nonsberggruppe.

Al Fontanino, Rifugio

1381 m; privat

- G. Della Serra
  I-38020 Rabbi
  ✆ 0463/92080
- Rifugio Al Fontanino
  Loc. Coler
  I-38020 Rabbi
- 01.06. bis 30.09.; 8
- 220 Volt
- Somrabbi ¾ Std., PKW-Zufahrt zum Haus möglich
- Rif. Silvio Dorigoni 3¼ Std.
- Male
- Somrabbi
- Somrabbi oder beim Haus P

Alpe Muraunza

2178 m; an der Straße Santa Maria – Umbrailpaß; privat

- Alpe Muraunza
  CH-7531 Santa Maria
  ✆ 082/85120
- Sommersaison
- Santa Maria 2¼ Std.; Umbrailpaß 1 Std.; Straße zum Haus, Busverbindung
- Meran oder Zernez
- beim Haus
- beim Haus P

V° Alpini-Bertarelli, Rif.

2877 m; erb. 1884, umgeb. 1991
CAI Sektion Milano
Via Silvio Pellico 6
I-20121 Milano
✆ 02/86463516

- Pierino Confortola
  Via G. Galilei 3
  I-32032 Bormio
  ✆ 0342/901086
- Rif. V° Alpini
  Val Zebru
  I-23030 San Antonio-Valfurva
  ✆ 0342/901591
- 20.06. bis 20.09.; 65, 15
- 220 Volt
- offen; 11

↗ San Antonio-Valfurva 5 Std.; Niblogo 4 Std.; Ristoro Zebru 3 Std.
Jeep Zubringerdienst ab Bormio bis Morena Zebru, dann 3/4 Std.
→ Rif. Pizzini 3 1/2 Std.; Rif. Casati 4 Std.; Rif. Livrio 5 Std.
Bivacco Passo del Zebru 2 3/4 Std.; Bivacco Citta di Cantù 2 1/2 Std.
△ Monte Zebru, 3740 m, 4 Std.; Thurnwieserspitze, 3652 m, 3 Std.
Ortler, 3905 m, über Biv. Citta di Cantù 5 – 6 Std., Königsspitze, 3859 m
Tirano
San Antonio-Valfurva
Niblogo

Angiolino Bozzi, Rif.

2475 m; erb. 1928, umgeb. 1983
CAI Sektion Brescia
Piazza del Vescevado 3
I-25121 Brescia
✆ 030/48426

Tullia Boninsegna
I-25056 Ponte di Legno
✆ 0464/92513
Rif. Angiolino Bozzi
Pezzo/Ponte di Legno
✆ 0364/900152
✕ 30.06. bis 30.09.
19 Schlafplätze
220 Volt mit Generator
↗ Case di Viso 2 1/4 Std.
Ponte di Legno 5 Std.
→ Rif. Bonetta 4 3/4 Std.; Rif. Berni 5 1/2 Std.; Rif. Fontanino 3 Std.; Tonalepaß 4 Std.
Pejo 4 Std.
△ Punta Ercavallo, 3066 m, 3 Std.; Punta Montozzo, 2864 m, 1 Std.
Punta Albiolo, 2978 m, 2 Std.; Corno dei Tre Signori, 3359 m, 4 1/2 Std.
Monte Tonale, 2692 m, 4 1/2 Std.; Torrione del Montozzo, 2920 m, 2 Std.
Edolo
Pezzo
Case di Viso

Arnoldo Berni, Rifugio

2541 m; erb. 1933, umgeb. 1980
CAI Sektion Brescia
Piazza del Vescovato 3
I-25121 Brescia
✆ 030/48426

Mario Bonetta
I-23030 S. Caterina/Valfurva
✆ 0342/945589

- Rif. Arnoldo Berni
  I-23030 S. Caterina/Valfurva
  © 0342/935456
- 20.06. bis 30.09.
  60 Schlafplätze
- 220 Volt mit Generator
- San Caterina/Valfurva 3 Std.
  Ponte di Legno 4½ Std.
  PKW zum Haus
- Rif. Bonetta ½ Std.
  Rif. Angelo Bozzi 5½ Std.
  Biv. Seveso 3½ Std.
  Biv. Meneghello 3 Std.
- M. Gavia, 3223 m, 2½ Std.
  P. Tresero, 3602 m, 3½ Std.
  P. S. Matteo, 3684 m, 3½ Std.
  Corno dei Tre Signori, 3359 m, 4½ Std.
- Edolo oder Tirano
- S. Caterina-Valfurva
- beim Haus P

Battaglione-Monte Ortles, Bivacco

3200 m
Besitzer: Vereinigung ehemaliger Gebirgsjäger »Ex Struttura di guerra«

- Immer zugänglich; 6 ⊓; Schmelzwasser
- Rif. Berni 3 Std.
- Monte Mantello, 3517 m; Cima Val Ombrina, 3222 m
- Edolo oder Tirano
- San Caterina oder Gaviapaß-Straße
- Rif. Berni

Berglhütte (Rif. Borletti)

2188 m; erb. 1884, umgeb. 1929
CAI Sektion Milano
Via S. Pellico 6
I-20121 Milano
© 02/86463516

- Franco Oliverio
  Via V. Emanuele 30
  I-20088 Gudo Visconti
  © 02/4694570
- Berglhütte
  I-39020 Trafoi
  Y über Bergrettung Trafoi

✗ 15.07. bis 30.09.; 35 Schlafplätze
↗ Trafoi 2 Std.
→ Payerhütte 3 Std.; Tabarettahütte 3½ Std.; Rif. V° Alpini 6 Std.
Biv. Citta di Cantù 5 Std.
△ Ortler, 3905 m; Pleißhorn, 3158 m, 3 Std.
Meran
Trafoi
Alpinschule Trafoi

Borromeo-Hütte

1980 m; privat

Borromeo-Hütte
I-39020 Hinter-Martelltal
✗ 20.12. bis 30.03., 15.06. bis 30.09.; 36
220 Volt
↗ PKW zum Haus, Bus in Hausnähe (Alpengasthof Enzian)
→ Zufallhütte 1 Std.; Schaubachhütte 4½ Std.; Rif. Silvio Dorigoni 5 Std.
△ siehe Zufall-Hütte
Meran
Alpengasthof Enzian
beim Haus P

Campo di Val Zebru, Rif.

1946 m; privat
Besitzer: Bruno de Lorenzi
Via Coltura 9,
I-23032 Bormio
✆ 0342/910085

Rosalia Zen
Val Zebru
I-23030 Valfurva
✆ 0342/904349
Rif. Campo
Val Zebru
I-23030 Valfurva
✆ 0342/904349
✗ 15.06. bis 15.09.; 15
↗ San Antonio-Valfurva 2 Std.
→ Rif. V° Alpini 3 Std.; Rif. Pizzini 4½ Std.; Bivacco Passo del Zebru 4 Std.
Bivacco Gianpaolo di Pieso 6 Std.
△ Monte Confinale, 3370 m, 5 Std.; Monte Forcellino, 2842 m, 3 Std.
Tirano
San Antonio-Valfurva
Niblogo

Casati-Hütte (Rifugio Gianni Casati)

3269 m; erb. 1923
CAI Sektion Milano
Via Silvio Pellico 6
I-20121 Milano
✆ 02/86463516

- Renato Alberti
  Via San Antonio 36
  I-23030 San Antonio-Valfurva
  ✆ 0342/945759 und 935552
- Rif. Casati
  I-23030 San Antonio-Valfurva
  ✆ 0342/935507
- 15.03. bis 30.09.
  280 Schlafplätze
  Zentralheizung, Warmwasser, Duschgelegenheit
- 220/380 Volt;
- offen
- San Caterina-Valfurva 3½ Std.; Sulden 4 Std.; mit Taxi-Jeep zum Lago di Cedec, dann ¾ Std.; Bergstation der Sulden – Schaubachhütte, dann 2 – 2½ Std.
- Zufall-Hütte 4 Std.; Rif. Pizzini 1½ Std.; Rif. V° Alpini 5 Std.; Rif. Branca 3 Std.
- Monte Cevedale, 3769 m, 2 – 3 Std.; Königsspitze, 3859 m, 4 Std.
  Monte Pasquale, 3553 m, 2½ Std.; Suldenspitze, 3376 m, ½ Std.
- Meran oder Tirano
- Sulden oder San Caterina-Valfurva
- Sulden oder Val di Forni-Valfurva

Cesare Branca, Rif.

2493 m; erb. 1932, umgeb. 1985
CAI Sektion Milano
Cia S. Pellico 6
I-20121 Milano
✆ 02/86463516

- Eugenio Alberti
  I-23030 S. Caterina/Valfurva
  ✆ 0432/935545
- Rif. Cesare Branca
  I-23030 S. Caterina/Valfurva
  ✆ 0432/935501
- 15.3. bis 30.5., 30.6. bis 30.9.
  85 Schlafplätze
- 220 Volt mit Generator
- offen; 10
- San Caterina/Valfurva 3½ Std.
  Rif. Albergo Forni 1 Std.

→ Rif. Pizzini 2½ Std.; Biv. Meneghello 3 Std.
△ Pallon della Mare, 3704 m, 4½ Std.; Punta S. Matteo, 3684 m, 4½ Std.
Pizzo Tresero, 3602 m, 5 Std.
🚂 Tirano oder Edolo
🚌 San Caterina-Valfurva
🚗 Rif. Albergo Forni

Citta di Cantù, Bivacco

3535 m; erb. 1975
CAI Sektion Cantù
Via Volta 15
I-22063 Cantù

✗ Immer zugänglich; 9 ⊓; Schmelzwasser
↗ Rif. V° Alpini 2½ Std.
→ Hintergrathütte 3 – 4 Std.; Schaubachhütte 3 Std.
△ Monte Zebru, 3735 m, 1 Std.; Ortler, 3905 m
🚂 Edolo oder Tirano
🚌 San Antonio-Valfurva oder Sulden
🚗 Valle d'Zebru oder Sulden

Compagnoni, Rifugio

2850 m; im Sommerskigebiet Stilfser Joch; privat
Besitzer: Lorenzo Compagnoni
Via Peccedi 8
I-23032 Bormio
✆ 0342/910195

⌂ Rif. Compagnoni
Loc. Scorluzzin
I-23030 Passo dello Stelvio
✆ 0342/904372
✗ Wintersaison, 01.07. bis 30.09.; 20 🛏, 20 ⊓ + ⊔
~ 220 Volt
↗ Stilfser Joch 10 Min.
→ Livriohütte 1½ Std.; Rif. V° Alpini 6 Std.; Schaubachhütte 4 Std.
weitere Übergänge und Gipfel siehe Livriohütte
🚂 Meran oder Tirano
🚌 Paßhöhe Stilfser Joch
🚗 Paßhöhe Stilfser Joch

Doss dei Cembri, Rifugio

2400 m; privat

👤 Giovanna Dalla
I-38020 Peio
✆ 0463/73234

- Rif. Doss dei Cembri
  I-38020 Peio
  ✆ 0463/73227
- ganzjährig zum Wochenende, 20.06. bis 20.09. durchgehend
  28 Betten; Duschgelegenheit
- 220 Volt
- Peio-Terme Seilbahn zum Haus; Peio 2¾ Std.
- → Rif. Montava di Vioz 3 Std.
- △ Cima di Vioz, 2504 m
- Male
- Peio oder Peio-Terme
- Peio oder Peio-Terme

Düsseldorfer Hütte (Rif. Serristori)

2721 m; erb. 1892, umgeb. 1990
CAI Sektion Milano
Via Silvio Pellico 6
I-20121 Milano
✆ 02/86463516

- Walter Reinstadler
  Haus Alpenfrieden
  I-39029 Sulden 28
  ✆ 0473/613005
- Düsseldorfer Hütte
  I-39029 Sulden
  ✆ 0473/613115
- ab der Karwoche 3 Wochen
  25.06. bis 30.09.
  40 Betten, 30 Lager, 5 – 10 Notlager
- 220 Volt mit Generator; Telefon zum Haus
- mit Schlüssel vom Bewirtschafter zugänglich; 6 Lager; Kochgelegenheit
- Sulden 2¼ Std.; Bergstation des Kanzelliftes 1½ Std.
- → Fernerhütte 4½ Std.; Zufallhütte 8 – 9 Std.
- △ Vertainspitze, 3544 m, 3 – 4 Std.; Hoher Angelus, 3536 m, 3 Std.
  Kleiner Angelus, 3315 m, 2 Std.; Tschengelser Hochwand, 3373 m, 2¼ Std.
  Hinteres Schöneck, 3128 m, 1½ Std.
- Meran
- Sulden
- Sulden, Haus Almfrieden

Enzian, Alpengasthof

2051 m; privat

- Familie Hanny
  I-39020 Hinter-Martelltal
  ✆ 0473/70425
- Alpengasthof Enzian
  I-39020 Hinter-Martelltal
  ✆ 0473/70425
- ganzjährig; 24
- mit PKW und Bus zum Haus
- Zufall-Hütte ¾ Std.
  Schaubachhütte 4½ Std.
  Rif. Silvio Dorigoni 5 Std.
- siehe Zufall-Hütte
- Meran
- beim Haus
- beim Haus P

Forni, Rifugio

2176 m; erb. 1860, umgeb. 1960
privat

- Norberto Pedranzini
  I-23030 S. Caterina-Valfurva
  ✆ 0342/935525 oder 935510
- Rifugio Forni
  I-23030 S. Caterina-Valfurva,
  ✆ 0342/935466
- 10.03. bis 10.06, 25.06. bis 25.09.; 70, 12
- 220 Volt
- San Caterina-Valfurva 1½ Std.
  PKW zum Haus
- Rif. Stella Alpina 10 Min.
  Rif. Branca 1 Std.
  Rif. Pizzini 2 Std.; Rif. Casati 3½ Std.; Bivacco Gianpaolo del Piero 5½ Std.
- Monte Confinale, 3370 m, 4½ Std.; Monte Pasquale, 3553 m, 4 Std.
  Cima Manzina, 3318 m, 4 Std.; Monte Cevedale, 3769 m, 5 Std.
- Tirano oder Edolo
- San Caterina-Valfurva
- beim Haus P

 Tourismus 0473/~~611677~~ 613015

Furkelhütte

2153 m; privat

- Furkelhütte
  I-39020 Trafoi
  ✆ ~~0473/611744~~ Tel
- Winter- und Sommersaison; 10
- 220 Volt
- Korblift-Bergstation von Trafoi; Trafoi 2 Std., über Tartscher-Alm 3 – 3½ Std.
  Stilfs 3 Std.; Gomagoi 2½ Std.
- → Stilfser Joch 3 Std.
- △ Piz Chavalatsch, 2764 m, 3½ – 4 Std.; Furkelspitze, 3004 m, 2½ Std.
  Schafberg, 2935 m, 2½ Std.; Piz Sielva, 2843 m, ½ Std. vom Schafberg
- Meran
- Trafoi
- Trafoi

G. Larcher Cevedale, Rif.

2608 m; erb. 1882, umgeb. 1991
CAI-SAT Trento
Via Manci 57
I-38100 Trento
✆ 0461/981871

- Casanova Oreste
  Via Cevedale
  I-38020 Peio
  ✆ 0463/753144
- Rif. Larcher-Cevedale
  Adresse siehe Hüttenwirt
  ✆ 0463/751770
- März bis April am Wochenende, vorher anfragen, 20.06. bis 20.09.; 80; Dusche
- 220 Volt mit Generator
- offen; 12
- Malga Mare 1¾ Std.; Peio – Cogolo 4 Std.
- → Rif. Dorigoni 3¼ Std.; Casatihütte 4 Std.; Zufallhütte 3 Std.
  Rif. Mantova al Vioz 7½ Std.
- △ Monte Cevedale, 3769 m, 4 Std.; Monte Rosole, 3529 m, 4 Std.
  Zufallspitzen, 3700 m und 3757 m, 4 Std.; Palon de la Mare 4 Std.
  Cima Venezia, 3386 m, 3 Std.; Cima Nera 3037 m 1 Std.
- Male, Mezzocorona oder Trento
- Peio-Paese
- Peio-Paese oder Malga Mare

Giancarlo Colombo, Bivacco

3485 m; erb. 1959
CAI Sektion Seregno
Galleria Mazzini 10
Cas. Post. 27
I-20038 Seregno

- ✗ immer zugänglich; 9 ⊓; Schmelzwasser
- ↗ aus dem Valle de Forni; Rif. Forno 5 Std.
- → Rif. Cevedale-Larcher 3 – 4 Std.; Rif. Casati 2½ Std.; Rif. Branca
- △ Monte Vioz, 3645 m; Palon della Mare, 3704 m, 2 Std.
  Monte Cevedale, 3769 m, 2 Std.
- Edolo oder Male, evtl. Tirano
- S. Caterina-Valfurva, Cogolo oder Peio
- Rif. Forni oder Malga della Mare

Gianpaolo Del Piero, Bivacco

3200 m; erb. 1980
CAI Sektion Bormio
Via De Simoni 42
Cas. Post. 40
I-23032 Bormio
✆ 0342/903300

- ✗ immer zugänglich; 6 ⊓; nur Schmelzwasser.
- ↗ San Caterina-Valfurva 4½ Std.; Rif. Stella Alpina (Campec) 6½ Std.
  Rif. Baita Campo (Val Zebru) 4½ Std.
- △ Monte Confinale, 3378 m, ¾ Std.; Cima Manzina, 3319 m, 1 Std.
- Tirano
- San Caterina-Valfurva
- im Valle del Forni oder Valle Zebru

Haselgruber Hütte (Rif. Lago Corvo)

2425 m; erb. 1952, umgeb. 1980
privat

- H. Trafoier-Cavallari
  Via S. Bernado 47a
  I-38020 Rabbi
  Val di Sole
  ✆ 0463/985127
- Haselgruber Hütte
  Passo-Rabbi
  I-38020 Rabbi
  Val di Sole
  ✆ 0463/985175

- 25.06. bis 30.09.; 40 , 10 ; Duschgelegenheit
- 220 Volt
- offen; 2
- S. Gertraud i. Ulten 3 Std.; Rabbi-Piazzola 3½ Std.; Cavallar im Rabbital 3 Std.
- Rif. Dorigoni 3 Std.; Höchster Hütte 4 Std.
- Gleckspitze 2956 m 1½ Std.; Sass Fora 2804 m ¾ Std.
  Karspitze 2752 m 1¼ Std.; Castel Pagano 2609 m 1½ Std.
- Male, Trento, Mezzocorona
- Piazzola di Rabbi
- Cavallar im Rabbital

Hintergrathütte (Rif. Alto del Coston)

2661 m; privat

- Ulf Rudolf Gutgsell
  Hauptstr. 96
  I-39029 Sulden
  ✆ 0473/613061
- Hintergrathütte
  I-39029 Sulden
  ✆ 0473/613188
- 20.06. bis 30.09.
  8 , 38 , 40
- 220 Volt mit Aggregat
- mit vom Bewirtschafter zugänglich
- Bergstation Langenstein 1½ Std.
  Mittelstation der zur Schaubachhütte 1½ Std.
  Innersulden 2½ Std.
- Schaubachhütte 2½ Std.; Tabarettahütte 2½ Std.; Payerhütte 4½ Std.
- Ortler, 3905 m, 6 Std.,; Königsspitze, 3859 m, Nordwand und Suldengrat
- Meran
- Sulden
- Innersulden – -Talstation

Höchster Hütte am Grünsee (Rif. Canziani)

2561 m; erb. 1909, neugeb. 1976
CAI Sektion Milano
Via Silvio Pellico 6
I-20121 Milano
✆ 02/86463516

- Domenico Bertagnoli – Maos Ausserlaner
  I-39010 St. Gertraud i. Ulten
  ✆ 0473/951000

- Höchster Hütte
  I-39010 St. Gertraud i. Ulten
  ✆ 0473/79299
- 01.07. bis 30.09.; 80 Schlafplätze; Duschgelegenheit
- 220 Volt;
- 4; beim Staudamm-Wärter
- St. Gertraud i. Ulten 3½ Std.; Weißbrunner Alm 1½ Std.
- → Haselgruber Hütte 3 Std.; Zufritthaus 3¾ Std.; Dorigonihütte 3 Std.
- △ Zufrittspitze, 3438 m, 3½ Std.; Hintere Eggenspitze, 3443 m, 3½ Std.
  Vordere Eggenspitze, 3385 m, 3 Std.;Weißbrunnerspitze, 3253 m, 2½ Std.
  Lorchenspitze, 3347 m, 2½ Std.
- Lana oder Meran
- St. Gertraud i. Ulten
- Weißbrunner Alm

Julius-Payer-Hütte

3029 m; erb. 1875, umgeb. 1908
CAI Sektion Milano
Via S. Pellico 6
I-20121 Milano
✆ 02/86463516

- Hermann Wöll
  Kompatscherstr. 7
  I-39025 Naturns
  ✆ 0473/42278
- Julius-Payer-Hütte
  I-39020 Trafoi
  ✆ 0473/613010
- 01.07. bis 30.09.
  80 Schlafplätze
- 220 Volt mit Generator
- Sulden –Langenstein, dann
  3 Std.; Trafoi 4½ Std.
  Sulden-St. Gertraud 3½ Std.; Tabaretta-Hütte 1½ Std.
- → Hintergrathütte 4½ Std.; Schaubachhütte 6 Std.
- △ Ortler, 3905 m, 4 – 5 Std.; Tabarettaspitze, 3128 m, ½ Std.
- Meran
- Sulden oder Trafoi
- Sulden oder Trafoi

Leone Pellicciolі, Bivacco

3230 m; erb. 1963
CAI Sektion Bergamo
Via Ghislanzoni 15
I-24100 Bergamo
✆ 035/244273

Immer zugänglich
9 ⌐¬; Schmelzwasser
↗ Trafoi 5 Std.
Berglhütte 3½ Std.
→ Livrio Hütte 3½ Std.
Biv. Citta di Cantù 2½ Std.
Biv. Locatelli-Ninotta
△ Kl. Eiskogel, 3503 m, 3½ Std.
Gr. Eiskogel, 3549 m, 2 Std.
Thurwieser Spitze, 3652 m, und Trafoier Eiswand, 3563 m, je 4 Std.
Meran
Trafoi
Trafoi

Livrio-Hütte (Rif. Monte Livrio)

3174 m; erb. 1930, umgeb. 1980
CAI Sektion Bergamo
Via Ghislanzoni 15
I-24100 Bergamo
✆ 035/244273

Giuseppe Dei Cas
Via La Coltura
I-23032 Bormio
✆ 0342/901172
Livrio Hütte
Stilfser Joch
I-39020 Stilfs-Stelvio
✆ 0342/904462
30.05. bis 04.11.; 245
220 Volt
↗ Stilfser Joch 1 Std.
vom Stilfser Joch zum Haus
→ Rif. V° Alpini 4 Std.; Biv. Carlo Locatelli-Ninotta 1½ Std.
Biv. Provolino 2 Std.; Bivacco Pelliccioli 3½ – 4 Std.
△ Hohe Schneide (Monte Cristallo), 3431 m, 2 Std.; Geisterspitze, 3465 m, 1½ Std.
Payerspitze, 3446 m, 1½ Std.; Tuckettspitze, 3466 m, 2 Std.
Vord., Mittl. und Hintere Madatschspitzen, 3184 m, 3313 m und 3432 m, je 2 Std.
Kristallspitzen, 3468 m, 3480 m und 3469 m, 1½ Std.
Meran oder Tirano
Stilfser Joch
Stilfser Joch

Livrio-Hütte, Kleine (Rifugio Piccolo Livrio)

3174 m; erb. 1967
CAI Sektion Bergamo
Via Ghislanzoni 15
I-24100 Bergamo
✆ 035/244273

Zugänge, Übergänge, Gipfelanstiege, Zufahrten, Bahn- und Busverbindungen siehe Livrio-Hütte

- Giuseppe Dei Cas
  Via La Coltura
  I-23032 Bormio
  ✆ 0342/901172
- Rif. Piccolo Livrio
  Stilfser Joch
  I-39020 Stilfs-Stelvio
  ✆ 0342/904323
- ✗ 30.05. bis 04.11.; 40 Betten
- 220 Volt

Mantova al Vioz Rifugio

3535 m; erb. 1911, umgeb. 1970
CAI-SAT Trento
Via Manci 57
I-38100 Trento
✆ 0461/981871

- Casanova Mario
  I-38020 Peio-Paese
  Val di Sole
  ✆ 0463/753331
- Rif. Mantova di Vioz
  Adresse siehe Hüttenwirt
  ✆ 0463/751386
- ✗ 15.07. bis 15.09.
  56 Schlafplätze
- 220 Volt mit Generator
- ↗ Peio-Paese 6 Std.; Seilbahn zum Rif. Doss dei Cembri, dann 4 Std.
- → Rifugio Larcher-Cevedale 6½ Std.; Rif. Casati 5½ Std.
  Rif. Cesare Branca 3½ Std.; Bivacco Meneghello 6 Std.
- △ Monte Vioz, 3645 m, ¼ Std.; Monte Cevedale, 3769 m, 5 Std.
  Monte Rosole, 3529 m, 4 Std.; Palon de la Mare, 3704 m, 2 Std.
  Punta Taviela, 3612 m, 2 Std.; Punta Cadini, 3524 m, 4 Std.
  Punta S. Matteo, 3675 m, 6 Std.

Male, Mezzocorona oder Trento
Peio-Fonti oder Peio-Paese
Peio-Fonti oder Peio-Paese

Marteller Hütte

2610 m; erb. 1981
AVS Sektion Martell, Mals, Lana, Untervinschgau und Vinschgau
Ennewasser 221/B
I-39020 Martell
✆ 0473/744439

Ch. Villgrater und L. Platzer
St. Gertraudweg 44
I-39100 Bozen
✆ 0471/289475

Marteller Hütte
I-39020 Martell
✆ 0473/621110

15.03. bis 15.05. gebiet
01.07. bis 10.10.
16, 40, 20

220 Volt; für Gruppen Gepäcktransport auf Anfrage;
offen; 15
Martelltal (Straßenende) 1½ Std.
Casatihütte 2½ Std.; Rif. Larcher-Cevedale 3 Std.
Schaubachhütte (Rif. Citta di Milano) 2½ Std.; Zufallhütte (Rif. Nino Corsi) 1 Std.
Veneziaspitze, 3385 m, 3½ Std.; Köllkuppe, 3330 m, 3 Std.
Vord. Rotspitze, 3031 m, 2½ Std.; Cevedale, 3769 m, 4½ Std.
Königspitze, 3851 m, 6 Std.
Meran
Hintermartell (Enzianhütte)
Hintermartell

Martinelli, Rifugio

2493 m; erb. 1978; neben dem Rifugio C. Branca
CAI Sektion Milano
Via S. Pellico 6
I-20121 Milano
✆ 02/86463516

Eugenio Alberti
I-23030 S. Caterina-Valfurva
✆ 0432/935545

Rif. Branca-Martinelli
I-23030 S. Caterina/Valfurva
✆ 0432/935501

✗ 15.03. bis 30.05., 30.06. bis 30.09.; 34 Schlafplätze
⚡ 220 Volt mit Generator
↗ wie Rif. Branca
→ wie Rif. Branca
△ wie Rif. Branca
🚆 Tirano oder Edolo
🚌 San Caterina-Valfurva
🚗 Rifugio Albergo Forni

Meneghello, Bivacco

3453 m; erb. 1952
CAI Sektion Vicenza
Contra Riale 12
I-36100 Vicenza
✆ 0444/545369

✗ Immer zugänglich; 6 ⊓; Schmelzwasser
↗ Peio 6 Std.; Rif. Cesare Branca 3½ Std.
→ Rifugio Mantova al Vioz 6½ Std.; Bivacco Seveso
△ Punta San Matteo, 3692 m, 1 Std.
🚆 Male, Edolo oder Tirano
🚌 Peio oder San Caterina-Valfurva
🚗 Valle del Monte oder Rifugio Albergo Forni

Nagler, Hotel (Rifugio Pirovano)

3050 m; im Sommerskigebiet Stilfser Joch; privat
Besitzer: Società Pirovana
I-23100 Sondrio
✆ 0342/210040

⌂ Rif. Pirovana
I-23030 Stilfser Joch
✆ 0342/904406 oder 904621
✗ ganzjährig; 100 🛏
↗ Gondellift vom Stilfser Joch; Stilfser Joch 1 Std.
→ Livriohütte 1 Std.; weitere Übergänge und Gipfel siehe Livriohütte
🚆 Meran oder Tirano
🚌 Paßhöhe Stilfser Joch
🚗 Paßhöhe Stilfser Joch

Ninotta, Bivacco

3200 m; am Tuckettjoch
Besitzer: Verein der Bergführer Valfurva, Società delle Guide della Valfurva

✗ Immer zugänglich; 9 ⊓; Schmelzwasser
↗ Trafoi 5 Std.; Livriohütte 2 Std.; Rif. V° Alpini 4 Std.
Peceneccio/San Antonio-Valfurva 6 Std.

△ Tuckettspitze, 3462 m, 1 Std.; Kristallspitzen, 3480 m, 1 Std.
🚂 Meran, Tirano oder Edolo
🚌 Trafoi, Stilfser Joch oder San Antonio-Valfurva
🚗 Stilfser Joch oder Valle dello Zebru

Passo del Zebru, Bivacco

3010 m; Besitzer: Verein der Bergführer Valfurva, Società delle Guide della Valfurva

✗ immer zugänglich; 6 ⊓
↗ Rif. Pizzini 1 Std.; Rif. V° Alpini 2½ – 3 Std.; Albergo Forno 3 Std.
△ Cima dei Forni, 3240 m
🚂 Edolo oder Tirano
🚌 San Antonio oder San Caterina/Valfurva
🚗 Valle d'Forno oder Valle d'Zebru

Pizzini-Frattola, Rifugio

2706 m; erb. 1911, umgeb. 1982
CAI Sektion Milano
Via Silvio Pellico 6
I-20121 Milano
✆ 02/86463516

† Claudio Compagnoni
Via S. Gottardo 2
I-23030 Valfurva
✆ 0342/945618
⌂ Rif. Pizzini
I-23030 Valfurva
✆ 0342/935513
✗ 15.03. bis 20.05., 25.06. bis 25.09.; 80 Schlafplätze, 20 ⊔
∿ 220 Volt
⊞ offen
↗ San Caterina-Valfurva 4 Std.; Rif. Forni 2 Std.
→ Rif. Casati 1½ Std.; Rif. V° Alpini 3 Std.; Rif. Branca 2 Std.
Bivacco Passo del Zebru 1 Std.
△ Monte Cevedale, 3769 m, 3 Std.; Monte Pasquale, 3553 m, 3 Std.
Königspitze (Gran Zebru), 3859 m, 4 Std.; Monte Zebru, 3740 m, 6 Std.
🚂 Tirano
🚌 San Caterina-Valfurva
🚗 Rif. Forni

Pozze, Bivacco

1989 m; erb. 1959, umgeb. 1982
CAI-SAT Sektion Rumo, Gruppe Bresimo
I-38020 Bresimo
c/o Giuseppe Marchetti
Fraz. Baselga
I-38020 Bresimo.

- ✗ immer zugänglich; 10 ⊓ nur Schmelzwasser
- ↗ von der Straße im Bresimotal bei einer Kehre, etwa 4 km von Bevia, auf Weg 115 1½ Std.
- → Arnago über Passo dell'Om
- △ Cima Lainert, 2462 m, 2 Std. Monte Pin 2420 m 5 Std. Cima delle Mandrie, 2583 m, 2½ Std. (Abstieg ins Bresimotal nötig)
- 🚂 Male, Tozzaga oder Mezzocorona
- 🚌 Bevia
- 🚗 im Bresimotal

Provolino, Bivacco

3051 m; erb. 1915, umgeb. 1984
Besitzer: Gruppo Alpini di Bormio
c/o Alberto Caclini
Via Fiorini 1
I-23032 Bormio
✆ 0342/902135

- ✗ immer zugänglich, Anmeldung wird empfohlen; 7 ⊓ Wasser in etwa 150 m; Gaskocher vorhanden.
- ↗ Valfurva 3½ Std.; Brauliotal Straßenmeisterhaus 2 der Stilfserjochstraße durch das Valle dei Vitelli 3 Std.
- → Livrio-Hütte 2 Std.; Stilfser Joch 4 Std.
- △ Hohe Schneide (Monte Cristallo), 3431 m, 2 Std. Cresta di Reit, vielgipfeliger Grat, 3025 m, 3075 m, 3094 m und 3099 m
- 🚂 Tirano
- 🚌 Valfurva oder Stilfserjochstraße
- 🚗 Valfurva (Val Zebru) oder Stilfserjochstraße

Ristoro Zebru, Rifugio
1700 m; privat

- † Maria Compagnoni
  Via Plazola 14
  I-23030 Valfurva
  ✆ 0342/945386
- ⌂ Ristoro Zebru
  Loc. Plaz
  Val Zebru
  I-23030 Valfurva
- ✕ Ende Juni bis Ende Sept.
  6 🛏
- ~ 220 Volt
- ↗ Niblogo (Madonna dei Monti) ½ Std.
  San Antonio-Valfurva 1 Std.
- → Rif. V° Alpini 3¾ Std.; Bivacco Gianpaolo di Piero 5 – 6 Std.
  Bivacco Passo del Zebru 5 Std.; Rif. Pizzini 5 Std.
- △ Monte Confinale, 3370 m, 6 Std.; Monte Forcellino, 2842 m, 3 Std.
- 🚆 Tirano
- 🚌 San Antonio-Valfurva
- 🚗 Niblogo

Schaubachhütte (Rif. Citta di Milano)
2581 m; erb. 1878, umgeb. 1926
CAI Sektion Milano
Via S. Pellicolli 6
I-20121 Milano
✆ 02/86463516

- † Johann Klockner
  I-39029 Sulden
  ✆ 0473/72088
- ⌂ Schaubachhütte
  I-39029 Sulden
  ✆ 0473/613002
- ✕ Wintersaison, 15.6. bis 30.9.
  67 Schlafplätze + ⊔
- ~ 220 Volt
- ↗ Sulden 2½ Std.
  Auffahrt mit 🚡 von Sulden
- → Hintergrathütte 1¾ Std.; Zufallhütte (Rif. Nino Corsi) 3½ Std.
  Rif. Casati 3 Std.; Rif. V° Alpini 6½ Std.
- △ Madritschspitze, 3265 m, 3 Std.; Butzenspitze, 3300 m, 3½ – 4 Std.
  Eisseespitze, 3230 m, 2½ Std.; Suldenspitze, 3376 m, 3¼ Std.
  Hintere Schöntaufspitze, 3325 m, 3 Std.; Königspitze, 3851 m; Ortler, 3905 m

Meran
Sulden
Sulden

Schönblick, Alpengasthof

2051 m; privat

Familie Schwembacher
I-39020 Hintermartelltal
✆ 0473/70476

Alpengasthof Schönblick
I-39020 Hintermartelltal
✆ 0473/70476

ganzjährig; 53
mit PKW und Bus zum Haus
siehe Alpengasthof Enzian
siehe Zufallhütte
Meran
Endstelle beim Haus
P beim Haus

Seveso, Bivacco

3420 m
CAI Sektion Seveso
Via Ada Negri
Cas. Post. 65
I-20030 Seveso

immer zugänglich; 9; Schmelzwasser
Rif. Berni 3 – 5 Std.
Biv. Meneghello 3 Std.
Pizzo Tresero, 3602 m, ¾ Std.
Edolo oder Tirano
San Caterina oder Gaviapaß
Gaviapaß

Silvio Dorigoni, Rifugio

2437 m; erb. 1903, umgeb. 1987
CAI-SAT Trento
Via Manci 57
I-38100 Trento
✆ 0461/981871

Michele Iachelini
San Bernardo 211b
I-38020 Rabbi, Val di Sole
✆ 0463/985240

- Rif. S. Dorigoni
  Alpe di Saènt
  I-38020 Rabbi
  Val di Sole
  ✆ 0463/985107
- 20.06. bis 20.09.; 81 Schlafplätze; Duschgelegenheit
- 220/380 Volt mit Generator
- offen; 4
- Somrabbi 4 Std.; Malga Stablasolo 3 Std.
- Rif. Larcher-Cevedale 3¾ Std.; Zufallhütte (Rif. Nino Corsi) 4 Std.
  Haselgruberhütte (Rif. Lago Corvo) 3 Std.; Höchsterhütte (Rif. Canziani) 4 Std.
  Weißbrunner Alm 3½ Std.
- △ Veneziaspitze, 3386 m, 3½ Std.; Hintere Rotspitze, 3347 m, 3½ Std.
  Hintere Eggenspitze, 3442 m, 3½ Std.; Cima Campisol, 3162 m, 2½ Std.
  Cima di Saènt, 3212 m, 2½ Std.
- Male, Mezzocorona oder Trento
- Somrabbi
- Somrabbi oder Malga Stablasolo

Stella Alpina, Rif.

2061 m; privat

- Bruno dei Cas
  Via Gleira 21
  I-23030 San Antonio-Valfurva
  ✆ 0342/945058
- Rif. Stella Alpina
  Valle dei Forni
  I-23030 S. Caterina-Valfurva
  ✆ 0342/935388
- März bis September; 15
- 220 Volt
- San Caterina-Valfurva 1½ Std.
  PKW zum Haus
- Rif. Forni 10 Min.
  Rif. Branca 1¼ Std.
  Rif. Pizzini 2½ Std.
  Rif. Casati 3¾ Std.
  Bivacco Gianpaolo del Piero 6½ Std.
- △ Monte Confinale, 3370 m, 4½ Std.; Monte Pasquale, 3553 m, 4 Std.
  Cima della Manzina, 3318 m, 4 Std.; Monte Cevedale, 3769 m, 5 Std.
  Monte del Forno, 3322 m, 4 Std.
- Tirano oder Edolo
- San Caterina-Valfurva
- beim Haus P

Tabarettahütte

2556 m; umgeb. 1980; privat

- Klaus Reinstadler
  Forststr. 131
  I-39029 Sulden
  ✆ 0473/75587
- Tabarettahütte
  Klaus Reinstadler
  I-39029 Sulden
  ✆ 0473/75435
- 01.06. bis 15.10.
  14 Betten, 30 Lager
- 220 Volt mit Aggregat
- Schlüssel vom Besitzer
- Sulden 2½ Std.
  Bergstation Langer Stein 1½ Std.
- Julius-Payer-Hütte 1½ Std.; Hintergrathütte 2½ Std.
- Ortler, 3905 m, Normalanstieg 5 Std., Nordwand 5 – 6 Std.
- Meran
- Sulden
- Sulden

Vide, Rifugio

1490 m; privat
Besitzer: L. Ruatti
I-38020 Pracorno di Rabbi
✆ 0463/91654

- Ferruccio Manini
  Via Risorgimento 4
  I-38027 Tercolas-Male
- Rif. Vide
  Loc. Vide
  I-38020 Pracorno/Rabbi
- 01.06. bis 30.09.
  15 Betten; Duschgelegenheit
- 220 Volt
- Pracorno 1½ Std.
- Biv. Pozze
- Cima delle Mandrie, 2583 m, 3 Std.
  Cima Lainert, 2462 m, 3 Std.
- Male
- Pracorno
- Val Cavallaia

Zufallhütte (Rifugio Nino Corsi)

2264 m; erb. 1882, umgeb. 1939
CAI Sektion Milano
Via Silvio Pellico 6
I-20121 Milano
✆ 02/86463516

- Georg Hafele
  Pension Georgshof
  I-39020 Morter-Martelltal
  ✆ 0473/742218
- Zufallhütte
  Georg Hafele
  I-39020 Morter-Martelltal
  ✆ 0473/730485
- 01.03. bis 30.10.
  60 Betten, 40 Lager, 6 Notlager; Fließwasser, Zentralheizung
- 220 Volt; Winterraum
- vom Straßenende im Martelltal $^3/_4$ Std.
- Marteller Hütte 1 Std.; Schaubachhütte 4 Std.;Casatihütte 4 Std.
  Dorigonihütte 6 Std.; Larcherhütte 4 Std.
- △ Monte Cevedale, 3796 m, 6 Std.; Köllkuppe, 3330 m, 3 Std.
  Schöntaufspitze, 3325 m, 4 Std.; Veneziaspitze, 3386 m, 4 Std.
  Madritschspitze, 3265 m, 4 Std.
- Meran
- Straßenende im Martelltal
- Straßenende im Martelltal

Zufritt, Alpengasthof

1850 m; privat

- Familie Stieger-Lee
  I-39020 Hintermartelltal
  ✆ 0473/70472
- Alpengasthof Zufritt
  I-39020 Hintermartell
  ✆ 0473/70472
- ganzjährig
  20 Betten; Zentralheizung
- mit PKW und Bus zum Haus
- Zufallhütte 1 Std.
  Schaubachhütte 5 Std.
  Rif. Silvio Dorigoni 5$^1/_4$ Std.
- △ siehe Zufallhütte
- Meran
- beim Haus
- beim Haus P

Zum See, Gasthof

1860 m; privat

- Familie Fleischmann
  I-39020 Hintermartelltal
  ✆ 0473/70498
- Gasthof Zum See
  I-39020 Hintermartelltal
  ✆ 0473/70498
- März bis November
  22 Betten; Zentralheizung
- mit PKW und Bus zum Haus
- → siehe Alpengasthof Zufritt
- △ siehe Zufallhütte
- Meran
- in Hausnähe
- beim Haus P

48b Sobretta-Gavia-Gruppe

Umgrenzung

Im Westen und Norden: Addatal – Bormio – Sondalo – Grosio – Tirano – Teglio. Im Süden und Osten: Apricia – Edolo – Ponte di Legno – Gaviapaß – Valfurva – Bormio. Die Sobretta-Gavia-Gruppe wird meistens den Ortleralpen zugerechnet.

Albergo Paradiso, Rifugio

2040 m; privat

- A. Cola
  I-23030 Valfurva
  ✆ 0432/903119
- Rif. Albergo Paradiso
  I-23030 S. Caterina-Valfurva
  ✆ 0432/935483
- 15.12. bis 30.04., 01.07. bis 15.09.; 24
- 220 Volt
- S. Caterina ½ Std.; mit PKW zum Haus
- Rif. Costa Sobretta 2½ Std.; Rif. Berni 3 Std.; Rif. Bonetta 3½ Std.
- Edolo oder Tirano
- S. Caterina-Valfurva
- beim Haus P

Alto, Albergo

1792 m; am Mortirolopaß; privat

- Attilo Melotti
  I-25040 Monno
- Albergo Alto
  Passo Motirolo
  I-25040 Monno
  ✆ 0364/71163
- 01.06. bis 15.10.; 15
- 220 Volt
- Zufahrt von Monno (6 km) und Mazzo/Valtellina
- in unmittelbarer Nähe die Albergi Belvedere und Basso
- △ Monte Resverde, 2348 m; Cima Verda, 2409 m; Cima Cadi, 2449 m
- Edolo oder Tirano
- Monno oder Mazzo in Valtellina
- beim Haus P

Arnoldo Berni, Rif.

Siehe Seite 115

Basso, Albergo

1714 m; privat; Zugänge, Übergänge und Gipfel siehe Albergo Alto

- Lorenza Menotti; I-25040 Monno
- Albergo Basso; Mortirolo; I-25040 Monno; ✆ 0364/71370
- 15.06. bis 15.09.; 16
- 220 Volt
- Edolo oder Tirano
- Monno oder Mazzo in Valtellina
- beim Haus P

Belvedere, Albergo

1716 m; privat; Zugänge, Übergänge und Gipfel siehe Albergo Alto

- Regina Melotti
  I-25040 Monno
- Albergo Belvedere
  Mortirolo
  I-25040 Monno
  ✆ 0364/71900
- 15.06. bis 30.09.; 6
- 220 Volt
- Edolo oder Tirano
- Monno oder Mazzo in Valtellina
- beim Haus P

Bonetta, Rifugio

2621 m; privat

- D. Bonetta
  I-23030 Valfurva
  ✆ 0342/945793
- Rif. Bonetta; I-23030 S. Caterina-Valfurva; ✆ 0342/91806
- 15.4. – 15.6. u. 1.10. – 31.10. am Wochenende, 15.6. – 30.9. durchgehend; 30
- 220 Volt
- ↗ S. Caterina 3 Std.; Paßstraße zum Haus
- → Rif. Berni ½ Std.; weitere Übergänge und Gipfel siehe Rif. Berni (Seite 115)
- △ Monte Gavia, 3223 m, 2½ Std.; Corno dei Tre Signori, 3360 m, 3 Std.
- Edolo oder Tirano
- San Caterina-Valfurva oder beim Haus
- beim Haus P

Costa Sobretta, Rifugio

2720 m; privat; Bergstation südlich von S. Caterina/Valfurva

- ↗ S. Caterina/Valfurva 3 Std.

Linge, Bivacco

2273 m;
CAI Sektion Pezzo-Ponte di Legno; I-25056 Ponte di Legno; ✆ 0364/92660

- immer zugänglich; 16 Schlafplätze; Wasser und Kochgelegenheit vorhanden
- ↗ Ponte di Legno – S. Apollonia, dann 3 Std.; Pezzo 2½ Std.
- → Rif. Bonetta am Gaviapaß 2¼ Std.; Vezzo di Oglio 7½ Std.
- △ Cima Monticello, 3177 m; Cima di Pietra Rossa, 2869 m
- Edolo oder Tirano
- Ponte di Legno
- S. Apollonia oder Gavia-Paß

48c Nonsberg-gruppe

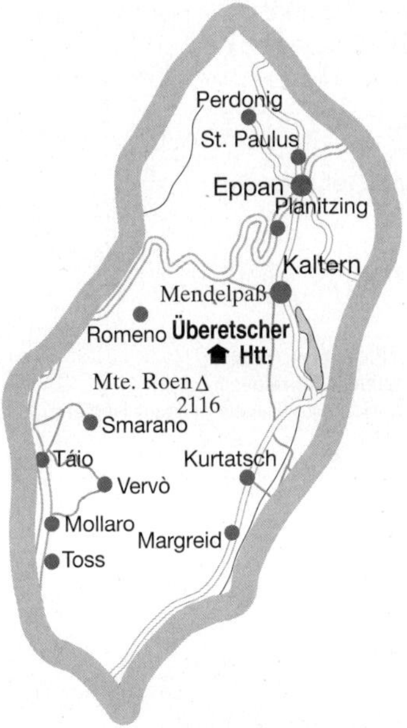

Umgrenzung

Nals – St. Felix – Fondo – Cles – Noice – Mezzocorona – S. Michele – Etsch – Auer – Bozen – Terlan – Nals

Al Falchetto, Rifugio

1320 m; privat

- F. Nessler
  I-38013 Malosco
  ✆ 0463/813488
- Rifugio Al Falchetto
  I-38013 Malosco
  ✆ 0463/813488
- Weihnachten bis 10.01. durchgehend, 10.01. bis 30.04. am Wochenende 01.05. bis 30.11. durchgehend; 40 Betten; Duschgelegenheit
- 220 Volt
- Ruffrè 1 Std.; Fondo 1¼ Std., PKW-Zufahrt zum Haus möglich
- Mendelpaß; Penegal
- Cles oder Bozen
- Malosco – Fondo
- beim Haus P

Enzianhütte (Rifugio Genzianella)

1421 m; privat
Besitzer: Familie Lochmann
I-39052 Kaltern

- Enzianhütte
  I-39052 Kaltern
- ganzjährig, keine Nächtigungsmöglichkeit
- Mendelpaß 20 Min., Zufahrt zum Haus möglich
- Halbweghütte ¾ Std.; Roenalm (Rifugio Malga di Romeno) 1½ Std. Überetscherhütte 2 Std.
- Monte Roen, 2116 m, 2¾ Std.
- Bozen
- Kaltern oder Mendelpaß
- Mendelpaß oder beim Haus P

Halbweghütte (Rifugio Mezzavia)

1594 m; privat

- Halbweghütte
  I-39052 Kaltern
- Winter- und Sommersaison; 15 Schlafplätze
- 220 Volt
- Kaltern 4 Std., Ruffrè 1¼ Std., PKW-Zufahrt möglich
- Roenalm (Rifugio Malga di Romeno) 1¼ Std.; Überetscherhütte 1½ Std. Mendelpaß 1¼ Std.
- Bozen
- Mendelpaß
- Mendelpaß oder beim Haus P

Malga Craun, Rifugio

1222 m; privat
Besitzer: Massimo dell'Eva
Piazza S. Vigilio
I-38026 Ossana

Rifugio Malga Craun
Monte di Mezzocorona
I-38016 Mezzocorona
01.06. bis 30.09.
220 Volt
Mezzocorona 3¼ Std.; Rovere 3 Std.; Margreid 5 Std.
Craunel, 1873 m, 2 Std.
Mezzocorona oder Salurn
Mezzocorona oder Rovere
Mezzocorona

Predaia, Rifugio

1396 m; privat
Besitzer: Anna-Maria Chini-Pancheri
Via Corte 67
I-38010 Segno di Taio

Rifugio Predaia
Loc. Doss da Spin
I-38010 Vervo
© 0463/43138
20.05. bis 30.09. und zur Skisaison; 20 Schlafplätze
220 Volt
Vervo 1¾ Std.; Tres 2 Std.; Rovere 5 Std., Zufahrt zum Haus möglich
Überetscherhütte 3½ – 4 Std.; Rifugio Sores 20 Min.
Monte Roen, 2116 m, 3 Std.; Corno di Tres, 1812 m, 1¼ Std.
Mollaro
Tres
beim Haus P

Roenalm (Rifugio Malga di Romeno)

1773 m; Besitzer: Almgemeinschaft Romeno; I-38010 Romeno

Berta Tröger
Via dei Campi 20
I-38010 Cavenaro
© 0463/832116
Rifugio Malga di Romeno
Monte Roen
I-38010 Amblar
© 0463/831642

01.06. bis 30.10.; 8 Schlafplätze; Duschgelegenheit
220 Volt
Tramin 4½ – 5 Std.; Kaltern 5 Std.; Coredo 4½ Std.; Cavenaro 2½ Std.
Ruffrè 2¼ Std., Zufahrt zum Haus möglich
Mendelpaß 2 Std.; Überetscherhütte ¼ Std.
Monte Roen, 2116 m, 1 Std.
Bozen, Auer oder Cles
Amblar, Kalterersee oder Mendelpaß
beim Haus P

Sores, Rifugio

1299 m; privat
Besitzer: Achille Perentaler
Loc. Predaia
I-38010 Vervo-Tres

Rif. Sores
Loc. Pian della Sena
I-38010 Vervo
© 0463/43147
ganzjährig, November geschlossen; 52 Schlafplätze; Duschgelegenheit
220 Volt
Tres 1½ Std.; Sfrzu 1 Std.; Vervo 1¼ Std.; Rovere im Etschtal 5½ Std.
Zufahrt zum Haus möglich
Rif. Predaia 20 Min.; Überetscherhütte 4 Std.
Monte Roen, 2116 m, 3½ Std., Corno di Tres, 1812 m, 1½ Std.
Mollaro
Tres
beim Haus P

Überetscherhütte (Rifugio Oltre Adige)

1773 m; erb. 1906, umgeb. 1982/84/87
CAI Sektion Bozen
Obstplatz 46
I-39100 Bozen
© 0471/978172

Edith Lanthaler
I-38010 Ruffrè
Überetscherhütte
I-38010 Ruffrè
© 0471/812031
ab Ostern am Wochenende, 15.05. bis 30.10. durchgehend; 34 Schlafplätze
220 Volt mit Aggregat
offen; 9 ⊓; Kochgelegenheit
Kaltern 5 Std.; Tramin 4 Std.; Altenburg 3¼ Std.; Cavareno 3 Std.
Ruffrè 2¾ Std.; Sanzeno 5½ Std.

→ Mendelpaß 2½ Std.; Rif. Predaia 3½ Std.; Roen-Alm; Malga Roen ¼ Std.
△ Monte Roen, 2116 m, 1¼ Std.
🚂 Bozen oder Auer
🚌 Mendelpaß, Kalterersee oder Amblar
🚗 Malga Roen

Wieser, Gasthaus

800 m; privat

⌂ Gasthaus Wieser
Perdonig
I-39050 St. Pauls
✆ 0471/52376
✕ ganzjährig, für Nächtigung Anmeldung empfohlen; 15 🛏 + Notbetten
⚡ 220 Volt
↗ Terlan 3 Std.; Andrian 2 Std.
→ Penegal 4 – 5 Std.
△ Gantkofel, 1866 m, 3 Std.
🚂 Bozen oder Terlan
🚌 Andrian
🚗 beim Haus P

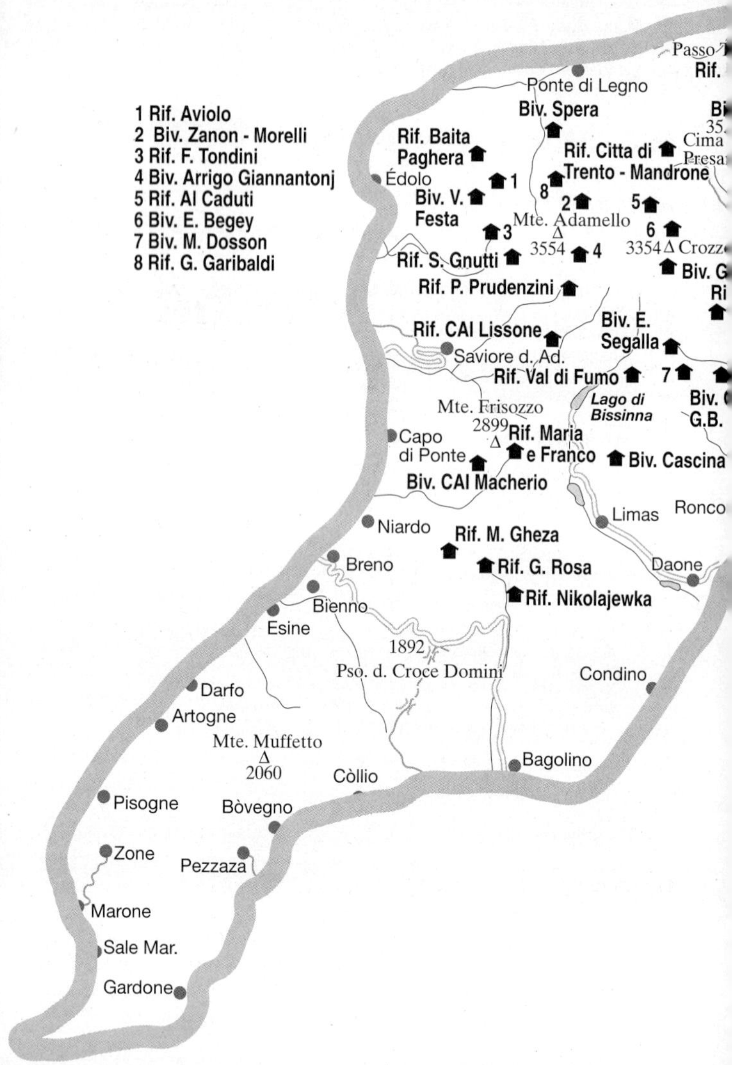
1 Rif. Aviolo
2 Biv. Zanon - Morelli
3 Rif. F. Tondini
4 Biv. Arrigo Giannantonj
5 Rif. Al Caduti
6 Biv. E. Begey
7 Biv. M. Dosson
8 Rif. G. Garibaldi
Passo
Rif.
Ponte di Legno
Biv. Spera
Rif. Baita Paghera
Rif. Citta di Trento - Mandrone
Cima
Édolo
1
8
Biv. V. Festa
2
5
3
Mte. Adamello
3554
4
6
3354
Rif. S. Gnutti
Rif. P. Prudenzini
Biv. E. Segalla
Rif. CAI Lissone
Saviore d. Ad.
Rif. Val di Fumo
7
Mte. Frisozzo
2899
Lago di Bissinna
Biv.
G.B.
Capo di Ponte
Rif. Maria e Franco
Biv. Cascina
Biv. CAI Macherio
Limas
Ronco
Niardo
Rif. M. Gheza
Breno
Rif. G. Rosa
Daone
Rif. Nikolajewka
Bienno
Esine
1892
Pso. d. Croce Domini
Condino
Darfo
Artogne
Mte. Muffetto
2060
Bagolino
Còllio
Pisogne
Bòvegno
Zone
Pezzaza
Marone
Sale Mar.
Gardone

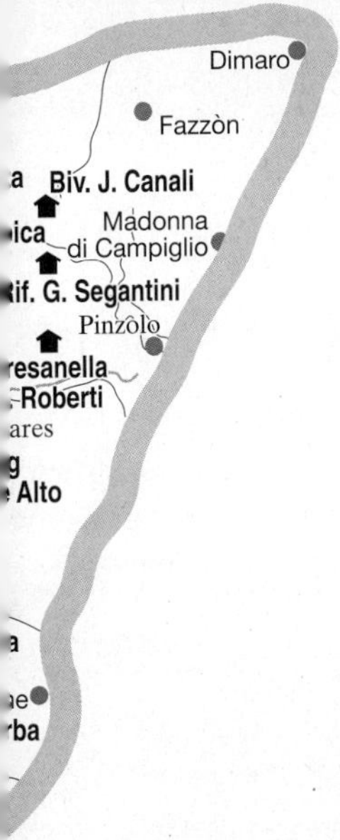

49 Adamello-Presanella-Gruppe

Umgrenzung

Dimaro – Val di Sole – Ossana – Val Vermiglio – Tonalepaß – Ponte di Legno – Vezza di Oglio – Edolo – Val Camonica – Cedegolo – Breno – Pisogne – Lago d'Iseo – Iseo – Gardone – Val Trompia – Bovegno – Collio – Bagolino – Val Giudicarie (Judicarien) – Tione di Trento – Pinzolo – Madonna di Campiglio – Dimaro

Agostini in Pradalago, Rifugio

2085 m; privat

R. Viviani
I-38080 Villa Rendena
✆ 0465/21771

Rif. Agostini
I-38084 Madonna di Campiglio
✆ 0465/41200

ab 06.12. bis Wintersaisonende, 20.06. bis 20.09.; 16 🛏, 12 ⊓

220 Volt

von Madonna di Campiglio, dann $\frac{1}{4}$ Std.; Madonna di Campiglio $1\frac{1}{2}$ Std.

Rifugio Nambino 1 Std.; Rifugio Malghette 1 Std.

Male oder Trento

Madonna di Campiglio

Madonna di Campiglio

Al Caduti dell'Adamello, Rifugio (Rif. Lobbia Alto)

3040 m; erb. 1929
CAI Sektion Brescia
Piazza del Vescovato 3
I-25121 Brescia
✆ 030/48426

Martino Zani
Via Marconi 41
I-25050 Tamù
✆ 0364/94164

Rif. Caduti dell'Adamello
I-38086 Pinzolo
✆ 0465/52615

20.06. bis 20.09.
120 Schlafplätze

220 Volt mit Generator

offen; 8 ⊓; Ofen, Brennholz und Kochgeschirr

Val Genova $5\frac{1}{2}$ Std.; Tonalepaß 5 Std.; Ragada 5 Std.

Biv. Zanon-Morelli 2 Std.; Biv. Giannatonj $1\frac{1}{2}$ Std.;Rif. Garibaldi $3\frac{1}{2}$ Std.
Rif. CAI Lissone 6 Std.; Rif. Prudenzini 4 Std.; Biv. Laeng $2\frac{1}{4}$ Std.

△ Adamello, 3554 m, $3\frac{1}{2}$ Std.; Care Alto, 3465 m, 4 Std.
Corno Bianco, 3434 m, 3 Std.; M. Mandrone, 3283 m, 4 Std.
Dosson di Genova, 3441 m, 2 Std.; Crozzon di Lares, 3354 m, 3 Std.

Trento oder Edolo

Pinzolo oder Carisolo

Val Genova

Albasini, Rifugio

1860 m; privat

- D. Albasini
  I-38025 Dimaro
  ✆ 0463/94134
- Rif. Albasini
  I-38025 Dimaro
  ✆ 0463/96377
- Wintersaison, 01.07. bis 20.09.; 40, 15
- 220 Volt
- Bergstation der von Folgarida
- → Rifugio Malghette; Rifugio Monte Vigo
- Male oder Trento
- Folgarida
- Folgarida

Alla Cascata, Rifugio

1453 m; privat

- Marco Bonetti
  Via Nazionale 130
  I-25059 Vezza d'Oglio
  ✆ 0364/76185
- Rifugio alla Cascata
  Val Paghera
  I-25059 Vezza d'Oglio
- 1.6. bis 30.9. durchgehend, Mai und Oktober an Wochenenden und Feiertagen; 10
- 220 Volt
- Vezza d'Oglio 1½ Std.
  PKW zum Haus
- → Rif. Aviolo 1¾ Std.
  Rif. Garibaldi 6¾ Std.; Edolo 5¾ Std.; Biv. Valerio Festa 2¾ Std.
- △ Corno Pornina, 2815 m, 4¾ Std.; Monte Avio, 2962 m, 5 Std.
  Punta di Val Finale, 2738 m, 4¾ Std.; Monte Aviolo, 2881 m, 4¾ Std.
- Edolo
- Vezza d'Oglio
- beim Haus P

Almici, Rifugio

1861 m; privat

- F. Berardi
  I-25050 Zone
  ✆ 030/987990

- Rifugio Almici
  Monte Guglielmo
  I-25050 Zone
  ✆ 030/987990
- ✗ 15.06. bis 30.09. durchgehend, sonst an den Wochenenden; 30 Schlafplätze
- ↗ Zone 4 Std.
- → Rif. Piardi; Rif. CAI Voltrampia; Rif. Croce di Marone
- △ Monte Guglielmo, 1948 m
- Pisogne
- Zone
- Zone

André Petitpierre, Rifugio

Corno d'Aola, 1964 m; privat
Besitzer: S.I.T.
Via Risorgimento
I-25056 Ponte di Legno

- Domenica Donati
  I-25056 Ponte di Legno
- Rif. André Petitpierre
  I-25056 Ponte di Legno
  ✆ 0364/91022
- ✗ 15.06. bis 30.09., im Winter je nach Schneelage
  37 Schlafplätze
- 220 Volt
- ↗ Ponte di Legno 1¾ Std.
  von Ponte di Legno
- → Rif. Garibaldi 6¾ Std.
  Biwak Spera 4 Std.
- △ Corno Marcio, 2507 m, 1¾ Std., Corno d'Aola, 2716 m, 2 Std.
  Punta di Pozzuolo, 2846 m, 3 Std.; Punta di Valle Seria, 2871 m, 3½ Std.
  Punta di Valbione, 2777 m, 2½ Std.; Punta d'Intelvi, 2723 m, 2¾ Std.
  Cima di Salimmo, 3130 m, 3¾ Std.; Punta dei Buoi, 2718 m, 2½ Std.
  Cima Calotta, 3225 m, 5 Std.; Monte Castablo, 2620 m, 3¼ Std.
- Edolo
- Ponte di Legno
- Ponte di Legno

Arrigo Giannantonj, Bivacco (Bivacco Salarno)

3168 m; erb. 1933, umgeb. 1980
CAI Sektion Brescia
Piazza del Vescovato 3
I-25121 Brescia
✆ 030/48426

✗ immer zugänglich
6 ⊓; nur Schmelzwasser
↗ Malga Lincini 5½ Std.
Malga Fabrezzo 6½ Std.
Rifugio Prudenzini 4 Std.
Rifugio CAI Lissone 4½ Std.
→ Rifugio Al Caduti 1½ Std.
Rifugio Garibaldi 3 Std.
Biv. Zanon-Morelli 1½ Std.
△ Adamello, 3554 m, 2 Std.
Dosson di Genova, 3441 m, 1¼ Std.; Monte Fumo, 3418 m, 1¼ Std.; Corno di Salarno, 3327 m, 1½ Std.
Corno Miller, 3373 m, 2 Std.
Corno dell'Adame, 3275 m, 1 Std.
Cedegolo
Saviore dell'Adamello
Malga Fabrezza oder Malga Lincino

Artuic, Bivacco

1976 m; in der Nähe der Malga Artuic
Besitzer: Gemeinde Pellizzano
I-38020 Pellizzano

✗ Notunterkunft für 10 Personen; in der Saison immer geöffnet, sonst ist der Schlüssel bei der Gemeinde erhältlich
immer offen; für 3 Personen mit Schlafsack
↗ Pellizzano 3½ Std.
→ Rifugio Lago Nambino 5 Std.; Rifugio Lago delle Malghette 4 Std.
△ Cima di Val Gelata, 2674 m, 3 Std.; Monte Nambino, 2676 m u. Cima di Laste, 2768 m, je 2¾ Std.; Cima Artuic, 2614 m
Male oder Trento
Pellizzano
im Val di Fazzon

Aviolo, Rifugio

1930 m; erb. 1954, umgeb. 1985
CAI Sektion Edolo
Viale Derna
I-25048 Edolo

Giacomo Vidilini
Via Casanolino 7
I-25048 Edolo
✆ 0364/71076 oder 71065

- ⌂ Rif. Aviolo
  I-25059 Vezza di Oglio
  ✆ 0364/76110
- ♀ 15.06. bis 20.09.; 56 Schlafplätze
- ⚡ 220 Volt
- ⇌ offen; 10 ⊓; Kochgelegenheit, Geschirr vorhanden
- ↗ Vezza di Oglio 3 Std.; Rif. Alla Cascata 1½ Std.; Edolo 4 Std.
- → Biacco Valerio Festa 1¼ Std.; Rifugio Tonolini; Rifugio Garibaldi
- △ Monte Avio, 2979 m; Monte Aviolo, 2881 m; Corno Baitone, 3331 m
  Cima Gole Larghe, 3003 m
- 🚆 Edolo
- 🚌 Vezza di Oglio
- 🚗 Rifugio Alla Cascata

Baita Paghera, Rifugio

1450 m; im Val Vallero; erb. 1892
CAI Sektion Crema
Via Verdi 4
I-26013 Crema
✆ 0373/86442

- 🍴 Selbstversorgerhütte, nach Vereinbarung mit der Sektion
  Auskünfte Di und Fr 21.00 Uhr ✆ 0373/86442
  Kochgelegenheit, Wasser 100 m entfernt; 12 Schlafplätze
- ↗ Stadolina bei Vezza di Oglio 1 Std.
- △ Monte Avio, 2962 m; Monte Pornina, 2147 m
- 🚆 Edolo oder Male
- 🚌 Stadolina
- 🚗 im Val di Vallaro

Bedole, Rifugio

1641 m; privat

- ♀ L. Collini
  I-38086 Pinzolo
  ✆✆0465/51211
- ⌂ Rifugio Bedole
  Val Genova
  I-38086 Pinzolo
  ✆ 0465/51405
- 🍴 01.06. bis 10.10.; 39 Schlafplätze
- ⚡ 220 Volt
- ↗ von Carisolo mit PKW zum Haus
- → Rif. Al Caduti 4 Std.; Rif. Citta di Trento – Madron 2 Std.; Biv. Begey 4 – 5 Std.
- 🚆 Male oder Trento
- 🚌 Carisolo
- 🚗 beim Haus P

Bocca Cunella G.B.Cova, Bivacco

2150 m; erb. 1982
CAI SAT Sektion Tione
c/o Palazzo Municipale
I-38079 Tione

- ✗ immer zugänglich; 4 ⊓
  Wasser in 20 m Entfernung
- ↗ Val San Valentino 3 Std.
  Malga Cengledino $4\frac{1}{2}$ Std.
  Villa Rendena 4 Std.
- → Rifugio Trivena 3 Std.
  Bivacco Malga Dosson 3 Std.
  Rifugio Care Alto 6 Std.
- △ Bocca Cunella, 2553 m
  Cima Tov Bianco, 2500 m
- 🚂 Trento
- 🚌 Vigo Rendena
- 🚗 Val di Breguzzo oder Malga Cengledino

CAI Lissone, Rifugio

2005 m; erb. 1970, umgeb. 1988
CAI Sektion Lissone
Via Statuto 14
I-20035 Lissone
✆ 039/461770

- 🚶 Domenico Ferri
  I-25050 Valle di Saviore
  ✆ 0364/638232
- 🏠 Rifugio CAI Lissone
  I-25050 Valle di Saviore
  ✆ 0364/638296
- ✗ 20.06. bis 30.09.
  70 Schlafplätze
- ⚡ 220 Volt
- ❄ mit 🔑 zugänglich
- ↗ Cedegolo 5 Std.; Malga Lincino $\frac{3}{4}$ Std.
- → Rif. Prudenzini $4\frac{3}{4}$ Std.; Rif. Val di Fumo 4 Std.; Rif. Al Cadutti $5\frac{1}{2}$ Std.
  Biv. Giannantonj $4\frac{1}{2}$ Std.; Rif. Rist. da Pierino $4\frac{1}{2}$ Std.
- △ Adamello, 3554 m, $6\frac{1}{2}$ Std.; Corno di Grevo, 2869 m, 3 Std.
  Cima di Molinazzo, 2852 m, 3 Std.; Corno Lendeno, 2830 m, $2\frac{1}{2}$ Std.
  Cima di Gana, 2892 m, 2 Std.; Corni di Bos, 2788 m, 3 Std.
  M. Foppa, 2752 m, $3\frac{1}{2}$ Std.; Camp. di Val Salarno, 2830 m, $3\frac{3}{4}$ Std.
- 🚂 Cedegolo
- 🚌 Valle di Saviore
- 🚗 Malga Lincino

CAI Macherio, Bivacco

2590 m; erb. 1975
CAI Sektion Macherio
Via Milano 25
I-20050 Macherio

- immer zugänglich; 8
  Schmelzwasser in der Nähe
- ↗ Cimbergo 4¼ Std.
  Rif. De Marie al Volano 3 Std.
- → Rif. Maria e Franco 2 Std.
  Rif. Gabriele Rosa 6½ Std.
  Rif. Rist. Da Pierino 4½ Std.
- △ Cima del Dosso, 2799 m, 1 Std.
  Corni Tredeni, 2771 m, 2799 m, 2 Std.; Cima di Sablunera, 2608 m, 2 Std.
  Corno delle Pile, 2813 m, 2 Std.; Monte Frisozzo, 2899 m, 1 Std.
- Capo di Ponte
- Cimbergo – Ponte della Sega
- Cimbergo – Ponte della Sega

Carè Alto, Rifugio

2459 m; erb. 1912, umgeb. 1988
CAI SAT Trento
Via Manci 57
I-38100 Trento
✆ 0461/981871

- Sergio Rosi
  Via Valentini 31
  I-38060 Calliano
  ✆ 0464/84765
- Rifugio Carè Alto
  I-38088 Pelugo
  ✆ 0465/801089
- 01.06. bis 30.09.; 31, 62
- 220 Volt;
  Gepäcktransport auf Anfrage
- offen; 6
- ↗ Borzago 6 Std.; Albergo Fontana-Bona 7½ Std.; Talschluß im Val Borzago 3 Std.
- → Rif. Al Caduti 5 Std.; Rif. Val di Fumo 3½ Std.
  Biv. Segalla 2½ Std.; Biv. Laeng 2½ Std.
- △ Carè Alto, 3462 m, 4 Std.; Corno di Cavento, 3402 m, 4½ Std.
  Monte Foletto, 3338 m, 3½ Std.
- Trento
- Borzago
- Val Borzago

Cascina Danerba, Bivacco

1633 m; erb. 1983
CAI SAT Sektion Daone
I-38080 Daone

- ✗ immer zugänglich; 8 ⊓; Wasser etwa 10 m entfernt
- ↗ Lago di Malga Boazzo 1 Std.
- → Rifugio Trivena über Porte di Danerba – Val Vescovo
- △ Cima di Danerba, 2910 m; Cima d'Arno, 2849 m
- Bahn: Trento oder Male
- Bus: Pieve di Bono – Daone
- Auto: Lago di Malga Boazzo

Ceco Baroni, Bivacco

2800 m; ANA Sektion Brescia
Via Alberto Mario 27
I-25121 Brescia
✆ 030/45389

- ✗ immer zugänglich; 6 ⊓; nur Schmelzwasser
- ↗ Rifugio CAI Lissone 3 Std.
- → Rifugio AI Caduti 2½ Std.
- △ Monte Fuma, 3418 m; Cima d'Levade, 3273 m; Lobbia Alta, 3196 m
- Bahn: Cedegolo
- Bus: Valle di Saviore
- Auto: Malga Lincino

Citta di Trento-Mandrone, Rifugio

2449 m; erb. 1957
CAI-SAT Trento
Via Manci 57
I-38100 Trento
✆ 0461/981871

- Hüttenwirt: Carlo Gallazzini
  Via San Martino
  I-38080 Villa Rendena
  ✆ 0465/21854
- Hütte: Rif. Mandrone
  I-38080 Villa Rendena
  ✆ 0465/51193
- ✗ 20.06. bis 20.09.; 40 Betten, 60 ⊓
- Strom: 220 Volt mit Generator; Dusche
- Winterraum: offen; 6 ⊓
- ↗ Tonalepaß 4½ Std.; Seilbahn und Lift vom Tonalepaß zum Rif. Presena, dann 2½ Std.
  Rif. Bedole (Val Genova) 2½ Std.

→ Rifugio Al Caduti 3 Std.; Rifugio Garibaldi 4½ Std.
Rifugio Denza 6 Std.; Rifugio Prudenzini 6½ Std.
△ Monte Adamello, 3554 m, 5½ Std.; Cima Presena, 3069 m, 2½ Std.
Cima Busazza, 3302 m, 4½ Std.; Cima Mandrone, 3221 m, 4 Std.
Male, Mezzocorona oder Trento
Pinzolo, Taxi bis Rifugio Bedole
Rifugio Bedole

Cornisello, Rifugio

2120 m; erb. 1987; privat

Salvaterra Donatella
Via Sorano 59
I-38068 Pinzolo
✆ 0465/52048
Rifugio Cornisello
Val Nambrone
I-38086 Pinzolo
✆ 0465/57150
20.06. bis 20.09.; 16
220 Volt
↗ San Antonio 4 Std.
Rifugio Nambrone 2½ Std.
Straße zum Haus
→ Rif. G. Segantini 1½ Std.
Rif. Lago Nambino 6½ Std.
Biv. Jack Canali 5 Std.
△ Presanella, 3558 m, 5 Std.; Cima Corsinello, 3158 m, 5½ Std.
Cima Scarpaco, 3252 m, 4 Std.; Cima di Bon, 2901 m, 2 Std.
Corno Giner, 2957 m, 2½ Std.
Trento oder Male
San Antonio bei Pinzolo
beim Haus P

Croce di Marone, Rifugio

1166 m; privat

Teresa Guerini Poli
I-25054 Marone
✆ 030/987681
Rifugio Croce di Marone
Cislano
I-25054 Marone
15.5. – 30.9. u. 16.9. – 15.10. am Wochenende, 1.7. – 15.9. durchgehend
18 Schlafplätze
↗ Balestra bei Marone 1 Std.
→ Rifugio Amici

△ Monte Guglielmo, 1948 m
Marone
Marone
Balestra

Ernesto Begey, Bivacco

2943 m; erb. 1970
CAI SAT Trento
Via Manci 57
I-38100 Trento
✆ 0461/981871

- immer zugänglich; 4 ⌐¬; Schmelzwasser
- ↗ Ragada im Val Genova über Malga Folgorida 6 Std.
- → Rif. Al Caduti 1½ Std.; Biv. G. Laeng 3 Std.; Biv. Zanon-Morelli 5 – 6 Std.
- △ Crozzon di Làres, 3354 m, 1½ Std.
- Male oder Trento
- Carisolo
- Ragada im Val Genova

Eugenio Segalla, Bivacco

3050 m; erb. 1978
CAI SAT Sektion Pieve di Bono
I-38085 Pieve di Bono

- immer zugänglich; 6 ⌐¬
- ↗ Rifugio Val di Fumo 3 Std.
  Val di Borzago 6 Std.
- → Rifugio Care Alto 2¾ Std.
  Biv. Malga Dosson 2½ Std.
- △ Care Alto, 3405 m, 4 Std.
- Trento
- Pieve di Bono (Daone-Dorf)
- Lago di Malga Bissina

Francesco Denza, Rifugio

2298 m; erb. 1890, umgeb. 1970
CAI SAT Trento
Via Manci 57
I-38100 Trento
✆ 0461/981871

- Mauro Mabboni
  Via Velutai
  I-38061 Ala
  ✆ 0464/670536 – 671194

Rifugio Denza
I-38029 Vermiglio
0463/ 758187
20.06. bis 20.09.; 26, 28
Duschgelegenheit
220 Volt mit Generator
offen; 20
Vermiglio 5 Std.
Baita Velon $2\frac{3}{4}$ Std.
Pizzano – Val Stavel $3\frac{3}{4}$ Std.
Tonalepaß 3 Std.
Rif. Citta di Trento $6\frac{1}{2}$ Std.
Rif. Segantini 6 Std.
Bivacco Roberti 6 Std.
Bivacco Jack Canali 7 Std.
Rifugio Stella Alpina 6 Std.
Presanella, 3558 m, $4\frac{1}{2}$ Std.
Monte Cercen, 3282 m, 4 Std.; Monte Gabbiol, 3465 m, $3\frac{1}{2}$ Std.
Cima di Vermiglio, 3458 m, $3\frac{1}{2}$ Std.; Cima dei Pozi, 2890 m, 2 Std.
Male, Mezzocorona oder Trento
Velon (Kreuzweg)
Velon

Franco Tonolini, Rifugio (Rifugio Baitone)

2467 m; erb. 1891, umgeb. 1992
CAI Brescia
Piazza del Vescovato 3
I-25121 Brescia
030/48426

Romeo Zanini
Via S. Martino 28
I-25025 Manerbio
030/9381894
20.6. – 20.9.; vorher unbedingt Informationen beim einholen
Eventuell beim Staudammwärter am Baitone-Stausee
36 Schlafplätze
offen; 8
Ponte del Guat $2\frac{1}{2}$ Std.; Rino 4 Std.
Rif. Garibaldi 5 Std.; Rif. Prudenzini 5 Std; Rif. Gnutti $1\frac{1}{2}$ Std. – $3\frac{1}{2}$ Std.
Corno Baitone, 3331 m, $3\frac{1}{2}$ Std.; Roccia Baitone, 3263 m, $3\frac{1}{2}$ Std.
Corno d. Cristallo, 2981 m, $2\frac{1}{4}$ Std.; Corno del Lago, 2776 m, $2\frac{1}{2}$ Std.
Cima di Plem, 3187 m, 3 Std.; Corno delle Granate, 3108 m, $2\frac{1}{4}$ Std.
Cima delle Granate, 3162 m, $3\frac{3}{4}$ Std.; Monte Bonpià, 2855 m, $2\frac{1}{2}$ Std.

- Sonico oder Edolo
- Garda bzw. Rino
- Ponte del Guat

Gabriele Rosa, Rifugio

2353 m; erb. 1930
CAI Sektion Brescia
Piazzo del Vescovato 3
I-25121 Brescia
✆ 030/48426

- Emilio Pasini
  Via Briale 20
  I-25070 Casto
  ✆ 0365/88275
- Rifugio Gabriele Rosa
  I-25072 Bagolino
  ✆ 0365/99630
- 20.06. bis 20.09.
  15 Schlafplätze
- 220 Volt
- Malga Cadino 2 Std.
  Rifugio Tassara 2¼ Std.; Rifugio Nikolajewka 2¼ Std.
- Rifugio CAI Lissone 9½ Std.; Malga Boazzo 4½ Std.; Rif. Rist. da Pierino 7 Std.
  Rif. Baita Rossa im Val Paghera 4¼ Std.; Rif. Passo di Croce Domini 2½ Std.
  Rif. Nikolajewka über Passo Blumone 3 Std.; Rif. Maria e Franco 5 Std.
- Cima di Laione, 2759 m, 1½ Std.; Monte Listino, 2746 m, 1½ Std.
  Cornone di Blumone, 2843 m, 2½ Std.; Monte Frerone, 2673 m, 1¾ Std.
- Breno
- Bagolino oder Bazena
- Rifugio Nikolajewka

Giovanni Segantini, Rif.

2371 m; erb. 1901, Neubau 1977
CAI SAT Trento
Via Manci 57
I-38100 Trento
✆ 0461/981871

- Gino Bresadola
  Via Castellotti inf. 26
  I-38084 Madonna di Campiglio
  ✆ 0465/42606
- Rifugio Segantini
  Val d'Amola
  I-38086 Pinzolo
  ✆ 0465/57357

- ✗ 20.06. bis 20.09.; 16 Betten, 44 Lager; Duschgelegenheit
- 220 Volt mit Generator
- offen; 28 Lager
- ↗ Pinzolo $5\frac{1}{2}$ Std.; Rif. Cornisella $1\frac{1}{2}$ Std.; Rif. Nambrone $3\frac{1}{2}$ Std.
- → Rif. Denza – Stavel 5 Std.; Bivacco Vittorio Roberti 3 Std.
  Bivacco Jack Canali 5 Std.; Bivacco Orobica 4 Std.,
- △ Cima d'Amola, 3269 m, $4\frac{1}{2}$ Std.; Cima del Laghetto, 2959 m, $2\frac{1}{4}$ Std.
  Cima Cornisello, 3154 m, 3 Std.; Cima Scarpacò, 3254 m, $3\frac{3}{4}$ Std.
  Cima Presanella, 3558 m, $4\frac{1}{2}$ Std.
- Trento
- Pinzolo-Carisolo
- Valle di Nambrone

Giuseppe Garibaldi, Rif.

2550 m; erb. 1893, umgeb. 1958
CAI Sektion Brescia
Piazza del Vescovato 3
I-25121 Brescia
✆ 030/48426

- Carla Menici-Faustinelli
  Via IV.Novembre 13
  I-25056 Ponte di Legno
  ✆ 0364/91371
- Rifugio Giuseppe Garibaldi
  I-25050 Temù
  ✆ 0364/94436
- ✗ 20.06. bis 20.09.;
  108 Schlafplätze
- 220 Volt
- offen; 12 Lager
- ↗ Temù – Aviotal 5 Std.; Malga Caldea im Aviotal $3\frac{1}{2}$ Std.
- → Rifugio Al Caduti 4 Std.; Rifugio Citta di Trento (Mandrone) $4\frac{1}{2}$ Std.
  Rifugio Tonolini 5 Std.; Rifugio Petitpierre $6\frac{1}{4}$ Std.; Bivacco Zanon-Morelli 2 Std.
- △ Adamello, 3554 m, 5 Std.; Corno Bianco, 3434 m, $3\frac{1}{2}$ Std.
  Monte Venerocolo, 3325 m, 3 Std.; Monte Venezia, 3236 m, $3\frac{1}{4}$ Std.
  Cima Garibaldi, 3239 m, $2\frac{1}{2}$ Std.; Monti dei Frati, 3283 m, 3 Std.
- Edolo
- Temù
- Temù oder Avio-Tal

Gualtiero Laeng, Bivacco

3191 m; erb. 1972
CAI Sektion Brescia
Piazza del Vescovato 3
I-25121 Brescia
✆ 030/48426

- ✗ immer zugänglich
  6 ⊓; nur Schmelzwasser
- ↗ Malga Genova 6½ Std.
- → Rifugio Al Caduti 2¼ Std.
  Rifugio Care Alto 3 Std.
  Bivacco Begey 1½ Std.
- △ Corno di Cavento, 3402 m, ¾ Std.;
  Monte Foletto, 3338 m, 1½ Std.
  Care Alto, 3462 m, 2 Std.
  Crozzon di Lares, 3354 m, 1¼ Std.
- Trento oder Edolo
- Pinzolo oder Carisolo
- Val Genova

Jack Canali, Bivacco

2480 m; erb. 1976
CAI Sektion Canzo
Via Meda 11
I-22035 Canzo

- Tomasi Fiorenzo
  Via Matteotti 7
  I-22035 Canzo
  ✆ 031/683069
- ✗ immer zugänglich; 9 ⊓; Wasser 50 m entfernt
- ↗ Ossana 4½ Std.; S. Antonio Val Piana 3½ Std.
- → Rif. Segantini 5 Std.; Rif. Cornisello 4½ Std.; Rif. Denza 4½ Std.
  Val del Barco – Fusine 5 Std.
- △ Cima Palù, 3017 m, 1½ Std.; Cima di Bon, 2901 m, ¾ Std.
  Cima Scarpacò, 3252 m, 3 Std.; Corno Grande di Venezia, 2958 m, 1½ Std.
- Male oder Trento
- Ossana
- San Antonio (Ossana)

Lago delle Malghette, Rifugio

1890 m; privat

- Renato Pretti
  Via Castelletto 29
  I-38084 Madonna di Campiglio
  ✆ 0465/41431
- Rifugio Lago delle Malghette
  I-38084 Madonna di Campiglio
  ✆ 0465/40814
- ✗ 20.06. bis 30.09.; 30 Schlafplätze

220 Volt
Campo Carlo Magno 1 Std.; Rifugio Agostini 1 Std.
Rifugio Lago Nambino $2\frac{3}{4}$ Std.; Bivacco Artuic 4 Std.; Rifugio Capai $1\frac{1}{2}$ Std.
Monte Vigo, 2180 m, 1 Std.; Ometto, 2286 m, $1\frac{1}{4}$ Std.
Male oder Trento
Madonna di Campiglio
Campo Carlo Magno

Lago Nambino, Rifugio

1770 m; privat
Besitzer: Lorenzo Serafini
I-38084 Mafonna di Campiglio

Rifugio Lago Nambino
I-38084 Madonna di Campiglio
© 0465/41621
ganzjährig; 25
220 Volt
Madonna di Campiglio $\frac{3}{4}$ Std.
Rifugio Agostini 1 Std.; Rifugio Cornisello $6\frac{1}{2}$ Std.
Rifugio Lago delle Malghette $2\frac{3}{4}$ Std.; Bivacco Artuic $4\frac{1}{2}$ Std.
Monte Mamròn, 2623 m, $3\frac{3}{4}$ Std.; Monte Seròdoli, 2705 m, 3 Std.
Rocchetta di Mambròn, 2741 m, 4 Std.; Monte Nambino, 2676 m, $2\frac{1}{2}$ Std.
Trento
Madonna di Campiglio
Madonna di Campiglio

Lupi di Toscana, Rifugio

1176 m; privat

Scaia Tullia
Via Melino 84
I-38085 Prezzo
© 0465/64787
Rifugio Lupi di Toscana
Loc. Boniprati
I-38085 Prezzo
© 0465/64560
01.06. bis 30.09.; 24
220 Volt
mit PKW zum Haus
Rifugio Limes 4 – 5 Std.
Monte Bruffione, 2665 m
6 Std.
Trento
Creto (Pieve di Bono)
beim Haus P

Maffeo Gheza, Rifugio

2087 m; erb. 1909, umgeb. 1936
CAI Sektion Lovere
Via XX. Settembre
I-24065 Lovere
✆ 0364/52674
Betreut durch die Zweigsektion Darfo Boario Terme, I-25047 Darfo

- ✕ Selbstversorgerhütte; 1.6. – 30.9. am Wochenende beaufsichtigt, sonst mit ⚷ von der Sektion. Auskunft: ✆ 035/962626; 36 Schlafplätze; Wasser neben der Hütte
- ↗ Rif. Baita Rossa im Val Paghera 3½ Std.; Cas. Scalassone im Val Braone 3 Std.
- → Rifugio G. Rosa über Cima Terre Fredde 2½ Std.; Rifugio Prandini ¼ Std.
- △ Cima Terre Fredde, 2645 m; Monte Stabio, 2536 m; Monte Frerone, 2673 m
- 🚂 Brendo oder Badetto-Ceto
- 🚌 Ceto
- 🚗 Baita Rossa

Malga Dosson, Bivacco

2360 m; erb. 1982
CAI SAT Sektion Care Alto di Viago
I-38080 Vigo Rendena

- ✕ immer zugänglich; 8 ⊓; Wasser etwa 5 Minuten entfernt
- ↗ vom Talende des Valle di S. Valentino 3 Std.
- → Biv. Segalla 2½ Std.; Rif. Care Alto 2½ Std.; Rif. Val di Fumo 3 – 4 Std.
- △ Cima Care Alto, 3465 m, 6 Std.
- 🚂 Trento
- 🚌 Vigo Rendena
- 🚗 im Valle di S. Valentino

Maria e Franco, Rifugio (Rifugio Brescia)

2577 m; erb. 1911, umgeb. 1980
CAI Sektion Brescia
Piazza del Vescovato 3
I-25121 Brescia
✆ 030/48426

- 🚶 Giacomo Massussi
  Via F. Filxi 16
  I-25063 Gargone Val Trompie
  ✆ 030/833332
- 🏠 Rifugio Maria e Franco
  I-25040 Ceto
  ✆ 0364/634372
- ✕ 20.06. bis 20.09.
  52 Schlafplätze

- 220 Volt mit Generator
- offen; 10 ⊓; Ofen und Brennholz, Kochgelegenheit
- Malga Bissina 3 Std.; Ceto – Val Paghera – Val Dois – Laghetto d'Pile 5 Std.
- Rifugio Gabriele Rosa 5 Std.; Bivacco Macherio 2¼ Std.
  Rifugio De Marie al Volano 3¾ Std.; Rif. Baita Rossa 3½ Std.
- △ Monte Re di Castello, 2891 m, 1½ Std.; Cima Dernal, 2825 m, ½ Std.
  Monte Campellio, 2809 m, 3½ Std.; Cima di Rosalioa, 2735 m, 2 Std.
  Cima del Gellino, 2775 m, 1 Std.; Monte Frisozzo, 2899 m, 2½ Std.
  Cime di Tredenus, 2771 m und 2799 m, 2½ Std. – 4 Std.
- Breno
- Ceto
- im Val Paghera

Marie al Volano, Rif. de

1391 m; privat

- Maria De Marie Fasanini
  Via Fasà 11
  I-25040 Cimbergo
- Rifugio De Marie al Volano
  I-25040 Cimbergo
- 01.06. bis 20.09.
  24 Schlafplätze
- Cimbergo 1¼ Std.
- Rif. Franco e Maria 4¾ Std.
  Bivacco Macherio 3 Std.
  Rif. Rist. Da Pierino 7½ Std.
- △ Pizzo Badile Camuno, 2435 m, 4 Std.; Cime di Tredenus, 2771 m, 2799 m, 3½ – 4½ Std.; Cima di Sablunera, 2608 m, 3½ Std.; Cima del Dosso, 2799 m, 4 Std.; Corno delle Pile, 2813 m, 5 Std.
  Cima di Mezzamalga, 2457 m, 3½ Std.; Corna Vaga, 2386 m, 4¼ Std.
  Cima Becant, 2617 m, 4 Std.
- Capo di Ponte
- Cimbergo – Ponte della Sega
- Cimbergo – Ponte della Sega

Nikolajewka, Rifugio

1513 m; erb. 1956
CAI Brescia
Sottosez. Bagolino
c/o Pro Loco
I-25072 Bagolino

- Paola Valsecchi
  © 030/317695

- Rifugio Nikolajewka
  I-25072 Bagolino
- 15.06. bis 15.10.
  20 Schlafplätze
- 220 Volt
- Breno oder Bagolino
  Zufahrt mit PKW
- → Rifugio Gabriele Rosa 2¼ Std.
  Malga Boazzo 5 Std.
- △ M. Bruffione, 2665 m, 3¾ Std.
  M. Serosine, 2582 m, 3½ Std.
  Cornone di Blumone, 2843 m, 4¾ Std.
  M. Boia, 2583 m, 3½ Std.
  M. del Gello, 2623 m, 2½ Std.
  Cima di Blumone, 2566 m, 3¼ Std.; M. Listino, 2746 m, 3½ Std.; Cima di Mare, 2735 m, 4 Std.
- Breno
- Bagolino
- beim Haus P

Orobica, Bivacco

3520 m; erb. 1968, umgeb. 1987
CAI SAT Sektion Pinzolo
Via Matteotti 15
I-38086 Pinzolo

- immer zugänglich; 8 ⊓
  Schmelzwasser; Unterstand unter der Cima Presanella
- Rifugio Segantini 4 – 4½ Std.
  Biv. Presanella – V. Roberti 4 Std.; Val di Nardis 6½ Std.
- → Rif. Denza
- △ Presanella, 3558 m, ¼ Std.
- Male oder Trento
- Carisolo
- Nardis im Val Genova

Orso Bruno, Rifugio

2180 m; erb. 1974, umgeb. 1989; privat, Berghotel

- Giacomoni Mauro e Piera
  Via Ciolli 3
  I-38027 Male-Val di Sole
  ✆ 0463/901330

- Rifugio Orso Bruno
  Monte Vigo-Commezzadura
  c/o Via Ciolli 3
  I-38027 Male
  ✆ 0463/76160
- 20.12. – 10.04.; im Winter 2 in Betrieb; 10.07. bis 10.09.
  36
- 220 Volt
- wenn Berghotel geschlossen, offen; 3
- Marilleva 1400 2½ Std.
  Folgarida 3 Std.
  Campo Carlo Magno 3 Std.
  15.7. – 20.8. zum Haus
- → Rifugio Agostini 3 – 4 Std.
- △ Cima Artuic, 2614 m
- Trento, Male oder Mezzocorona
- Folgarida oder Marilleva 1400
- Folgarida oder Marilleva 1400

Paolo Prudenzini, Rifugio

2235 m; erb. 1908, umgeb. 1985
CAI Sektion Brescia
Piazza del Vescovato
I-25121 Brescia
✆ 030/48426

- Marco Gelmini
  I-25051 Cedegolo
  ✆✆0364/637316
- Rifugio P. Prudenzini
  Val Salarno
  I-25050 Saviore dell'Adamello
  ✆ 0364/634758
- 20.6. – 15.9. durchgehend
  1. – 20.6. und 16. – 30.9. an Wochenenden; 85 Schlafplätze
- 220 Volt mit Generator
- Rifugio Stella Alpina 2¼ Std.; Saviore dell'Adamello 4½ Std.
- → Bivacco Giannantonj 4 Std.; Rifugio Al Caduti 5½ Std.; Rifugio Tonolini 5¼ Std.
  Rifugi Gnutti 3½ Std.; Rifugio CAI Lissone 4½ Std.
- △ Adamello, 3554 m, 5½ Std.; Corno Miller, 3373 m, 5 Std.
  Corno di Salarno, 3327 m, 5½ Std.; Corno Triangolo, 3102 m, 5 Std.;
- Cedegolo
- Saviore dell'Adamello
- Malga Fabrezza

Passo Croce Domini, Rif.

1892 m; privat

- Gianni di Giuli
  Via Mazzini
  I-25043 Breno
- Rifugio Passo Croce Domini
  I-25043 Breno
- 01.06. bis 15.10.; 20
- 220 Volt
- Zufahrt von Breno u. Bagolino
- → Rifugio Gabriele Rosa 2½ Std.
  Rifugio Nikolajewka 2 Std.
- △ M. Croce Domini, 2059 m, ¾ Std.; M. Bazena, 2147 m, 1 Std.; M. Frerone, 2673 m, 2¾ Std.; M. Cadino, 2418 m, 2¼ Std.; M. Rondenino, 2088 m, 1 Std.; M. Mattoni, 2271 m, 1½ Std.
- Breno
- Bagolino
- beim Haus P

Piardi, Rifugio

1418 m; privat

- Rosa Porteri
  I-25060 Tavernole sul Mella
- Rifugio Piardi
  Colle S. Zeno
  I-25060 Tavernole sul Mello
  ✆ 030/920149
- 15.05. bis 15.11.; 10, 14
- Pezzace 3 Std.
- → Rifugio Valtrompia; Rifugio Almici; Rifugio Croce di Marone
- △ Colma di Vivazzo, 1455 m; Colma di S. Zeno, 1668 m
  Colma di Marucolo, 1856 m
  Monte Campione, 1827 m
- Iseo oder Brescia, evtl. Pisogne
- Pezzace – Tavernole sul Mella
- Pezzace

Pont Arnò, Rifugio

1103 m; privat

- Fratelli Ferrari
  I-38081 Breguzzo
  ✆ 0465/91057

- Rifugio Pont Arnò
  I-38081 Bondo
  ✆ 0465/91565
- 20.12. – 7.1. und 1.6. – 20.9. durchgehend, 1.3. – 31.5. an Wochenenden
  50 Betten, 10 Lager
- 220 Volt
- Zufahrt von Bondo zum Haus
- Rifugio Trivena 2 Std.; Rifugio Limes 5½ Std., Bivacco Bocca Cunella 5½ Std.
- Cima Cop di Breguzzo, 2997 m, 5¼ Std.
  Cima Ovest – Cop di Casa, 2970 m, 5½ Std.; Cima di Danerba, 2910 m, 6 Std.
- Trento oder Male
- Bondo – Breguzzo
- beim Haus P

Presanella
Vittorio Roberti, Bivacco

2205 m; erb. 1885
CAI SAT Trento
Via Manci 57
I-38100 Trento
✆ 0461/981871

- Soccorso Alpino Pinzolo
  c/o Luciano Caola
  ✆ 0465/52165
- immer zugänglich; Wasser 10 m entfernt; 12 Schlafplätze
- Val Genova 4 Std.
- Rif. Citta di Trento 6½ Std.
  Rif. Denza 5 Std.
  Rif. Segantini 2 Std.
  Rif. Stella Alpina 5 Std.
  Bivacco Orobica 4 Std.
  Bivacco Oggioni 5 – 6 Std.
- Cimon delle Gere, 3017 m, 2¾ Std.; Cimon delle Rocchette, 3239 m, 3¼ Std.
  Ago di Nardis, 3290 m, 3½ Std.; Monte Botteri, 3286 m, 4 Std.
  Presanella, 3558 m, 4½ Std.; Monte Gabbiol, 3465 m, 4½ Std.
- Male oder Trento
- Carisolo oder Pinzolo
- Nardis im Val Genova

Presena, Capanna

2229 m; erb. 1967, umgeb. 1985; privat
Besitzer: Skischule Tonale-Presena und Liftgesellschaft Carosello-Tonale
I-38020 Passo Tonale
✆ 0364/903900-92388

- ⌂ Berghotel Capanna Presena
  I-38020 Passo Tonale
  ✆ 0364/78299
- ✗ 15.06. bis 20.09.; Sommerskilauf am Presanagletscher
  80 Betten; Zentralheizung
- 220 Volt, 1 Seilbahn, 1 Sessellift und 3 Skilifte
- ❄ offen; 4 Lager
- ↗ Tonalepaß 3½ Std.
  Seilbahn zum Haus
- → Rifugio Mandrone 2 Std.
  Rifugio Bedole 4 Std.
  Biv. Amici della Montagna 1 Std.
- △ Cima Presena, 3069 m
  P. di Lago Scuro, 3166 m, 1 Std.
- Bahn: Male oder Trento
- Bus: Tonalepaß
- PKW: Tonalepaß

Regosa, Bivacco

2958 m

- Societa Ugolini
  I-25121 Brescia
  ✆ 030/53108
- ✗ immer zugänglich; 9 Lager; nur Schmelzwasser
- ↗ Temù – Malga Caldea 5 km Zufahrt, dann 5 Std.; Bivacco Spera
- → Rifugio Garibaldi
- △ Cima di Salimmo, 3104 m
  Cima La Calotta, 3211 m
- Bahn: Edolo
- Bus: Temù
- PKW: Malga Caldea

Ristorante Da Pierino, Rifugio

1750 m; privat

- Pierino Mantovani
  Via G. Verdi 15
  I-38080 Bondone
  ✆ 0465/65094
- ⌂ Rifugio Ristorante Da Pierino
  I-38080 Daone
- ✗ 15.06. bis 15.10.; 18 Betten
- 220 Volt
- ↗ mit PKW zum Haus

→ Rifugio Val di Fumo 2 Std.; Rifugio CAI Lissone über Forcola Rosso 3½ Std., über Passo di Campo 5 Std.; Rifugio Maria e Franco (Rif. Brescia) 3 Std. Rifugio Gabriele Rosa 7½ Std.; Rifugio De Marie a Volano 6¾ Std. Bivacco Macherio 5¼ Std.
△ Monte Re di Castello, 2891 m, 4½ Std.; Monte Campellio, 2809 m, 3½ Std. Monte Marosso, 2680 m, 3 Std.; Monte Ignaga, 2620 m, 3½ Std. Corno della Vecchia, 2388 m, 2¼ Std.; Monte Foppa, 2752 m, 4½ Std.
Trento
Daone oder Pieve di Bono
beim Haus P

San Giuliana, Rifugio di

1938 m

Gemeinde Calderzone
I-38080 Calderzone
✆ 0465/84214

✗ Selbstversorgerhütte; Auskünfte und im Albergo Al Pont in Calderzone
16 ⊓, 10 ⊔; Kochgelegenheit, Wasser vorhanden
keiner, Gas
↗ Pinzolo 4 Std.; Val Genova (Alb. Fontana-Bona) 3 Std.; Malga Diaga 2 Std. Calderzone 3¾ Std.
△ Spadalone, 2344 m; Corno Alto, 2270 m; La Cingla, 2396 m
La Costaccia, 2427 m
Male oder Trento
Pinzolo oder Carisolo
Val Genova oder Malga Diaga

Serafino Gnutti, Rifugio (Rifugio Miller)

2166 m, erb. 1975, umgeb. 1985
CAI Sektion Brescia
Piazza del Vescovato 3
I-25121 Brescia
✆ 030/48426

Domenica Madeo
I-25050 Rino di Sonico
✆ 0364/75107

Rifugio Serafino Gnutti
I-25050 Sonico
✆ 0364/72241

✗ 20.06. bis 20.09.
40 Schlafplätze
220 Volt mit Generator
offen; 4 ⊓
↗ Ponte del Guat 1½ Std.; Sonico 5 Std.

→ Rifugio Prudenzini 3½ Std.; Rifugio Tonolini über Passo del Gatto 1¾ Std. über Passo Cristallo 3½ Std.
△ Adamello, 3554 m, 5 Std.; Corno del Lago, 2776 m, 2 Std. Corno del Cristallo, 2981 m, 2 Std.; Cima di Plem, 3187 m, 3½ Std. Corno Miller, 3373 m, 4½ Std.; Corno Remulo, 2951 m, 2 Std. Cima Prudenzini, 3026 m, 5 Std.; Corno di Macesso, 2955 m, 3½ Std. Corno di Cevo Orient, 2864 m, 2½ Std.
Sonico bzw. Edolo
Garda oder Malonno
Ponte del Guat

Solander, Rifugio

2050 m; privat

Emilio Marinelli
Via Trento 5
I-38027 Male
✆ 0463/901395

Rifugio Solander
I-38020 Commezzadura
✆ 0463/77049

20.12. bis 20.04.; im Skigebiet von Madonna di Campiglio 20.06. bis 20.09.
220 Volt
↗ Folgarida 2 Std. Bergstation der von Folgarida ¾ Std.
→ Rifugio Malghetta 1 Std. Rifugio Agostini 1½ Std.
△ Monte Vigo, 2180 m, ¾ Std.
Male oder Trento
Folgarida
Folgarida

Spera, Bivacco

2037 m
CAI Sottosezione Pezzo Ponte di Legno
I-25056 Pezzo-Ponte di Legno

immer zugänglich; 2
Schmelzwasser in der Nähe
↗ Malga Caldea (Temù) 1½ Std.
→ Rifugio Garibaldi 6½ Std. Rifugio Petitpierre 4¼ Std. Bivacco Regosa 4½ Std.

△ Punta dei Buoi, 2718 m, $1\frac{3}{4}$ Std.; Cima di Salimmo, 3104 m, 3 Std.
Cima La Calotta, 3211 m, $3\frac{1}{2}$ Std.
🚂 Edolo
🚌 Temù
🚗 Valle dell'Avio (Temù)

Stella, Albergo della

1043 m; im Val Palotto; privat

🚶 V. Fettolini
I-25055 Pisogne
✆ 0364/8159
🏠 Albergo della Stella
Val Palotto
I-25055 Pisogne
✆ 0364/8159
✗ ganzjährig; 20 🛏
↯ 220 Volt
↗ Zufahrt von Pisogne 7 km
→ Rifugio Piardi
△ Colma di Marucolo, 1856 m; Monte Campione, 1827 m
Colma di S. Zeno, 1668 m
🚂 Pisogne
🚌 Pisogne
🚗 beim Haus P

Stella Alpina, Rifugio

1450 m; im Val Genova; privat

🚶 M.D. und G. Mase'
Via L. Fantoma 4
I-38080 Strembo
✆ 0465/84280
🏠 Rifugio Stella Alpina
Val Genova-Caret
I-38080 Carisolo
✆ 0465/51216
✗ Juni bis September
30 🛏, 10 ⌴
↯ 220 Volt
↗ PKW-Zufahrt zum Haus von Carisolo, Carisolo $3\frac{1}{2}$ Std.
→ Rif. Citta di Trento $3\frac{1}{2}$ Std.
Rif. Denza $6\frac{1}{2}$ Std.; Rif. Al Caduti $6\frac{1}{2}$ Std.
🚂 Trento oder Male
🚌 Carisolo
🚗 beim Haus P

Stella Alpina a Fabrezza, Rifugio

1424 m; privat

- Aldo Gelmini
  Via Nazionale 10
  I-25040 Nadro di Ceto
- Rifugio Stella Alpina
  Loc. Fabrezza di Saviore
  I-25050 Saviore dell'Adamello
- im Mai an Wochenenden, 01.06. – 30.08. durchgehend, von September bis Mitte Oktober an Wochenenden; 22
- 220 Volt
- Saviore dell'Adamello 1½ Std. PKW-Zufahrt von Cedegolo bzw. Saviore dell'Adamello
- → Rif. Prudenzini 2¼ Std.
- △ Cima di Boazzo, 2498 m, 3¼ Std.; Monte Blisie, 2426 m, 3 Std.
  Monte Marser, 2776 m, 3½ Std.; Cima del Coppo, 2771 m, 3½ Std.
  Corni di Cevo, 2864 m und 2760 m, 3¾ Std. und 4¼ Std.
- Cedegolo
- Saviore dell'Adamello
- beim Haus P

Stella Alpina alle Croste, Rifugio

1316 m; privat

- Alberto Bonomelli
  Via Trento 89
  I-25050 Valle di Saviore
  ✆ 0364/64150
- Rif. Stella Alpina alle Croste
  I-25050 Valle di Saviore
- 25.06. bis 20.09., 15
- Straße von Cedegolo zum Haus
- → Rifugio CAI Lissone 1¼ Std.
- △ Corno Lendeno, 2830 m, 3¾ Std.
  Corno Grevo, 2869 m, 4¼ Std.
  Monte Campellio, 2809 m, 5½ Std.; Monte Marosso, 2680 m, 4½ Std.
  Monte Ignaga, 2620 m, 3¼ Std.; Monte Foppa, 2752 m, 4¾ Std.
  Monte Re di Castello, 2891 m, 6½ Std.

Cedegolo
Valle di Saviore
beim Haus P

Tassara-Bazena, Rifugio

1799 m
A.N.A. Sektion Vallecamonica

Carlo Tassara
Via Gogli 52
I-25043 Breno

Rifugio Tassara
Loc. Bazena
I-25043 Breno

01.06. bis 30.10. und während der Skisaison; 70 Schlafplätze

220 Volt

↗ Straße von Breno u. Bagolino

→ Rif. Gabriele Rosa $2\frac{1}{4}$ Std.
Rif. Nikolajewka $2\frac{1}{2}$ Std.

△ M. Croce Domini, 2059 m, 1 Std.
M. Bazena, 2147 m, 1 Std.
Monte Frerone, 2673 m, $2\frac{1}{2}$ Std.; Monte Cadino, 2418 m, 2 Std.
Monte Rondenino, 2088 m, 1 Std.; Monte Mattoni, 2271 m ,$1\frac{1}{4}$ Std.

Breno
Breno
beim Haus P

Trivena, Rifugio

1630 m; Besitzer: Gemeinde Breguzzo
I-38081 Breguzzo
✆ 0465/91063

D. Antolini
I-38081 Breguzzo
✆ 0465/22147

Rif. Trivena
I-38081 Breguzzo
✆ 0465/23130

01.07. bis 31.08.; 60 Schlafplätze

↗ Malga Aquaforte im Val Breguzzo 1 Std.; Rif. Pont Arno 2 Std.

→ Biv. Bocca Cunella $3\frac{1}{2}$ Std.; Rif. Val di Fumo 6 – 7 Std.;Biv. Danerba

△ Cima d'Arno, 2849 m; Cima Ovest – Cop di Casa, 2970 m, $3\frac{1}{2}$ Std.
Cima del Cop di Breguzzo, 2997 m, $3\frac{1}{4}$ Std.; Cima di Danerba, 2910 m, 4 Std.

Trento oder Male
Bondo – Breguzzo
Rif. Pont Arnò oder Malga Aquaforte

Ugolini, Bivacco

3280 m

Societa Ugolini
I-25121 Brescia
✆ 030/53108

✗ immer zugänglich; 6; Schmelzwasser
Sonico – Malga Premassone 9 km Zufahrt, dann 5½ Std.; Rif. Gnutti 3 Std.
△ Adamello, 3554 m; Corno Miller, 3373 m
Sonico oder Edolo
Garda oder Rino
Malga Premassone

Val di Fumo, Rifugio

1997 m, erb. 1959
CAI-SAT Trento
Via Manci 57
I-38100 Trento
✆ 0461/981871

Vittorio Mosca
Via Diaz 20
I-38080 Caderzone
✆ 0465/804107
Rifugio Val di Fumo
Presso Cooperativa
I-38080 Daone
✆ 0465/674525
✗ 15.06. bis 20.09.; 22, 34
220 Volt
Lago Malga Bissina 1¾ Std.; Malga Breguzzo ¾ Std.
→ Rif. Care Alto 4½ Std.; Rif. Maria e Franco 4¾ Std.;
Rif. CAI Lissone 4 Std.; Rif. Al Caduti 5 – 6 Std.
△ Cima Buciaga, 3015 m, 3½ Std.; Cima del Cop di Breguzzo, 2997 m, 4 Std.
Cima di Danerba, 2910 m, 4 Std.; Monte Re di Castello, 2891 m, 5 Std.
Cima Care Alto, 3465 m, 6 Std.; Monte Cavento, 3402 m, 6 Std.
Trento
Daone-Dorf (Pieve di Bono)
Lago di Malga Bissina (Malga Breguzzo)

Valerio Festa, Bivacco

2320 m; erb. 1977
CAI Sekt. Edolo
Viale Derna
I-25048 Edolo

✗ immer zugänglich; 15 Schlafplätze; Wasser 30 Minuten entfernt

↗ Vezza di Oglio 4½ Std.; Rifugio Alla Cascata 2¾ Std.
Edolo – Zufahrt zum Monte Colmo, dann 3½ Std.
Sonico – Val Gallinera 6 Std.
→ Rifugio Tonolini; Rifugio Aviolo 1¼ Std.
△ Monte Aviolo, 2881 m; Corno di Galinera, 2533 m
🚂 Sonico oder Edolo
🚌 Vezza di Oglio oder Sonico
🚗 Rifugio Alla Cascata oder Straße zum Monte Colmo

Valtrompia, Rifugio

1265 m; erb. 1946, umgeb. 1970
CAI Sektion Gardone-Valtrompia
Via XX. Settembre 25
, I-25063 Gardone-Valtrompia

🚶 Giacomo Massucci,
Via F. Filzi 16
I-25063 Gardone-Valtrompia
🏠 Rifugio Valtrompia
I-25060 Tavernole sul Mella
✆ 030/920074
✕ ganzjährig; 70 Schlafplätze
⚡ 220 Volt
↗ Pezzoro ¾ Std.
→ Rifugio Almici
Rifugio Piardi
Rifugio Croce di Marone
△ Monte Guglielmo, 1948 m
🚂 Iseo oder Brescia
🚌 Tavernole sul Mella
🚗 Pezzoro

Zanon-Morelli, Bivacco

3147 m; erb. 1958
CAI Sektion Brescia
Piazza del Vescovato 3
I-25121 Brescia
✆ 030/48426

✕ immer zugänglich; 9 ⊓
nur Schmelzwasser
↗ Malga Caldea 5½ Std.
Rifugio Garibaldi 2 Std.
→ Rifugio Al Caduti 2 Std.
Rifugio Prudenzini 3 Std.
Bivacco Giannantonj 1½ Std.
Rifugio Citta di Trento 3 Std.

△ Monte Adamello, 3554 m, 3 Std.
Corno Bianco, 3434 m, 1½ Std.
Corno Miller, 3373 m, 2 Std.
Monte Fumo, 3418 m, 3 Std.
Cima Garibaldi, 3239 m, ½ Std.
Monte Venerocolo, 3325 m, 1 Std.
Monte Venezia, 3236 m, 1½ Std.
Dosson di Genova, 3441 m, 3 Std.
Corno di Salarno, 3327 m, 2¼ Std.,
Corno dell'Adame, 3275 m, 3 Std.
Monte Narcanello, 3288 m, 1¼ Std.
Edolo
Tamù
Tamù oder Avio-Tal

Zeller, Rif.

1378 m; privat

Enrichetto Lino Oss
Via Cavento
I-38079 Tione di Trento
Rifugio Zeller
I-38079 Tione di Trento
✆ 0465/21502
✗ 01.06. bis 30.09.; Schlafplätze
220 Volt
↗ Tione di Trento 2½ Std.; PKW-Zufahrt möglich
→ Bivacco Bocca Cunella 4 – 5 Std.
Laghi di Valbona, 2195 m, 2½ Std.
△ Monte Cengledino, 2137 2¼ Std.
Craper di Stracciola, 2542 m
Trento
Tione di Trento
Tione di Trento oder in Hüttennähe

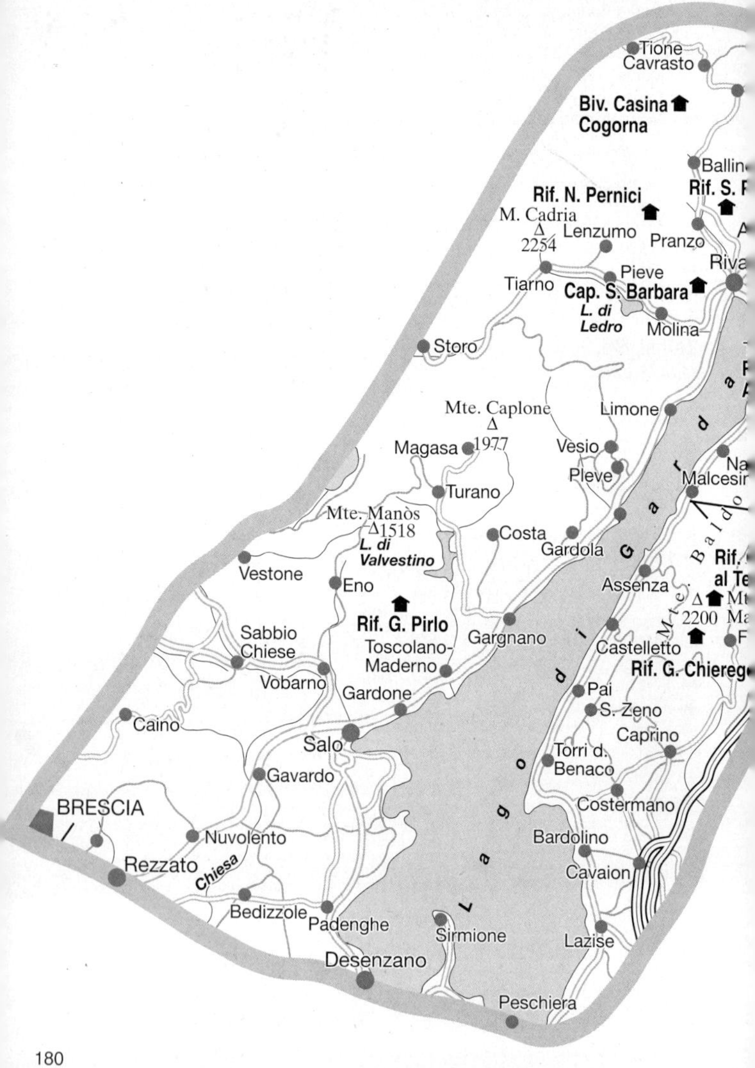

Tione
Cavrasto
Biv. Casina Cogorna
Rif. N. Pernici
M. Cadria
2254
Lenzumo
Pranzo
Riva
Pieve
Tiarno
Cap. S. Barbara
L. di Ledro
Molina
Storo
Mte. Caplone
1977
Limone
Magasa
Vesio
Pieve
Turano
Mte. Manòs
1518
L. di Valvestino
Costa
Gardola
Vestone
Eno
Assenza
Rif. G. Pirlo
2200
Sabbio Chiese
Gargnano
Castelletto
Toscolano-Maderno
Vobarno
Gardone
Rif. G. Chierego
Pai
S. Zeno
Caino
Caprino
Salo
Torri d. Benaco
Gavardo
Costermano
BRESCIA
Nuvolento
Bardolino
Rezzato
Chiesa
Cavaion
Bedizzole
Padenghe
Sirmione
Lazise
Desenzano
Peschiera
Lago di Garda
Mte. Baldo

50 Gardasee-berge

Umgrenzung

Im Osten und Süden: Trient (Trento) – Etsch – S. Ambrogio (nordwestl. von Verona) – Peschiera di Garda – Desenzano – Brescia. Im Westen und Norden: Brescia – Tione di Trento – Stenico – Lago di Toblino – Vezzano – Trient

Albergo Garda, Rifugio

1708 m; privat

- Elide Ghidotti
  I-38060 Tiarno di Sopra
  ✆ 0464/598105
- Rifugio Albergo Garda
  I-38060 Tiarno
  ✆ 0464/598105
- ✗ ganzjährig; 20 🛏; Duschgelegenheit
- 220 Volt
- ↗ Tiarno 3 Std.; Storo 4 Std.; PKW-Zufahrt möglich
- → Rifugio Bezzecca $\frac{3}{4}$ Std.; Rifugio Garibaldi 1 Std.; Rifugio Tremalzo $\frac{3}{4}$ Std.
  Rifugio Ampola $3\frac{1}{2}$ Std.; Rifugio Pederzini 3 Std.
- △ Monte Tremalzo, 1974 m, $\frac{3}{4}$ Std.
- Rovereto
- Tiarno oder Storo
- beim Haus P

Alpo, Rifugio

1500 m; privat

- Elio Cimarolli
  Via G. Verdi 13
  I-38080 Bondone
  ✆ 0465/69258
- Rifugio Alpo
  Loc. Alpo Bondone
  I-38080 Bondone
  ✆ 0465/69130
- ✗ 01.06. bis 30.09.; 20 🛏
- 220 Volt
- ↗ Bondone $2\frac{1}{2}$ Std.
  Storo 4 Std.
  PKW-Zufahrt möglich
- → Rifugio Tremalzo 5 Std.
  Rifugio Ampola 5 Std.
- △ Cima Pessa, 1816 m; Cima Tombea, 1950 m, 2 Std.
- Trento oder Rovereto
- Storo
- Bondone oder beim Haus P

Baita Biaena, Rifugio

1615 m; erb. 1985
CAI SAT Sektion Ronzo-Chienis
Via S. Anna
I-38062 Arco

- nicht bewirtschaftet; mit Schlüssel von der Sektion zugänglich
  nur Regen- oder Schmelzwasser; 20 Schlafplätze
- ↗ Ronzo – Piazze 2 Std.; Chienis – Molino 1¾ Std.; Casa Grigoli 1 Std.
- → Rifugio Somator 1 Std.
- △ Monte Biaena, 1615 m, ¼ Std.
- Rovereto
- Ronzo oder Chienis
- Casa Grigoli

Baita Fos-Ce, Rifugio

1430 m; erb. 1981
CAI SAT Sektion Brentonico
Piazza C.A. dalla Chiesa
I-38060 Brentonico

- Maria Andreis
  Loc. S. Giacomo
  I-38060 Brentonico
  ✆ 0464/394002
- Rifugio Fos-Ce
  I-38060 Brentonico
  ✆ 0464/684946
- ✕ 1.6. – 20.9. durchgehend
  sonst am Wochenende
  ✆ Anfragen empfohlen
  16 Schlafplätze; Dusche
- 220 Volt mit Solaranlage
- ↗ Avio 4½ Std.; PKW-Zufahrt vom S.-Valentino-Paß möglich
- → Rif. Altissimo-Damiano Chiesa 1¾ Std.; Rif. Barana a Telegrafo; Rif. Graziani
- △ Monte Altissimo di Nago, 2079 m, 2 Std.
- Rovereto
- Brentonico
- beim Haus P

Bezzecca, Rifugio

1526 m; privat

- Rifugio Bezzecca
  I-38060 Bezzecca
- ✕ 01.06. bis 31.10.; 20 Betten
- 220 Volt
- ↗ PKW-Zufahrt zum Haus; Tiarno 2½ Std.
- → Rif. Garda ¾ Std.; Rif. Tremalzo ¾ Std.; Rif. Garibaldi 1 Std.; Rif. Pederzini 3½ Std.
- △ Monte Tremalzo, 1974 m, 1 Std.
- Rovereto
- Tiarno
- beim Haus P

Blanchè, Rifugio

1615 m; auf der Alpe Pezzeda; privat; Zugänge, Übergänge und Gipfel: s. Rif. Tonassi

- Alpe Blanchè
  I-25060 Collio
  ✆ 030/927135
- Rifugio Blanchè
  I-25060 Collio
  ✆ 030/927135
- 01.07. bis 31.08.; 15 Schlafplätze
- 220 Volt
- Breno oder Brescia
- Collio
- Collio

Ca Fiurida, Albergo

1170 m; privat

- Iolanda Borghetti
  I-25060 Marmentino
- Albergo Ca Fiurida
  I-25060 Marmentino
  ✆ 030/920147
- ganzjährig; 20 Betten
- 220 Volt
- Zufahrt von Marmentino
- Rifugio Tonassi, Rifugio Blanchè, Lodrino
- △ Monte Ario, 1755 m
- Iseo, Brescia oder Breno
- Marmentino
- beim Haus P

Capanna dell'Alpino, Rif.

1020 m; erb. 1932
CAI SAT Trento
Via Manci 57
I-38100 Trento
✆ 0461/981871

- Gunther Metz
  Loc. Vetriolo 31
  I-38052 Levico
  ✆ 0461/220182
- Rifugio Capanna dell'Alpino
  Loc. Monte Velo
  I-38062 Arco di Trento
  ✆ 0464/516775

✕ Juni bis Dez., Mi Ruhetag, sonst nach Voranmeldung; 13 🛏; Duschgelegenheit
220 Volt
↗ PKW-Zufahrt von Arco; Chienis 1 Std.
→ Rifugio Prospero Marchetti 3 Std.; Malga Stivo 2½ Std.
△ Monte Stivo, 2058 m, 3½ Std.
Mori oder Rovereto
Chienis
Chienis oder beim Haus P

Capanna Grassi, Rifugio

1050 m
Besitzer: Gemeinde Riva del Garda
I-38066 Riva del Garda
✆ 0464/553231

Carlo Grottolo
Via Maffei 11b
I-38066 Riva del Garda
Rifugio Capanna Grassi
Loc. Malga Grassi
I-38066 Riva del Garda
✆ 0464/501181
✕ 01.04. bis 31.12.
12 🛏; Duschgelegenheit
220 Volt
↗ Riva del Garda 3 Std.
Campi 1 Std.
→ Rifugio Pernici 1¾ Std.; Rifugio S. Barbara 4½ Std.
△ Cima Pari, 1991 m, 3 Std.; Corno di Pichea, 2146 m, 3¾ Std.
Rovereto
Campi oder Riva del Garda
Malga Grassi

Carlo Bonardi, Rif.

1754 m; erb. 1928
CAI Sektion Brescia
Piazza Vescovato 3
25121 Brescia
✆ 030/48426

Gabriele Rambaldini
I-25060 Collio
Rifugio Carlo Bonardi
I-25060 Collio
✆ 030/927241
✕ ganzjährig; 24 🛏
220 Volt

↗ PKW-Zufahrt von Anfo (Lago Idro); von Breno über Passo Croce Domini
△ Monte Maniva, 1864 m; Dosso Alto, 2064 m; Monti Dasdana, 2191 m
🚂 Breno, Trento oder Rovereto
🚌 Collio oder Bagolino
🚗 beim Haus P

Casina Cogorna, Bivacco

1667 m; erb. 1980
CAI SAT Sektion Fiave
I-38075 Fiave
✆ 0465/75196

- betreut durch Sektion Fiave
- ✕ 15.06. bis 15.09. am Wochenende; 18 Schlafplätze
- offen; 6 ⊓; Kochgelegenheit
- ↗ Fiave, Loc. Cornelle 2½ Std.
  Balbido 3½ Std.
- → Rifugio Pernici 4 Std.
  Passo Duron 4 – 4½ Std.
- △ Monte Cogorna, 1865 m
- 🚂 Trento
- 🚌 Fiave
- 🚗 Fiave-Cornelle

Cavallino, Rifugio

1090 m; privat

- Rifugio Cavallino
  I-25074 Idro
- ✕ ganzjährig
- 220 Volt
- ↗ Crone (Idro) 3½ Std.; Eno (Val Degana) 2 Std.
- → Rifugio Cavazza ½ Std., Rifugio Giorgio Pirlo
- △ Corno Ganone, 1318 m, 1 Std.
- 🚂 Brescia
- 🚌 Idro
- 🚗 beim Haus P

Cavazza, Rifugio

1076 m, privat

- Rifugio Cavazza
  I-25074 Idro
- ✕ ganzjährig; 6 🛏
- 220 Volt
- ↗ mit PKW vom Cavallinopaß; Crone (Idro) 3½ Std.; Eno (Val Degana) 2½ Std.

→ Rifugio Cavallino ½ Std.; Rifugio Giorgio Pirlo
△ Corno Ganone, 1318 m, 1½ Std.
Bahn: Brescia
Bus: Idro
Auto: beim Haus P

Cedron, Rifugio

1305 m; privat

Hüttenwirt: Maria Pia Sala
I-37020 Ferrara di Monte Baldo
Hütte: Rifugio Cedron
I-37020 Ferrara di Monte Baldo
✆ 045/7220030
✗ ganzjährig; 28 Betten
∼ 220 Volt
↗ PKW-Zufahrt möglich; Ferrara di Monte Baldo 2 Std.
→ Rifugio Barana al Telegrafo 3 Std.; Rifugio Novezza ½ Std.
Rifugio Monte Baldo 2 Std.; Rifugio Chierego 3½ Std.
△ Punta Telegrafo, 2200 m, 3 Std.; Coal Santo, 2072 m, 3 Std.
Bahn: Verona
Bus: Ferrara
Auto: beim Haus P

Damiano Chiesa, Rifugio

2060 m; erb. 1892, umgeb. 1920
CAI SAT Trento
Via Manci 57; I-38100 Trento
✆ 0461/981871

Hüttenwirt: Androli Vasco
Via Longa 3
I-38060 Brentonico
✆ 0464/395723
Hütte: Rifugio Damiano Chiesa
Monte Altissimo
I-38060 Brentonico
✆ 0464/87130
✗ 20.06. bis 20.09.; 18 Betten, 18 Lager
∼ 220 Volt mit Generator
Winterraum: offen; 8 Lager
↗ San Giacomo 1½ Std.; Piani di Festa 3½ Std.; Torbole 6 Std.
→ Rif. Graziani 1¼ Std., Rif. Madonna delle Neve 3 Std., Rif. Baita Fos-Ce 1¾ Std.
△ Altissimo di Nago, 2078 m, wenige Minuten
Bahn: Rovereto
Bus: San Giacomo
Auto: San Giacomo

Don Zio Pisoni, Rifugio

1610 m; erb. 1972
CAI SAT Sektion Toblino
Via Torretta
I-38070 Pietramurata
✆ 0464/507157

- Rifugio Don Zio Pisoni
  c/o SAT Sektion Toblino
- 2.6. – 20.9. an den Wochenenden; 12 Betten, 13 Lager
- 220 Volt mit Aggregat
- Comano 2½ Std.
  Pietramurata 4 Std.
  Sarche di Lasino 3½ Std.
- → Rifugio San Pietro 5 Std.
  Rifugio Alpino 3 Std.
- △ Monte Casale, 1632 m
- Trento (Trient)
- Pietramurata, Ponte Arche oder Sarche di Lasino
- Comano

Faggio, Rifugio

963 m; privat

- Danilo Santi
  I-38060 Concei
- Rifugio Faggio
  I-38060 Concei
  ✆ 0464/591100
- ganzjährig; 46 Betten
- 220 Volt
- Concei 2 Std.; PKW-Zufahrt möglich
- → Rifugio Pernici 2½ Std.
- △ Monte Carida, 2254 m, 4 Std.; Monte Gaverdina, 2047 m, 3 Std.
- Trento oder Rovereto
- Concei oder Bezzecca
- Concei oder beim Haus P

Francesco Arcioni, Bivacco

850 m; Besitzer: Associalzione pro S. Giovanni-Biacesa
I-38060 Biacesa; Valle di Ledro

- Vitorio Grazioli
  Via Tigli 15
  I-38066 Riva di Garda
  ✆ 0464/552626

✗ keine Bewirtschaftung; Auskunft und 🔑 beim Hüttenwart oder Renato Gotti
I-38060 Biacesa
✆ 0464/508474
6 🛏, 2 ⊓
↗ Biacesa 1 – 2 Std.
Riva di Garda 3 Std.
→ Capanna S. Barbara 2½ Std.
Rifugio Nino Pernici
△ Cima Rocca, 1090 m, ½ Std.
Bocca Concoli, 1207 m, 1½ Std.
Rocchetta 1519 m 2 Std.
🚂 Rovereto
🚌 Biacesa oder Riva
🚗 Biacesa oder Riva

Gaetano Barana al Telegrafo, Rifugio

2150 m; erb. 1958
CAI Sektion Verona
Via Santa Toscana 11
I-37129 Verona
✆ 045/8030555

† Adelino Molinaroli
Via Garibaldi 17
I-37010 S. Ambrogio-Valpolicella
✆ 045/7731377
🏠 Rifugio Telegrafo
Coal Santo; I-37010 Brenzone
✆ 045/7731797
✗ 15.06. bis 15.09.; 52 🛏, 20 ⊓
⚡ 220 Volt mit Generator
❄ offen; 6 ⊓
↗ Novezzina 3 Std.; Spiazzi 4 Std.; Bocchetta di Naole 2 Std.; Malcesine 6½ Std.
→ Rifugio Chierego 1½ Std.; Rifugio Altissimo 5½ Std.; Rifugio Novezzina 2½ Std.
Rifugio Cedron 2½ Std.; Rifugio Monte Baldo 4 Std.
△ Cima Telegrafo, 2200 m, 10 Min.; Coal Santo, 2072 m, 1 Std.
Punta Pettorina, 2192 m, ¾ Std.; Cima Valdritta, 2218 m, 2 Std.
🚂 Verona
🚌 Spiazzi oder Malcesine
🚗 Prada

Garibaldi, Rifugio

1522 m
Besitzer: Gemeinde Tiarno di Sotto
I-38060 Tiarno di Sotto

- Maria Marchi-Cicciarello
  Loc. Ponale di Sotto
  I-38060 Molina di Ledro
- Rifugio Garibaldi
  Loc. Tremalzo
  I-38060 Tiarno di Sopra
  © 0464/59532
- 01.06. bis 30.10.; 18
- 220 Volt
- Tiarno 2½ Std.; Storo 4 Std.
- Rif. Garda 1 Std.; Rif. Bezzecca 1 Std.; Rif. Ampola 2½ Std.; Rif. Tremalzo ¼ Std.
- Monte Tremalzo, 1974 m, 1½ Std.; Cima Caset, 1748 m, 2 Std.
- Rovereto
- Tiarno oder Storo
- beim Haus P

Giorgio Pirlo, Rifugio

1165 m; erb. 1967
CAI Sektion Salò
Via San Bernardino 26
I-25087 Salò

- direkt durch die Sektion; Informationen unter © 0365/40212
- 1.7. – 15.9. durchgehend, sonst Wochenende u. nach Vereinbarung; 60 Schlafplätze
- 220 Volt
- Toscolano 3 Std.; Il Palazzo 1 Std.; Vobarno 3½ Std.; Colomber 3½ Std.
- Rifugio Cavazzo; Rifugio Cavallino
- Monte Pizzocolo, 1582 m, 2 Std.; Monte Spino, 1486 m, 1¼ Std.
- Desenzano
- Toscolano
- Il Palazzo

Giovanni Chierego, Rifugio

1911 m; erb. 1963
CAI Sektion Verona
Stradone S. Maffei 8
I-37121 Verona
© 045/30555

- Giorgio Bellabarba
  I-37013 Caprino-Veronese
  © 045/7242319
- Rifugio Chierego
  I-37010 Casteletto
- 01.06. bis 15.09.; 18 Schlafplätze
- 220 Volt mit Generator
- offen; 4

↗ Casteletto – Prada 3 Std.; Ferrara 3½ Std.; ↖ Prada – Rif. Cornetto, dann ½ Std.
→ Rif. Barana al Telegrafo 1½ Std.; Rif. Cedron und Rif. Novezzina 3½ Std.
△ Coal Santo, 2074 m, ½ Std.; Punta Sascaga, 2136 m, 1 Std.
Punta Telegrafo, 2200 m, 1½ Std.
Rovereto oder Peschiera
Ferrara oder Prada
Prada

Madonna della Neve, Rifugio

1120 m; privat

Gigliola Tracchetti
I-38063 Avio
✆ 0464/86569
Rifugio Albergo Madonna della Neve
I-38063 Avio
✆ 0434/86569
ganzjährig; 16
220 Volt
↗ Avio 3 Std.; Zufahrt zum Haus möglich
→ Rifugio Chiesa-Altissimo 3½ Std.; Rifugio Monte Baldo ½ Std.
Rifugio Cedron 2½ Std.; Rif. Novezza 2 Std.
△ Punta Telegrafo, 2200 m, 5 Std.
Avio
Avio
beim Haus P

Misone, Rifugio

1615 m; privat

Germia Zanini
Via III. Novembre 22
I-38075 Fiavè
Rifugio Misone
Loc. Monte Misone
I-38075 Fiavè
20.6. bis 20.9. durchgehend
sonst am Wochenende
220 Volt
↗ Ballino (Passo Ballino); Fiavè
PKW-Zufahrt möglich
→ Rifugio San Pietro 4 Std.
△ M. Misone, 1802 m, 1½ Std.
Trento
Fiavè
Passo Ballino oder beim Haus P

Monte Baldo, Rifugio

1123 m; privat
Besitzer: G. Pachera
I-38063 Avio
✆ 0464/64336

- Maria Giacomazzi
  Via Venezia 94
  I-38063 Avio
- Rifugio Monte Baldo
  Loc. Domenegal
  I-38063 Avio
  ✆ 0464/86553
- 15.4. – 15.5. u. 30.9. – 31.10 am Wochenende, 15.5. – 30.9. durchgehend; 50
- 220 Volt
- Avio 2½ – 3 Std.; Zufahrt zum Haus möglich
- Rif. Cedron 2 Std.; Rif. Chiesa-Altissimo 4¼ Std.; Rif. Barana-Telegrafo 4½ Std.
- Punta Telegrafo, 2200 m, 4½ Std., Cima Valdritta, 2218 m, 3 Std.
- Avio
- Avio
- beim Haus P

Nino Pernici, Rifugio

1600 m; erb. 1935
CAI SAT Sektion Riva del Garda
Porta San Marco
I-38066 Riva del Garda
✆0464/556141

- Rodolfo Corraini
  Ville del Monte, Pastovedo 31
  I-38060 Tenno
  ✆ 0464/502158
- Rifugio Nino Pernici
  Bocca di Trat
  I-38060 Campi-Tenno
  ✆ 0464/501180
- 15.6. bis 15.9. durchgehend
  sonst an den Wochenenden
  20, Duschgelegenheit
- 220 Volt mit Aggregat
- offen; 4
- Lenzumo (Val di Concèi) 2 Std.; Malga Trat ¼ Std.; Riva del Garda 4¼ Std.
- Rif. Grassi 1½ Std.; Rif. Faggio 2 Std.; Rif. Casina Cogorna 4 Std.
- Dosso della Torta, 2155 m; Corno di Pichea, 2147 m; Tofino, 2151 m
- Rovereto
- Tenno
- Malga Trat

Novezza, Rifugio

1390 m; privat

- Marilena Bertolan
  I-37020 Ferrara di Monte Baldo
  ✆ 045/7241481
- Rifugio Novezza
  I-37020 Ferrara di Monte Baldo
  ✆ 045/7220126
- 15.4. – 20.6. u. 20.9. – 31.10. am Wochenende, 20.6. – 20.9. durchgehend; 28
- 220 Volt
- mit PKW zum Haus; Ferrara di Monte Baldo 2½ Std.
- Rif. Monte Baldo 2 Std.; Rif. Barana al Telegrafo 2½ Std.; Rif. Cedron ½ Std.
- Punta di Telegrafo, 2200 m, 2½ Std.; Cima Valdritta, 2218 m, 2½ Std.
- Verona
- Ferrara
- beim Haus P

Novezzina, Rifugio

1255 m; privat

- Rifugio Novezzina
  I-37020 Ferrara di Monte Baldo
- ganzjährig; 15
- 220 Volt
- mit PKW von Ferrara zum Haus; Ferrara di Monte Baldo 2 Std.
- Rifugio Chierego 3¾ Std.; Rifugio Novezza ½ Std.; Rifugio Monte Baldo 2¼ Std.
  Rifugio Barana al Telegrafo ca. 3 Std.
- Punta di Telegrafo, 2200 m, 3 Std.
- Verona
- Ferrara
- beim Haus P

Prospero Marchetti, Rif.

2012 m; erb. 1906, umgeb. 1954/88
CAI SAT Trento
Via Manci 57
I-38100 Trento
✆ 0461/981871

- Fulvio e Roberto Leonardi
  I-38045 Orzano di Civezzano 14
  ✆ 0461/858331
- Rifugio Prospero Marchetti
  Monte Stivo
  I-38062 Arco di Trento
  ✆ 0464/520664

- 01.06. bis 30.09., April, Mai, Oktober und November am Wochenende, sonst nach Vereinbarung; 20 ⊓; Duschgelegenheit
- 220 Volt mit Aggregat
- offen; 6 ⊓
- Passo Bordala 2¼ Std.; Passo S. Barbara 2 Std.; Malga Campo Arco 2½ Std.; Chienis 2¼ Std.
- Rifugio Capanna dell'Alpina-Velo 2½ Std.; Rifugio Fratelli Tambosi 5 Std.
- Monte Stivo, 2058 m, ¼ Std.; Monte Biaèna, 1617 m
- Rovereto
- Chienis
- Chienis

Rosa di Baremo, Rifugio

1418 m; am Passo del Marè; privat

- I. Bonardelli; I-25070 Anfo; ✆ 0365/809018
- Rifugio Rosa di Baremo; Passo del Marè; ✆ 0365/809024
- 01.06. bis 31.10.; 28 Betten, 6 ⊓
- Zufahrt von Anfo 11,5 km; Bagolino
- Monte Breda, 1503 m; Cima Ora, 1539 m; Cima di Meghe, 1801 m
- Brescia
- Anfo oder Bagolino
- beim Haus P

San Pietro, Rifugio

975 m; erb. 1850, umgeb. 1930
CAI SAT Sektion Riva del Garda
Porta San Marco
I-38066 Riva del Garda
✆ 0464/556141

- Enzo Santoni
  Via Cascata
  I-38060 Gavazza-Tenno
  ✆ 0464/520116
- Rif. San Pietro; Mte. Calino
  I-38066 Riva del Garda
  ✆ 0464/500647
- 15.6. – 15.9. durchgehend sonst am Wochenende; 18 Betten
- 220 Volt
- Ville del Monte 1 Std.; Varignano 2 Std.; Gavazzo Nuova 2 Std.
- Rifugio Misone 2½ Std.; Rifugio Don Zio Pisoni 5 Std.; Passo Ballino 3 Std.
- Monte Misone, 1808 m, 2½ Std.
- Rovereto
- Ville del Monte
- Ville del Monte

Santa Barbara, Capanna

560 m; erb. 1927
CAI SAT Sektion Riva del Garda
Porta San Marco
I-38066 Riva del Garda
✆ 0464/556141

- ✗ am Wochenenden einfach bewirtschaftet. Sonst mit zugänglich, erhältlich bei der Sektion Riva del Garda. 6
- ↗ Riva del Garda $1\frac{1}{4}$ Std.
- → Rifugio Pernici $5\frac{1}{4}$ Std.
  Rifugio Grassi 4 Std.
  Biv. S. Giovanni $2\frac{1}{2}$ Std.
- △ Cima SAT, 1276 m, $1\frac{3}{4}$ Std.
  La Rocchetta, 1510 m, 2 Std.
- Rovereto
- Riva del Garda
- Riva del Garda

Tremalzo, Rifugio (Frederico Guella)

1582 m; erb. 1892 vom SAT

- E. Carloni; Via Cattoni 3d; I-38066 Riva del Garda
- Rifugio Tremalzo; I-38060 Tiarno di Sopra; ✆ 0464/598100
- ✗ ganzjährig; 42
- 220 Volt
- ↗ Tiarno $2\frac{1}{2}$ Std.; Molina di Ledro $2\frac{1}{2}$ Std.; PKW-Zufahrt zum Haus möglich
- → Rif. Alpo 5 Std.; Rif. Garibaldi $\frac{1}{4}$ Std.; Rif. Bezzecca $\frac{3}{4}$ Std.; Rif. Garda 1 Std.
- △ Monte Tremalzo, 1974 m, 1 Std.; Corno della Marogna, 1953 m, $1\frac{1}{2}$ Std.
- Rovereto
- Tiarno di Sopra oder Molina di Ledro
- beim Haus P

Tonassi, Rifugio

1615 m; auf der Alpe Pezzeda; privat

- Rifugio Tonassi; I-25060 Collio; ✆ 030/927237
- ✗ in der Skisaison am Wochenende, 01.07. bis 31.08. durchgehend; 20 Schlafplätze
- 220 Volt
- ↗ Collio 3 Std.; von Collio, dann ca. 10 Min.
- → Rifugio Blanche in unmittelbarer Nähe; Rifugio Ca Fiurida, Passo Maniva
- △ Monte Pezzeda, 1799 m; Monte Frondini, 1791 m; Corna Blacca, 2005 m
- Breno oder Brescia
- Collio
- Collio

51 Brentagruppe

Umgrenzung

Im Norden: Cles – Val di Sole – Dimaro. Im Westen: Dimaro – Val Meledrio – Paß Campo Carlo Magno – Valle Rendena (Sarcafluß) – Tione. Im Süden: Tione – Sarcatal – Sarche – Trento (Trient). Im Osten: Trient – Etschtal – Mezzocorona – Nocefluß – Cles.

Al Cacciatore, Rifugio

1869 m; Valle di Ambiez; privat
Besitzer: Remigio Orlandi
Fraz. Glolo 6
I-38078 San Lorenzo in Banale

- ⌂ Rifugio Al Cacciatore
  Val d'Ambiez
  I-38078 S. Lorenzo i. Banale
  ✆ 0461/74141
- ✕ 20.06. bis 20.09.
  30 Schlafplätze; Dusche
- ⚡ 220 Volt mit Generator
- ↗ San Lorenzo in Banale 3 Std.
  mit Taxi-Jeep zum Haus
- → Rifugio Agostini 2 Std.
  Rifugio Pedrotti 3½ – 4 Std.
- △ Cima di Ghez, 2713 m, 4 Std.; Cimon di Cresole, 2855 m, 2½ Std.
- Bahn: Trento
- Bus: San Lorenzo in Banale
- Auto: Val d'Ambiez

Alimonta, Rifugio

2580 m; erb. 1968, umgeb. 1988
privat

- Besitzer: Enzio Alimonta
  Fraz. Fisto 20
  I-38088 Spiazzo
  ✆ 0465/81500
- ⌂ Rifugio Alimonta
  I-38084 Madonna di Campiglio
  ✆ 0465/40366
- ✕ 20.06. bis 20.09.; 30 Betten, 24 Lager
- ⚡ 220 Volt
- Winterraum: offen
- ↗ Madonna di Campiglio 4¼ Std.
  Vallesinella 3 Std.
  Rif. Brentei 1 Std.
- → Rif. Tosa – Pedrotti 3 Std.; Rif. Tuckett 3½ Std.; Rif. Tuckett 5½ Std.
- △ Cima Brenta, 3150 m, 3½ Std.; Torre di Brenta, 3014 m, 2½ Std.
  Cima Molveno, 2917 m, 2 Std.; Torre Prati, 2670 m, 2 Std.
  Cima d'Armi, 2951 m, 1½ Std.; Gemelli, 2691 m, 1 Std.
- Bahn: Male oder Trento
- Bus: Madonna di Campiglio
- Auto: Vallesinella

12 Apostoli, Rifugio (Rifugio Garbari)

2480 m; erb. 1908
CAI SAT Sektion Pinzolo
I-38086 Pinzolo

Salvaterra Nella
Corso Trento 79
I-38086 Pinzolo
✆ 0465/51321

Rifugio 12 Apostoli
I-38086 Pinzolo
✆ 0465/51309

20.06. bis 20.09.
4, 25, 26

220 Volt mit Aggregat

offen; 8

↗ Giustino 5 Std.; Bergstation Dos del Sabion $2\frac{3}{4}$ Std.; Malga Movlina $2\frac{3}{4}$ Std. Lago di Val Angola 3 Std.; Rifugio Ghedina $4\frac{1}{2}$ Std.

→ Rifugio Agostini $2\frac{1}{2}$ Std.; Rifugio Tosa – Pedrotti $2\frac{1}{2}$ Std.; Rifugio Brentei $2\frac{1}{2}$ Std.

△ Cima 12 Apostoli, 2697 m, 1 Std.; Cima di Pratofiorito, 2900 m, 2 Std. Cima di Ambièz, 3102 m, $2\frac{1}{2}$ Std.; Cima Tosa, 3173 m, 3 Std.

Trento

Stènico oder Giustino

Giustino oder Rifugio Ghedina

Bonvecchio, Bivacco (Del Centenario)

2790 m; erb. 1972
CAI SAT Trento
Via Manci 57
I-38100 Trento
✆ 0461/981871

immer zugänglich; 6
Wasserstelle in der Nähe.

↗ Rifugio Graffer 4 Std.
Rifugio Peller 6 – 7 Std.
Campo Carlo Magno $4\frac{1}{2}$ Std.
Madonna di Campiglio – Passo Groste $3\frac{1}{2}$ Std.

△ Sasso Alto, 2897 m, $\frac{3}{4}$ Std.
Cima Sassara, 2892 m, $\frac{1}{2}$ Std.
Cima Paradiso, 2838 m, $\frac{1}{2}$ Std.

Male oder Trento

Madonna di Campiglio

Madonna di Campiglio oder Lago Tovel

Brenta, Rifugio

1367 m; privat; unmittelbar neben dem Rifugio Pradel (Zugänge, Übergänge und Gipfel siehe dort)
Besitzer: F.lli Nicolussi
I-38018 Molveno
✆ 0461/586025

- Rif. Brenta
  Loc. Pradel
  I-38018 Molveno
  ✆ 0461/586025
- Wintersaison, Skipiste nach Molveno, 01.06. bis 30.09.; 28 Betten, 6 Lager; Dusche
- 220 Volt
- Mezzolombardo oder Trento
- Molveno
- Molveno

Brentei, Rifugio

2182 m; erb. 1932, umgeb. 1962
CAI Sektion Monza
Casella Postale 202
I-20052 Monza

- Claudio Detassis
  Via Campanile Basso 26
  I-38084 Madonna di Campiglio
  ✆ 0465/41244
- Rifugio Brentei
  I-38084 Madonna di Campiglio
  ✆ 0465/40033
- 20.06. bis 20.09.
  60 Betten, 25 Lager, 15 Notlager
- 220 Volt mit Aggregat
- offen
- Rifugio Vallesinella 2¼ Std.; Bergstation der Groste-Seilbahn 2½ Std. Abstieg Madonna di Campiglio 4 Std.; San Antonio di Mavignola 3 Std.
- Rifugio Tuckett 1¼ Std.; Rifugio Pedrotti-Tosa 1¼ Std.
  Rifugio Silvio Agostini 3 Std.; Rifugio 12 Apostoli Garibari 2¾ Std.
  Rifugio Alimonta 1½ Std.; Bivacco Castiglioni am Crozzon di Brenta, 3135 m
- △ Cima Brenta, 3150 m, 3 Std.; Torre di Brenta, 3014 m, 2½ Std.
  Cima Molveno 2917 m 2½ Std.
- Male oder Trento
- Madonna di Campiglio
- Rifugio Vallesinella

Capanna Durmont, Albergo

1292 m; am Passo Daone; privat

- U. Simoni
  I-38070 Montagne
  ✆ 0465/23234
- Albergo Capanna Durmont
  I-38070 Montagne
  ✆ 0465/21636
- ganzjährig; 24 ; Duschgelegenheit
- 220 Volt
- Zufahrt von Montagne und Spiazzo möglich
- △ Cima Durmont, 1835 m
- Trento
- Preore oder Spiazzo
- beim Haus P

Capanna Spinale, Rifugio

2195 m; privat

- Ermelinda Pellini
  V.le Mons. D. Perli 7
  I-38079 Tione di Trento
  ✆ 0465/21347
- Rifugio Capanna Spinale
  I-38070 Ragoli
  ✆ 0465/41507
- Wintersaison, Skizirkus Madonna di Campiglio, 20.06. bis 20.09.; 32
- 220 Volt
- Madonna di Campiglio 1½ Std.
  Bergstationen der von Madonna di Campiglio beim Haus
- → Rifugio Graffer 1¼ Std.; Rifugio Vallesinella 1 Std.; Rifugio Casinei 1½ Std.
  Rifugio Tuckett 3 Std.
- △ Pietra Grande, 2937 m, 3½ Std.
- Male oder Trento
- Madonna di Campiglio
- Madonna di Campiglio

Capriolo, Rifugio

720 m; im Val di Tovel; privat

- N. Ciardi
  I-38019 Tuenno
  ✆ 0463/41228
- Rifugio Capriolo
  Val di Tovel, I-38019 Tuenno
  ✆ 0463/41405

- 01.06. bis 30.09.; 11 Betten; Duschgelegenheit
- 220 Volt
- PKW-Zufahrt von Tuenno möglich
- Tovel See
- Monte Duron, 1277 m; Monte Sabbionare, 1655 m; Monte Corno, 1962 m
- Cles
- Tuenno
- beim Haus P

Casinei, Rifugio

1825 m; erb. 1908, umgeb. 1988; privat

- Serafini Corrado
  (Hotel La Baita)
  I-38084 Madonna di Campiglio
  ✆ 0465/41066
- Rifugio Casinei
  I-38084 Madonna di Campiglio
  ✆ 0465/42708
- 10.06. bis 10.10.; 34 Betten, 30 Lager
- 220 Volt
- Vallesinella 1 Std.
  Groste 2½ Std.
- Rifugio Tuckett 1 Std.
  Rifugio Brentei 1 Std.
- Cima di Brenta, 3150 m, 4 Std.
- Male oder Trento
- Madonna di Campiglio
- Vallesinella

Catullo Detassis, Bivacco

2182 m; erb. 1978, umgeb. 1983; unmittelbar beim Rifugio Brentei
CAI Sektion Monza
Cas. Postale 202
I-20052 Monza

- betreut durch Claudio Detassis, Bewirtschafter des Rifugio Brentei
  I-38084 Madonna di Campiglio
  ✆ 0465/41102 oder 41244.
- immer zugänglich; 16 Schlafplätze; Kochgelegenheit, Wasser 300 m entfernt
- Rifugio Vallesinella 2¼ Std.
- siehe Rifugio Brentei
- siehe Rifugio Brentei
- Male oder Trento
- Madonna di Campiglio
- Rifugio Vallesinella

Cesare Battisti, Rifugio

2080 m; auf der Paganella
CAI SAT Trento
Via Manci 57
38100 Trento
✆ 0461/981871

- Carmen Eccher
  I-38050 Kamauz di Frassilongo
  ✆ 0461/551134
- Rifugio Cesare Battisti
  Loc. Paganella
  I-38010 Zambana
  ✆ 0461/35378
- ganzjährig; 23
- 220 Volt
- Santel über Malga Fai 3½ Std.; Andalo 4 Std.; Molveno 4 Std.; Terlago 5 Std.
  von Fai d'Paganella, Lavis und Andalo
- → Rifugio Dosso-Larici ¾ Std.; Rifugio Paganella
- △ Paganella, 2124 m, ½ Std.
- Lavis
- Zambana-Vecchia oder bei den -Talstationen
- Monte Terlago oder bei den -Talstationen

Claudio Costanzi, Biv.

2365 m; erb. 1985
CAI SAT Trento
Via Manci 57
I-38100 Trento
✆ 0461/981781

- immer zugänglich; 10
  Wasser in der Nähe
- Carciato bei Dimaro 4½ Std..
  Lago di Tovel 3¾ Std.
- → Rifugio Peller 3 Std.
  Bivacco Bonvecchio 3 Std.
  Rifugio Graffer über Bivacco Bonvecchio 7 Std.
- △ Sasso Rosso, 2645 m, 1 Std.
- Male oder Trento
- Dimaro
- Carciato oder Lago Tovel

Croz dell'Altissimo, Rifugio

1450 m; privat

- Felice Spellini
  Via Lungo Lago 7
  I-38018 Molveno
  ✆ 0461/58017
- Rifugio Croz dell'Altissimo
  Loc. Busa delle Ortighe
  I-38018 Molveno
  ✆ 0461/586191
- 01.06. bis 30.09.; 20
- 220 Volt
- Molveno 2 Std.; Rifugio Pradel 1 Std.
- Rifugio Tuckett 5 Std.; Rifugio Groste (Bergstation der Groste) 4 Std.
  Rifugio Selvata ¾ Std.; Rifugio Montanara ½ Std.; Rifugio Pedrotti-Tosa 3½ Std.
- △ Cima Brenta, 3150 m, 5½ Std.
- Mezzolombardo
- Molveno
- Molveno

Dosso-Larici, Rifugio

1844 m; Besitzer: Gemeinde I-38010 Fai della Paganella

- Sergio Perlot
  Via Molini
  I-38010 Fai della Paganella
- Rifugio Dosso-Larici
  I-38010 Fai della Paganella
  ✆ 0461/583165
- Wintersaison, 20.06. bis 20.09.
- 220 Volt
- Fai della Paganella 3 Std.; Santel 3 Std.; von Fai d'Paganella zum Haus
- Rifugio Cesare Battisti 1 Std.; Rifugio Paganella 1 Std.
- △ Paganella, 2124 m, 1 Std.
- Mezzolombardo
- Fai della Paganella oder Santel
- Santel

Ettore Castiglioni, Biv.

3135 m; am Gipfel des Crozzon di Brenta; erb. 1957
CAI SAT Trento
Via Manci 57
I-38100 Trento
✆ 0461/981871

- ✗ immer zugänglich; 4 ⊓
- ↗ Rifugio Brentei
  Rifugio Tosa-Pedrotti
  Rifugio Agostini
  Rifugio 12 Apostoli
- → Cima Tosa, 3159 m, 1 – 2 Std.
- Bahn: Male oder Trento
- Bus: Madonna di Campiglio
- Auto: Vallesinella

Genzianella, Rifugio

1580 m;privat

- Hütte: Rifugio Genzianella
  I-38010 Denno
- ✗ 20.06. bis 20.09.
- ↗ Flavon bei Denno 3 Std.
- → Tovelsee über Monte Corno 3 Std.; Malga d'Arza 2½ Std.
- △ Monte Corno, 1962 m; Monte Sabbionare, 1655 m
- Bahn: Denno oder Mezzolombardo
- Bus: Flavon oder Denno
- Auto: Flavon

Ghedina, Rifugio

1135 m; erb. 1942; privat

- Person: Ileana Mariella Ghedina
  Via Vicenca 2
  I-38068 Rovereto
  ✆ 0464/433373
- Hütte: Rifugio Ghedina
  Val Algone
  I-38070 Stènico
  ✆ 046/21108
- ✗ 01.06. bis 30.09.; 16 Betten
- Strom: 220 Volt
- ↗ Stènico 2½ Sd. Straße; PKW-Zufahrt zum Haus, im Sommer Kleinbus-Verkehr zum Haus

→ Rifugio 12 Apostoli (Rifugio Garbari) 5 Std.
Trento
Ponte Arche (Stènico)
beim Haus

Giorgio Graffer, Rifugio

2261 m; erb. 1946, umgeb. 1989
CAI SAT Trento
Via Manci 57
I-38100 Trento
✆ 0461/981871

Egidio Bonapace
Via Care Alto 5
C.P. 94
I-38084 Madonna di Campiglio
✆ 0465/41329

Rifugio Graffer
I-38084 Madonna di Campiglio
✆ 0465/41358

✕ 01.12. bis 30.04. im Ski-Zirkus Madonna di Campiglio
20.06. bis 20.09.; 44 🛏, 24 ⊓; Duschgelegenheit

220 Volt

↗ Rifugio Vallesinella 2 Std.; Madonna di Campiglio 3 Std.
von der Bergstation der Groste-🚡 ½ Std.; Campo Carlo Magno 1¾ Std.
von der Bergstation der Spinale-🚡 1½ Std.

→ Rifugio Tuckett 1½ Std.; Rifugio Peller 6½ Std.;
Rifugio Cacciatore 3½ Std.; Rifugio Lago di Tovel 3 Std.; Biv. Bonvecchio 4 Std.

△ Cima Groste, 2901 m, 1 Std.; Cima Roma, 2837 m, 2½ Std.; Cima Vagliana, 2861 m, 2½ Std.; Cima di Flavona, 2918 m, 1 Std.; Cima Falkner, 2999 m, 3 Std.

Male oder Trento
Madonna di Campiglio
Rifugio Vallesinella oder 🚡-Talstation

Guido Pinamonti-Minerv, Bivacco

2090 m; erb. 1980; auf der Malga Tassullo
CAI SAT Sektion Rallo
I-38023 Rallo di Cles

✕ immer zugänglich; 6 ⊓; Wasser vorhanden
↗ Zufahrt über Rifugio Peller mit PKW möglich
→ Tovelsee 2 Std.; Bivacco Bonvecchio 4½ Std.; Bivacco Costanzi
△ Monte Peller, 2320 m, 1 Std.
Cles oder Male
Male oder Tuenno
Nahe dem Bivacco P

La Montanara, Rifugio

1525 m; privat
Besitzer: Ettori Satori
Via Marco 10
I-38018 Molveno
✆ 0461/586008

Rifugio La Montanara
Loc. Malga di Tovere
I-38018 Molveno
✆ 0461/585603

Wintersaison, Skigebiet, 20.06. bis 20.09.; 28 🛏; Duschgelegenheit

220 Volt

Molveno 2 Std.; 🚡 Bergstation 2. Etappe von Molveno

Rifugio Croz dell'Altissimo $\frac{3}{4}$ Std.; Rifugio Pradel $\frac{1}{2}$ Std.; Rifugio Selvata $1\frac{1}{4}$ Std.
Rif. Pedrotti-Tosa $4\frac{1}{2}$ Std.; Rif. Tuckett $5\frac{1}{2}$ Std.; Rifugio Malga Spora $3\frac{1}{2}$ Std.

△ Piz Gallino, 2442 m, $2\frac{1}{2}$ Std.; Croz dell'Altissimo, 2339 m, $2\frac{1}{2}$ Std.

Mezzolombardo

Molveno

Molveno

Lago Tovel, Rifugio (Albergo Lago Rosso)

1189 m; privat
Besitzer: A. Stevanin
I-38019 Tuenno
✆ 0463/41179

Rifugio Lago Tovel (Albergo Lago Rosso)
I-38010 Denno
✆ 0463/41242

01.06. bis 30.09.; 22 🛏; Duschgelegenheit

220 Volt

Straße zum Haus

Rifugio Groste 5 – 6 Std.; Rifugio Graffer 5 – 6 Std.; Rifugio Peller 4 Std.
Rifugio Malga Spora 4 Std.

△ Sasso Rosso, 2645 m, 5 Std.

Cles oder Mezzocorona

Denno oder Tuenno

beim Haus

Malga Andalo, Rifugio

1352 m
Besitzer: Gemeinde Andalo; I-38010 Andalo

Lidia Donini
Via Prati 4
I-38018 Molveno

- Rifugio Malga Andalo
  Loc. Casinati
  I-38018 Molveno
  ✆ 0461/586947
- 01.06. bis 30.09.; 13 Schlafplätze
- 220 Volt mit Generator
- Molveno 1½ Std.
- Rifugio Pedrotti-Tosa 3 Std.; Rifugio Selvata 1¼ Std.
- Mezzolombardo oder Mezzocorona
- Molveno
- Molveno

Malga Cles, Rifugio

1889 m; privat

- Giancinto Lorusso
  Via Garibaldi 4
  I-38027 Male
- Rifugio Malga Cles
  Loc. Mte. Peller
  I-38023 Cles
- 20.06. bis 20.09.
- Dimaro 4 Std.; Male 4 Std.; Zufahrt von Cles möglich
- Rifugio Peller 1 Std.; Tovelsee 3 Std.; Bivacco Costanzi 2½ Std.
- △ Monte Peller, 2320 m, 1 Std.
- Cles oder Male
- Dimaro, Male oder Cles
- beim Haus P

Malga D'Arza, Rifugio

1514 m; privat

- Rifugio Malga D'Arza
  Val d'Arza
  I-38010 Denno
- 20.06. bis 30.09.
- Termon bei Denno 3 Std.;
- Rif. Lago Tovel 2½ Std.; Malga Flavona 2½ Std.; Malga Campo Denno 2 Std.
- △ Monte Corno, 1962 m; Monte Alto, 1899 m
- Mezzocorona
- Termon bei Denno
- Termon

Malga Spora, Rifugio

1851 m
Besitzer: Gemeinde Spormaggiore
I-38010 Spormaggiore
✆ 0461/653115

- Paolo Ciccolini
  Civico 165
  I-38010 Spormaggiore
  ✆ 0461/653303
- Malga Spora
  I-38010 Spormaggiore-Andalo
- 15.06. bis 30.09.; 34
- 220 Volt mit Generator
- 20 Schlafplätze, keine Decken
- Andalo 2¾ Std.; Cavedago 3½ Std.; Spormaggiore 4½ Std.
- Rifugio Croz dell'Altissimo 2½ Std.; Rifugio Graffer 3 Std.
  Rifugio Tuckett 5 – 6 Std.; Tovelsee 6 Std.; Rif. Groste (Bergstation der) 3 Std.
- Cima Brenta, 3150 m, 5 Std.; Cima dei Lasteri, 2459 m, ¾ Std.;
  Monte Ridont, 2461 m, 1½ Std.; Cima della Gaiarda, 2460 m, 2 Std.;
  Crozzon dei Mandarini 2579 m 1¾ Std.
- Mezzolombardo oder Mezzocorona
- Spormaggiore
- Andalo

Mezzol, Rifugio

1485 m; erb. 1982
CAI SAT Sektion Male
Piazza Regina Elena
Municipio
I-38027 Male
✆ 0463/901157

- CAI SAT Sektion Male
- Rifugio Mezzol
  c/o CAI SAT Sektion Male
  ✆ 0463/901157
- beim CAI SAT Male anfragen; Voranmeldung erforderlich; 30, 10, 15
- 220 Volt mit Generator
- Bivacco mit 6 immer offen
- von Male auf Weg 374 1½ Std.
- Rifugio Peller, Weg 374 2 Std.; Bivacco Bonvecchio
- Monte Peller, 2320 m, 3 Std.
- Male
- Male
- Male

Miralago, Albergo

1178 m; am Lago Tovel; privat
Besitzer: Fabiola Melchiori
I-38100 Trento
✆ 0461/985148

- G. Picler
  I-38016 Mezzocorona
  ✆ 0461/603206
- Albergo Miralago
  Lago Tovel
  I-38019 Tuenno
- 15.06. bis 30.09.; 17 Betten; Duschgelegenheit
- 220 Volt
- PKW-Zufahrt von Tuenno möglich
- wie bei Rifugio Lago Tovel (Albergo Lago Rosso)
- △ wie bei Rifugio Lago Tovel
- Cles oder Mezzocorona
- Denno oder Tuenno
- beim Haus P

Paganella, Rifugio

2124 m; auf der Paganella; privat

- Rifugio Paganella
  Loc. Paganella
  I-38010 Zambana
- ganzjährig
- 220 Volt
- Bergstation der Seilbahn von Fai d'Paganella und Andalo
  Andalo 4 Std.; Molveno 4 Std.; Terlago 5 Std.
- △ Paganella, 2124 m, das Haus befindet sich am Gipfel
- Lavis
- Fai d'Paganella oder Zambana
- bei den Talstationen der Seilbahn oder Terlago

Peller, Rifugio

2022 m; erb. 1903, neugeb. 1966
CAI SAT Trento
Via Manci 57
I-38100 Trento
✆ 0461/981871

- Remo Tait
  Via Trento 59
  I-38019 Tuenno
  ✆ 0463/41390

- Rifugio Peller
  Monte Peller
  I-38023 Cles
  ✆ 0463/36221
- 20.06. bis 20.09.
  33 Betten; Duschgelegenheit
- 220 Volt mit Generator
- offen, 4 Lager
- Cles 4 Std.; Male 3½ Std.
  Dimaro 5 Std.
- Tovelsee 3 Std.
  Bivacco Costanzi 3 Std.
  Bivacco Bonvecchio 6 Std.
  Rifugio Graffer über Bivacco Bonvecchio 9 – 10 Std.
- △ Monte Peller, 2320 m, 1 Std.
  Monte Pelleròt, 2292 m, ½ Std.
  Sasso Rosso, 2645 m, 3 Std.; Castelazzo, 2206 m, 1½ Std.
  Pale della Vallina, 2397 m, 2 Std.; Cima dell'Uomo, 2543 m, 3 Std.
- Cles oder Male
- Tuenno, Cles oder Male
- Tuenno, Cles oder Male

Pradel, Rifugio

1367 m; unmittelbar neben dem Rifugio Brenta; privat
Besitzerin: Antonella Donini
I-38018 Pradel di Molveno

- Rifugio Pradel
  Loc. Pradel
  I-38018 Molveno
  ✆ 0461/586903
- Wintersaison, Skipiste nach Molveno, 01.06. bis 30.09.: 35 Betten; Dusche
- 220 Volt
- Sessellift von Molveno; Molveno 1½ Std.
  Andalo 1½ Std.; PKW-Zufahrt von Andalo möglich
- Rifugio Selvata 2 Std.; Rifugio Croz dell'Altissimo 1½ Std.
- △ Croz dell'Altissimo, 2339 m, 3 Std.; Piz Gallino, 2442 m, 3 Std.
- Mezzolombardo oder Trento
- Molveno
- Molveno

Selvata, Rifugio

1630 m; privat

Besitzer: Franco Paolazzi
Via Laste 137
I-38100 Trento
✆ 0461/233328

Rifugio Selvata
I-38018 Molveno

20.06. bis 20.09.
40 Schlafplätze

offen

Molveno 2 Std.
Pradel 1½ Std.

Malga di Andalo 1 Std.
Rifugio Tosa-Pedrotti 2½ Std.
Rif. Croz dell'Altissimo ¾ Std.
Rifugio Pradel 1½ Std.
Rifugio La Montanara 1 Std.

Castel Alto dei Massodi, 2431 m, 2 Std.; Croz della Selvata, 1996 m

Mezzocorona

Molveno

Molveno

Silvio Agostini, Rifugio

2410 m; erb. 1937, umgeb. 1976
CAI SAT Trento
Via Manci 57
I-38100 Trento
✆ 0461/981871

Roberto Cornella
Fraz. Berghi 4a
I-38078 San Lorenzo in Banale
✆ 0465/74104

Rifugio Silvio Agostini
Val d'Ambiez
I-38078 San Lorenzo in Banale
✆ 0465/74138

20.06. bis 20.09.; 22 🛏, 34 ⊓
Duschgelegenheit

220 Volt mit Aggregat

offen; 8 ⊓

San Lorenzo in Banale 4½ Std.; Taxi-Jeep bis Rifugio Cacciatore, dann 2 Std.

Rifugio 12 Apostoli 2¼ Std.; Rif. Brentei 3 Std.; Rif. Pedrotti – Tosa 2½ – 3 Std.

Cima Tosa, 3173 m, 3 Std.; Cima d'Ambiez, 3102 m, 3 Std.
Östliche Cima Ceda, 2757 m, 3 Std.; Westliche Cima Ceda, 2766 m, 2 Std.
Cima Susat, 2890 m, 1½ Std.

Trento
San Lorenzo in Banale
Rifugio Dolomiti (San Lorenzo in Banale)

Stoppani-Groste, Rifugio

2438 m; privat
Besitzer: Societa Funivie S.p.a.
I-38084 Madonna di Campiglio
✆ 0465/40115

Societa Pietragrande
Alimonta Fiore
Via Campanil Basso 39
I-38084 Madonna di Campiglio
✆ 0465/41027

Rifugio Stoppani-Groste
Passo Groste
I-38084 Madonna di Campiglio
✆ 0465/40115

Wintersaison, Skizirkus Madonna di Campiglio, 20.06. bis 30.09.
Nächtigung nur in Notfällen

220 Volt

Madonna di Campiglio 3½ Std.; zum Haus

Rifugio Lago Tovel 2½ Std.; Rifugio Tuckett und Rifugio Quintino Sella 1¾ Std.; Rifugio Brentei 3 Std.; Bivacco Bonevecchio-Centenario 3½ – 4 Std.

△ Pietra Grande, 2937 m, 2½ Std.; Cima del Groste, 2897 m, 1½ Std.

Male oder Trento
Madonna di Campiglio
Madonna di Campiglio

Tommaso Pedrotti, Rif. Rifugio Tosa

2491 m, erb. 1914, umgeb. 1988
CAI SAT Trento
Via Manci 57
I-38100 Trento
✆ 0461/981871

Fortunato Donini
Via Rio Massò 4
I-38018 Molveno
✆ 0461/586042

Rifugio Pedrotti-Tosa
I-38018 Molveno
✆ 0461/948115

20.06. bis 20.09.
19, 111 im Rifugio Pedrotti; 20, 26 im Rifugio Tosa (Dependance)

- 220 Volt mit Aggregat
- offen; 8 ⊓ im Rifugio Tosa
- ↗ Molveno 4½ Std.; Pradel 3½ Std.; Rifugio Vallesinella 3½ Std.
  Madonna di Campiglio 4½ Std.
- → Rifugio Silvio Agostini 2½ Std.; Rifugio Tuckett 3½ Std., am Bocchette-Weg 7½ Std.; Rifugio 12 Apostoli 5 Std.; Rifugio Brentei 1½ Std.; Rif. Alimonta 3 Std.
- △ Cima Tosa, 3173 m, 3 Std.; Monte Dàino, 2695 m, 1½ Std.
  Campanil Alto, 2937 m, 2 Std.; Cima Brenta Bassa, 2809 m, 1½ Std.
  Croz del Rifugio 2615 m 1 Std.
- Mezzocorona
- Molveno oder Madonna di Campiglio
- Molveno oder Rifugio Vallesinella

Tuckett u. Quintino Sella, Rifugio

2271 m; erb. 1906 und 1905
CAI SAT Trento
Via Manci 57
I-38100 Trento
✆ 0461/981871

- Daniele Angeli
  I-38080 S. Antonio Mavignola
  ✆ 0465/57287
- Rifugio Tuckett
  I-38070 Ragoli
  ✆ 0465/41226
- ✗ 20.06. bis 20.09.
  22 Betten, 94 ⊓
  Duschgelegenheit
- 220 Volt mit Generator
- im Rifugio Sella offen; 20 ⊓; Kochgelegenheit
- ↗ Rifugio Malga Vallesinella 1¾ – 2 Std.; Passo del Groste 1½ Std.
  Rifugio Casinei 1¾ Std.
- → Rifugio Brentei 1½ – 2½ Std.; Rifugio Graffer 1½ Std.
  Rifugio Croz dell'Altissimo 2½ Std.; Rifugio Pedrotti und Rifugio Tosa 3½ Std.
- △ Cima Brenta, 3150 m, 3 Std.; Cima Quintino Sella, 2917 m, 1¾ Std.
  Camp. di Vallesinella, 2601 m, 2 Std.; Castello Sup. di Vallesinella 2696 m 1½ Std.
  Castello di Vallesinella, 2790 m, 1½ Std.; Cima Mandron, 3040 m, 3 Std.
  Punte di Campiglio (Orientale), 2870 m, 3 Std.
- Male, Trento oder Mezzocorona
- Madonna di Campiglio
- Vallesinella (Talstation der Groste-Seilbahn)

Tuenna, Malga

1740 m; erb. 1982
CAI SAT Sektion Tuenno
I-38019 Tuenno

- ✗ betreut durch die Sektion, nur mit Schlüssel zugänglich, erhältlich bei der Sektion Tuenno 8 Schlafplätze; Wasser 10 m entfernt.
- ↗ vom Tovelsee 1½ Std.
- → Rifugio Peller 3 Std.
- △ Sasso Rosso, 2645 m, 3½ Std.; Cima Uomo, 2543 m; Cima del Vento, 2755 m
- Bahn: Cles oder Mezzolombardo
- Bus: Denno oder Tuenno
- Auto: Tovelsee

Vallesinella, Rifugio

1522 m; privat

- Paoli Livio
  Via Mandron 21
  I-38084 Madonna di Campiglio
  ✆ 0465/41357
- Rifugio Vallesinella
  I-38084 Madonna di Campiglio
  ✆ 0465/42883
- ✗ 01.06. bis 15.10.;, 18 Betten, 15 Lager; Duschgelegenheit
- ∼ 220 Volt
- ↗ Madonna di Campiglio 1 Std.; Zufahrt zum Haus
- → Rifugio Casinei 1 Std.; Rifugio Brentei 2 Std.; Rifugio Tuckett 2 Std.
- △ Cima Brenta, 3150 m, 6 Std.
- Bahn: Male oder Trento
- Bus: Madonna di Campiglio
- Auto: beim Haus P

1 Peitler-Knappen-Hütte
2 Pisciaduhütte
3 Langkofelhütte
4 Sellajochhaus
5 Alb. Casa Alpina
6 Schlernbödelehütte+ Schlernhaus
7 Grasleitenhütte
8 Rif. Antermoia
9 Rosengartenhütte
10 Rotwandhütte
11 Zsigmondy-Hütte
12 Rif. A. Berti
13 Rif. Auronzo
14 Rif. G. Chiggiato
15 Rif. P. Galassi
16 Rif. San Marco
17 Rif. Città di Fiume
18 Rif. Coldai-Sonino
19 Rif. A. Tissi
20 Rif. Antelao

52 Dolomiten

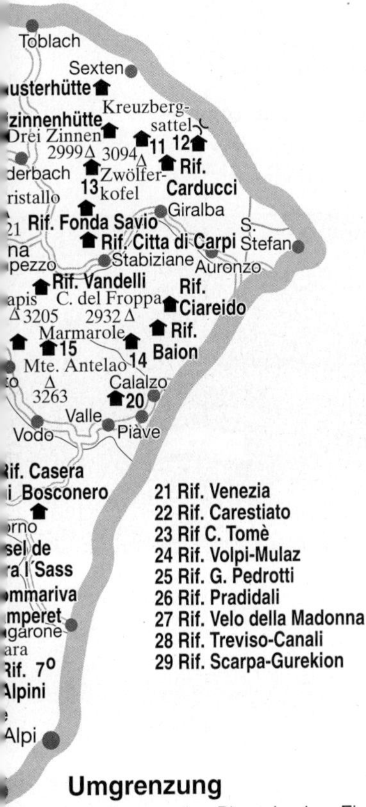

Umgrenzung

Einmündung der Rienz in den Eisack bis Innichen – Pustertal – Sexten – Kreuzbergsattel – San Stefan di Cadore – entlang der Piave – Belluno. Weiter nach Feltre – Arten – Fonzaso – Fiera di Primero – San Martino di Castrozzo – Rollepaß – Predazzo – Moena – Vigo di Fassa – Karerpaß – Welschnofen – Eisacktal bei Bozen – Einmündung der Rienz aus dem Pustertal

A. Piovan, Bivacco

2070 m; erb. 1969
CAI Sektion Padova
Galleria S. Bernardino 5
I-35100 Padova
✆ 049/8750842

- immer zugänglich; 9 ⊓; Wasser etwa 100 m entfernt
- Rifugio Lunella 1¾ Std.; Padola 3 Std.; Rifugio Berti 1½ Std.
- Bivacco Gera 1 Std.; Bivacco Battaglione Cadore
- Cima d'Ambata, 2872 m; Cima Bagni, 2983 m; Punta Anna, 2707 m
- Innichen oder Calalzo
- Padola
- Rifugio Lunella

Alpe di Senes, Rifugio

1270 m; privat

- Lino del Favero e F.lli
  Via Trieste 6
  I-32046 San Vito di Cadore
  ✆ 0436/9215
- Rifugio Senes
  Via Trieste 6
  I-32046 San Vito di Cadore
  ✆ 0436/9476
- 20.06. bis 30.09.; 4 🛏
- 220 Volt
- San Vito di Cadore 1 Std.
  PKW-Zufahrt zum Haus
- Rifugio Palmieri 4 Std.
  Rifugio Citta di Fiume 3½ Std.
- Calalzo
- San Vito di Cadore
- beim Haus P

7° Alpini, Rifugio

1502 m; erb. 1951, umgeb. 1975
CAI Sektion Belluno
Via Ricci 1
I-32100 Belluno
✆ 0437/27722

- Anna Rita Da Canal
  Castellavazzo
  I-32013 Longarone
  ✆ 0437/770563

Rifugio 7° Alpini
Pis Pilon
I-32100 Belluno
✆ 0437/941631

15.06. bis 30.09.; 65 Schlafplätze
220 Volt mit Generator
in der nahegelegenen Capanna Lussato
↗ Case Bortòt 3 Std.; Belluno 5 – 6 Std.
→ Rifugio Bianchet, Bivacco Sperti 2 Std.; Bivacco Bocco-Marmol 2¾ Std.
Bivacco Bernardina 3¾ Std.; Bivacco Marmol 3½ Std.
△ Monte Schiara, 2565 m, 4½ Std.; Gusela del Vescosà, 2365 m
Pale del Balcon, 2264 m, 4 Std.; Monte Pelf, 2502 m, 4 – 4½ Std.
Belluno
Bolzano-Bellunese
Case Bortòt

Angelo Bosi al Monte Piana, Rifugio

2224 m; privat
Besitzer: Eredi G. De Francesch
Via Monte Piana 32
I-32040 Misurina
✆ 0436/39034

Mauro De Francesch
Via Roncan 55 A
I-32010 Col di Cugan
✆ 0437/900651

Rifugio Angelo Bosi
Monte Piana
I-32040 Misurina
✆ 0436/39034

ganzjährig; 20 Betten, 15 Lager
220 Volt
↗ Misurina 1½ Std.; Schluderbach 3 Std.; Dürrensee 3½ Std.
Rimbiancotal 3½ Std.; mit PKW zum Haus
→ Dürrensteinhütte 6 Std.; Rifugio Vandelli-Sorapis 6 Std.
Rifugio Fonda Savio 3½ Std.; Rifugio Col de Varda 3 Std.
△ Monte Piana, 2350 m, ½ Std.
Toblach
Misurina
beim Haus P

Angelo Dibona, Rifugio

2050 m; privat

- Riccardo Recafina
  Via Ronco 88
  I-32043 Cortina d'Ampezzo
  © 0436/8515
- Rifugio Angelo Dibona
  I-32043 Cortina d'Ampezzo
  © 0436/860294
- Wintersaison 20.6. bis 25.9.
  50 Schlafplätze
- 220 Volt
- Pocol 2 Std.; Bergstation beim Rifugio Pomedes 1/2 Std.
  PKW-Zufahrt möglich
- Rifugio Giussani 1 3/4 Std.
  Rifugio Cinque Torri 2 Std.; Rifugio Lagazuoi 2 1/2 Std.; Rifugio Duca d'Aosta 1 Std.
- im Bereich der Tofana
- Toblach oder Calalzo
- Cortina d'Ampezzo
- beim Haus P

Antelao, Rifugio

1796 m; erb. 1950, umgeb. 1984
CAI Sektion Treviso
Piazza dei Signori 4
I-31100 Treviso

- Guido Spina
  Via Nationale 77
  I-32044 Pieve di Cadore
  © 0435/31795
- Rifugio Antelao
  I-32044 Pieve di Cadore
  © 0435/75333
- 1.6. bis 30.9. – bei Schönwetter länger, evtl. nach Vereinbarung; 26 Schlafplätze
- 220 Volt mit Generator
- Pieve di Cadore 3 Std.; Pozzale 2 1/2 Std.
- Rifugio Galassi 6 Std.
- Crode San Pietro, 2260 m, 1 1/2 Std.; Monte Antelao, 3264 m
- Pieve di Cadore oder Calalzo, evtuell Toblach
- Pieve di Cadore
- Pozzale

Antermoia, Rifugio

2496 m; erb. 1981
CAI SAT Trento
Via Manci 57
I-38100 Trento
✆ 0461/981871

- Almo Giambisi
  Via Bellavista 42
  I-38031 Campitello di Fassa
  ✆ 0462/62536
- Rifugio Antermoia
  I-38031 Mazzin
  ✆ 0462/62272
- 20.06. bis 30.09.; 8 🛏, 36 ⊓
- 220 Volt mit Aggregat
- offen, 5 ⊓
- ↗ Mazzin 3½ Std.; Campitello di Fassa 4 Std.; Fontanazzo di Sotto 3½ Std.
- → Rif. Vajolet, Preußhütte 1¾ Std.; Tierseralplhütte 2½ Std.; Gardecciahütte 3 Std.
  Molignonhaus 2¼ Std.; Grasleitenpaßhütte 1½ Std.; Micheluzzihütte 3 Std.
- △ Kesselkogel, 3004 m, 2½ Std.; Antermoiakogel, 2902 m, 2¼ Std.
  Cima di Làusa, 2876 m, ¾ Std.; Cima di Larsèch, 2889 m, ½ Std.
- Bozen
- Mazzin oder Campitello di Fassa
- Mazzin oder Campitello di Fassa

Antonio Berti, Rifugio

1950 m; erb. 1962, umgeb. 1984
CAI Sektion Padova
Galleria S. Bernardino 5
I-35100 Padova
✆ 049/8750842

- Beppino Martini
  Via Festini 2
  I-32040 Casamazzagno
  ✆ 0435/68036
- Rifugio Berti
  Vallone Popera
  I-32040 Padola
  ✆ 0435/67155
- 25.06. bis 25.09.
  24 🛏, 32 ⊓, 20 ⊔
- 220 Volt mit Aggregat
- offen; 8 ⊓
- ↗ Rifugio Lunelli 1 Std.; Kreuzbergpaß 2 Std.
- → Rifugio Zsigmondy 6 Std.; Rifugio Caducci 4 Std.
  Bivacco Piovan 1½ Std.; Bivacco Gera 2½ Std.

△ Neunerkofel, 2582 m, 2 Std.; Rotwandspitze, 2965 m, 4 Std.
Arzalpenkopf, 2371 m, ¾ Std.; Hochbrunner Schneide, 3046 m
Innichen
Kreuzbergpaß
Rifugio Lunelli

Antonio Cantore, Rifugio

2542 m; erb. 1925
CAI Sektion Cortina d'Ampezzo
Via G. Marconi
I-32043 Cortina d'Ampezzo
Betreut durch den Hüttenwirt des Rifugio Giussani (nebenan). Zugänge, Übergänge, Gipfel, Bahn- und Busstation sowie Parkplatz siehe dort

✗ wenn Rifugio Giussani bewirtschaftet, mit zugänglich, übrige Zeit offen
5 Schlafplätze

Aquilea, Rifugio

1578 m
Besitzer: Gem. Selva di Cadore
I-32020 Selva di Cadore
✆ 0437/720100

Lorenzino Lorenzini
I-32020 Selva di Cadore
Rifugio Aquilea
Loc. Peronaz
I-32020 Selva di Cadore
✆ 0437/720269
✗ 10.6. – 15.10., Mi Ruhetag
24 ; Selbstversorgerraum
↗ Pescul ¾ Std.
PKW-Zufahrt zum Haus
→ Rif. Passo Staulanza 1 Std.
Rifugio Citta di Fiume 1 Std.; Rifugio Venezia 3 Std.; Rifugio Palmieri 3 Std.
Rifugio Coldai 3 Std.; Rifugio Passo Giau 3 Std.
Pieve di Cadore
Pescul
beim Haus P

Attilio Sief, Bivacco

2365 m; erb. 1979
CAI SAT Sektion Predazzo
Via IX. Novembre 32a
I-38037 Predazzo

✗ betreut durch die Sektion, immer zugänglich; 10 ; Wasser etwa 10 m entfernt

↗ Forno 3½ Std.
Karerpaß 4 Std.
Obereggen 3 Std.

→ Rifugio Torre di Pisa 1¼ Std.
Bivacco Mario Rigatti 1½ Std.
Karerpaß 4 Std.

△ Erzlahnspitze, 2582 m, 2 Std.
Latemar, 2846 m, 1½ Std.
Il Paión, 2800 m, 1½ Std.

🚆 Bozen

🚌 Eggen oder Karerpaß

🚗 Obereggen oder Karerpaß

Attilo Tissi, Rifugio

2262 m; erb. 1963, umgeb. 1987
CAI Sektion Belluno
Via Ricci 1
I-32100 Belluno
✆ 0437/213174

† Liliana Savi
Via La Grotta 12
I-32010 Soverzene
✆ 0437/990274

⌂ Rifugio Tissi
Loc. Col Rean
I-32022 Alleghe
✆ 0437/721644

✕ 25.06. bis 20.09.; 50 🛏, 15 ⊓

⚡ 220 Volt mit Generator

❄ offen; 4 ⊓
kleiner Herd, Tisch und Stühle

↗ Masarè bei Alleghe 3¾ Std.
Listolade 3½ Std.
Malga Pioda 2½ Std.

→ Rifugio Vazzolèr 2 Std.; Rifugio Coldai-Sonino 2 Std.

△ Cima di Col Rean, 2281 m, 5 Min.

🚆 Belluno

🚌 Alleghe oder Listolade

🚗 Malga Pioda

Auronzo, Rifugio

2320 m; erb. 1925, umgeb. 1955 – 57
CAI Sektion Auronzo
Via Dante 4
I-32041 Auronzo di Cadore
✆ 0435/99454

- Gianni Michielli
  Via Marmarole 7
  I-32041 Auronzo di Cadore
  ✆ 0435/99179
- Rifugio Auronzo
  I-32040 Misurina
  ✆ 0436/39002
- 01.06. bis 15.10. – evtuell nach Vereinbarung; 115 Schlafplätze
- 220 Volt
- offen; 8 ⊓
- Zufahrt von Misurina möglich; Misurina 1¾ Std.; Auronzo-Val Marzon 2½ Std.
- Bivacco De Toni 3 Std.; Rifugio Fonda Savio 2 Std.; Dreizinnenhütte 2 Std. Rifugio Zsigmondy 3 Std.; Büllelejochhütte 2½ Std.; Rifugio Lavaredo ¾ Std.
- Monte Campedelle, 2345 m; Paßportenkopf, 2719 m; Paternkofel, 2744 m Drei Zinnen, 2973 m, 2999 m und 2857 m
- Toblach
- beim Haus (01.07. bis 10.09.) sonst Misurina
- Mautstraße zum Haus

Averau, Rifugio

2413 m; privat

- Sandro Siorpaes
  Via Alvera 11
  I-32043 Cortina d'Ampezzo
  ✆ 0436/3434
- Rifugio Averau
  Forc. Nuvolau
  I-32020 Colle S. Lucia
  ✆ 0436/61728
- 15.06. bis 30.09.; 35 Schlafplätze
- 220 Volt
- vom Rifugio Federa zum Haus; Falzaregopaß 3 Std.
- Rifugio Nuvolau ½ Std.; Rifugio Cinque Torri ¾ Std.; Rifugio Scoiattoli ½ Std.
- Monte Averau, 2649 m; Monte Nuvolau, 2574 m
- Toblach oder Pieve di Cadore
- Falzaregopaß oder Rifugio Federa
- Rifugio Federa oder Falzaregopaß

Baccon-Baborka, Bivacco

2620 m; Besitzer: ANA Bozen, verwaltet durch den AVS Sektion Brixen
Domplatz 13
I-39042 Brixen

- immer zugänglich; 4 ⊓
- Faneshütte 2¼ Std.
- Bivacco Della Pace (Monte Castello)

△ Vallon Bianco, 2687 m, ½ Std.; Furcia-Rossa-Spitzen, 2792 m
🚂 Bruneck
🚌 Pederühütte
🚗 Pederühütte

Baion (Elio Boni), Rifugio

1828 m; erb. 1968, umgeb. 1987
CAI Sektion Domegge di Cadore
Via D. Barnabo 4
I-32040 Domegge di Cadore
✆ 0435/72023

- Dini Nassiveram
  Via Baselia 26
  I-33020 Forni di Sotto
  ✆ 0433/87131
- Rifugio Baion-Elio Boni
  Loc. Baion
  I-32040 Domegge di Cadore
  ✆ 0435/76060
- ✕ 15.06. bis 15.10.
  47 Schlafplätze
- 220 Volt mit Generator
- offen; 12 ⊓; Kochgelegenheit
- ↗ Bar Alpine 2½ Std.; Calalzo 3½ Std.; San Caterina 3 Std.; PKW-Zufahrt möglich
- → Rifugio Chiggiato 2½ Std.; Rifugio Ciareido ¾ Std.
  Rifugio Monte Agudo 3½ Std.; Bivacco Tiziano 3½ Std.; Bivacco Fanton 4 Std.
- △ Croda Bianca, 2841 m, 4 Std.; Cimon del Froppa, 2933 m, 6 Std.
- 🚂 Calalzo
- 🚌 Domegge di Cadore oder Lozzo di Cadore
- 🚗 Val d'Oten (Bar Alpine) evtuell beim Haus P

Baita dei Cacciatori, Rifugio

1751 m; privat

- R. Da Rif
  I-32020 Canale d'Agordo
  ✆ 0437/509077
- Rifugio Baita dei Cacciatori
  Feder
  I-32020 Canale d'Agordo
  ✆ 0437/592145
- ✕ 20.06. bis 20.09. durchgehend, ab 20.05. und bis 10.11. am Wochenende; 15 ⊓
- 220 Volt
- offen; 4 ⊓
- ↗ Feder 1 Std.
- → Rif. Fuchiade; Rifugio Falier-Ombretta; Alb. Malga Ciampela; Rifugio Lagazzon

△ Cime dell'Auta, 2624 m; Col Becher, 2444 m
🚂 Belluno oder Auer
🚌 Caviola-Marmolada bei Canale d'Agordo
🚗 Feder

Baita M. Pederiva, Rifugio

2373 m; privat; Zu- u. Übergänge, Gipfel, Bahn, Bus und Parkplatz siehe Rotwandhütte

† F. Pederiva
I-38039 Vigo di Fassa
✆ 0462/64710
⌂ Rifugio Baita Pederiva
I-38030 Pera di Fassa
✗ 15.06. bis 20.10.; 8 🛏
⚡ 220 Volt

Baracca degli Alpini, Bivacco

2922 m

✗ immer zugänglich; 7 ⊓
↗ Rifugio Ra Valles 2 Std.
△ Tofana di dentro, 3237 m
🚂 Toblach
🚌 Cortina d'Ampezzo
🚗 Talstation der Tofana 🚡

Barezze, Rifugio

1380 m; privat

† Elsa Quaglichi, Rifugio Barezze
I-32020 Falcade
✆ 0437/50167
✗ ganzjährig; 12 🛏, 4 ⊓
⚡ 220 Volt
↗ Sappade bei Falcade ¼ Std.
→ Rifugio Bosch Brusa 1½ Std.; Rifugio Fuchiade
🚂 Belluno oder Auer
🚌 Falcade
🚗 Sappade bei Falcade

Battaglione Cadore, Bivacco

2219 m; erb. 1952, umgeb. 1969 und 1977
CAI Sektion Padova
Galleria S. Bernardino 5
I-35100 Padova
✆ 049/8750842

✗ immer zugänglich; 9 ⊓; Wasser in der Nähe
↗ Giralba bei Auronzo 4 Std.
→ Rifugio Berti 3 Std.; Rifugio Cardutti 3 Std.; Rifugio Zsigmondy
△ Cima Bagni, 2983 m; Monte Giralba, 2995 m; Hochbrunner Schneide, 3046 m
🚂 Innichen oder Calalzo
🚌 Auronzo-Giralba
🚗 Giralba

Bec de Roces, Rifugio (Kaiserhütte)

2050 m; privat
Besitzer: Impotanti Turistici Boe S.r.l.
I-32020 Arabba
✆ 0436/79366

† Ugo de Battista
I-32020 Arabba
⌂ Rifugio Bec de Roces
I-32020 Arabba
✆ 0436/79193
✗ Sommer- und Wintersaison
12 🛏, 10 ⊔
⚡ 220 Volt
↗ Campolongosattel $\frac{3}{4}$ Std.
Arabba $1\frac{1}{2}$ Std.
im Winter ⛷ zum Haus
→ Pordoijoch 4 Std.; Rif. Pordoi 2 Std.; Boehütte $3\frac{1}{2}$ Std.; Franz-Kostner-Hütte 2 Std.
△ Boespitze, 3152 m, $3\frac{1}{2}$ Std.; Piz da Lac, 2913 m, $2\frac{1}{2}$ Std.
🚂 Bruneck
🚌 Campolongosattel oder Arabba
🚗 Campolongosattel oder Arabba

Bocchette di Mezzo, Rif.

1332 m; erb. 1950, umgeb. 1981
Besitzer: Gem. Seren del Grappa
Piazza Tiziano Vecellio
I-32030 Seren del Grappa
✆ 0439/44013

† Maria Pauletti
Via Gorda 39
I-32032 Feltre
✆ 0439/303306
⌂ Rifugio Bocchette di Mezzo
Via Valle 18
I-32030 Seren del Grappa
✆ 0439/448222

- ✗ 01.06. bis 30.09.; 4 🛏
- 220 Volt
- ↗ Cismon del Grappa 3 Std.; Zufahrt zum Haus möglich
- → Rifugio Bassano 2 Std.; Biv. Lebi 1 Std.; Biv. Valpore 1 Std.; Rifugio Scarpon
- △ Cima Grappa, 1775 m, 2 Std.; Col del'Orso, 1670 m, 2 Std.
- Cismon dell Grappa, Feltre oder Bassano
- Cismon dell Grappa
- beim Haus P

Boèhütte (Bamberger Hütte)

2873 m; erb. 1898, umgeb. 1924
CAI-SAT Trento
Via Manci 57
I-38100 Trento
✆ 0461/981871

- Ludovico Vaia
  I-38030 Alba di Canazei
  ✆ 0462/62141
- Rifugio Boè
  I-38032 Canazei
  ✆ 0471/847303
- ✗ 20.06. bis 30.09.; 38 🛏, 31 ⊓
- 220 Volt mit Generator
- offen; 4 ⊓
- ↗ Pordoijoch $2\frac{1}{2}$ Std.; Bergstation der zur Pordoispitze 1 Std.
  Rifugio Monte Pallidi $2\frac{1}{2}$ Std.; Sellajoch $4\frac{1}{2}$ Std.; Grödnerjoch $3\frac{1}{2}$ Std.
  Kolfuschg $3\frac{1}{2}$ Std.; Pian Schiavanèis $2\frac{3}{4}$ Std.
- → Campolongopaß 4 Std.
- △ Boèspitze, 3152 m, $\frac{3}{4}$ Std.; Col Turònd, 2925 m, 20 Min.
  Eisseekofel, 3001 m, $1\frac{1}{2}$ Std.; Vallònspitzen, 2901 m und 2866 m, $1\frac{1}{2}$ Std.
- Waidbruck
- Pordoijoch oder Sellajoch
- Pordoijoch oder Sellajoch

Bontadini, Bivacco

2552 m
CAI Sektion Livinallongo
I-32020 Livinallongo

- ✗ immer zugänglich; 6 ⊓ mit Decken
- ↗ Bergstation Arabba-Porta Vescovo; Fedaiapaßstraße-Passo Padon
- △ La Mesola, 2733 m; La Mesolina, 2636 m
- Auer
- Arabba
- Arabba oder Fedaiapaßstraße

Bosch Brusa, Rifugio

1867 m; Besitzer: Gemeinde Falcade
I-32020 Falcade
✆ 0437/59247

L. Folladoro
Sappade
I-32020 Falcade
✆ 0437/50544

Rifugio Bosch Brusa
Sappade
I-32020 Falcade

✗ 20.06. bis 20.09.; 10 🛏, 8 ⊓
~ 220 Volt
↗ Sappade bei Falcade 1½ Std.
→ Rifugio Fuchiade; Pellegrinopaß; Rifugio Barezza 1¼ Std.
△ Sasso Palazza, 2214 m; Col de Limazei, 2171 m
Belluno oder Auer
Falcade
Sappade bei Falcade

Brogleshütte (Rifugio Malga Brogles)

2045 m; privat
Besitzer: Josef Ploner
Moarhof
I-39040 Lajen
✆ 0471/655642

Brogleshütte
Josef Ploner
Raschötz
I-39046 St. Ulrich

✗ 01.07. bis 01.10.; 12 🛏, 10 ⊓
↗ St. Ulrich 2½ Std.
Villnößtal 2½ Std.
Bergstation Seceda 1 Std.
Bergstation Raschötz 1½ Std.
→ Gampenalm 2½ Std.; Schlüterhütte 3 Std.; Raschötzhütte 2 Std.
Regensburger Hütte 3 Std.; Fermedahütte 3 Std.
△ Seceda, 2518 m, 1½ Std.; Innerraschötz, 2317 m, 1 Std.
Klausen oder Brixen
St. Ulrich oder Villnößtal
St. Ulrich oder Villnößtal

Brunecker Haus

2274 m; erb. 1963
AVS Sektion Bruneck
An der Kaiserwarte 4
I-39031 Bruneck
✆ 0474/85104

- Geschwister Oberhammer
  Ellen 11
  I-39030 St. Lorenzen
  ✆ 0474/43263
- Brunecker Haus
  Kronplatz
  I-39031 Bruneck
  ✆ 0474/592112
- ganzjährig, Mai und November geschlossen; 45 Betten, 12 Lager, 10 Notlager
- 220 Volt
- Reischach 3 Std.; Geiselberg 3 Std.; Geiselberg-Lift, dann $1\frac{1}{2}$ Std.
  Bergstation der Seilbahn von Reischach 10 Min.
- Furkelhaus $1\frac{1}{2}$ Std.; Kronplatzhaus $\frac{1}{4}$ Std.; Pragser Wildsee 6 Std.
  Seekofelhütte 8 Std.
- Bruneck
- Reischach
- Reischach oder Furkelsattel

Bruno Boz, Rifugio

1718 m; erb. 1970
CAI Sektion Feltre
Porta Imperiale 3
I-32032 Feltre
✆ 0439/81140

- Daniele Castellaz
  ✆ 0439/80323
- Rifugio Bruno Boz
  I-38050 Mezzano di Primiero
  ✆ 0439/64448
- 20.06. bis 20.09.; 42 Schlafplätze
- 220 Volt mit Generator
- offen; 6 Schlafplätze; Ofen und Brennholz vorhanden
- Rifugio Fonteghi 2 Std.; Alb. Alpina – Malga d'Alvis 3 Std.
- Rifugio Piaz $5\frac{1}{2}$ – 6 Std.; Bivacco Feltre und Bivacco W. Bodo $2\frac{1}{2}$ Std.
  Rifugio Caltena $4\frac{1}{2}$ – $5\frac{1}{2}$ Std.; Passo Cereda 6 – 8 Std.
- △ Sass de Mura, 2547 m, 3 – $3\frac{1}{2}$ Std.; Monte Neva, 2228 m, 2 Std.
  Sasso Scarnia, 2226 m, und Mte. Ramezza, 2229 m, 4 Std.
- Feltre
- Soranzen oder Imer
- Alb. Alpina oder Rifugio Fonteghi

Büllelejochhütte (Rifugio Pian di Cengia)

2528 m; erb. 1963, privat

- Hubert Rogger
  Tennisweg 4
  I-39030 Sexten
  ✆ 0474/70258
- Büllelejochhütte
  I-39030 Sexten
- 20.06. bis ca. 10.10.
  11 ⊓, evtl. ⊔
- 220 Volt mit Aggregat
- P Fischleintal 3 Std.
  P Auronzohütte $2\frac{1}{2}$ Std.
- → Dreizinnenhütte 1 Std.
  Zsigmondyhütte 50 Min.
- △ Oberbachernspitze, 2675 m, $\frac{3}{4}$ Std.; Paternkofel, 2744 m, 2 Std.
  Zwölferkofel, 3094 m, 4 Std.
- Innichen
- Fischleintal (Dolomitenhof) oder Auronzohütte
- Fischleintal (Dolomitenhof) oder Auronzohütte

C. Gera, Bivacco

2240 m; erb. 1969
CAI Sektion Padova
Galleria S. Bernardino 5
I-35100 Padova
✆ 049/8750842

- immer zugänglich; 9 ⊓; Wasser etwa 50 m entfernt
- Auronzo – Val d'Ambata 4 Std.; Rifugio Lunelli 4 Std.
- → Bivacco Piovan 1 Std.; Bivacco Battaglione Cadore
- △ Croda Ligonto, 2786 m, 3 Std.; Cima d'Ambata, 2872 m, 3 Std.
- Innichen oder Calalzo
- Auronzo
- Auronzo-Ligonto oder Rifugio Lunelli

C. Minazio, Bivacco

2250 m; erb. 1964
CAI Sektion Padova
Galleria San Biagio 5
I-35100 Padova
✆ 049/8750842

- immer zugänglich; 12 Schlafplätze mit Decken; Kochgelegenheit, Wasser etwa 100 m entfernt

↗ Cant del Gal (Fiera di Primiero) 3 Std.; Rifugio Pradidali 2 Std.
→ Rifugio Treviso-Canali $1\frac{3}{4}$ Std.; Rifugio Pradidali 2 Std.; Rifugio Pedrotti-Rosetta
△ Cima Canali, 2897 m; Cima Wilma
🚆 Feltre oder Auer
🚌 Fiera di Primiero, im Sommer Cant del Gal
🚗 Cant del Gal

Caltena, Rifugio

1265 m; privat

🚶 G. Tavernaro
I-38054 Transaqua
✆ 0439/62317
🏠 Rifugio Caltena
I-38054 Transaqua
✆ 0439/62879
✕ Ostern bis 02.11.; 20 ⊓
~ 220 Volt
↗ Fiera di Primiero $1\frac{1}{2}$ Std., Straße; Mezzano $1\frac{1}{2}$ Std.; Zufahrt zum Haus möglich
→ Rifugio Fonteghi $1\frac{1}{2}$ Std.; Bivacco Feltre-Bodo 3 – $3\frac{1}{2}$ Std.; Rifugio Boz 3 Std.
🚆 Feltre oder Trient
🚌 Mezzano oder Transaqua
🚗 beim Haus 🅿

Cant del Gal, Albergo

1160 m; privat

🚶 T. Lucian
I-38054 Tonadico
✆ 0439/64145
🏠 Albergo Cant del Gal
I-38054 Tonadico
✆ 0439/62997
✕ 15.12. bis 15.10.; 18 🛏
~ 220 Volt
↗ Zufahrt zum Haus
→ Rif. Velo della Madonna 5 Std.; Rif. Pradidali 3 Std.; Rif. Treviso-Canali $1\frac{1}{2}$ Std.
🚆 Feltre oder Trient
🚌 Fiera di Primiero, im Sommer beim Haus
🚗 beim Haus 🅿

Capanna degli Alpini, Rifugio

1395 m; privat

🚶 G. Vascellari
I-32042 Calalzo
✆ 0435/31103

Rifugio Cap. degli Alpini
I-32042 Calalzo
15.06. bis 30.09.; 15 Schlafplätze
220 Volt
Zufahrt zum Haus möglich
Rifugio Chiggiato 2½ Std.; Rifugio Galassi 2 Std.; Biv. Voltolina; Biv. Musatti
Calalzo
Calalzo
beim Haus P

Capanna Fassa, Rifugio

3152 m; erb. 1969, umgeb. 1988
am Gipfel des Piz Boe gelegen

Walter Bernard
Via S. Giuliana 16
I-38039 Vigo di Fassa
✆ 0462/63463
Rifugio Capanna Fassa
Piz Boe
I-38032 Canazei
✆ 0462/61723
01.07. bis 30.09.; 30
220 Volt
Bergstation Pordoi- 1 Std.
Boehütte ¾ Std.
Franz-Kostner-Hütte 2 Std.
Sellajoch 4 Std.
Bozen, Auer (Ora), Toblach oder Bruneck
Pordoijoch, Sellapaß oder Canazei
Pordoijoch, Sellapaß oder Canazei

Capanna Lussato, Bivacco

1498 m; erb. 1967
CAI Sektion Belluno
Via Ricci 1
I-32100 Belluno
✆ 0437/27722
Zugänge, Übergänge, Gipfel, Bahn, Bus und Parkplatz siehe Rifugio 7° Alpini

dient als Dependance des Rifugio 7° Alpini; während dessen Bewirtschaftungszeit nur nach Rücksprache als Selbstversorgerraum benützbar. Sonst immer zugänglich; 5 mit Decken, Kochgelegenheit, Wasser etwa 30 m entfernt

Capanna Medassa, Bivacco

1340 m; erb. 1975
CAI Sektion Belluno
Via Ricci 1
I-32100 Belluno
✆ 0437/27722

- Notunterstand für 10 Personen; Wasser etwa 400 m unterhalb
- ↗ Case Bortòt 3 Std.
- → Rifugio 7° Alpini 1½ Std.
- △ Cima Tanzon, 1924 m; Cima Canevon, 2075 m; Monte Pelf, 2502 m, 4½ Std.
- Belluno
- Bolzano-Bellunese
- Case Bortòt

Capanna Passo Valles, Rif.

2032 m; erb. 1933, umgeb. 1990
privat

- Angelo Cemin
  I-38037 Predazzo
  ✆ 0437/599136
- Rif. Capanna Passo Valles
  I-38030 Paneveggio
- 1.12. – 30.4., 1.6. – 30.9.
  45 Betten, 15 Lager
- 220 Volt
- ↗ Falcade 2 Std.
  Paneveggio 2½ Std.
  PKW-Zufahrt möglich
- → Passo di San Pellegrino 2½ Std.
  Rifugio Mulaz 3½ Std.
  Rifugio Predazzo 1 Std.; Rifugio Baita Segantini 2¾ Std.
- △ Monte Predazzo, 2279 m, 1 Std.; Cima Giuribrutto, 2697 m, 2 Std.
  Cima Bocche, 2745 m, 3 Std.; Cima Valles, 2305 m, 1½ Std.
- Auer (Ora)
- Paneveggio oder Passo di Valles
- beim Haus P

Capanna V. Angelini, Bivacco

1680 m; erb. 1982
CAI Sektion Valzoldana
I-32010 Dozza di Zoldo

- Notunterkunft für 6 Personen; immer zugänglich; Wasser in der Nähe
- ↗ Passo Duran 2 Std.; Pralongo (Forno di Zoldo) 1½ Std.; Malga Pramper 1 Std.
- → Rif. Carestiato; Rif. Pramperet 4 – 5 Std.; Rif. Sora L. Sass de Mezzodi

△ San Sebastiano Gruppe; Monte Tamer, 2547 m
Longarone
Forno di Zoldo
Pralongo oder Duranpaß

Carduccihütte (Rifugio Carducci)

2297 m; erb. 1908, umgeb. 1982
CAI Sektion Auronzo
Via Dante 10a
I-32041 Auronzo di Cadore
✆ 0435/99483

Toni Holzer
Alter Markt 6
I-39038 Innichen
✆ 0474/73515
Carducci Hütte
Adresse siehe Hüttenwirt
✆ 0435/97136
Ende Juni bis Ende Sept.
6 Betten, 35 Lager, 15 Notlager
220 Volt mit Generator
offen; 6 Lager
Fischleintal über Zsigmondyhütte 3½ Std.; Auronzo – Giralbatal 4½ Std.
Bertihütte 4 Std.; Zsigmondyhütte 1 Std.; Bivacco De Toni 2 Std.
△ Hochbrunner Schneide, 3046 m, 3 Std.; Monte Giralba, 2930 m, 2 Std.
Zwölferkofel, 3094 m, 5 Std.; Monte Popera, 3064 m, 3 Std.
Innichen
Fischleintal (Dolomitenhof)
Fischleintal (Dolomitenhof) oder Giralba bei Auronzo

Carestiato, Rifugio

1834 m; erb. 1947, umgeb. 1949 und 1972
CAI Sektion Agordo
Piazza G. Marconi 13
I-32021 Agordo
✆ 0437/62149

Tedesco Fausto
I-32020 La Valle Agordino
Rifugio Carestiato
Col dei Pass
I-32021 Agordo
✆ 0437/62949
15.06. bis 20.09.; 38 Schlafplätze
220 Volt mit Generator

❄ offen; 6 ⊓ mit Decken
↗ Passo Duran 1 Std.; Agordo 3½ Std.
→ Rifugio Vazzolèr 4½ Std.; Bivacco Grisetti 4 – 5 Std.
Bivacco Moiazza 5 Std.; Rifugio Trieste 3½ Std.
△ Cime Moiazza, 2878 m; Cima dela Masenade, 2740 m
🚂 Belluno
🚌 Agordo, im August am Passo Duran
🚗 Passo Duran

Carlo Valentini, Rifugio

2218 m; privat

🚹 Annalisa Valentini
Via Bellavista 17
I-38031 Campitello di Fassa
✆ 0462/750220
🏠 Rifugio Carlo Valentini
Passo Sella 13
I-38032 Canazei
✆ 0462/61183
🍴 22.12. – 24.4., 10.6. – 30.10.
52 🛏, 13 ⊓
↗ Sellapaß ¼ Std.
Wolkenstein 3 Std.
PKW-Zufahrt möglich
→ Boe Hütte 3½ Std.
Toni-Demetz-Hütte 1½ Std.
Langkofelhütte 2½ Std.
Plattkofelhütte 2 Std.; Tierseralplhütte 3,5 Std.
△ Piz Boe, 3152 m, 4 Std.; Plattkofel, 2958 m, 4 Std.; Rodella, 2485 m, 1 Std.
🚂 Klausen oder Waidbruck
🚌 Sellapaß oder Wolkenstein
🚗 beim Haus P oder Sellapaß

Casa Alpina, Albergo

2239 m
CAI Zentrale Mailand
Via Foscolo 3
I-20121 Milano
✆ 02/8057519

🚹 G. Testor
Alb. Casa Alpina
Passo Pordoi
I-32020 Arabba
✆ 0462/61279
🍴 Wintersaison, 01.06. bis 15.10.; 20 🛏

220 Volt
↗ Zufahrt von Arabba oder Canazei; Arabba 2½ Std.; Canazei 2½ Std.
→ Boehütte 3 Std.; Rifugio Forc. Pordoi 1¾ Std.; Sellajochhaus 2½ Std.
Rifugio Castiglioni 3 Std.
△ Pordoispitze, 2950 m, 3 Std.
Toblach oder Bozen
beim Haus
beim Haus P

Casel de Sora l'Sass, Rifugio

1588 m; erb. 1972, umgeb. 1989
CAI Sektion Valzoldana
I-32010 Dozza di Zoldo

Carla Recanelli
I-30100 Venezia
✆ 041/5287642
Rifugio Sora l'Sass
Sass de Mezzodi
I-32010 Forno di Zoldo
15.06. bis 30.09., sonst nach Vereinbarung; 21 Schlafplätze
220 Volt mit Generator
offen; 9 ⊓ mit Decken; Kochgelegenheit
↗ Forno di Zoldo 2 Std.
→ Bivacco Angelini; Rifugio Pramperet 3 Std.; Bivacco Carnielli 2½ – 3 Std.
Passo Duran 6 – 7 Std.
△ Spiz di Mezzodi, 2309 m und 2324 m; Monte Belvedere, 2062 m
Longarone
Forno di Zoldo
im Val Pramper

Casera Campestrin, Bivacco

1649 m; erb. 1968
CAI Sektion S. Doná di Piave
Corso S. Trentin 73
I-30027 S. Doná di Piave

immer zugänglich; 12 Schlafplätze mit Decken; Heiz- und Kochgelegenheit
Wasser vorhanden
↗ Ospitale di Cadore 3½ Std.
→ Passo Cibiana (Rifugio Remauro) 2½ – 3 Std.; Rifugio Bosconero 3 Std.
△ Torre di Campestrin, 2241 m; Sassolungo di Cibiana, 2413 m
Sfornio, 2410 m, 2425 und 2409 m; Sasso di Bosconero, 2468 m
Ospitale di Cadore
Ospitale di Cadore
Ospitale di Cadore

Casera di Bosconero, Rifugio

1457 m; erb. 1976, umgeb. 1985/86
CAI Sektion Valzoldana
I-32010 Dozza di Zoldo

- Monica Bogatin, Fabrizio Vota
  I-32010 Dozza di Zoldo
  ✆ 0437/78566
- Rifugio Casera Bosconero
  I-32010 Dozza di Zoldo
- 01.06. bis 30.09.; 36 Schlafplätze
- keiner (Gas)
- offen; 8 ⊓ mit Decken; Herd und Geschirr vorhanden
- ↗ Lago di Pontese $1\frac{3}{4}$ Std.; Forc. Cibiana $2\frac{1}{2}$ Std.
- → Bivacco Tovanella 5 – 6 Std.; Rifugio Remauro $2\frac{1}{2}$ – 3 Std.; Bivacco Campestrin
- △ Sasso di Toanella, 2430 m; Sasso di Bosconero, 2468 m; Rocchetta Alta, 2412 m
  Rocchetta Bassa, 2047 m; Sfornio, 2410 m, 2425 m und 2409 m
- Longarone
- Forno di Zoldo
- Lago di Pontese

Casera Le Ere, Rifugio

1297 m; privat, Besitzer: Pro Locco (Verkehrsverein) I-32030 S. Gregorio nelle Alpi

- Auskunft bei E. Pugnusat ✆ 0437/30884
- Rifugio Casera Le Ere
  Roncoi
  I-32030 S. Gregorio, ✆ 0437/800000
- 15.06. bis 15.09. durchgehend, ab 15.05. und bis 30.10. am Wochenende; 23 ⊓
- offen; 5 ⊓
- ↗ S. Gregorio 2 Std.
- → Bivacco Palia $1\frac{1}{2}$ Std.
- △ Monte Piz, 1608 m; Monte Pizzocco, 2186 m, 3 Std.
- S. Giustina, Belluno oder Feltre
- S. Gregorio
- Roncoi

Catinaccio, Rifugio

1960 m; privat, Besitzer: Ada Doliana Dallapozza, Fraz. Pera
Via Ronch
I-38036 Pozza di Fassa
✆ 0462/63257
Zugänge, Übergänge und Gipfel siehe Rifugio Gardeccia

- Rifugio Catinaccio
  Loc. Gardeccia
  I-38036 Pozza di Fassa

Wintersaison, 20.06. bis 30.09.; 27 Schlafplätze
220 Volt
Bozen oder Auer (Ora)
Pozza di Fassa oder Vigo di Fassa
Monzon

Cesare Tomè, Bivacco

2860 m; erb. 1969
CAI Sektion Agordo
Piazza G. Marconi 13
I-32021 Agordo
✆ 0437/62149

immer zugänglich; 6
Rifugio Vazzoler 4 – 5 Std.
→ Rifugio Torrani
△ Cima de Gasperi, 2994 m; Monte Civetta, 3218 m
Belluno
Listolade
Listolade oder Rifugio Trieste

Cesare Tomè, Rifugio

1605 m; erb. 1951, umgeb. 1985
Zugänge, Übergänge, Gipfel, Bahn, Bus und Parkplatz siehe Rifugio San Sebastiano
CAI Sektion Agordo
Piazza G. Marconi 13
I-32021 Agordo
✆ 0437/62149

Soro Dorotei
Piazza Lolino 7
I-32100 Belluno
✆ 0437/31221
16.6. – 15.9. oder nach Vereinbarung; 28 Schlafplätze
220 Volt mit Generator

Cherz, Rifugio

2060 m; erb. 1975, umgeb. 1986

Helmuth Piccolruaz
I-39033 Corvara
✆ 0471/836127 und 836535
Rifugio Cherz
Campolongo
I-39033 Corvara
✆ 0436/79270

- ✗ 1.12. – 30.4., Skizirkus Alta Badia, 1.7. bis 10.10.; 10 🛏
- ↗ Campolongo-Sattel ¾ Std.; Corvara 2 Std.
- → Rifugio Pralongia 1 Std.; Rifugio Incisa ½ Std.
- 🚆 Bruneck
- 🚌 Campolongo Sattel
- 🚗 Campolongo Sattel

Ciablunhütte

2010 m; erb. 1978, privat

- 🚹 Hermann Vittur
  Freina 193
  I-39030 St. Kassian
  ✆ 0471/849557
- ⌂ Ciablunhütte
  I-39033 Corvara
  ✆ 0471/836633
- ✗ Wintersaison (Skizirkus), Anfang Juli bis Ende September, keine Nächtigungsmöglichkeit, nur Restaurant und Jausenstation
- ↗ Bergstation Corvara – Col Alto ½ Std.
- → Rifugio Pralongia 1 Std.
  Rifugio Piz Sorega 1 Std.
  Rifugio Piz La Villa 1 Std.
- 🚆 Bruneck
- 🚌 Corvara
- 🚗 Corvara

Ciampediè, Rifugio

1998 m; erb. 1912
CAI SAT Trento
Via Manci 57
I-38100 Trento
✆ 0461/981871

- 🚹 Massimo Pederiva
  Via Milano
  I-38036 Pozza di Fassa
  ✆ 0462/64404
- ⌂ Rifugio Ciampediè
  I-38039 Vigo di Fassa
  ✆ 0462/64432
- ✗ 10.06. bis 30.09.; 21 🛏, 8 ⊓
- ~ 220 Volt

↗ Vigo di Fassa 1½ Std.; Pera di Fassa 2 Std.; 🚡 von Vigo di Fassa zum Haus
→ Rotwandhütte 1½ Std.; Vajolethütte 1½ Std.; Rifugio Gardeccia 1 Std.
Rifugio Stella Alpina 1 Std.
△ Rotwand, 2608 m, 2½ Std.
Cime Coronelle, 2781 m – 2797 m, 4 Std.
🚂 Bozen
🚌 Vigo di Fassa oder Pera di Fassa
🚗 Vigo di Fassa oder Pera di Fassa

Ciareido, Rifugio

1969 m; erb. 1890, umgeb. 1972
CAI Sektion Lozzo di Cadore
Piazza IV. Novembre
I-32040 Lozzo di Cadore
✆ 0435/76251

🚹 Fernanda Zoldan
Via San Martino 187
I-32010 Fortogna di Longarone
✆ 0437/770641
⌂ Rifugio Ciareido
I-32040 Lozzo di Cadore
✆ 0435/76276
✕ 20.6. – 20.9.; 52 Schlafplätze
⚡ 220 Volt
↗ Lozzo di Cadore 3½ Std.
Pian dei Buni ½ Std.
→ Rifugio Monte Agudo 3 Std.; Rifugio Baion ¾ Std.; Rifugio Chiggiato 3 Std.
Bivacco Fanton 3 Std.; Rifugio Primulana 3½ Std.
△ Monte Ciareido, 2504 m, 1¾ Std.
Monte Ciastelin, 2570 m
🚂 Calalzo
🚌 Lozzo di Cadore oder Auronzo
🚗 Pian dei Buni

Cinque Torri, Rifugio

2137 m; privat

🚹 Alberti Umberto
Zuel di Sopra 45
I-32043 Cortina d'Ampezzo
✆ 0436/866853
⌂ Rifugio Cinque Torri
I-32043 Cortina d'Ampezzo
✆ 0436/9202
✕ 15.06. bis 30.09.; 16 🛏, 8 ⌴
⚡ 220 Volt

↗ Falzaregopaß $1\frac{3}{4}$ Std.; Pocol 2 Std.; Passo Giau $1\frac{1}{2}$ Std.
Rifugio Scoiattoli (Bergstation der Sessellift) $\frac{1}{4}$ Std.; Cian Zoppe 1 Std.
→ Rifugio Nuvolau 1 Std.; Rifugio Palmieri $2\frac{1}{2}$ Std.; Rifugio Averau $\frac{3}{4}$ Std.
△ Nuvolau, 2575 m, $1\frac{1}{2}$ Std.; Averau, 2647 m, 2 Std.; Torre Grande, 2361 m, $1\frac{1}{2}$ Std.
Bahn: Toblach
Bus: Cortina d'Ampezzo
Parkplatz: Cian Zoppe oder Sessellift-Talstation bzw. Falzaregopaß

Cir, Hotel

2121 m; am Grödner Joch
Zu- und Übergänge, Gipfel, Bahn, Bus und Parkplatz siehe Grödner-Joch-Hospiz
Besitzer: G. Mutschlechner
Grödnerjoch
I-39048 Wolkenstein
✆ 0471/795127

✗ 15.12. bis Ostern, 15.06. bis 30.09.; 60 Betten, 10 Lager
220 Volt

Citta di Carpi, Rifugio

2110 m; erb. 1970, umgeb. 1980
CAI Sektion Carpi
Via Roosevelt 3
I-41012 Carpi
✆ 059/68269

Hüttenwirt: Nicola Molin
La Baita
I-32040 Misurina
✆ 0436/39039
Hütte: Rifugio Citta di Carpi
I-32040 Misurina
✆ 0436/39139
✗ Wintersaison, 20.6. – 20.9.
und nach Vereinbarung
32 Schlafplätze
220 Volt mit Generator
Winterraum: offen; 3 Schlafplätze
↗ Misurina $1\frac{1}{2}$ Std.; Sessellift Misurina-Col de Varda, dann $1\frac{1}{2}$ Std.
Casera Crosera im Val Marzon 3 Std.; Palus im Val d'Ansiei $2\frac{1}{4}$ Std.
→ Rif. Fonda Savio $2\frac{1}{2}$ Std.; Rif. Vandelli $3\frac{1}{2}$ – 4 Std.; Rif. Col de Varda $1\frac{1}{2}$ Std.
△ Pale di Menotto, 2248 m; C. Cadin Deserto, 2467 m
C. Cadin della Neve, 2751 m; C. Cadin di San Lucano, 2839 m
Bahn: Toblach oder Calalzo
Bus: Misurina oder Palus im Val Ansiei
Parkplatz: Misurina oder Val Ansiei

Cittá di Fiume, Rifugio

1917 m; erb. 1950, neuerb. 1964
CAI Sektion Fiume
Via del Lavoratore 6
c/o L.D. Agostini
I-30157 Marghera-Venezia-Mestre

- Fabio Fabrizi
  Via Monte Grappa 454
  I-32100 Belluno
  ✆ 0437/926567
- Rifugio Cittá di Fiume
  Malga Durona
  I-32020 Selva di Cadore
  ✆ 0437/720268
- 25.06. bis 20.09.; 32 Schlafplätze
- 220 Volt mit Generator
- offen; 6 ⊓; mit Decken
- Passo Staulanza 1½ Std.
- Rifugio Palmieri 2½ Std.; Rifugio Passo Staulanza 1½ Std.; Rifugio Coldai 4 Std.
  Rifugio Tissi 6 Std.; Rifugio Venezia-de Luca 3 Std.
- Monte della Puina, 2253 m; Monte Pelmo, 3168 m; Monte Pelmetto, 2990 m
- Longarone oder Belluno
- Pescul, im Sommer Passo Staulanza
- Passo Staulanza

Col Alto, Schutzhaus (Rif. Giorgio Ferrante)

1982 m; erb. 1978, umgeb. 1990
privat

- Heinrich Costa
  Fontanella 182/12
  I-39033 Corvara in Badia
  ✆ 0471/836235
- Schutzhaus Col Alto
  I-39033 Corvara in Badia
  ✆ 0471/836324
- 1.12. bis Ostern
  20.06. bis 20.09.
  keine Übernachtung
- 220 Volt
- Corvara 1½ Std.; zum Haus
- Rifugio Pralongia 2 Std.; Rifugio Punta Trieste 2 Std.; Rifugio Ciablun ½ Std.
  Rifugio Piz Sorega 1½ Std.; Rifugio Piz La Villa 1 Std.
- Bruneck
- Corvara
- Corvara

Col de Varda, Rifugio

2115 m; privat

- Bruno Cella
  Via Cella 19
  I-32040 Auronzo
  ✆ 0435/9502
- Rifugio Col de Varda
  I-32040 Misurina
  ✆ 0436/39041
- 8.12. – 10.4., 20.6. – 20.9.
  15 Betten, 8 Lager
- 220 Volt
- Misurina $1^1/_4$ Std.; zum Haus
- Rifugio Citta di Carpi 1 Std.
  Rifugio Fonda Savio $1^1/_2$ Std.
- Cima di Cardin di Misurina, 2651 m; Punta Col de Varda, 2504 m
- Toblach
- Misurina
- Misurinasee (Talstation)

Col di Lana, Albergo

2242 m; privat; Zu- und Übergänge sowie Gipfel siehe Albergo Casa Alpina

- Mariangela Bruneri
  I-38032 Canazei
  ✆ 0462/61277
- Albergo Col di Lana
  Passo Pordoi
  I-38032 Canazei
  ✆ 0462/61277
- Wintersaison, 15.05. bis 15.10.; 70 Betten
- 220 Volt
- Toblach, Bruneck oder Bozen
- beim Haus
- beim Haus P

Col-Raiser-Haus

2106 m; erb. 1970, umgeb. 1984

- Hansi Schenk
  I-39047 St. Christina – Col Raiser
  ✆ 0471/793069
- Col Raiser Haus
  I-39047 St. Christina
  ✆ 0471/796302

- ✗ 15.12. – 31.3., 15.6. – 15.10.
  15 Betten, 15 Lager
- ⚡ 220 Volt
- ↗ St. Christina 2 Std.
  Wolkenstein 2½ Std.
  Seilbahn zum Haus
- → Regensburger Hütte 20 Min.
  Fermedahütte 20 Min.
  Brogleshütte 2½ Std.
- △ Sass Rigais, 3025 m, 3½ Std.
- Bahn: Klausen oder Waidbruck
- Bus: St. Christina oder Wolkenstein
- Auto: St. Christina, Wolkenstein

Col Rodella, Rifugio

2485 m; privat
Besitzer: Giacomo Fave
Via Dolomiti 33
I-38031 Campitello di Fassa

- Hütte: Rifugio Col Rodella
  Loc. Passo Sella
  I-38031 Campitello di Fassa
- ✗ Wintersaison, 01.07. bis 15.09.; 8 Schlafplätze
- ⚡ 220 Volt
- ↗ Campitello di Fassa 3 Std.; Canazei-Greis 3 Std.; Sellajoch 1 Std.
  Seilbahn von Campitello di Fassa zum Haus
- → Rifugio Des Alpes ¼ Std.; Friedrich-August-Hütte ½ Std.; Plattkofelhütte 2¼ Std.
- Bahn: Auer (Ora) oder Bozen
- Bus: Campitello di Fassa
- Auto: Sellajoch

Coldai-Sonino, Rifugio

2135 m; erb. 1905, umgeb. 1980
CAI Sektion Venezia
San Marco 1672
I-30124 Venezia
✆ 041/5225407

- Hüttenwirt: Enza della Putta
  Via Pascoli
  I-32022 Masarè-Alleghe
  ✆ 0437/523437
- Hütte: Rifugio Coldai
  I-32010 Zoldo Alto
  ✆ 0437/789160
- ✗ 10.6. – 20.9., 80 Schlafplätze

- 220 Volt mit Aggregat
- offen; 8 ⊓; Ofen und Holz
- ↗ Pecol 2 Std.; Alleghe 3 Std.; Malga Pioda ¾ Std.
- → Rifugio Tissi 2 Std.; Rifugio Vazzolèr 4 Std.
  Rifugio Citta di Fiume 4 Std.; Rifugio Torrani 5 Std.
- △ Civetta, 3218 m, 5 Std.; Torre Coldai, 2545 m, 1 Std.; Monte Coldai, 2396 m, 1 Std.
- Belluno
- Alleghe oder Palafavera
- Malga Pioda

Comicihütte (Rifugio E. Comici)

2153 m, privat

- E. Rosetto
  Rifugio E. Comici
  I-39048 Wolkenstein
  ✆ 0471/74121
- ✕ Wintersaison, 15.06. bis 30.09.; 8 🛏
- 220 Volt
- ↗ Sellajoch 1 Std.; Bergstation Monte de Soura 1 Std.
- → Langkofelhütte 2 Std.; Seiser Alm
- △ Langkofel, 3181 m
- Waidbruck oder Klausen
- Wolkenstein, Plan de Gralba oder Sellajoch
- Wolkenstein, Sellajoch oder -Talstation

Contrin, Rifugio

2016 m; Besitzer: ANA Zentrale
Via Vincenzo Monti
I-21123 Milano

- Giorgio De Bertol
  I-38032 Canazei
  ✆ 0462/62453
- Rifugio Contrin
  I-38032 Canazei – Penia
  ✆ 0462/61101
- ✕ 20.06. bis 30.09.; 40 🛏, 60 ⊓
- 220 Volt
- im Nebengebäude offen; 6 ⊓
- ↗ Penia 2 Std.
- → Rifugio Castiglioni 4½ Std.; Passo San Pellegrino 3½ Std.; Rifugio Falier 1½ Std.
  Rifugio Taramelli 3 Std.; Bivacco Dal Bianco 2 Std.
- △ Marmolada (Punta di Penia), 3343 m, 4 Std.; Cima Ombretta, 3011 m, 2½ Std.
- Auer
- Penia bei Canazei
- Penia

Costapiana, Rifugio (Rifugio Ugolini)

1610 m; privat

- Familie Gei
  Via C. Constantini 9
  I-32040 Valle di Cadore
  ✆ 0435/30339
- Rifugio Costapiana
  Loc. Costapiana
  I-32040 Valle di Cadore
  ✆ 0435/30339
- 15.06. bis 15.09.; 25 Betten
- 220 Volt
- offen
- Valle di Cadore 2½ Std.
  PKW-Zufahrt möglich
- → Rif. Antelao 1½ Std.; Rif. Capanna Antracisa 1½ Std.; Rif. Pra Piccolo 2½ Std.
- △ Crode S. Pietro, 2259 m, 3 Std.
- Calalzo
- Valle di Cadore
- beim Haus P

Crep de Mont, Rifugio (Rifugio Tent Perenni)

1959 m; erb. 1956, umgeb. 1986
privat

- Germano Costner
  Colfuschg 49
  I-39033 Corvara
  ✆ 0471/836272
- Rifugio Crep de Mont
  Colfuschg 49
  I-39033 Corvara
- 15.12. bis Ostern, 15.6. – 20.9.
  13 Betten
- 220 Volt
- Corvara 1½ Std.
  Campolongo Sattel 1 Std.
  von der Seilbahn-Bergstation ¼ Std.
- → Franz-Kostner-Hütte am Vallon 2 Std.; Boehütte 4½ Std.
  Capanna Fassa 4 Std.
- △ Boespitze, 3152 m, 4 Std.; Pic da Lac, 2913 m, 2¼ Std.
- Bruneck
- Campolongo Sattel oder Corvara
- Campolongo Sattel oder Corvara

Dal Bianco, Bivacco

2730 m; erb. 1968, umgeb. 1982
CAAI Gruppo Orientale
c/o Dalla Porta Xydias Spiro
Via Donadoni 35
I-34141 Trieste

- ✗ immer zugänglich; 9 ⊓; mit Decken
- ↗ Rifugio Contrin 2 Std.; Rifugio Falier 2 Std.
- △ Marmolada (Punta di Penia), 3343 m, 3½ Std.; Cima di Ombretta, 3011 m
- Auer oder Belluno
- Penia oder Malga Ciampela
- Penia oder Malga Ciampela

De Toni, Bivacco A.T.

2578 m; erb. 1960
CAI Sektion Padova
Galleria S. Bernardino 5
I-35100 Padova
✆ 049/8750842

- ✗ immer zugänglich; 9 ⊓; Wasser etwa 50 m entfernt
- ↗ Auronzo – Val Marzon 5 Std.; Rifugio Auronzo 3 Std.; Rifugio Zsigmondy 2 Std.
- → Rifugio Carducci 2 Std.; Dreizinnenhütte 2½ Std.; Büllelejochhütte 2½ Std.
- △ Zwölferkofel, 3094 m; Cima d'Auronzo, 2914 m; Punta dell'Agnello, 2724 m
- Innichen, Toblach oder Calalzo
- Rifugio Auronzo oder Auronzo-Giralba
- Rifugio Auronzo oder Val Marzon

Della Chiesa, Ricovero-Bivacco

2652 m; erb. 1960
CAI Sektion Cortina d'Ampezzo
Via Marconi
C.P. 239
I-320434 Cortina d'Ampezzo

- ✗ betreut durch die Sektion
  immer zugänglich
  nur für Notfälle
- ↗ Falzaregopaß 1¾ Std.
  Rifugio Scotoni 2½ Std.
- → Rifugio Lagazuoi 2 Std.
  Rifugio Giussani
  Rifugio Fanes
  Rifugio Lavarella
- △ Südl. Fanisspitze, 2580 m, 2 Std.; Cima Lagazuoi

- 🚂 Toblach, Bruneck oder Calalzo
- 🚌 Cortina d'Ampezzo oder Falzaregopaß
- 🚗 Falzaregopaß

Della Pace, Bivacco (Bivacco Monte Castello)

2750 m; Besitzer: ANA Bozen, verwaltet durch den AVS Sektion Brixen
Domplatz 13
I-39042 Brixen

- ✕ immer zugänglich; 10 – 12 ⊓; Herd, Tisch und Bänke vorhanden, kein Wasser
- ↗ Faneshütte 2¾ Std.
- → Bivacco Baccon-Baborka; Rifugio Giussani 5 – 6 Std.
- △ Monte Catello, 2817 m; Monte Casale, 2894 m; Monte Cavallo, 2912 m
  Furcia-Rossa-Spitzen, 2781 m; Campestrinspitzen, 2910 m
- 🚂 Bruneck
- 🚌 Pederühütte
- 🚗 Pederühütte

Des Alpes, Rifugio

2400 m; privat
Besitzer: Ezio Croce
Piazza Vecchia 12
I-38031 Campitello di Fassa

- ⌂ Rifugio Des Alpes
  Loc. Col Rodella
  I-38031 Campitello di Fassa
  ✆ 0462/61184
- ✕ Wintersaison, 20.06. bis 20.09.; 25 Schlafplätze
- ⚡ 220 Volt
- ↗ Canazei-Gries 2¾ Std.; Campitello di Fassa 3 Std.; Sellajoch ¾ Std.
  🚡 von Campitello in die Nähe des Hauses
- → Friedrich-August-Hütte ¼ Std.; Rif. Sandro Pertini ¾ Std.; Plattkofelhütte 2 Std.
- △ Col Rodella, 2485 m, ¼ Std.
- 🚂 Auer oder Bozen
- 🚌 Campitello di Fassa, Canazei oder Sellajoch
- 🚗 Sellajoch

Dina Dordei, Bivacco

1309 m; erb. 1967
CAI Associazione XXX. Ottobre der Sektion Trieste
Via Cesare Battisti 22
I-34125 Trieste
✆ 040/635500

- ✕ betreut durch die Sektion; immer zugänglich; 9 Schlafplätze
- ↗ Col di Pra (Taibon) 1½ Std.

→ Rifugio Treviso 5 Std.; Bivacco Reali 4 – 5 Std.
△ Cima dell Alberghetto 2650 m 3 Std.; Cima di Marmor 2698 m; Croda Grande 2837 m
Belluno
Col di Pra
Col di Pra

Dolomia, Rifugio

2074 m; erb. 1966, umgeb. 1973
privat

Vera Maria Giuliana
Via Trevisan 59
I-38030 Penia di Canazei
0462/61161
Rifugio Dolomia
Passo Fedaia-Marmolada
I-38030 Penia di Canazei
0462/61161
26.12. – 10.5., 15.6. – 30.9.
50
220 Volt
↗ Canazei 3 Std.; Penia 2 Std.
Caprile 4 Std.; Straße zum Haus
→ Pordoijoch 3 Std.
Rif. Pian dei Fiacconi 1½ Std.; Cap. Punta Penia 4½ Std.; Rif. Contrin 4½ Std.
△ Marmolada di Penia, 3343 m, 4½ Std.; bei Benützung des Korbliftes 3 Std.
Bozen
Canazei-Penia oder Caprile
beim Haus P

Donato Zeni Vallaccia Bivacco

2100 m; erb. 1970, umgeb. 1986
CAAI Gruppe Orientale
Via Donadoni 35
I-34141 Trieste

immer zugänglich; 9
Wasser vorhanden
↗ Val San Nicolo 2 Std.
→ Rifugio Taramelli 2½ Std.
Rifugio Vallaccia 1¾ Std.
Soraga 3½ Std.
△ Sasso delle Dodici (Sass da le Doudes), 2446 m, 1 Std.
Sass Aut, 2555 m
Punta della Vallaccia, 2637 m

🚂 Auer (Ora) oder Bozen
🚌 Pozza di Fassa
🚗 Pension Soldanella

Dreischusterhütte

1626 m; erb. 1975
AVS Sektion Drei Zinnen
Pumesstr. 7
I-39038 Innichen
✆ 0474/73318

- Olga Senfter-Dellavaja
  Alte Marktstr. 25
  I-39038 Innichen
  ✆ 0474/72317
- Dreischusterhütte
  Innerfeldtal
  I-39038 Innichen
  ✆ 0474/966610
- ✕ 15.05. bis 01.10.
  24 Betten, 28 Lager, 10 Notlager
- 220 Volt
- 6 Lager; mit Schlüssel der Sektion zugänglich
- ↗ Innichen 2½ Std.; Sexten 2½ Std.; Lanzinger Säge 1½ Std.; P Innerfeldtal ½ Std.
- → Dreizinnenhütte 3 Std.
- △ Haunold, 2966 m, 4 Std.; Hochebenkofel, 2905 m, 3¾ Std.; Birkenkofel, 2922 m, 4 Std.
- 🚂 Innichen
- 🚌 Lanzinger Säge
- 🚗 Innerfeldtal

Dreizinnenhütte (Rifugio Locatelli)

2405 m; erb. 1936
CAI Sektion Padova
Galleria S. Bernardino 5
I-35100 Padova
✆ 049/8750842

- Josef Reider
  St.-Josef-Str. 9
  I-39030 Sexten
  ✆ 0474/70347
- Dreizinnenhütte
  I-39030 Sexten
  ✆ 0474/72002
- ✕ 01.07. bis 30.09.; 50 Betten, 100 Lager
- 220 Volt mit Aggregat

offen; 8 ⊓
Fischleintal 3 Std.; Auronzohütte 1¼ Std.; Innerfeldtal 3 Std.; Landro 3 Std.
Dreischusterhütte 2½ Std.; Büllelejochhütte 1 Std.; Zsigmondyhütte 2 Std.
Paternkofel, 2744 m, 1½ Std.; Schusterplatte, 2957 m, 2½ Std.
Toblinger Knoten, 2617 m, 1 Std.; Oberbachernspitze, 2698 m, 1¾ Std.
Innichen
Fischleintal (Dolomitenhof), Auronzohütte oder Landro
Fischleintal (Dolomitenhof) oder Auronzohütte

Duca d'Aosta, Rifugio

2098 m; erb. 1939

Paolo Lancedelli
Fraz. Ronco 77
I-32043 Cortina d'Ampezzo
© 0436/3312
Rifugio Duca d'Aosta
Loc. Pomedes
I-32043 Cortina d'Ampezzo
© 0436/2780
20.12. bis 10.04. nur Restaurant, 10.07. bis 20.09.; 12
220 Volt
Cortina d'Ampezzo 2 Std.
Bergstraße zum Haus
Rifugio Pomedes ¾ Std.
Rifugio Giussani 1¾ Std.
Rifugio Lagazuoi 3½ Std.
Tofana di Mezzo, 3244 m, 4 Std.; Tofana di Dentro, 3238 m, 5 Std.
Toblach
Cortina d'Ampezzo
beim Haus P

Dürrensteinhütte (Rifugio Vallandro)

2040 m; erb. 1960, privat

Ferdinand Mair
Außerprags 77
I-39030 Prags
Dürrensteinhütte
Plätzwiese
I-39030 Prags
© 0474/72505
ganzjährig; 10, 25 ⊓
220 Volt
Schluderbach 2½ Std.; Land-

ro $3\frac{1}{2}$ Std.; P Plätzwiese
→ Plätzwiesenhütte 40 Min.; Rifugio Angelo Bosi 6 Std.; Seekofelhütte 5 Std.
△ Dürrenstein, 2893 m, $2\frac{1}{2}$ Std.; Strudelkopf, 2307 m, 1 Std.
Toblach
Landro, Schluderbach oder Im Gemärk
Schluderbach, evtuell Zufahrt von Prags auf Mautstraße bis Plätzwiese

Edelweißhütte

1824 m; privat

Paul Costner
I-39030 Kolfuschg
✆ 0471/836024
Edelweißhütte
I-39030 Kolfuschg
Wintersaison, 15.06. bis 31.10.; 27 Schlafplätze
220 Volt
↗ Kolfuschg $\frac{1}{2}$ Std.
→ Grödnerjoch 2 Std.; Puezhütte $2\frac{1}{2}$ Std.
△ Sass Songher, 2665 m, $2\frac{1}{2}$ Std.
Bruneck
Kolfuschg
Kolfuschg

Emilio Comici, Bivacco

2050 m; erb. 1962
CAI Associazione XXX. Ottobre der Sektion Trieste
Via Cesare Battisti 22
I-34125 Trieste, ✆ 040/635500

✕ betreut durch die Sektion; immer zugänglich; 9 Schlafplätze.
↗ Alb. Palus-S. Marco $3\frac{1}{2}$ Std.
→ Rifugio Vandelli $2\frac{1}{2}$ Std.; Rifugio San Marco 4 – 5 Std.
Bivacco Slataper $3\frac{1}{2}$ Std.; Bivacco Voltolina
△ Croda del Fogo, 2562 m; Croda del Banco, 2150 m; C. di Val Bona, 2899 m
Toblach (Dobbiaco)
Alb. Palus-S. Marco
Rifugio Tre Sorelle im Val Ansiei

Enzo Cazzolini, Bivacco

1350 m; erb. 1974
CAI Associazione XXX. Ottobre der Sektion Trieste
Via Cesare Battisti 22
I-34125 Trieste
✆ 040/635500

✕ betreut durch die Sektion; immer zugänglich; 9 Schlafplätze

↗ Col di Pra (Taibon) 2½ Std.
△ Monte Agner, 2872 m
🚂 Belluno
🚌 Col di Pra
🚗 Col di Pra

Faloria, Rifugio

2123 m; privat

Faloria S.r.l.
Via Ria de Zeto 8
I-32043 Cortina d'Ampezzo
✆ 0436/2517

Rifugio Monte Faloria
I-32043 Cortina d'Ampezzo
✆ 0436/2737 oder 868346

✕ 20.12. – 30.4., 27.6. – 27.9.
21 🛏, 22 ⊔

220 Volt; 1 🚡 in Hausnähe

offen

↗ Cortina d'Ampezzo 3 Std.
Capanna Rio Gere 2½ Std.
Bergstation der Faloria-🚡

→ Rifugio Vandelli 2½ Std.
Capanna Tondi di Falorio ¾ Std.

△ Punta Nera, 2847 m, 2 Std.
🚂 Toblach oder Calalzo
🚌 Cortina d'Ampezzo oder Capanna Rio Gere (Tre-Croci-Paß)
🚗 Cortina d'Ampezzo oder Capanna Rio Gere (Tre-Croci-Paß)

Fanes-Hütte

2060 m; erb. 1928, umgeb. 1965
privat

Max Mutschlechner
I-39030 St. Vigil-Enneberg
✆ 0474/501355

Faneshütte
I-39030 St. Vigil-Enneberg
✆ 0474/501097

✕ 26.12. bis 25.04. (⛷gebiet)
07.06. bis 25.10.; 35 🛏, 30 ⊓

220 Volt

↗ Pederühütte 1¾ Std.
Stern i. Abtei 3½ Std.
Cortina d'Ampezzo 4 Std.
mit Jeep-Taxidienst zum Haus

Scotonihütte 3 Std.; Heiligkreuz-Hospiz 3½ Std.; Rifugio Lagazuoi 5 Std.
Rifugio Fodara Vedla 3 Std.; Senneshütte 3 Std.; Lavarellahütte 20 Min.
Lavarella, 3053 m, 3½ Std.; Monte Sella di Fanes, 2654 m, 2½ Std.
Neunerspitze, 2968 m, 3 Std.; Zehnerspitze, 3026 m, 3 Std.
Bruneck
Pederü bzw. St. Vigil-Enneberg
Pederü

Federa, Rifugio

1952 m; privat

G. Troi
I-32020 Colle S. Lucia
✆ 0437/720246
Rifugio Federa
I-32020 Colle S. Lucia
✆ 0437/720182
01.06. bis 30.10., Wintersaison; 12
220 Volt
Zufahrt zum Haus; Andraz 1½ Std.
Rifugio Nuvolau (Auffahrt mit) oder 1½ Std.; Rifugio Averau, Passo Giau
Monte Nuvolau, 2575 m, 1½ Std.
Longarone oder Toblach
in Hausnähe
beim Haus P

Feltre, Bivacco und Walter Bodo, Bivacco

1930 m; erb. 1959 und 1972. Die beiden Biwakschachteln stehen nebeneinander
CAI Sektion Feltre
Porta Imperiale 3
I-32032 Feltre
✆ 0439/81140

immer zugänglich; das Bivacco Feltre hat 6 Schlafplätze, das Bivacco Walter Bodo 15 Schlafplätze. Wasserstelle am Weg 801 in Richtung Crot del Diaol
Albergo Alpina im Val di Cancoi 3½ Std.; Sagron – Forc. Comedon ca. 4 Std.
Rifugio Cereda – Passo Cereda – Forc. Comedon 5 – 5½ Std.
Rifugio Fonteghi über Rifugio Boz 4 – 4½ Std.
Rifugio Boz 2 – 2½ Std.; Rifugio Caltena 3 – 3½ Std.; Bivacco Palia 9 – 10 Std.
Sass de Mura, 2547 m, 5½ – 6½ Std.; Piz de Mez, 2440 m, 2 Std.
Crot del Diaol (Col de Mul), 2114 m, ¾ Std.; Piz di Sagron, 2486 m, 1½ Std.
Monte Brandol (Nordgipfel), 2161 m, 3 Std.
Feltre
Sagron oder Soranzen
Sagron, Rifugio Fonteghi oder Albergo Alpina

Fermedahütte

2081 m; privat

- E. Riffeser
  I-39046 St. Christina
  © 0471/796768
- Fermedahütte
  I-39046 St. Christina
  © 0471/796768
- ganzjährig; 40 Betten, 20 Lager
- 220 Volt
- ↗ St. Christina $1\frac{3}{4}$ Std.
  Bergstation Col Raiser 20 Min.;
  Bergstation Secceda $\frac{1}{2}$ Std.
  St. Ulrich 3 Std.
- → Regensburger Hütte $\frac{3}{4}$ Std.
  Brogleshütte 2 Std.
- △ Sass Rigais, 3025 m, 3 Std.; Secceda, 2518 m, $1\frac{3}{4}$ Std.
- Waidbruck oder Klausen
- St. Christina
- St. Christina

Fiamme Gialle, Bivacco

3005 m; erb. 1967
CAI Sektion Fiamme Gialle
Alpinschule der Finanzwache
Via FF.GG. 8
I-38037 Predazzo
© 0462/501661
Betreut durch die Außenstelle der Guardia d'Finanza
Via Passo Rolle 8
I-38030 Passo Rolle
© 0439/68040

- immer zugänglich; 9 Schlafplätze; Wasser 100 m entfernt
- ↗ Rifugio Rosetta $2\frac{3}{4}$ Std.
  Rifugio Col Verde 3 Std.
- → Bivacco Brunner
- △ Cimon della Pala, 3184 m, 1 Std.; Cima della Vezzana, 3192 m
- Feltre
- San Martino di Castrozza
- San Martino di Castrozza

Fodara Vedla, Rifugio

1965 m; erb. 1916, umgeb. 1970
privat

- Arthur Mutschlechner
  Al-Plan-Str. 101
  I-39030 St. Vigil-Enneberg
  ✆ 0474/501538
- Rifugio Fodara Vedla
  I-39030 St. Vigil-Enneberg
  ✆ 0474/501093
- ✕ Mitte März bis Ende April, Mitte Juni bis Mitte Okt.; 30 Betten, 10 Lager
- 220 Volt
- ↗ Pederü $1\frac{1}{4}$ Std.
  Alpe Ra Stua $1\frac{3}{4}$ Std.
  Pragser Wildsee 5 Std.
- → Seekofelhütte $1\frac{3}{4}$ Std.; Senneshütte $\frac{3}{4}$ Std.
  Faneshütte $2\frac{1}{2}$ Std.; Lavarellahütte $2\frac{3}{4}$ Std.
- △ Seekofel, 2810 m, 3 Std.; Kleine Gaisl, 2859 m, 4 Std.
  Lavinores, 2213 m, $1\frac{1}{2}$ Std.; Sasso della Para, 2462 m, $1\frac{1}{2}$ Std.
  Monte Sella di Sennes, 2787 m, $3\frac{1}{2}$ Std.
- Bruneck
- Pederü bzw. St. Vigil-Enneberg oder Pragser Wildsee
- Pederü, Alpe Ra Stua oder Pragser Wildsee

Fonda Savio, Rifugio

2367 m; erb. 1963, Umbau geplant
CAI Associazione XXX. Ottobre der Sektion Trieste
Via Cesare Battisti 22
I-34125 Trieste
✆ 040/635500

- Hans Pörnbacher
  Jungmannstr. 19
  I-39032 Sand i. Taufers
  ✆ 0474/678597
- Rifugio Fonda Savio
  Cadini di Misurina
  ✆ 0436/39036
- ✕ 15.06. bis Ende September
  20 Betten, 20 Lager
- 220 Volt
- offen; 3 Schlafplätze
- ↗ Misurina $2\frac{1}{4}$ Std.; Pian di Spiriti $1\frac{1}{2}$ Std.; Auronzo 6 Std.
- → Rif. Auronzo $2\frac{1}{2}$ Std.; Rif. Citta di Carpi $2\frac{1}{2}$ Std.; Rif. Col de Varda 2 Std.
- △ Cardinspitze, 2839 m, $3\frac{1}{2}$ Std.

Toblach
Misurina
Pian di Spiriti (Misurina)

Fonteghi, Rifugio

1100 m; privat

D. Castellazzo
I-32034 Pedavena
✆ 0439/301169
Rifugio Fonteghi
Val Noana
I-38050 Mezzano
01.06. bis 30.09.; 8
keiner (Gas)
Zufahrt zum Haus von Mezzano; Imèr 2 Std.
→ Rifugio Caltene 1½ Std.; Rifugio Boz 2½ Std.
Feltre oder Trient
Mezzano oder Imèr
beim Haus P

Forcella Pordoi, Rifugio

2848 m; privat, Besitzer: Cristina Kofler
Via Dolomiti 3
I-38031 Campitello di Fassa
✆ 0462/67340

Rifugio Forcella Pordoi
I-38032 Canazei
Wintersaison, 01.07. bis 30.09.; 6 Schlafplätze
220 Volt
Pordoijoch 1¾ Std.; vom Pordoijoch, dann 15 Min.
→ Boehütte 1¼ Std.; Capanna Fassa 1½ Std.; Franz-Kostner-Hütte 3 Std.
△ Boespitze, 3152 m, 1½ Std.
Bozen oder Auer
Pordoijoch oder Canazei
Pordoijoch

Forcelles, Rifugio

2101 m; erb. 1971; privat

Florian Alfreider
Haflingerhof 128
I-39030 Kolfuschg
✆ 0471/836323
Rifugio Forcelles
I-39030 Kolfuschg 107

- ✗ 20.12. bis Ostern, Ende Juni bis Ende September
- ↗ Kolfuschg 1 Std.; Grödnerjoch 1 Std.
- → Puezhütte 3 Std.
- △ Sass Songher, 2665 m, 2½ Std.
- Bahn: Bruneck
- Bus: Kolfuschg oder Grödnerjoch
- Auto: Kolfuschg oder Grödnerjoch

Franz-Kostner-Hütte

2536 m; erb. 1914, Neubau 1988
CAI Sektion Bozen
Obstplatz 46
I-39100 Bozen
✆ 0471/978172

- Manuel Agreiter
  Via Abruse 124
  I-39033 Corvara
  ✆ 0471/836267
- Franz-Kostner-Hütte
  I-39033 Corvara
- ✗ 25.6. – 30.10.; 30 Schlafplätze
- 220 Volt mit Aggregat
- ↗ Bergstation Vallonlift 20 Min.
  Campolongopaß 2 Std.
  Pordoijoch 3 Std.; Arabba 2¾ Std.
- → Boehütte 2½ Std.; Capanna Fassa 2 Std.; Pisciadùhütte 3½ Std.
- △ Boespitze, 3152 m, 2 Std.; Piz da Lac, 2913 m, 2 Std.; Eisseespitze, 3011 m, 2 Std.
- Bahn: Bruneck
- Bus: Corvara oder Campolongopaß
- Auto: Corvara oder Campolongopaß

Frara, Berggasthof

2137 m; am Grödnerjoch
Besitzer: O. Mutschlechner
Grödnerjoch
I-39048 Wolkenstein
✆ 0471/795225
Zug- und Übergänge, Gipfel, Bahn, Bus und Parkplatz siehe Grödner-Joch-Hospiz.

- Albergo Frara
  Grödnerjoch
  I-39048 Wolkenstein
  ✆ 0471/795225
- ✗ Wintersaison, 01.06. bis 30.09.; 38 Betten, 20 Lager
- 220 Volt

Fredarola, Rifugio

2335 m; privat

- Enrico Parmesani
  Via Costa
  I-38030 Alba di Canazei
  ✆ 0462/62072
- ✗ 15.06. bis 30.09.; 4 Betten, 20 Lager
- 220 Volt
- ↗ Pordoijoch ½ Std.
- → Rifugio Castiglioni 2½ Std.; Rifugio Viel del Pan 1 Std.
- Auer oder Bozen
- Pordoijoch
- Pordoijoch

Friedrich-August-Hütte

2298 m; erb. 1974; privat
Besitzer: Günther Prinoth
Via Col Rodella 34
I-38031 Campitello di Fassa
✆ 0461/61274

- Friedrich-August-Hütte
  Loc. Malga Rodella
  I-38031 Campitello di Fassa
  ✆ 0462/64919
- ✗ Wintersaison, 20.6. bis 30.9.
  27 Schlafplätze
- 220 Volt
- ↗ Campitello di Fassa 2¼ Std.; Sellajoch ½ Std.; Seilbahn zum Col Rodella, dann ½ Std.
- → Rifugio Sandro Pertini ½ Std.; Plattkofelhütte 1½ Std.; Micheluzzihütte 3 Std.
  Toni-Demetz-Hütte 1½ Std.; Langkofelhütte über Langkofelscharte 2½ Std.
- △ Plattkofel, 2964 m, 3½ Std.
- Auer oder Bozen
- Campitello di Fassa oder Sellajoch
- Sellajoch

F'lli Fanton, Bivacco

1750 m; erb. 1961
CAI Sektion Auronzo
Via Dante 4
I-32041 Auronzo di Cadore
✆ 0435/99454

- ✗ immer zugänglich; 9 Lager mit Decken; Wasser in der Nähe.
- ↗ Auronzo 3¾ Std.; Rifugio Primula 1¾ Std.
- → Rif. Chiggiato 2½ Std.; Rif. Ciareido 3½ Std.; Rif. Baion; Rif. Marmarole

△ Monte Ciastellin, 2570 m; Cimon dell Froppa, 2932 m, $3\frac{1}{2}$ Std.
Croda Bianca, 2841 m
Innichen oder Calalzo
Val d'Ansiei bei Auronzo
Rifugio Primula

Fuchiade, Rifugio

1982 m; erb. 1962, umgeb. 1990
privat

Sergio Rossi
Via Barbide 5
I-38030 Soraga
✆ 0462/68194
Rifugio Fuchiade
Passo San Pellegrino
I-38030 Soraga
✆ 0462/574281
20.12. – 30.3., 15.6. – 30.10.
22 🛏, 6 ⊓
220 Volt
Passo San Pellegrino $1\frac{1}{4}$ Std.
PKW zum Haus
→ Rifugio Contrin $3\frac{3}{4}$ Std.
Rifugio Falier 4 Std.; Rifugio Le Selle 4 Std.
△ Cima dell'Uomo, 3010 m, 3 Std.; Cima Ombrettola, 2931 m, $2\frac{1}{2}$ Std.
Auer
Passo San Pellegrino
beim Haus P

Furio Bianchet, Rifugio

1275 m; erb. 1970/72, umgeb. 1987/88
Besitzer: Forstverwaltung Belluno (Azienda di Stato per le Forestale Demaniali)
I-32100 Belluno
✆ 0437/944830 und 941904

Maurizio Mazzorana
Via Arturo dell'Oro 39
I-32100 Belluno-Sopracroda
✆ 0437/32845 und 787273
Rifugio Bianchet
Val Vescovà-Pian dei Gat
I-32025 Mas-Sedico
✆ 0437/669226

220 Volt
offen
Costa Pinei 2 Std.; La Stagna 2½ Std.; Soffranco 4 Std.
Bivacco Renzo Dal Mas 2½ Std.; Rifugio Pramperet 5½ Std.
Rif. 7° Alpini 6½ Std.; Biv. Dalla Bernardina 3½ Std.; Biv. Marmol 4 Std.
Monte Schiara, 2565 m, 3½ Std.; Monte Coro, 1985 m, 2½ – 3 Std.
Monte Talvena 2542 m 4 – 4½ Std.; Monte Pelf 2502 m 5 Std.
Belluno
Agordo
Costa Pinei

Furkelhütte

1745 m; privat

Clara Comploj
I-39030 St. Vigil-Enneberg
✆ 0474/501945
ganzjährig; 22 Betten, 10 Lager
220 Volt
Zufahrt von St. Vigil oder Mitterolang; St. Vigil 1¾ Std.; Olang 2 Std.
Berghütten am Kronplatz 1½ Std.
Dreifingerspitze, 2479 m, 2½ Std.; Piz da Peres, 2507 m, 2 Std.
Olang oder Bruneck
St. Vigil oder Olang
beim Haus P

G. G. Brunetta, Bivacco

2050 m; erb. 1970
CAI Sektion Padova
Galleria San Bernardino 5
I-35100 Padova
✆ 049/8750842

immer zugänglich; 9 Lager mit Decken; nur Schmelzwasser
Borca di Cadore 3 Std.
Rifugio Antelao 5 Std.
Monte Antelao, 3264 m; Cima Fanton, 3142 m; Bus del Diau, 2796 m
Calalzo oder Toblach
Borca di Cadore
Borca di Cadore

Gampenalm

2062 m; umgeb. 1991; Besitzer: Gampenalm-Interessengemeinschaft
St. Magdalena 69a
I-39040 Villnöß
✆ 0472/40001

Peter Messner
St. Peter 31
I-39040 Villnöß
✆ 0472/40382

Berggasthaus Gampenalm
St. Magdalena 69a
I-39040 Villnöß
✆ 0472/40001

01.06. bis 02.11.; 8 ⊨, 25 ⊓

220 Volt

Zannser Alm 1 Std.

Schlüterhütte ½ Std.
Brogleshütte 2½ Std.
Plosehütte 4½ Std.
Regensburger Hütte 4½ Std.
Puezhütte 5½ Std.

Peitlerkofel, 2875 m, 2½ Std.
Sass Rigais, 3025 m, 4 Std.

Klausen

Zannser Alm im Villnößtal

Zannser Alm im Villnößtal

Gardeccia, Rifugio

1949 m; privat
Besitzer: Adolfo Desilvestro
Fraz. Pera, Via Rouch 7
I-38036 Pozza di Fassa
✆ 0462/64390

Rifugio Gardeccia
Loc. Gardeccia
I-38036 Pozza di Fassa
✆ 0462/63152

Wintersaison, 01.06. bis 10.10.; 45 Schlafplätze

220 Volt

Bergstation der Vigo di Fassa-Ciampedie 45 Min.; Monzon 1¾ Std.
Taxidienst zum Haus

Rifugio Catinaccio 10 Min., Rifugio Stella Alpina unmittelbar daneben
Rotwandhütte 3½ Std.; Antermoiahütte 3½ Std.; Rosengartenhütte 2¼ Std.
Vajolet- und Preußhütte 50 Min.

Spiz dello Scapello, 2625 m, 3 Std.; Pala di Mesdi, 2758 m, 1¾ Std.
Baumannkamm, 2736 m, 2 Std.; Kesselkogel, 3002 m, 3½ Std.

Bozen oder Auer

Pozza di Fassa oder Vigo di Fassa

Monzon, Valle di Vajolet

Gardenazzahütte (Rifugio Alta Val Badia)

2050 m; erb. 1939, privat

- Familie Irsara
  Caminades 124
  I-39036 Pedratsches
  ✆ 0471/839661
- Gardenazzahütte
  I-39036 Pedratsches
  ✆ 0471/839661
- 20.06. bis 30.09.
  30 Betten; Fließwasser
- 220 Volt
- Stern (La Villa) 1¾ Std.
  Sompuntsee 1¾ Std.
- → Puezhütte 2 Std.
- △ Sass Songher, 2665 m, 2 Std.; Muntijela, 2675 m, 2 Std.
- Bruneck
- Stern (La Villa)
- Stern (La Villa)

Gartlhütte (Rifugio Re Alberto I)

2620 m; privat, Besitzer: Ivo Piaz
Via del Bosco
I-38030 Pera di Fassa
✆ 0462/64847

- Carlo Rasom
  San Lorenzo 4
  I-38030 Pera di Fassa
  ✆ 0462/63221
- Gartlhütte
  I-38030 Pera di Fassa
  ✆ 0462/63428
- 30.06. bis 25.09.
  20 Betten, 20 Lager, 5 Notlager
- 220 Volt
- offen; 4 Lager
- Pera di Fassa 4 Std.; Rifugio Gardeccia 1½ Std.
- → Rifugio Antermoia 2 Std.; Vajolethütte 1 Std.; Rosengartenhütte 1¾ Std.
  Grasleitenpaßhütte 2½ Std.; Grasleitenhütte 3½ Std.
- △ Rosengartenspitze, 2981 m, 2 Std.; Vajolettürme
- Bozen
- Pera di Fassa
- Rifugio Gardeccia

Ghiaccia-Marmolada, Rifugio

2730 m; privat
Besitzer: Paolo Talmon
Via Costa 6
I-38032 Canazei
✆ 0462/61610
Zugänge, Übergänge und Gipfel sie Rifugio Pian dei Fiacconi

- Rifugio Ghiaccia
  Loc. Pian dei Fiacconi
  I-38032 Canazei
- Wintersaison, 20.06. bis 20.09.; 33 Schlafplätze
- 220 Volt
- Auer oder Bozen
- Canazei oder Penia
- Fedaia Talstation

Gian Mario Carnielli, Bivacco

2010 m; erb. 1970
CAI Sektion Conegliano
Via Rossini 2A
I-31015 Conegliano
✆ 0438/61789

- immer zugänglich; 9 ⊓; Wasserstelle 10 Min.
- ↗ Pian de la Fopa 2 Std.; Forno di Zoldo 3½ – 4 Std.
- → Rifugio Casel de Sora 'l Sass; Rifugio Sommariva al Pramperet 4 Std.
  Bivacco Baita Valentino Angelini; Bivacco del Mezzodi 2½ – 3 Std.
- △ Spiz di Mezzodi, 2324 m, 1½ Std.; Cima del Venier, 2237 m, 1¾ Std.
- Longarone
- Forno di Zoldo
- Valle Zoldana

Giancarlo Biasin, Bivacco

2623 m; erb. 1965
CAI Sektion Vicenza
Contra Riale 12
I-36100 Vicenza
✆ 0444/545369
Betreut durch CAI Sektion Agordo
Piazza G. Marconi 13
I-32021 Agordo
✆ 0437/62149

- immer zugänglich; 9 ⊓
- ↗ Frassenè 5½ Std.; bis Rifugio Scarpa-Gurekion, dann 3½ Std.
- △ Monte Agnèr, 2872 m, 1 Std.; Lastei d'Agner, 2844 m

- Belluno
- Frassenè-Agordino
- Frassenè-Agordino

Giorgio Brunner, Bivacco

2750 m; erb. 1957
CAI Associazione XXX. Ottobre der Sektion Trieste
Via Cesare Battisti 22
I-34125 Trieste
✆ 040/635500

- betreut von der Sektion; immer zugänglich; 9 Schlafplätze.
- Gares (Canale d'Agordo) 3½ Std.; Rifugio Pedrotti 2¾ Std.
- Rifugio Mulaz 3 Std.; Bivacco Fiamme Gialle über Cima della Vezzana
- △ Cima della Vezzana, 3192 m
- Belluno
- Gares
- Gares

Giorgio dal Piaz, Rifugio

1993 m; erb. 1963
CAI Sektion Feltre
Porta Imperiale 3
I-32032 Feltre
✆ 0439/81140

- Claudio Melchioretto
  I-32032 Feltre
  ✆ 0439/300419
- Rifugio Dal Piaz
  I-32030 Sovramonte
  ✆ 0439/9065
- 20.06. bis 20.09.; 34 Schlafplätze
- 220 Volt mit Generator
- offen; 6 Schlafplätze
- Passo Croce d'Aune 2 Std.; Lamen – Passo Le Vette Grandi 4 Std.
  Vignui – Scalon delle Vette 4 – 4½ Std.
- Rifugio Boz 5 – 6 Std.; Rifugio Vederna 2½ Std.
- △ Monte Pavione, 2335 m, 1½ Std.; Cima Dodici, 2265 m, 1½ Std.
- Feltre
- Passo Croce d'Aune
- Passo Croce d'Aune oder Rifugio Vederna

Giovanni Chiggiato, Rif.

1911 m; erb. 1926, umgeb. 1987
CAI Sektion Venezia
San Marco 1672
I-30124 Venezia
✆ 041/5225407

- Alessandro Valcanover
  Via Gravolea 11b
  I-32040 Pozzale
  ✆ 0435/30736
- Rifugio Chiggiato
  Loc. Marmarole Sud
  I-32042 Calalzo di Cadore
  ✆ 0435/31452
- 20.6. – 20.9.; 48 Schlafplätze
- 220 Volt mit Generator;
- offen; in separatem Anbau 8; Kochgelegenheit
- Calalzo di Cadore 3½ Std.; Praciadelan 2 Std.
- Rifugio Baion 2 Std.; Rifugio Ciareido 3 Std.; Rifugio Galassi 4½ Std.
  Rifugio Primulana 4½ Std.; Bivacco Tiziano 4 Std.
- Croda Bianca, 2841 m, 5 Std.; Cimon del Froppa, 2933 m, 6 Std.
- Calalzo
- Calalzo
- Costa Piana Stua oder Praciadelan (Val d'Oten)

Giovanni Grisetti, Biv.

2050 m; erb. 1965, umgeb. 1986
CAI Sektion Trecenta
Piazza S. Giorgio 41
I-45027 Trecenta

- Eugenio Mayer
  Ristorante Le Vare
  I-32010 Chiesa di Zoldo Alto
  ✆ 0437/78449
- immer zugänglich; 9
  Wasser in 50 m Entfernung
- Chiesa (Forno di Zoldo) 2 Std.
  Passo Duran 3 Std.
- Rifugio Vazzolèr
  Rifugio Carestiato
  Rifugio Torrani
- Monte Civetta, 3218 m
  Monte Moiazza, 2865 m
- Belluno
- Forno di Zoldo-Agordo
- Ristorante Le Vare

Giovanni Pedrotti, Rif. (Rifugio Rosetta)

2578 m; erb. 1952
CAI SAT Trento
Via Manci 57
I-38100 Trento
✆ 0461/981871

- Roberta Secco
  Via Bortolo Zagonel
  I-38058 S. Martino di Castrozza
  ✆ 0439/68249
- Rifugio Pedrotti-Rosetta
  Altopiano delle Pale
  I-38058 S. Martino di Castrozza
  ✆ 0439/68308
- 20.06. bis 30.09.; 12 Betten, 71 Lager
- 220 Volt mit Aggregat
- offen; 12 Lager; Kochgelegenheit
- San Martino di Castrozza 3¼ Std.; Cant del Gal im Val Canali 5½ Std.
  Gares 4½ Std.; Col di Pra 6 Std.
- Rifugio Mulaz 4 Std.; Rifugio Treviso-Canali 4 Std.; Rifugio Pradidali 2 Std.
  Rifugio Col Verde 1½ Std.; Rifugio Velo della Madonna 4 Std.
- △ Cima di Rosetta, 2743 m, ½ Std.; Cima di Fradusta, 2939 m, 2½ Std.
  Cima Corona, 2678 m, 40 Min.; Cimon della Pala, 3184 m, 3½ Std.
  Cima della Vezzana, 3192 m, 3¼ Std.
- Auer oder Feltre
- San Martino di Castrozza
- San Martino di Castrozza

Giuliano e Scipio Slataper, Bivacco

2650 m; erb. 1965
CAI Associazione XXX. Ottobre der Sektion Trieste
Via Cesare Battisti 22
I-34125 Trieste
✆ 040/635500

- betreut durch die Sektion
  immer zugänglich
  9 Schlafplätze
- Rifugio San Marco 3 Std.
- Rifugio Vandelli 4 Std.
  Bivacco Emilio Comici 3 Std.
  Bivacco Voltolina
- △ Croda Marcora, 3154 m
  Punta di Sorapis, 3205 m

- Pieve di Cadore
- Chiapuzza
- Chiapuzza

Giussani, Rifugio

2561 m; 1972 anstelle des Rifugio Cantore erb.
CAI Sektion Cortina d'Ampezzo
Via Marconi, C.P. 239
I-32043 Cortina d'Ampezzo

- Vittorio Dapoz
  Loc. Col 9
  I-32043 Cortina d'Ampezzo
  © 0436/5739
- Rifugio Giussani
  Forc. Fontananegra
  I-32043 Cortina d'Ampezzo
  © 0436/5740
- 20.06. – 20.09.; 60
  Duschgelegenheit
- 220 Volt mit Generator
- mit zugänglich
- Rifugio Dibona 1½ Std.; Falzaregopaß 2½ Std.; Cortina d'Ampezzo 4 Std.
- Rifugio Lagazuoi 2½ Std.; Faneshütte 4½ – 6 Std.
  Rifugio Pomedes und Rifugio Duca d'Aosta 1½ Std.; Rifugio Cinque Torri 2½ Std.
- Tofana di Rozes, 3225 m, 2 Std.; Tofana di Mezzo, 3244 m, 4 Std.
- Toblach oder Calalzo
- Cortina d'Ampezzo
- Rifugio Dibona oder Falzaregopaß

Glatschalm

1902 m; erb. 1964; privat

- Josef Profanter
  St. Magdalena 117
  I-39040 Villnöß
  © 0472/40038
- Glatschalmhütte
  St. Magdalena 64a
  I-39040 Villnöß
  © 0472/40270
- 01.06. bis 30.10.
  12, 10, 8
- 220 Volt mit Aggregat
- Zannser Alm ¾ Std.
  St. Magdalena 2¾ Std.

→ Schlüterhütte 1½ Std.; Brogleshütte 1½ Std.
△ Peitlerkofel, 2875 m, 3½ Std.
Bahn: Klausen
Bus: Zannser Alm oder St. Magdalena
Auto: Zannser Alm

Grasleitenhütte (Rifugio Bergamo)

2129 m; erb. 1887
CAI Sektion Bergamo
Via Ghislanzoni 15
I-24100 Bergamo
✆ 035/244273

Hüttenwirt: Josef Aichner
St. Cyprian
I-39050 Tiers
✆ 0471/642188

Hütte: Grasleitenhütte
I-39050 Tiers
✆ 0471/642103

✕ 20.06. bis 15.10.; 23 Betten, 45 Lager
Strom: 220 Volt mit Generator
Winterraum: offen; 8 Lager mit Decken
↗ Tiers-Tschaminschwaige 3 Std.
→ Tierseralplhütte 1¾ Std.; Vajolethütte 1½ Std.
Schlernhaus 3½ Std.; Grasleitenpaßhütte 1¼ Std.
△ Kesselkogel, 3002 m, 2¾ Std.; Molignon, 2780 m, 2 Std.
Bahn: Bozen
Bus: Tiers-Tschaminschwaige
Auto: Talende im Tiersertal

Grasleitenpaßhütte (Rifugio Passo Principe)

2601 m; privat
Besitzer: Fausta Casatta-Murer
Val Vael
I-38039 Vigo di Fassa
✆ 0462/64631

Hütte: Rifugio Passo Principe
Loc. Valle di Vajolet
I-38036 Pozza di Fassa
✆ 0462/64244

✕ 20.06. bis 30.09.; 14 Schlafplätze
Strom: 220 Volt
↗ Tiers-Tschaminschwaige 4¼ Std.; Monzon 3½ Std.
Bergstation der Ciampedie-Seilbahn 2½ Std.

→ Tierseralplhütte 2 Std.; Grasleitenhütte ¾ Std.
Vajolethütte und Preußhütte ¾ Std.; Antermoiahütte 1½ Std.
△ Kesselkogel, 3002 m, 1½ Std.; Cima Scalieret, 2887 m, 1 Std.
Cima Piccolo di Valbona, 2802 m, 1 Std.; Cima Grande di Valbona, 2824 m, 1 Std.
Bozen oder Auer
Pera di Fassa oder Tiers-St. Cyprian
Monzon oder Tiers-Tschamintal

Grödner-Joch-Hospiz

2115 m; erb. 1895; privat, Besitzer: Andreas Thaler & Co OHG

Grödner-Joch-Hospiz
Grödnerjoch 4
I-39048 Wolkenstein
✆ 0471/795133
Winter- und Sommersaison; 29 Betten, 20 Lager
220 Volt
↗ Kolfuschg 1½ Std.; Plan 1½ Std.; Wolkenstein 2 Lift, dann ¼ Std.; Zufahrt mögl.
→ Puezhütte 2½ – 3 Std.; Pisciadùhütte 1½ Std.; Boehütte 3 Std.
△ Große Cirspitze, 2592 m, 1½ Std.
Klausen, Waidbruck oder Bozen
im Sommer Grödnerjoch, sonst Wolkenstein
beim Haus P

Guide di San Martino, Bivacco

2982 m; erb. 1968; Besitzer: Societa delle Guide di San Martino
c/o Azienda Autonoma di Siggiorno
Via Passo Rolle
I-38058 San Martino di Castrozza
✆ 0439/68795

immer zugänglich; 6 Lager
↗ Rifugio Pedrotti-Rosetta 2½ Std.
Feltre oder Auer
San Martino di Castrozza
San Martino di Castrozza

Guido Lorenzi, Rifugio

2932 m; privat

B. Franceschi
I-32043 Cortina d'Ampezzo
✆ 0436/5838
Rifugio G. Lorenzi
Forc. Staunies
I-32043 Cortina d'Ampezzo
✆ 0436/866196

25.06. bis 30.09.
24 Schlafplätze
220 Volt
von Rio Gere zum Haus
Rio Gere 3 Std.
Tre-Croci-Paß 3 – 3½ Std.
Rifugio Som Forca 1¾ Std.
Rifugio Ospitale 5 – 6 Std.
M. Cristallo, 3221 m, 2 Std.
Toblach
Tre-Croci-Paß
Capanna Rio Gere
Tre-Croci-Paß
Capanna Rio Gere

Haunoldhütte (Rifugio Baranci)

1493 m; erb. 1956, umgeb. 1981
privat

Rudolf Krautgasser
Burgstr. 15
I-39038 Innichen
© 0474/73676 oder 73602
Haunoldhütte
I-39038 Innichen
Dez. bis April (Skigebiet)
01.06. bis 15.10.
keine Nächtigung
220 Volt, 1
Innichen ¾ Std.
-Bergstation 10 Min.
Dreischusterhütte 3 Std.
Haunoldköpfl, 2158 m, 2½ Std.
Innichen
Innichen
Talstation

Heiligkreuz-Hospiz (Rifugio S. Croce)

2045 m; privat

Erwin Irsara
St. Leonhard
I-39036 Pedratsches

Heiligkreuz-Hospiz
I-39036 Pedratsches
© 0471/839632
15.12. bis 31.03., 01.06. bis 10.10.; 27 Schlafplätze
220 Volt
Pedratsches 2 Std.; Bergstation ¾ Std.; Stern 2¼ Std.; St. Kassian 2 Std.
Lavarellahütte 3 Std.; Faneshütte 3 Std.
Heiligkreuzkofel, 2907 m, 3 Std.; Zehnerspitze, 3026 m, 4½ Std.
Bruneck
Pedratsches
Pedratsches

Kreuzwiesenhütte (Rifugio Prato Croce)

1925 m; privat

Familie Hinteregger
I-39040 Lüsen
© 0472/43714
Kreuzwiesenhütte
I-39040 Lüsen
10.06. bis 15.10.; 14
220 Volt
Lüsen-Flitt 2 Std.; Lüsen 2½ Std.
Turnaretscher Haus 2 Std.; Starkenfeldhütte 1 Std.
Rastnerhütte 1 Std.; Roneralm 1½ Std.
Astjoch, 2194 m, ¾ Std.; Campill, 2190 m, 1 Std.
Brixen
Lüsen
Lüsen

Kronplatzhaus (Rif. Plan de Corones)

2231 m; erb. 1894, umgeb. 1960
CAI Sektion Bruneck
Andreas-Hofer-Str. 2
I-39031 Bruneck
© 0474/592036

Rudolf Niederkofler
Postfach 54
I-39031 Bruneck
Kronplatzhaus
I-39039 Bruneck
© 0474/46450
8.12. – 30.4., 1.6. – 30.10.
sonst nach Vereinbarung
16 Schlafplätze

220 Volt
von Reischach bei Bruneck zum Haus; Reischach $3\frac{1}{2}$ Std.
vom Furkelsattel zum Haus; Furkelsattel $1\frac{1}{2}$ Std.
Brunecker Haus $\frac{1}{4}$ Std.; Pragser Wildsee 6 Std.; Seekofelhütte 8 Std.
Bruneck
Reischach bei der Talstation der
Reischach oder Furkelsattel

Lagazuoi, Rifugio

2752 m; privat

Ugo Pompanin
Chiave 31
I-32043 Cortina d'Ampezzo
© 0436/866505
Rifugio Lagazuoi
I-32043 Cortina d'Ampezzo
© 0436/867303
20.12. bis 15.04., 15.06. bis Anfang Oktober; 15, 60
220 Volt
vom Falzaregopaß zum Haus; Falzaregopaß $1\frac{3}{4}$ Std.
Rifugio Giussani bzw. Rifugio Cantore $2\frac{1}{2}$ Std.; Rif. Scotoni $1\frac{3}{4}$ Std.; Faneshütte 5 Std.
Lavarellahütte $5\frac{1}{4}$ Std.; Rif. Nuvolau $4\frac{1}{2}$ – 5 Std.; Rif. Dibona 2 Std.
Piccolo Lagazuoi, 2778 m, 20 Min.
Toblach oder Calalzo
Falzaregopaß
Falzaregopaß

Lagazzon, Rifugio

1356 m; privat

E. Xaiz Caviole
I-32020 Falcade
© 0437/50586
Rifugio Lagazzon; Forc. Lagazzon
I-32020 Falcade
24.12. bis 06.01., 01.06. bis 30.09.; 8, 2
220 Volt
PKW-Zufahrt zum Haus möglich
Rifugio Baita dei Cacciatori
Belluno oder Auer
Canale d'Agordino
beim Haus

Langkofelhütte (Rifugio Vicenza)

2253 m; erb. 1894, umgeb. 1949
CAI Sektion Vicenza
Contra Riale 12
I-36100 Vicenza
✆ 0444/545369

- Simonetta Rizzi-Piazza
  Meisules Str. 14
  I-39046 St. Ulrich
  ✆ 0471/796920
- Langkofelhütte
  I-39047 St. Christina
  ✆ 0471/797315
- ✕ 20.06. bis 30.09.
  20 Betten, 40 Lager, 5 Notlager
- 220 Volt mit Aggregat
- offen
- ↗ St. Christina $2\frac{3}{4}$ Std.; Bergstation der Monte Pana Sessellift $1\frac{1}{2}$ Std.
  Bergstation der Gondelbahn bei der T.-Demetz-Hütte 1 Std.
- → Plattkofelhütte 2 Std.; Berghaus Zallinger 2 Std.; Seiser Alm $2\frac{1}{2}$ – 3 Std.
- △ Plattkofel, 2958 m, $2\frac{1}{2}$ Std.; Langkofel, 3181 m; Fünffingerspitze, 2996 m
  Grohmannspitze, 3126 m; Zahnkofel, 3001 m
- Bahn: Klausen oder Waidbruck
- Bus: St. Christina oder Sellapaß
- Auto: St. Christina oder Sellapaß

Larin, Rifugio

1250 m; privat

- De Viro Anna Pierina
  Via Pelmo 24
  I-32046 San Vito di Cadore
  ✆ 0436/9461
- Rifugio Larin – Loc. Senes
  I-32046 San Vito di Cadore
  ✆ 0436/9112
- ✕ Juni – Sept.; keine Nächtigung
- 220 Volt
- ↗ San Vito di Cadore 50 Min.
  PKW-Zufahrt zum Haus
- → Rifugio Alpe di Senes 5 Min.
  Rifugio Palmieri 4 Std.
  Rifugio Citta di Fiume $3\frac{1}{2}$ Std.
- Bahn: Calalzo
- Bus: San Vito di Cadore
- Auto: beim Haus P

Lavaredohütte

2344 m; privat

Marco Corte Colò
Via Federavecchia
I-32040 Misurina
© 0436/39135

Rifugio Lavaredo
Piani di Lavaredo
I-32040 Misurina

1.6. – 30.9.; 30 Schlafplätze

220 Volt

↗ Auronzohütte $\frac{1}{2}$ Std.
Misurina $2\frac{1}{4}$ Std.
Val Marzon (Auronzo) 3 Std.

→ Dreizinnenhütte 1 Std.
Büllelejochhütte 2 Std.
Zsigmondyhütte $2\frac{1}{2}$ Std.; Rifugio Fonda Savio 3 Std.

△ Paternkofel, 2744 m, $2\frac{1}{4}$ Std.; Oberbachernspitze, 2675 m, 2 Std.; Drei Zinnen

Toblach

Auronzohütte 01.07. bis 10.09., sonst Misurina

Auronzohütte

Lavarellahütte

2042 m; erb. 1920, umgeb. 1980
privat

Hanspeter Frenner
Al-Plan-Str. 316
I-39030 St. Vigil-Enneberg
© 0474/501094

Lavarellahütte – Fanesalm
I-39030 St. Vigil-Enneberg
© 0474/501079

März – April, 1.6. – 15.10.
24, 16
Waschraum u. Duschen

220 Volt

↗ Pederü $1\frac{3}{4}$ Std. (Taxidienst)
Stern i. Abtei $3\frac{3}{4}$ Std.
Cortina d'Ampezzo $4\frac{1}{4}$ Std.

→ Faneshütte $\frac{1}{4}$ Std.; Scotonihütte 3 Std.; Heiligkreuz-Hospiz $3\frac{1}{2}$ Std.
Rifugio Lagazuoi 5 Std.; Rifugio Fodara Vedla 3 Std.; Senneshütte 3 Std.

△ Lavarella, 3053 m, $3\frac{1}{2}$ Std.; Kreuzkofel, 2906 m, $3\frac{1}{2}$ Std.
Neunerspitze, 2968 m, 3 Std.; Zehnerspitze, 3026 m, 3 Std.

Bruneck

Pederü bzw. St. Vigil-Enneberg

Pederü

Lezuo, Albergo

2140 m; an der Straße Arabba – Pordoijoch, 1 km vor der Paßhöhe; privat
Übergänge und Gipfel siehe Albergo Casa Alpina

- ♰ Irina Lezuo
  I-32020 Livinallongo
  ✆ 0436/79100
- ⌂ Albergo Lezuo
  I-32020 Arabba – Pordoi
  ✆ 0436/79131
- ✗ Weihnachten bis Ostern, 15.06. bis 30.09.; 12 🛏
- ∼ 220 Volt
- ↗ Zufahrt von Arabba zum Haus möglich; Arabba 2 Std.
- 🚂 Bruneck oder Toblach
- 🚌 beim Haus
- 🚗 beim Haus P

Lorenzo Bottari, Rifugio

1573 m; erb. 1972, umgeb. 1992
CAI Sektion Oderzo
Via Comunale di Frata 35
I-31046 Oderzo
✆ 0422/716354

- ⌂ Rifugio Lorenzo Bottari
  I-32020 Falcade
  ✆ 0437/599200
- ✗ 01.07. bis 31.08.; 15 🛏, 15 ⊔
- ∼ 220 Volt mit Generator
- ❄ offen
- ↗ Molino 1¼ Std.; Straße zum Passo Valles ¾ Std.
- → Rifugio Mulaz 3 Std.
- 🚂 Belluno
- 🚌 Falcade
- 🚗 Molino di Falcade

Lunelli di Selvapiana, Rifugio

1568 m; privat

- ♰ Bepi Martini
  I-32040 Casamazzagno
  ✆ 0435/68036
- ⌂ Rifugio Lunelli
  Selvapiana
  I-39040 Padola
  ✆ 0435/67171

✕ 25.06. bis 25.09.; 8 Betten, 34 Lager
220 Volt
↗ Zufahrt zum Haus möglich
Kreuzbergpaß 1½ Std.
→ Rifugio Berti 1 Std.
Bivacco Piovan 1½ Std.
Bivacco Carlo Gera 4 Std.
△ Cima Bagni, 2983 m
Innichen
Kreuzbergpaß
beim Haus P

Margherita Bedin, Biv.

1900 m
Besitzer: Gruppo Alpinistico Vicentino
Centro Sociale Villaggio del Sole
Via Colombo
I-36100 Vicenza

✕ immer zugänglich; 9 Lager mit Decken; Herd, Wasser etwa 100 m entfernt
↗ Cencenighe Agordino 3½ Std.; Forno di Val (Taibon Agordino) 3½ Std.
△ Le Cime, 2221 m; Monte S. Lucano, 2409 m
Belluno
Cencenighe Agordino oder Forno di Val
Cencenighe Agordino oder Forno di Val

Maria, Rifugio

2952 m; privat, Besitzer: Franco Dezulian
Via Dolomiti 76
I-38032 Canazei
✆ 0462/62457

Rifugio Maria
Loc. Sasso Pordoi
I-38032 Canazei
✆ 0462/61178
✕ Wintersaison, zu den Seilbahn-Betriebszeiten, 20.06. bis 20.09.; 6 Schlafplätze
220 Volt
↗ Pordoijoch 2 Std.; Auffahrt mit der Seilbahn vom Pordoijoch zum Haus
→ Rifugio Forcella Pordoi ¼ Std.; Boehütte 1½ Std.
Capanna Fassa 1¾ Std.; Franz-Kostner-Hütte am Vallon 3¼ Std.
△ Boespitze, 3152 m, 1¾ Std.
Bozen oder Auer
Pordoijoch oder Canazei
Pordoijoch

Maria Flora, Albergo

2240 m am Sellajoch, privat

Familie Bonello
✆ 0462/61464

Albergo Maria Flora
Sellajoch
I-38032 Canazei
✆ 0462/61116

Wintersaison, 01.06. bis 31.10.; 40

220 Volt

Zufahrt zum Haus möglich; Wolkenstein 2 Std.; Canazei 2 Std.
Campitello di Fassa – Col Rodella, dann $\frac{1}{2}$ Std.

Boehütte $3\frac{1}{2}$ Std.; Plattkofelhütte 2 Std.; Langkofelhütte 2 Std.

Boespitze, 3152 m, 4 Std.; Plattkofel, 2958 m, 4 Std.

Bozen, Klausen oder Waidbruck

Sellajoch oder Wolkenstein

beim Haus

Maria Vittoria Torrani, Rifugio

2984 m; erb. 1938, umgeb. 1990
CAI Sektion Conegliano
Via Rossini 2
I-31015 Conegliano
✆ 0438/61789

Brustolon Pier Constante
Via IV. Novembre
I-32010 Polpet
✆ 0437/99236

Rifugio Maria Vittoria Torrani
Loc. Pian della Tenda
I-32010 Zoldo Alto
✆ 0437/789150

01.07. bis 15.09.; Information im Rifugio Vazzolèr; 14 – 16 Schlafplätze

mit Solaranlage

offen; 14 Schlafplätze; Herd; kann aber bei hoher Schneelage unzugänglich sein

Malga Grava 4 – $4\frac{1}{2}$ Std.

Rifugio Vazzolèr $3\frac{1}{2}$ Std.; Rifugio Coldai-Sonino $3\frac{1}{2}$ Std.
Rifugio Pian del Crep 3 – 4 Std.; Bivacco Grisetti 4 – 5 Std.

Monte Civetta, 3220 m, $\frac{1}{2}$ Std.

Longarone

Zoldo Alto

Valle Zoldana

Mario Rigatti, Bivacco

2620 m; erb. 1972
CAI SAT Sektion Rovereto
Corso Rosmini 53
I-38068 Rovereto
✆ 0464/423855

- ✗ betreut durch die Sektion immer zugänglich; 6 – 8 ⊓
- ↗ Karerpaß oder -see 4 Std.
  Reiterjoch 4 Std.
  Forno im Fleimstal 4 Std.
- → Biv. A. Sief (Latemar) 1½ Std.
  Rifugio Torre di Pisa 2 Std.
- △ Schenon, 2800 m, 40 Min.
  Latemarturm, 2846 m, 1 Std.
  Torre Christmannos, 2800 m, 1 Std.
- 🚂 Bozen
- 🚌 Karerpaß oder Karersee
- 🚗 Karerpaß oder Karersee

Mario Vazzolèr, Rifugio

1714 m; erb. 1929, umgeb. 1956
CAI Sektion Conegliano
Via Rossini 2a
C.P. 54
I-31015 Conegliano
✆ 0438/61789

- 🚶 Brustolon Pier Costante
  Via IV. Novembre 6
  I-32010 Polpet
  ✆ 0437/990588
- 🏠 Rifugio Vazzolèr
  Val Corpassa
  I-32027 Taibon-Agordino
  ✆ 0437/660008
- ✗ 15.06. bis 20.09.; 30 🛏, 50 ⊓
- ⚡ 220 Volt mit Generator
- ❄ offen; 6 ⊓; Ofen und Holz
- ↗ Listolade 3 Std.; Rif. Capanna Trieste 2 Std.; Avoscan 4 Std.; Cencenighe 4 Std.
- → Rifugio Tissi 1½ Std.; Rifugio Carestiato 4 Std.; Rifugio Coldai 4 Std.
  Rifugio Torrani 5 Std.; Bivacco Moiazza 3 – 3½ Std.; Bivacco Grisetti 4½ – 5 Std.
- △ im Pelsakamm und im Cantonikamm
- 🚂 Belluno
- 🚌 Listolade
- 🚗 Rifugio Capanna Trieste

Marmarole, Rifugio

1786 m; privat, Besitzer: V. Calligaro
I-32040 Lozzo di Cadore
✆ 0435/76358

Tina Demichie
I-32040 Lozzo di Cadore

Rifugio Marmarole
I-32040 Lozzo di Cadore
✆ 0435/76138

20.06. bis 20.09. durchgehend, bis 31.10. am Wochenende; 16 Schlafplätze

220 Volt

PKW-Zufahrt möglich; Lozzo di Cadore 3½ Std.; San Caterina bei Auronzo 3 Std.

Rifugio Monte Agudo 2 Std.; Rifugio Primula 2½ Std.; Rifugio Chiggiato 3 Std.
Rifugio Ciareido ½ Std.; Rifugio Baion 1 Std.

Colle Cerva, 1920 m, 40 Min.

Calalzo

Lozzo di Cadore

beim Haus P

Marmoladahütte (Rifugio Ettore Castiglione)

2054 m; privat, Besitzer: Gino Rizzi
Via Morandin 23
I-38031 Campitello di Fassa
✆ 0462/750271

Rifugio E. Castiglione
Loc. Marmolada
I-38032 Canazei
✆ 0462/61117

Wintersaison, 20.06. bis 20.09.; 91 Schlafplätze

220 Volt

Canazei 2½ Std.; Arabba 3½ Std.; Malga Ciampela 2¼ Std.

Pordoijoch 2½ Std.; Contrinhaus 4 – 5 Std.

Belvedere, 2650 m, 2 Std.; La Mesola, 2734 m, 2¼ Std.
Monte Padon, 2150 m, 1½ Std.; Marmolada di Rocca, 3309 m, 4½ Std.
Marmolada di Penia, 3342 m, 5 Std.

Auer oder Bozen

Canazei oder Pordoijoch

beim Haus P

Mascabroni, Bivacco

2900 m; am Elferkofel
Besitzer: Giovane Montagna Sektion Vicenza
I-36100 Vicenza

immer zugänglich;, 9 ⊓ mit Decken; Kochgelegenheit

↗ Zsigmondyhütte 4 – 5 Std.; Carduccihütte 4 – 5 Std.
△ Elferkofel, 3092 m; Zsigmondykopf, 2998 m
Innichen
Fischleintal Dolomitenhof
Fischleintal Dolomitenhof

Maurerberghütte (Rifugio Monte Muro)

2150 m; privat

Clara Paul
Villa Clara 44
I-39030 Untermoi
✆ 0474/520107

Maurerberghütte
I-39030 Untermoi
✆ 0474/520059

ab 20.12. Wintersaison
15.06. bis 15.10.; 16

220 Volt, 3

↗ Untermoi 2 Std.; Lüsen 3 Std.
Würzjoch 1 Std.
Welschellen 3 Std.

→ Schlüterhütte 3 Std.
Würzjochhütte 1 Std.; Turnaretscherhütte 1 Std.

△ Maurerberg, 2332 m, ¾ Std.; Peitlerkofel, 2874 m, 4 Std.
Bruneck oder Brixen
Untermoi oder Würzjoch
Untermoi oder Würzjoch

Micheluzzi, Rifugio (Rifugio Duron)

1850 m; privat, Besitzer: Graziano Sensato
Piazza Vecchia 1
I-38031 Campitello di Fassa

Rifugio Micheluzzi – Valle di Duron
I-38031 Campitello di Fassa
✆ 0462/61443

Wintersaison, 01.06. bis 31.10.; 31 Schlafplätze

220 Volt

↗ Campitello di Fassa 1¼ Std.; Taxi-Jeep zum Haus; ✆ 0462/61241

→ Plattkofelhütte 1½ Std.; Tierseralplhütte 2½ Std.
Antermoiahütte 3¼ Std.; Casa Scilar 1¾ Std.

△ Plattkofel, 2458 m, 3½ Std.
Auer oder Bozen
Campitello di Fassa
Campitello di Fassa

Migon, Rifugio

1669 m; erb. 1978, umgeb. 1986
privat, Besitzer: Filippo Davare
I-32023 Laste di Rocca Pietore

- Giacomo Davare
  Via Val 6
  I-32023 Laste di Rocca Pietore
  ✆ 0437/529010
- Rifugio Migon
  Pian della Leda
  I-32023 Laste di Rocca Pietore
  ✆ 0437/529010
- 15.06. bis 15.10.; 14 Betten, 4 Lager
- 220 Volt
- Rocca Pietore, Caprile
  PKW-Zufahrt möglich
- → Fedaiapaß 2½ – 3 Std.
- △ Monte Migon, 2384 m, 2½ Std.
- Belluno
- Laste di Rocca Pietore
- beim Haus P

Miralago, Albergo

1920 m; nahe dem Passo San Pellegrino
privat, Besitzer: Maria Soraruf
I-38030 Soraga
✆ 0462/53791

- Albergo Miralago
  Passo di S. Pellegrino
  I-38030 Soraga di Fassa
  ✆ 0462/53088
- ganzjährig; 30 Betten
- 220 Volt
- Zufahrt von Soraga-Moena und Falcade zum Haus
- → Rifugio Contrin 2 Std.; Capanna Passo Vales 2½ Std.
- Auer oder Belluno
- Passo Pellegrino
- beim Haus P

Moiazza Ghedini, Bivacco

2680 m; erb. 1977
CAI Sektion Trecenta
Piazza S. Giorgio 41
I-45027 Trecenta

✕ Betreuung: CAI Sekt. Agordo
Piazza G. Marconi 13
I-32021 Agordo
✆ 0437/62149
immer zugänglich; 9 ⊓
Wasser in 40 m Entfernung
↗ Rifugio Carestiato 5 Std.
Rifugio Vazzolèr 3 Std.
→ Rif. Torrani; Biv. Grisetti
△ Monte Moiazza, 2865 m
Belluno
Listolade
Rifugio Capanna Trieste

Molignonhaus

2054 m; neu erb. 1984; privat

O. Aichner
I-39040 Kastelruth
✆ 0471/727912
Molignonhaus – Seiser Alm
I-39040 Kastelruth
✆ 0471/727912
✕ ganzjährig; 32 Betten, 10 ⊓
220 Volt
↗ Kompatsch 1½ Std.
→ Tierseralplhütte 1¼ Std.; Plattkofelhütte 1½ Std.; Schlernhaus 2½ Std.
△ Großer Roßzahn, 2580 m, 2 Std.; Roterdspitze, 2655 m, 2¾ Std.
Bozen
Kompatsch
Kompatsch

Monte Agudo, Rifugio

1585 m
Besitzer: Gem. Auronzo di Cadore
I-32041 Auronzo di Cadore

Silvana Rovara
Via Alpini 10
I-32041 Auronzo di Cadore
✆ 0435/99321
Rifugio Monte Agudo
I-32041 Auronzo di Cadore
✆ 0435/9336
✕ 20.06. bis 10.09. und zu den Betriebszeiten der Seilbahn; 25 Betten
220 Volt

↗ Auronzo 2 Std.; Sessellift zum Haus
→ Rifugio Ciareido 2 1/2 – 3 Std.; Rifugio Marmarole 2 1/2 – 3 Std. Rifugio Baion 3 Std.; Rifugio Chiggiato 5 Std.
Bahn: Innichen oder Calalzo
Bus: Auronzo di Cadore
Auto: Auronzo di Cadore (Sessellift Talstation)

Monti Pallidi, Rifugio

1850 m; privat

Ivo Nemela
Via Roma 17
I-38031 Campitello di Fassa
✆ 0462/62240

Rifugio Monti Pallidi
Strada del Sella 2
I-38032 Canazei
✆ 0462/61337

✕ 20.06. bis 20.09.; 25 Betten, 10 Lager
220 Volt
↗ Zufahrt von Canazei zum Haus möglich; Canazei 2 Std.
→ Pordoijoch 1 1/2 Std.; Sellajoch 1 1/2 Std.; Boehütte 3 1/2 Std.
△ Pordoispitze, 2950 m, 2 Std.; Piz Selv,a 2941 m, 3 Std.; Piz Boe, 3152 m, 3 1/2 Std.
Bahn: Bozen oder Bruneck
Bus: beim Haus oder Canazei
Auto: beim Haus P

Munt de Sennes, Rifugio

2245 m; erb. 1979
Besitzer: Gemeinde Enneberg
I-39030 St. Vigil-Enneberg
✆ 0474/501023

Burchia Rindler Ida
Al Plan de Sora 33
I-39030 St. Vigil-Enneberg
✆ 0474/501177

Rifugio Munt de Sennes
I-39030 St. Vigil-Enneberg

✕ Ende Juni bis Ende Sept.
10 Betten, 6 Lager
220 Volt
↗ Pederü 2 1/2 Std.
Alpe Ra Stua 2 Std.
Pragser Wildsee 4 1/2 Std.
→ Seekofelhütte 1 1/2 Std.; Senneshütte 20 Min.; Fodara Vedla 1 Std.
Faneshütte 4 Std.; Lavarellahütte 4 1/4 Std.

△ Seekofel, 2810 m, 2½ Std.; Kleine Gaisl, 2859 m, 4 Std.
Monte Sella di Sennes, 2787 m, 2½ Std.
🚆 Bruneck
🚌 Pederü bzw. St. Vigil-Enneberg oder Pragser Wildsee
🚗 Pederü, Alpe Ra Stua oder Pragser Wildsee

Musatti, Bivacco

2111 m; erb. 1961
CAI Sektion Venezia
San Marco 1672
I-30124 Venezia
✆ 041/5225407

✗ immer zugänglich; 9 ⊓; Wasser am Anstiegsweg
↗ Rifugio Tre Sorelle im Val d'Ansiei 3 Std.; Rifugio Palus – S. Marco 3½ Std.
→ Bivacco Tiziano 2½ Std.; Bivacco Voltolina 5 – 6 Std.
△ Monte Meduce, 2402 m; Pala di Meduce, 2764 m; Cima Schiavina, 2782 m
🚆 Calalzo oder Innichen
🚌 Val d'Ansiei bei Auronzo
🚗 Rifugio Tre Sorelle

Negritella, Rifugio

1986 m; privat, Besitzer: Olga Valentini
Loc. Monzon
I-38036 Pozza di Fassa

⌂ Rifugio Negritella
Loc. Ciampedie
I-38036 Pozza di Fassa
✆ 0462/66971
✗ Wintersaison, 20.06. bis 30.09.; 30 Schlafplätze
⚡ 220 Volt
↗ 🚡 Ciampedie, dann 5 Min., Vigo di Fassa 1½ Std.; Pera di Fassa 2 Std.
→ Rifugio Ciampedie in unmittelbarer Nähe; Rotwandhütte 1½ Std.
Rifugio Gardeccia und Rifugio Stella Alpina 1 Std.; Rifugio Catenaccio 1 Std.
△ Rotwand, 2608 m, 2½ Std.; Cima Coronelle, 2781 – 2797 m, 4 Std.
🚆 Bozen oder Auer
🚌 Vigo di Fassa oder Pera di Fassa
🚗 Vigo di Fassa oder Pera di Fassa

Nuvolau, Rifugio

2575 m; erb. 1883, umgeb. 1930 und 1970
CAI Sektion Cortina d'Ampezzo
Via Marconi
C.P. 239
I-32043 Cortina d'Ampezzo

- ♂ Mansuetto Siorpaes
  Via Cá Zanna 5
  I-32043 Cortina d'Ampezzo
  ✆ 0436/5178
- ⌂ Rifugio Nuvolau
  Monte Nuvolau
  I-32043 Cortina d'Ampezzo
  ✆ 0436/867938
- ✕ 20.06. bis 30.09.; 15 🛏, 20 ⊓
- ⚡ 220 Volt mit Aggregat
- ↗ Rifugio Scoiattoli 1 Std.
  Passo Giau 1½ Std.
  Falzaregopaß 2¼ Std.
  Pocol bei Cortina 3¼ Std.
- → Rifugio Cinque Torri 1¼ Std.
  Rifugio Palmieri 4 Std.
  Rifugio Lagazuoi 3½ – 4 Std.
- △ Averau, 2647 m, 1½ Std.; Gusela, 2596 m, ¾ Std.
- 🚂 Toblach, Bruneck oder Calalzo
- 🚌 Bai de Dones oder Falzaregopaß
- 🚗 Bai de Dones, Falzaregopaß oder Passo Giau

O. Falier-Ombretta, Rif.

2080 m; erb. 1911, umgeb. 1939
CAI Sektion Venezia
San Marco 1672
I-30124 Venezia
✆ 041/5225407

- ♂ Agnese Zuliani
  Via Tancon 19
  I-32020 Canale d'Agordo
  ✆ 0437/590193
- ⌂ Rifugio Falier
  Loc. Malga Ciampela
  I-32020 Rocca Pietore
  ✆ 0437/722005
- ✕ 20.06. bis 30.09.
  40 Schlafplätze
- ⚡ 220 Volt mit Generator
- ❄ offen; 4 ⊓
- ↗ Malga Ciampela 2 Std.; San-Pellegrino-Paß 4½ Std.; Caprile 4 Std.
- → Biv. Marco dal Bianco 1½ Std.; Contrinhaus 2½ – 3 Std.; Rif. Fuchiade 3½ Std.
- △ Marmolada, 3343 m, 5 Std.; Cima Ombretta, 3011 m, 3 Std.
- 🚂 Auer oder Belluno
- 🚌 Malga Ciampela oder Rocca Pietore
- 🚗 Malga Ciampela oder Rocca Pietore

O. Tovanelli, Bivacco

1688 m; erb. 1924, umgeb. 1975
CAI Sektion Longarone
c/o G. Cesca
Via Roma
I-32103 Longarone

- ✗ immer zugänglich; Aufenthaltsraum und Schlafraum für 16 Personen Decken, Heiz- und Kochgelegenheit, Wasser in der Nähe
- ↗ Longarone – Podenzoi 3 – 3½ Std.
- → Rifugio Bosconero 5 – 6 Std.
- △ Cima de la Serra, 2140 m; Cima dell'Albero, 2018 m
- Bahn: Longarone
- Bus: Longarone
- Auto: Podenzoi

Ochsenalm

2086 m
Besitzer: Interessengemeinschaft
St. Leonhard
I-39040 St. Andrä

- Andreas Kaser
  Spisserhof
  I-39042 Brixen-St. Leonhard
  ✆ 0472/30781
- Ochsenalm
  I-39042 Brixen-St. Leonhard
- ✗ Mitte Juni bis Mitte Oktober
  Heu-␣
- offen
- ↗ St. Leonhard bei Brixen 1 Std.
  Bergstation Plose 1½ Std.
- → Plosehütte 1 Std.
- △ Telegraph, 2486 m, 50 Min.
- Bahn: Brixen
- Bus: Brixen-St. Andrä
- Auto: St. Leonhard oder Kreuztal

Palia, Bivacco

1577 m; erb. 1968
CAI Sektion Feltre
Porta Imperiale 3
32032 Feltre
✆ 0439/81140

- ✗ immer zugänglich, 8 Schlafplätze, Wasser in etwa 50 m Entfernung.

↗ S. Gregorio delle Alpi – Roncoi $2\frac{3}{4}$ Std.
→ Rifugio Le Ere $1\frac{1}{4}$ Std.; Bivacco Feltre und Bivacco W. Bodo 10 – 12 Std.
△ Monte Pizocco, 2186 m, $1\frac{1}{2}$ Std.
🚂 Feltre oder S. Giustina
🚌 S. Gregorio
🚗 Roncoi

Palmieri, Rifugio (ehem. Reichenberger Hütte

2046 m; erb. 1905, umgeb. 1948
CAI Sektion Cortina d'Ampezzo
Via Marconi
C.P. 239
I-32043 Cortina d'Ampezzo

🏠 Rifugio Palmieri
Lago di Federa
I-32043 Cortina d'Ampezzo
✆ 0436/862085
✕ 15.06. bis 20.09.; 16 🛏, 20 ⊓
⚡ 220 Volt mit Aggregat
❄ offen; 4 ⊓; Kochgelegenheit
↗ Cortina d'Ampezzo 3 Std.
Pecol $2\frac{1}{4}$ Std.
Selva di Cadore 4 Std.
Passo Giau $2\frac{1}{2}$ Std.
→ Rif. Citta di Fiume $2\frac{1}{2}$ Std.; Rif. Cinque Torri $2\frac{1}{2}$ – 3 Std.; Rif. Nuvolau $3\frac{1}{2}$ Std.
△ Becco di Mezzodi, 2603 m, 2 Std.; Croda da Lago, 2701 m, 3 Std.
Monte Formin, 2657 m, 3 Std.; Rochetta di Prendera, 2496 m, 2 Std.
🚂 Toblach oder Calalzo
🚌 Cortina d'Ampezzo
🚗 Campo di Sotto

Paolinahütte

2125 m; erb. 1954, umgeb. 1982
privat

👤 Hermann Pichler
Karerseestr. 163
I-39056 Welschnofen
✆ 0471/612072 oder 613281
🏠 Paolinahütte
I-39056 Welschnofen
✆ 0471/612008
✕ im Winter nur Tagesbetrieb
1.6. – 30.10.; Dusche
16 🛏, 18 ⊓, 5 ⊔

220 Volt; 1, 1
Karerpaß 1 Std.; zum Haus
Rosengartenhütte 1 Std.; Rifugio Torre di Pisa 6½ Std.
Vajolethütte 4 Std.; Gartlhütte 2¾ Std.; Rotwandhütte ¾ Std.
Rotwand, 2806 m, 2½ Std.; Latemar, 2791 m, 3½ Std.
Punta di Massare, 2585 m, 1½ Std.
Bozen
Karersee, Talstation
Talstation

Passo le Selle, Rifugio

2531 m; privat, Besitzer: Maria Soraruf
I-38030 Soraga

P. Pellegrin
Passo S. Pellegrin
I-38030 Soraga
✆ 0462/53088
Rifugio Le Selle
I-38036 Pozza di Fassa
15.06. bis 10.10.; 16
Passo S. Pellegrino 2½ Std.; Pozza di Fassa 5 Std.
Rifugio Taramelli 1 Std.
Punta Selle, 2593 m, ½ Std.; Gr. Lastei, 2716 m, 1½ Std.
Punta del Ort, 2689 m, 1 Std.; Cima di Campagnaccia, 2737 m
Auer oder Belluno
Passo San Pellegrino
Passo San Pellegrino

Passo Lusia, Rifugio

2055 m; privat

Margherita Rizzoli
Via Medil
I-38037 Moena
✆ 0462/573101
Rifugio Passo Lusia
I-38037 Moena
✆ 0462/573101
Weihnachten bis April
20.06. bis 20.09.; 20
220 Volt
Moena 2½ – 3 Std.
Paneveggia 2½ Std.
Bergstation Lusia- ½ Std.
Rifugio Rezila ¾ Std.
Pellegrinopaß 3½ Std.

△ Piavec, 2272 m, 3/4 Std.; Cima di Lusia, 2490 m, 1 3/4 Std.
Viezzena, 2490 m, 1 1/2 Std.
Bahn: Auer
Bus: Moena oder Rifugio Passerella
Auto: beim Haus P

Passo San Nicolo, Rifugio

2340 m; privat

- Silvio Pellini
  Chiusel 1
  I-38039 Vigo di Fassa
  ✆ 0462/64856
- Rifugio Passo San Nicolo
  I-38036 Pozza di Fassa
  ✆ 0462/63269
- ✗ 15.06. bis 30,09.; 25 Lager
- 220 Volt mit Aggregat
- ↗ Pozza di Fassa 3 Std.
  Ciampie 1 1/2 Std.
- → Rifugio Contrin 1 Std.
  Rifugio Taramelli 4 Std.
  Rifugio Buffaure 3 3/4 Std.
- △ Sass de Rocca, 2618 m
- Bahn: Bozen
- Bus: Pozza di Fassa
- Auto: Val di San Nicolo

Passo Staulanza, Rifugio

1783 m; erb. 1978; privat

- Olivo Sala
  Via Vareton 70
  I-32040 Borca di Cadore
  ✆ 0435/82423
- Rifugio Passo Staulanza
  I-32010 Zoldo Alto
  ✆ 0437/788566
- ✗ Weihnachten bis Ostern
  10.06. bis 30.09.; 12 Betten, 28 Lager
- 220 Volt
- ↗ Straße zum Haus
- → Rifugio Citta di Fiume 1 1/2 Std.
  Rifugio Coldai 2 1/2 Std.
  Rifugio Aquilea 1 Std.
  Rifugio Venezia 2 1/2 Std.; Rifugio Palmieri 4 Std.
- △ Monte Pelmo, 3168 m, 5 Std.

Longarone oder Pieve di Cadore
Pescul, Pecol, im Sommer beim Haus
beim Haus P

Pecolhütte (Ütia de Pecol)

1930 m; erb. 1980; privat

Luis Prousch
Binderhof 27
I-39030 St. Martin in Thurn
© 0474/520017

Ütia de Pecol
Untermoi
I-39030 St. Martin

01.07. bis 15.10.; 10

220 Volt mit Aggregat

P Pe de Börz 1 Std.
Untermoi 2 Std.

→ Maurerberghütte 1 Std.
Würzjochhütte 1 Std.
Schlüterhütte 3½ Std.

△ Maurerberg, 2332 m, 1½ Std.; Peitlerkofel, 2874 m, 3½ Std.

Bruneck
Untermoi oder Pe de Börz
Pe de Börz

Pederü-Hütte

1545 m; erb. 1935, umgeb. 1987
privat

Familie Pisching
I-39030 St. Vigil-Enneberg
© 0474/501086

Pederü-Hütte
Familie Pisching
I-39030 St. Vigil-Enneberg
© 0474/501086

26.12. – 20.4., 1.6. – 20.10.
25, 5

220 Volt

St. Vigil-Enneberg 3 Std.
PKW-Zufahrt möglich
im Sommer Busverkehr

→ Fodara Vedla 1¼ Std.
Senneshütte 2 Std.; Seekofelhütte 3 Std.
Munt de Sennes 2¼ Std.; Faneshütte 2 Std.; Lavarellahütte 2¼ Std.

- 🚉 Bruneck
- 🚌 St. Vigil-Enneberg, im Sommer beim Haus
- 🚗 beim Haus P

Peitler-Knappen-Hütte

2000 m; erb. 1962
AVS Sektion Brixen
Domplatz 13
I-39042 Brixen
✆ 0472/33940

- ✗ Selbstversorgerhütte, Information, Anmeldung und ⚲ bei der Sektion Brixen; 30 ⊓
- ↗ Sporthotel Palmschoß ½ Std.
- → Plosehütte 1¾ Std.
  Schlüterhütte 3 Std.
- △ Gr. Pfann, 2547 m, 2 Std.
  Gabler, 2574 m, 1½ Std.
  Peitlerkofel, 2890 m, 3½ Std.
- 🚉 Brixen
- 🚌 Sporthotel Palmschoß
- 🚗 Sporthotel Palmschoß

Pia Helbig Dall'Oglio, Bivacco

2253 m
CAI Sektion Cortina d'Ampezzo
Via G. Marconi
I-32043 Cortina d'Ampezzo

- ✗ immer zugänglich; 9 ⊓
- ↗ Alpe Ra Stua 1¾ Std.; Peutelstein 2½ Std.
- → Seekofelhütte, Senneshütte, Fodara Vedla
- △ Hohe Gaisl, 3146 m
- 🚉 Toblach
- 🚌 Peutelstein
- 🚗 Peutelstein

Pian dei Fiacconi, Rifugio

2626 m; privat, Besitzer: Plattner S.n.c.
I-38032 Canazei
✆ 0462/61368

- ♦ Franco Rizzi und Marco Riz
  Via Pareo 59
  I-38032 Canazei
  ✆ 0462/62548

Pian dei Fiacconi
Marmolada
I-38032 Canazei
✆ 0462/61412
Weihnachten bis März
20.06. bis 30.09.; 12, 10
220 Volt
Fedaia-Stausee 1½ Std.
zum Haus
Rifugio Contrin 3½ Std.
Rifugio A. Dal Lago.
Cap. P. Penia, 3342 m, 3 Std.
Marmolada, 3342 m, 3 Std.
Bozen
Penia oder Canazei
Fedaia Talstation

Pian Schiavaneis, Albergo

1848 m; privat, Besitzer: A. Micheluzzi

R. Giacomozzi
I-38032 Canazei
Albergo Pian Schiavaneis
I-38032 Canazei
✆ 0462/61338
24.12. bis 30.10.; 13
220 Volt
Zufahrt von Canazei zum Haus möglich; Canazei 2 Std.
Pordoijoch 1½ Std.; Sellajoch 1½ Std.; Boehütte 3½ Std.
Pordoispitze, 2950 m, 2 Std.; Piz Boe, 3152 m, 3½ Std.
Bozen oder Bruneck
beim Haus
beim Haus

Piero Cosi, Bivacco

3111 m; erb. 1956
CAI Sektion Padova
Galleria San Bernardino 5
I-35100 Padova
✆ 049/8750872

immer zugänglich; 9 mit Decken; nur Schmelzwasser
San Vito di Cadore 6 Std.; Rifugio Galassi 3 Std.
Monte Antelao, 3264 m
Calalzo oder Toblach
San Vito di Cadore
San Vito di Cadore oder Baita della Zoppa

Pietro Galassi, Rifugio

2018 m; erb. 1913, umgeb. 1970
CAI Sektion Mestre
Via Fiume 47a
C.P. 571
I-30172 Venezia-Mestre
✆ 041/938198

- 🚹 Auskunft bei der Sektion
- 🏠 Rifugio Pietro Galassi
  I-32042 Calalzo di Cadore
  ✆ 0436/9685
- ✕ 25.06. bis 20.09.
  107 Schlafplätze
- ⚡ 220 Volt mit Generator
- ⊠ offen; 8 ⊓; Kochgelegenheit
- ↗ Calalzo di Cadore 4 Std.
  San Vito di Cadore 3 Std.; Rifugio Scotter 1½ Std.; Capanna degli Alpini 1½ Std.
- → Rifugio San Marco 1¼ Std.; Rifugio Antelao 6 Std.
  Rifugio Chiggiato 4½ Std.; Bivacco Cosi 4½ Std.
- △ Monte Antelao, 3264 m, 4 Std.
- 🚂 Calalzo
- 🚌 San Vito di Cadore
- 🚗 Rifugio Scotter oder Capanna degli Alpini

Piezza, Rifugio

2175 m; unter dem Passo Giau; privat

- 🚹 A. Daritz
  I-32043 Cortina d'Ampezzo
  ✆ 0436/4105
- 🏠 Rifugio Piezza
  Passo Giau
  I-32020 Colle S. Lucia
  ✆ 0437/720118
- ✕ 01.07. bis 30.09., 7 🛏, 10 ⊓
- ⚡ 220 Volt
- ↗ Zufahrt zum Haus
- → Rifugio Nuvolau 1¾ Std.; Rifugio Palmieri 3 Std.
- △ Monte Nuvolau, 2575 m, 1¾ Std.
- 🚂 Toblach oder Longarone
- 🚌 in Hausnähe
- 🚗 beim Haus 🅿

Pisciadùhütte (Rifugio Franco Cavazza)

2585 m; erb. 1924, umgeb. 1985
CAI Sektion Bologna
Via Indipendenza 2
I-40121 Bologna
✆ 051/234856

- Renato Costa
  Via Bosc da Plan 236
  I-39030 Stern in Abtei
  ✆ 0471/847341
- Rifugio Pisciadù
  I-39033 Corvara
  ✆ 0471/836292
- 01.07. bis 30.09.; Dusche
  60 Betten, 40 Lager, 15 Notlager
- 220 Volt mit Generator
- offen; 4 Lager
- Grödnerjoch 1½ Std.; Kolfuschg 2¾ Std.
- Boehütte 2½ Std.; Franz-Kostner-Hütte am Vallon 3½ Std.
- Pisciadùspitze, 2985 m, 1½ Std.; Sass de Mesdi, 2978 m, 1 Std.
  Saas de Lec, 2935 m, 1½ Std.; Gamsburg, 2948 m, 2 Std.
- Bruneck
- Kolfuschg oder Grödnerjoch
- Kolfuschg oder Grödnerjoch

Plattkofelhütte (Rifugio Sasso Piatto)

2300 m; erb. 1972; privat

- Familie Kasseroller
  Gufidaun 68
  I-39043 Klausen
  ✆ 0472/844112
- Plattkofelhütte
  I-39040 Post Seiseralm
  ✆ 0462/61721
- 15.06. bis 10.10.; 20 Betten, 30 Lager
  Duschgelegenheit
- 220 Volt mit Aggregat
- Sellajoch 2 Std.
  St. Ulrich im Grödental 4 Std.;
  Campitello 3 Std.
  Williamshütte, dann ¾ Std.
- Tierseralplhütte 2 Std.; Schlernhaus 4 Std.; Antermoiahütte 4 Std.
  Langkofelhütte 2 Std.; Friedrich-August-Hütte 1½ Std.

△ Plattkofel, 2958 m, 2 Std.
🚂 Klausen oder Bozen
🚌 Seiseralm
🚗 Seiseralm, Micheluzzi-Hütte (Fassatal) oder Sellapaß

Plätzwiesenhütte (Albergo Prato Piazza)

1991 m; privat

- Familie Schwinghackl
  Plätzwiesen
  I-39030 Prags
  ✆ 0474/78650
- Plätzwiesenhütte
  I-39030 Prags
  ✆ 0474/78650
- ✕ ganzjährig, November geschlossen; 35 Lager, 15 Betten
- 220 Volt
- ↗ PKW-Zufahrt von Prags oder Schluderbach möglich; Schluderbach 2 Std.
  Im Gemärk 2 Std.; Brückele Wirtshaus 1½ Std.
- → Dürrensteinhütte 40 Min.; Seekofelhütte 6 Std.
- △ Dürrenstein, 2839 m, 2¾ Std.
- 🚂 Toblach oder Niederdorf
- 🚌 im Pragsertal
- 🚗 beim Haus P

Plosehütte (Rif. Citta di Bressanone)

2446 m; erb. 1887, umgeb. 1985
CAI Sektion Brixen
Widmannbrücke 1
I-39042 Brixen
✆ 0472/801268 und 34943

- Josef Obexer
  I-39043 Klausen
  ✆ 0472/47635
- Plosehütte
  Kreuztal
  I-39042 Klausen
  ✆ 0472/51333
- ✕ 15.12. bis Ostern, 1 Winterraum
  01.06. bis 30.10.; 25 Betten, 25 Lager
- 220 Volt
- ↗ ab Bergstation der Plose Seilbahn 1 Std.; Palmschoß 2 Std.; Brixen-St. Andrä 4½ Std.
- → Schlüterhütte 4 Std.; Schatzerhütte 1½ Std.; Würzjochhütte 3 Std.
- △ Telegraph, 2486 m, ¼ Std.; Pfannspitze, 2545 m, ½ Std.
  Gabler, 2576 m, 1 Std.

- Brixen
- Palmschöß
- Kreuztal oder Talstation Plose

Pomedes, Rifugio

2303 m; privat

- Luigi Ghedina
  Grignes 42
  I-32043 Cortina d'Ampezzo
  ✆ 0436/5409
- Rifugio Pomedes
  Pomedes-Tofana
  I-32043 Cortina d'Ampezzo
  ✆ 0436/862061
- 20.12. – 20.3., 10.7. – 20.9.
  18 Betten, 20 Lager; Dusche
- 220 Volt, Zentralheizung
- Cortina d'Ampezzo 2½ Std.
  Pocol 2 Std.; vom Rifugio Duca d'Aosta zum Haus
- Rifugio Angelo Dibona ½ Std.
  Rifugio Lagazuoi 2½ Std.
- △ Tofana di Mezzo, 3243 m, 5 Std.
- Toblach
- Cortina d'Ampezzo
- Rifugio Duca d'Aosta

Pordoi, Albergo

2242 m; am Pordoijoch; privat

- W. Finatzzer
  I-38032 Canazei
  ✆ 0462/61115
- Albergo Pordoi
  Passo Pordoi
  I-38032 Canazei
  ✆ 0462/61115
- ganzjährig, 60 Betten
- 220 Volt
- siehe Albergo Casa Alpina
- siehe Albergo Casa Alpina
- △ siehe Albergo Casa Alpina
- Toblach, Bruneck oder Bozen
- beim Haus
- beim Haus P

Pra Piccolo, Rifugio

1400 m; privat

- Giulio Baldovin
  Piazza Margherita 16
  I-32040 Pozzale di Cadore
  ✆ 0435/32217
- Rifugio Pra Piccolo
  Loc. Col Pontil
  I-32040 Pozzale di Cadore
  ✆ 0435/32496
- 01.06. bis 30.10.; 6 🛏, 15 ⊓
- 220 Volt
- Pozzale di Cadore 1½ Std.
  PKW-Zufahrt möglich
- → Rif. Capanna Antracisa 1 Std.
  Rifugio Antelao 1½ Std.
  Rif. Costapiana 2½ Std.; Rif. Chiggiato 2½ – 3 Std.; Rif. Galassi 5 Std.
- △ Monte Tranego, 1847 m, 1½ Std.
- Calalzo
- Pozzale di Cadore
- beim Haus P

Pradidali, Rifugio

2278 m; erb. 1896, umgeb. 1959
CAI Sektion Treviso
Piazza dei Signori 4
I-31100 Treviso
✆ 0422/540855

- Silvio Simoni
  Via Miramonti 9
  I-38054 Transaqua
  ✆ 0439/64282
- Rifugio Pradidali
  I-38054 Tonadico – Pradidali
  ✆ 0439/64180
- 20.6. – 20.9.; 64 Schlafplätze
- 220 Volt mit Generator
- offen; 6 ⊓ Decken; Ofen
- San Martino di Castrozza 3 Std.; Albergo Cant de Gal 3 Std.; Tonadico 5½ Std.
- → Rifugio Velo della Madonna 2½ Std.; Rifugio Rosetta 2 Std.
  Rifugio Treviso 3½ Std.; Bivacco Minazio 2 Std.
- △ Cima di Ball, 2893 m, 2 Std.; Cima Immink, 2868 m, 2 Std.
  Cima Canali, 2897 m, 2¾ Std.; Cima de Lago, 2765 m, 2½ Std.
- Feltre oder Auer
- San Martino di Castrozza oder Fiera di Primiero
- Albergo Cant del Gal im Val Canali

Pralongia, Rifugio

2130 m; erb. 1976, umgeb. 1991
privat

- Erika Pescolderung
  I-39033 Corvara
  ✆ 0471/836555
- Berggasthof Pralongia
  Erika Pescolderung
  I-39033 Corvara
  ✆ 0471/836072
- 1.12. – 15.4., 1.7. – 30.9.
  18 Betten, 20 Lager
- 220 Volt; 1 Lift, 3 Lifte
- Corvara 2 Std.; Stern 1½ Std.
  St. Kassian 2½ Std.; Bergstation Corvara – Col Alto 1¼ Std.
  Bergstation St. Kassian – Piz Sorega 1 Std.
  Bergstation Stern – Piz La Villa 1½ Std.; Bergstation Lift Punta Trieste ¼ Std.
- → Rif. Valparola 2¾ Std.; Rif. Lagazuoi 5 Std.; Campolongopaß Hotel Boe 1½ Std.
- △ Settsass, 2571 m, 2 Std.; Col di Lana, 2168 m, 3 Std.
- Bruneck
- Corvara oder St. Kassian
- Corvara oder St. Kassian

Preußhütte

2243 m; privat, Besitzer: Ivo Piaz
Fraz. Pera
Via del Bosco 2
I-38036 Pozza di Fassa
✆ 0462/64847

- Rifugio Preuß
  Loc. Vajolet
  I-38036 Pozza di Fassa
- 20.06. bis 30.09.; 11 Schlafplätze
- 220 Volt
- Rifugio Gardeccia 1 Std.; Pera di Sopra 3 Std.
- → Vajolethütte unmittelbar daneben, Rotwandhütte 2½ Std.
  Rosengartenhütte 2 Std.; Grasleitenpaßhütte 1 Std.; Antermoiahütte 2 Std.
  Gartlhütte 1 Std.; Santnerpaßhütte 1½ Std.
- △ Kesselkogel, 3002 m, 2½ Std.; Rosengartenspitze, 2981 m
  Scalieretspitze, 2889 m, 2½ Std.; Vajolettürme, 2810 m, 2813 m und 2821 m
- Bozen oder Auer
- Pera di Fassa
- Monzon

Puezhütte

2475 m; erb. 1980
CAI Sektion Bozen
Obstmarkt 46
I-39100 Bozen
✆ 0471/978172

- Oskar Costa
  I-39030 Stern in Abtei 109
  ✆ 0471/847059
- Puezhütte
  I-39030 Stern in Abtei
  ✆ 0471/795365
- 30.06. bis 30.09.
  60 ▬, 30 ⊓, 20 ⊔
- 220 Volt
- ↗ Wolkenstein 3 Std.
  Kolfuschg $2\frac{1}{2}$ Std.; Stern in Abtei $4\frac{1}{2}$ Std.
- → Schlüterhütte $5\frac{1}{2}$ Std.; Grödnerjoch $2\frac{3}{4}$ Std.; Pisciadùhütte $4\frac{1}{4}$ Std.
  Regensburger Hütte $2\frac{1}{2}$ Std.; Gardenazzahütte $2\frac{1}{4}$ Std.
- △ Puezspitze, 2913 m, $1\frac{1}{2}$ Std.; Piz Duleda, 2909 m, $1\frac{3}{4}$ Std.
- Bruneck
- Kolfuschg oder Grödnerjoch
- Kolfuschg oder Grödnerjoch

Puflatschhütte

1950 m; erb. 1967
AVS Sektion Bozen
Bindergasse 25
I-39100 Bozen
✆ 0471/978729

- Gabriela Demetz-Sotriffer
  Compatsch 68
  I-39040 Seiser Alm
  ✆ 0471/727834 od. 812902
- Puflatschhütte
  Compatsch 68
  I-39040 Seiser Alm
  ✆ 0471/727834
- 26.12. bis 15.04. (Ostern)
  Pfingsten bis Ende Oktober, in der Vorsaison Mo Ruhetag
  26 ▬, 14 ⊓
- 220 Volt
- ↗ Compatsch $\frac{1}{2}$ Std.; Bergstation Puflatsch $\frac{1}{4}$ Std.
- → zu den Hütten der Seiser Alm
- △ Puflatsch, 2174 m, $\frac{3}{4}$ Std.; Goldknopf, 2249 m, 2 Std.; Schlern, 2564 m, $3\frac{1}{2}$ Std.

- Klausen, Waidbruck oder Bozen
- Compatsch-Seiseralm
- Seiseralm, im Sommer für Hausgäste Zufahrt möglich

Punta Penia, Capanna

3343 m; erb. 1950, umgeb. 1984
privat

- Aldo Dantone
  Strada Penia 16
  I-38032 Penia di Canazei
  © 0462/61772
- Cap. Punta Penia
  I-38032 Penia di Canazei
  © 0462/64207
- 15.06. bis 30.09.; 15
- Fedaiasee 5 Std.
  zum Rif. Pian dei Fiaconi, dann 3½ Std.
  Alba di Canazei 7 Std.
- Rifugio Contrin 3½ – 4 Std.
  Rifugio Castiglioni 5 Std.
- Marmolada, 3343 m, neben der Hütte
- Bozen
- Fedaiasee oder Alba di Canazei
- Fedaiasee oder Alba di Canazei

Punta Trieste, Rifugio

2028 m; erb. 1978, umgeb. 1990, privat, Besitzer: Richard Costamoling
I-39033 Corvara

- Egon Clara
  St. Leonhard 8
  I-39039 Pedratsches
  © 0471/839644
- Rifugio Punta Trieste
  Pralongia
  I-39033 Corvara
  © 0471/836643
- Dezember bis April, Juli bis September; 6 im Winter, 16 im Sommer
- 220 Volt
- Bergstation beim Haus; Corvara 1¾ Std.; Campolongosattel 1½ Std.
- Rifugio Pralongia ¼ Std.; Rifugio Incisa ½ Std.
- Settsass, 2571 m, 2 Std.
- Bruneck
- Corvara oder Campolongo Sattel
- Talstation beim Rifugio Costes oder Corvara

R. Giuliani, Bivacco

3158 m; erb. 1935 im Gipfelkamm des Langkofel
CAI Sektion Bozen
Obstplatz 46
I-39100 Bozen
✆ 0471/978172

- ✗ immer zugänglich; 6 ⊓ mit Decken
- ↗ Toni-Demetz-Hütte 4 Std.; Langkofelhütte 5 Std.
- △ Langkofel, 3281 m
- 🚂 Waidbruck oder Bozen
- 🚌 Sellajoch oder Wolkenstein
- 🚗 Sellajoch oder Wolkenstein

Raschötzhütte (Rifugio Rasciesa)

2165 m; erb. 1903, umgeb. 1975
CAI Sektion Bozen
Obstplatz 46
I-39100 Bozen
✆ 0471/798172

- 🚹 Vinzenz Malsiner
  Sacunstr. 148
  I-39046 St. Ulrich
  ✆ 0471/796607
- 🏠 Raschötzhütte
  I-39046 St. Ulrich
  ✆ 0471/797186
- ✗ Weihnachten bis Ostern
  Pfingsten bis 05.11.
  10 🛏, 26 ⊓, 6 ⊔
- ⚡ 220 Volt
- ⊠ mit 🔑 zugänglich
- ↗ Bergstation Raschötzlift von St. Ulrich, dann ½ Std.
  St. Ulrich 2½ Std.; Villnößtal (St. Peter) 3 Std.; Klausen 5 Std.
- → Brogleshütte 2 Std.; Schlüterhütte 5 Std.
  Regensburger Hütte 5 Std.; Fermedahütte 4½ Std.
- △ Außerraschötz, 2281 m, ½ Std.; Innerraschötz, 2317 m, 1½ Std.
- 🚂 Klausen
- 🚌 St. Ulrich oder Villnößtal
- 🚗 St. Ulrich oder Villnößtal

Rastnerhütte

1920 m; umgeb. 1980; privat
Besitzer: Hermann Rastner
Mühlweg 4
I-39030 Ehrenburg-Kiens
✆ 0474/565343

✝ Christa Rastner
Mühlweg 4
I-39030 Ehrenburg-Kiens
✆ 0474/85886

⌂ Rastnerhütte
Christa Rastner
I-39030 Ehrenburg-Kiens
✆ 0474/56422

✗ 26.12. bis 30.03. (Langlaufloipe), 15.06. bis 15.10.
10 🛏, 10 ⊓; Waschraum + Dusche

↝ 220 Volt, abends mit Aggregat

⊞ mit ⚷ vom Besitzer zugänglich

↗ Lüsen 2 Std.; Ellen 1½ Std.; Zumis-Rodeneck 1½ Std.

→ Kreuzwiesenhütte 1 Std.; Turnaretscherhütte 3½ Std.

△ Astjoch, 2194 m, 1 Std.

🚂 Mühlbach oder Brixen

🚌 Rodeneck

🚗 Lüsen oder Zumis-Rodeneck

Regensburger Hütte (Rifugio Firenze)

2039 m; erb. 1888, umgeb. 1980
CAI Sektion Firenze
Via della Studio 5
I-50122 Firenze
✆ 055/298580

✝ Familie Perathoner
Nivesstr. 67
I-39048 Wolkenstein
✆ 0471/795206

⌂ Regensburger Hütte
I-39048 Wolkenstein
✆ 0471/796307

✗ in der Wintersaison telefonisch anfragen, 01.06. bis 15.10.
20 🛏, 60 ⊓; Zentralheizung

↝ 220 Volt

↗ St. Christina 1½ Std.; Wolkenstein 1½ Std.
Bergstation Col Raiser ¼ Std.; Bergstation Seceda 1 Std.

→ Brogleshütte 2½ Std.; Schlüterhütte 5 Std.
Puezhütte 2½ Std.; Fermedahütte ½ Std.

△ Geislerspitzen 3 Std.; Fermedatürme 2800 m, 2873 m, 3 Std.
Sass Rigais, 3025 m, 3 Std.; Piz Duleda, 2909 m, 3 Std.

Klausen

St. Christina

Col Raiser

Remauro, Rifugio

1530 m; am Passo Cibiano; privat

P. De Zordo
Via Pianezze
I-32040 Cibiana di Cadore

Rifugio Remauro
I-32040 Cibiana di Cadore
✆ 0437/74187

✕ 01.06. bis 27.02.; 12 Betten, 10 Lager, Ausbau vorgesehen

220 Volt

↗ PKW-Zufahrt zum Haus möglich

→ Rif. Bosconero 3 Std.; Rif. Talamini 3½ – 4 Std.; Biv. Campestrin 2½ – 3 Std.

△ Monte Rite, 2183 m; Sassolungo di Cibiana, 2413 m; Sfornio nord, 2410 m

Longarone oder Pieve di Cadore

Forno di Zoldo oder Cibiana di Cadore

beim Haus P

Renato Reali, Bivacco

2595 m; erb. 1970
CAI Sektion Fiamme Gialle
Alpinschule der Finanzwache
Via FF.GG. 8
I-38037 Predazzo
✆ 0462/501661
Betreut durch die Außenstelle der Guardia d'Finanza (G.d.F.)
Via Passo Rolle 8
I-38030 Passo Rolle
✆ 0439/68040

✕ immer zugänglich; 6 Schlafplätze; Wasser 200 m entfernt.

↗ Rif. Treviso (Canali) 3¼ Std.

→ Rif. Scarpa – Gurekian 4½ Std.

△ Croda Granda, 2849 m, 1 Std.; Cima del Marmor, 2728 m, ½ Std.

Feltre

Fiera di Primiero

Val Canali

Renzo Dal Mas, Bivacco

1632 m; erb. 1935, umgeb. 1974
CAI Sektion Longarone
c/o Cesca
Via Roma
I-32013 Longarone

✗ immer zugänglich; 8 Schlafplätze mit Decken; Herd; Wasser in der Nähe
↗ Soffranco 4 Std.; Soffranco – Casera Costa Grande, dann 2½ Std.
→ Rifugio Pramperet 3½ Std.; Bivacco Marmol 4 Std.
Rifugio 7° Alpini 6 Std.; Rifugio Bianchet 2½ Std.
△ M. Talvena, 2542 m, 3½ Std.; Cime di Piovon, 2027 m; Cime del Bachet 2342 m
🚆 Longarone
🚌 Longarone
🚗 Soffranco oder Cas. Costa Grande

Rocchi-Frescura, Rifugio

1900 m; in der Nähe des Rifugio Chiggiato
Besitzer: Gemeinde Calalzo
I-32042 Calalzo
Partnerschaft mit der CAI Sektion Calalzo
Zu- und Übergänge, Gipfel, Bahn, Bus und Parkplatz siehe Rifugio Chiggiato.

✗ mit 🔑 immer zugänglich; erhältlich bei: R. Milanese
Via Nationale
I-32042 Calalzo
12 Schlafplätze; Heiz- und Kochgelegenheit; Wasser vorhanden
⚡ 220 Volt

Rosengartenhütte (Rifugio A. Fronza)

2337 m; früher Kölner Hütte, erb. 1969, umgeb. 1985-87
CAI Sektion Verona
Via S. Toskana 11
I-37129 Verona
✆ 045/8030555

✗ Vittorio Trottner
Via Piz 8
I-38039 Vigo di Fassa
✆ 0462/64461
⌂ Rosengartenhütte
I-39056 Welschnofen
✆ 0471/612033
✗ 25.06. bis 30.09.; 12 🛏, 37 ⊓
⚡ 220 Volt mit Generator
↗ Karerpaß 2½ Std.; Frommeralm 1¾ Std.; Paolinahütte 1 Std.
Tscheinerhütte 1½ Std.; 🚡 von der Frommeralm zum Haus

→ Gartlhütte 2 1/2 Std.; Vajolethütte 2 1/2 Std.; Rotwandhütte 2 1/2 Std.
△ Rosengartenspitze, 2981 m, 3 Std.; Rotwand, 2800 m, 2 1/4 Std.
Bozen
Welschnofen, Tscheinerhütte oder Frommeralm
Frommeralm

Roßalm

2124 m; privat

Johann Prader
Grifen
I-39030 Rodeneck
✆ 0472/44060
Roßalm
Kreuztal
I-39042 Brixen
✆ 0472/51326
Winter- und Sommersaison; 20
220 Volt; 1 im Winter
↗ Bergstation der Plose 1 Std.
→ Plosehütte 50 Min.; Schatzerhütte 1 Std.
△ Gabler, 2576 m, 2 Std.; Telegraph, 2486 m, 1 1/2 Std.
Brixen
St. Andrä oder Palmschoß
Kreuztal

Rotwandhütte (Rifugio Roda di Vael)

2283 m; erb. 1910, umgeb. 1986
CAI SAT Trento
Via Manci 57
I-38100 Trento
✆ 0461/981871

Rino Rizzi
Via Tita Piaz 14
I-38030 Pera di Fassa
✆ 0462/64289
Rifugio Roda di Vael
I-38039 Vigo di Fassa
✆ 0462/64450
18.06. bis 30.09.; 12, 38
220 Volt mit Generator
offen; 4
↗ Vigo di Fassa 1 1/2 Std.; Karerpaß 1 1/2 Std.; zur Paolinahütte, dann 3/4 Std.
→ Rosengartenhütte 1 1/2 Std.; Vajolethütte 2 1/2 Std.
Rifugio Ciampedie 1 1/4 Std.; Gartl Hütte 3 1/2 Std.

△ Punta del Masare, 2564 m, 1 Std.; Rotwand, 2806 m, 2 Std.
Testone del Vaiolòn, 2644 m, $1\frac{3}{4}$ Std.; Teufelswandspitze, 2727 m, $1\frac{1}{2}$ Std.
Bozen
Vigo di Fassa oder Karerpaß
Vigo di Fassa oder Karerpaß

Rotwandwiesenhütte (Rif. Prati di Croda Rossa)

1924 m; umgeb. 1985; privat

Elsa Pfeifhofer
Fischleintalstr. 15
I-39030 Sexten-Moos
© 0474/70373

Rotwandwiesenhütte
I-39030 Sexten-Moos
© 0474/70241

Weihnachten bis Ostern (Skigebiet), 01.06. bis 10.10.
20 , 25 , evtl.

220 Volt; 1 , 1

↗ Sexten-Moos $1\frac{1}{2}$ Std.
Kreuzbergpaß $2\frac{1}{2}$ Std.
Fischleintal $1\frac{1}{2}$ Std.

→ Bertihütte über Sentinellascharte $5\frac{1}{2}$ Std.; Rudihütte wenige Minuten
△ Rotwand, 2965 m, $3\frac{1}{2}$ Std.; Burgstall, 2168 m, 1 Std.
Innichen
Sexten-Moos, Fischleintal (Dolomitenhof) oder Kreuzbergpaß
Sexten-Moos, Fischleintal oder Kreuzbergpaß

Rudihütte

1924 m; erb. 1968, umgeb. 1979
privat

Rudi Egartner
Europaweg 21
I-39030 Sexten
© 0474/70063

Rudihütte
I-39030 Sexten
© 0474/70436

Weihnachten bis Ostern
01.06. bis 15.10.
keine Nächtigung

220 Volt; 1 , 2

↗ Fischleintal $1\frac{1}{2}$ Std.
Sexten-Moos $1\frac{1}{2}$ Std.; Kreuzbergpaß 2 Std.; zum Haus

→ Bertihütte 4 Std.; Zsigmondyhütte 5 Std.; Carduccihütte 5 Std.
△ Rotwandspitze, 2965 m, 3 Std.
Innichen
Sexten-Moos oder Fischleintal
Sexten-Moos

Salei, Rifugio

2225 m; privat, Besitzer: Bruna Monteleone
Sellastr. 23
I-38032 Canazei
✆ 0471/794000

Rifugio Salei
I-38032 Canazei – Loc. Salei
✆ 0462/62300
Wintersaison, 20.06. bis 20.09.; 26 Schlafplätze
220 Volt
↗ Sellajoch 10 Min.; Canazei 3 Std.; Wolkenstein 3 Std.
→ Plattkofelhütte 2 Std.; Langkofelhütte 2½ Std.; Boehütte 3½ Std.
△ Boespitze, 3152 m, 4 Std.; Plattkofel, 2958 m, 4 Std.; Col Rodella, 2485 m, ¾ Std.
Klausen oder Bozen
Wolkenstein, Sellajoch oder Canazei
Sellajoch oder beim Haus P

San Marco, Rifugio

1823 m; erb. 1895
CAI Sektion Venezia
San Marco 1672
I-30124 Venezia
✆ 041/5225407

Mario Ossi
I-32046 San Vito di Cadore
✆ 0436/9718
Rifugio San Marco
I-32046 San Vito di Cadore
✆ 0436/9444
10.06. bis 20.09.; 36 Schlafplätze
220 Volt mit Generator
offen; 9 mit Decken; Kochgelegenheit
↗ San Vito di Cadore 2 Std.; Chiapuzza 2½ Std.; Baita della Zoppa 1½ Std.
→ Bivacco Slataper 2½ Std.; Rifugio Galassi 1½ Std.; Bivacco Voltolina 3½ Std.
Rifugio Scotter 1 Std.; Rifugio Tre Sorelle im Val d'Ansiei 4 Std.
△ Monte Antelao, 3265 m, 5 Std.; Cima Scotter, 2716 m
Calalzo oder Toblach
San Vito di Cadore oder Chiapuzza
Baita della Zoppa, eventuell Rifugio Scotter

San Sebastiano, Rifugio

1601 m; am Passo Duran; privat

- M. Cordella
  I-32010 Goima di Zoldo
- Rifugio San Sebastiano
  Passo Duran
  I-32010 Goima di Zoldo
  ✆ 0437/62360
- 01.06. bis 31.10. (Oktober Montag Ruhetag), 01.12. bis 27.02. durchgehend
  01.03. bis 31.05. am Wochenende; 35 Betten, 6 Lager
- 220 Volt
- PKW-Zufahrt zum Haus möglich; Forno di Zoldo – Val Malsia 4 Std.
  Forno di Zoldo – Colcerver 3½ – 4 Std.
- Rifugio Carestiato 1 Std.; Bivacco Grisetti 2½ Std.; Rifugio Pramperet 4 – 5 Std.
  Bivacco Carnielli 8 Std.; Bivacco Mezzodi 7 Std.; Bivacco Angelini 2½ Std.
- △ Cresta del Masenade, 2737 m, 4 Std.; Cima Moiazza Sud, 2878 m, 6 Std.
  M. Tamèr Gr., 2547 m, 3½ – 4 Std.; Cima Nord di San Sebastiano, 2488 m, 3 Std.
- Belluno oder Longarone
- Forno di Zoldo, im August beim Haus
- beim Haus P

Sandro Bocco al Marmarol, Bivacco

2266 m; erb. 1968, umgeb. 1982
CAI Sektion Dolo
Piazetta D. Storti
I-30031 Dolo
✆ 041/410328 und 410938

- immer zugänglich; 9 Schlafplätze; Tisch und Bänke; Quelle in der Nähe, Schneefelder 20 Min.
- Case Bortòt über Rifugio 7° Alpini 6 Std.
- Bivacco Renzo Dal Mas 3½ – 4 Std.
  Rifugio Bianchet 3½ Std.
  Rifugio 7° Alpini 2¾ Std.
- △ Monte Schiara, 2565 m, 1 Std.
- Belluno
- Bolzano-Bellunese
- Case Bortòt

Sandro Pertini, Rifugio

2300 m; privat
Besitzer: Nadette Pertolini
Via Pecei 8
I-38031 Campitello di Fassa
✆ 0462/62446

- Rifugio Sandro Pertini
  Pian dei Sassi
  I-38031 Campitello di Fassa
  ✆ 0462/750045
- 20.6. – 20.9.; 18 Schlafplätze
- 220 Volt
- Sellajoch 1 Std.; Campitello – Rodella, dann 1 Std.
- → Friedrich-August-Hütte ½ Std.
  Plattkofelhütte 1 Std.
  Micheluzzihütte 2½ Std.; Berghaus Zallinger 2 Std.; Tierseralplhütte 3½ Std.
- △ Plattkofel, 2964 m, 3 Std.
- Auer oder Bozen
- Campitello di Fassa oder Sellajoch
- Sellajoch

Santnerpaßhütte

2734 m; privat

- G. Gabrielli
  I-38037 Predazzo
  ✆ 0462/52120
- Santnerpaßhütte
  I-39056 Welschnofen
  ✆ 0471/642230
- 01.07. bis 30.09.; 8
- keiner (Gas)
- Gardecciahütte 2¼ Std.
- → Gartlhütte ¼ Std.; Rosengartenhütte 1½ – 2 Std.; Vajolethütte 1 Std.
- △ Rosengartenspitze, 2981 m, 1½ Std.
- Bozen
- Pera di Fassa oder Frommeralm
- Rifugio Gardeccia oder Frommeralm

Scarpa-Gurekion, Rifugio

1742 m; erb. 1960
CAI Sektion Agordo
Piazza G. Marconi 13
I-32021 Agordo
✆ 0437/62149

Luigi de Marco
Via Foch 2
I-32020 Frassenè-Agordino
✆ 0437/67118
Rifugio Scarpa-Gurekion
Malga Losch
I-32020 Frassenè-Agordino
✆ 0437/67010
20.6. – 20.9.; 36 Schlafplätze
220 Volt
offen
Frassenè 2 Std.
Forcella Aurine 2 Std.
Casera d'Ortiga 2 Std.
von Frassenè zum Haus
Rif. Treviso-Canali 4½ Std.
Biv. Giancarlo Biasin 2 Std.
Monte Agnèr, 2872 m, 3 – 3½ Std.; Croda Granda, 2849 m, 3 Std.
Lastèi d'Agnèr, 2844 m, 3 Std.; Cima d'Angheraz, 2692 m, 2½ Std.
Cima Della Beta, 2708 m, 2½ Std.
Belluno
Frassenè-Agordino
Frassenè-Agordino

Schatzerhütte

2004 m; erb. 1955; privat

Franz und Friedr. Pernthaler
Haus Tannheim
I-39042 Brixen-Afers
✆ 0472/51337
Schatzerhütte
Palmschoß
I-39042 Brixen
✆ 0472/51343
Wintersaison, 15.5. – 31.10.
10, 11, 10
220 Volt
offen
Sporthotel Palmschoß ½ Std.
Bergstation Plose 1½ Std.
Plosehütte 1½ Std.
Würzjochhaus 2 Std.; Schlüterhütte 3 Std.
Gabler, 2574 m, 1½ Std.; Peitlerkofel, 2874 m, 3½ Std.
Brixen
Sporthotel Palmschoß
Sporthotel Palmschoß

Schlernbödelehütte

1726 m; erb. 1986
AVS Sektion Bozen-Schlern
M.-Valier-Str. 8
I-39040 Seis am Schlern
✆ 0471/71622

- Gustl u. Liesl Weissenegger
  M.-Valier-Str. 17
  I-39040 Seis am Schlern
  ✆ 0471/706677
- Schutzhaus Schlernbödele
  I-39040 Seis am Schlern
  ✆ 0471/705345
- Ende Mai – 15.10.; 2 Betten, 20 Lager
- 220 Volt
- ↗ Seis am Schlern 2 Std.
  Bad Ratzes $1\frac{1}{2}$ Std.
- → Schlernhaus 2 Std.; Tierseralplhütte 4 Std.
- △ Schlern (Petz), 2565 m, 3 Std.
- Bozen oder Waidbruck
- Seis am Schlern oder Bad Ratzes
- Seiser Alm oder Bad Ratzes

Schlernhaus (Rifugio Bolzano)

2457 m; erb. 1885, umgeb. 1986
CAI Sektion Bozen
Obstplatz 46
I-39100 Bozen
✆ 0471/978172

- Rudolf Gasser
  Am Ochsenbühel 19b
  I-39050 Völs am Schlern
  ✆ 0471/725131
- Schlernhaus
  I-39050 Völs am Schlern
  ✆ 0471/612024
- 15.06. bis 15.10.; 36 Betten, 90 Lager
- 220 Volt mit Aggregat
- offen; 6 Lager
- ↗ Seiseralm (Kompatsch) 3 Std.; Bad Ratzes $3\frac{1}{2}$ Std.
  Völs am Schlern $4\frac{1}{2}$ Std.; Weißlahnbad (Tiers) $3\frac{1}{2}$ Std.
- → Tierseralplhütte 2 Std.; Grasleitenhütte 3 Std.; Vajolethütte 5 Std.
  Schlernbödelehütte $2\frac{1}{2}$ Std.; Saltnerhütte $1\frac{1}{2}$ Std.
- △ Schlern (Petz), 2565 m, 20 Min.; Burgstall, 2515 m, 1 Std.
  Roterdspitze, 2655 m, $1\frac{1}{2}$ Std.

- 🚂 Bozen, Klausen oder Blumau
- 🚌 Seiseralm (Bellavista) oder Weißlahnbad (Tiers)
- 🚗 Seiseralm oder Weißlahnbad

Schlüterhütte (Rifugio Genova)

2306 m; erb. 1898, umgeb. 1907
CAI Sektion Brixen
Widmannbrücke 1
I-39042 Brixen
✆ 0472/801268

- Günther Messner
  St. Magdalena 22
  I-39040 Villnöß
  ✆ 0472/40389
- Schlüterhütte
  I-39040 Villnöß
  ✆ 0472/40132
- 1.7. – 10.10.; 40 🛏, 30 ⊓
- 220 Volt
- mit 🔑 vom Bewirtschafter zugänglich
- ↗ Zannser Alm (Villnößtal) 1¾ Std.; Würzjoch 2½ Std.; Campill 2½ Std.
- → Brogleshütte 2¾ Std.; Regensburger Hütte 5½ Std.; Puezhütte 5½ Std. Plosehütte 4 Std.; Raschötzhütte 5 Std.
- △ Peitlerkofel, 2875 m, 2 Std.; Sobutsch, 2486 m, 1 Std.
- 🚂 Brixen oder Klausen
- 🚌 Zannser Alm
- 🚗 Zannser Alm

Scoiattoli, Rifugio

2230 m; privat

- L. Lorenzi
  Fraz. Pocol
  I-32043 Cortina d'Ampezzo
  ✆ 0436/4905
- Rifugio Scoiattoli
  Cinque Torri
  I-32043 Cortina d'Ampezzo
  ✆ 0436/867939
- ✗ Wintersaison, 01.07. bis 30.09.; 20 Schlafplätze
- 220 Volt
- ↗ Auffahrt mit 🚡 von Bai di Dones an der Falzaregopaßstraße zum Haus; Bai di Dones 1 Std.; Pocol 2½ Std.
- → Rifugio Cinque Torri ¼ Std.; Rifugio Averau ½ Std.; Rifugio Nuvolau 1 Std.

Monte Averau, 2649 m; Monte Nuvolau, 2574 m; Cinque Torri, 2252 m
Toblach
Pocol oder Talstation
Talstation

Scotoni, Rifugio

1985 m; erb. 1967, umgeb. 1980
privat

Erwin Agreiter
I-39030 Stern i. Abtei
✆ 0471/847330

Rifugio Scotoni
I-39030 Stern i. Abtei
✆ 0471/847031

Ende Juni bis Ende Sept.
16 Schlafplätze

220 Volt

St. Kassian 2 Std.
Capanna Alpina ¾ Std.
Almentarola 1½ Std.

Faneshütte 3 Std.
Lavarellahütte 3½ Std.
Rifugio Lagazuoi 2¼ Std.

Bruneck

Almentarola

Capanna Alpina

Scotter, Rifugio

1580 m; erb. 1973, umgeb. 1980
privat, Besitzer: Fam. Palatini
Via Pelmo 24
I-32046 San Vito di Cadore
✆ 0436/9336

Ferruccio Palatini
Via Difesa 162
I-32046 San Vito di Cadore
✆ 0436/99118

Rifugio Scotter
Loc. Ghiaioni Scotter
I-32046 San Vito di Cadore

20.12. – 30.3., 20.6. – 30.9.
15, 5, 5

220 Volt

San Vito di Cadore 1½ Std.
PKW-Zufahrt möglich, Jeep-Zubringerdienst zum Haus

→ Rifugio San Marco ¾ Std.; Rifugio Galassi 1½ Std.
△ Monte Antelao, 3264 m, 5 Std.
Bahn: Calalzo
Bus: San Vito di Cadore
Auto: beim Haus P

Seekofelhütte (Rifugio Biella)

2327 m; erb. 1906, umgeb. 1926
CAI Sektion Treviso
Piazza dei Signori 4
I-31100 Treviso

Johann Brunner
I-39039 Niederdorf
✆ 0474/75119

Seekofelhütte
I-39039 Niederdorf
✆ 0436/866991

20.06. bis 20.09.; 12 Betten, 23 Lager
220 Volt mit Generator
↗ Pragser Wildsee 3½ – 4 Std.
Alpe Ra Stua 2½ Std.
Pederü-Hütte 2½ Std.
→ Senneshütte 1 Std.; Fodara Vedla 1½ Std.
Munt de Sennes 1¼ Std.; Dürrensteinhütte 6 Std.
△ Seekofl, 2810 m, 1½ Std.; Kleine Gaisl, 2859 m, 2½ Std.
Bahn: Niederdorf
Bus: Pragser Wildsee oder Pederü-Hütte
Auto: Pragser Wildsee oder Pederü-Hütte

Seggiovia della Marmolada, Rifugio

2100 m; erb. 1957; privat

Sandro de Bernadin
Via Bosco Verde 53
I-32020 Rocca Pietore
✆ 0437/722127

Rifugio Seggiovia
Passo Fedaia
I-38030 Alba di Canazei
✆ 0462/61181

01.02. bis 10.10.; 14 Betten
220 Volt
↗ Canazei 3 Std.; Penia 2 Std.
Straße zum Haus

→ Pordoijoch 3 Std.; Rifugio Pian dei Fiacconi 1½ Std.
Contrinhaus 4½ Std.
Capanna Punta Penia 4½ Std.
△ Marmolada di Penia, 3343 m, 4½ Std.; bei Benützung des Korbliftes 3 Std.
Bozen
Canazei oder Caprile
beim Haus P

Sellajochhaus (Rifugio Albergo Passo Sella)

2180 m; erb. 1896, umgeb. 1986
CAI Sektion Bozen
Obstplatz 46
I-39100 Bozen
✆ 0471/978172

Maria-Laura Valentini und Erildo Cappadozzi
I-39048 Wolkenstein
✆ 0471/795183, 270004
Sellajochhaus
I-39048 Wolkenstein-Grödental
✆ 0471/795136
20.12. bis 20.04., 15.06. bis 15.10.; 50 Betten, 14 Lager + Lager
220 Volt
aus dem Grödnertal und von Canazei Zufahrt mit PKW zum Haus möglich
Wolkenstein 2 Std.; Canazei 2 Std.; Col Rodella ½ Std.
→ Boehütte 3½ Std.; Toni-Demetz-Hütte 1¼ Std.
Langkofelhütte 2 Std.; Plattkofelhütte 2 Std.
weitere Übergänge und Gipfel siehe Rifugio Valentini
Bozen, Klausen oder Waidbruck
Wolkenstein, eventuell Sellajoch
Sellajoch, beim Haus P

Senneshütte

2126 m; erb. 1938, umgeb. 1985
privat

Vigil Palfrader
Costa 10
I-39030 St. Vigil-Enneberg
✆ 0474/501147
Senneshütte
I-39030 St. Vigil-Enneberg
✆ 0474/501092
5.2. – 20.4., 1.6. – 15.10.
25 Betten, 25 Lager, 15 Lager
220 Volt
offen

↗ Pederü-Hütte 2 Std.; Jeep-Taxi von der Pederü-Hütte zum Haus Alpe Ra Stua 2 Std.; Pragser Wildsee 4¼ Std.
→ Seekofelhütte 1 Std.; Fodara Vedla ¾ Std.; Rifugio Munt de Sennes ½ Std.
△ Seekofel, 2810 m, 2½ Std.; Kleine Gaisl, 2859 m, 4 Std.
Lavinores, 2213 m, 2½ Std.; Monte Sella di Sennes, 2787 m, 2 Std.
Bruneck
Pederü bzw. St. Vigil-Enneberg oder Pragser Wildsee
Pederü oder Pragser Wildsee

Som Forca, Rifugio

2215 m; erb. 1956; privat

Roberto Siorpaes
Chiave 13
I-32043 Cortina d'Ampezzo
✆ 0436/5273
Rifugio Som Forca
Monte Cristallo
I-32043 Cortina d'Ampezzo
✆ 0436/866192
✗ Weihnachten bis Pfingsten, 27.6. – 25.9.; 35 Schlafplätze
220 Volt
↗ Tre-Croci-Paß 1½ Std.
Rio Gere 1½ Std.
Cortina d'Ampezzo 3¼ Std.
zum Haus
→ Rifugio Lorenzi 2½ – 3 Std.; Albergo Ospitale 2½ Std.
△ Cima di Mezo, 3154 m, 3 Std.; Cresta Bianca, 2932 m, 2 Std.
Cristallino d'Ampezzo, 3008 m
Toblach
Tre-Croci-Paß oder Rio Gere
Tre-Croci-Paß oder Rio Gere

Sommariva al Pramperet, Rifugio

1857 m; erb. 1965, umgeb. 1990
CAI Sektion Oderzo
Via Comunale di Fratta 35
I-31046 Oderzo
✆ 0422/716354

Auskunft bei der Sektion
Rif. Sommariva-Pramperet
I-32012 Forno di Zoldo
✗ 20.06. bis 20.09.
45 Schlafplätze, zusätzl.

- 220 Volt mit Generator
- offen
- Forno di Zoldo durch das Val Pramper 3 Std.
  ab Malga Pramper 1 Std.; Passo Duran 4 – 5 Std.
- Biv. Renzo Dal Mas 3 Std.; Baita Angelini 3½ Std.; Rifugio Bianchet 5 – 5½ Std.
- Cima di Pramperet, 2337 m, 1¾ Std.; Spigol de Palon, 2324 m, 2½ Std.
- Longarone
- Forno di Zoldo
- Forno di Zoldo, eventuell Malga Pramper

Sperti, Bivacco

2050 m; erb. 1964
CAI Sektion Belluno
Via Ricci 1
I-32100 Belluno
✆ 0437/27722

- immer zugänglich; 6 mit Decken; Wasser etwa 250 m entfernt
- Rifugio 7° Alpini 2 Std.
- Bivacco Dalla Bernardina 2 Std.; Rifugio Bianchet 5 – 6 Std.
- Pala del Balcon, 2264 m; Torrione Bianchet, 2210 m; Monte Schiara, 2565 m
- Belluno
- Bolzano-Bellunese
- Case Bortòt

Starkenfeldhütte (Plunerhütte)

1936 m; erb. 1930, umgeb. 1986
privat

- Josef Tschurtschenthaler
  Nauders 65a
  A-39030 Rodeneck
  ✆ 0472/44147
- Berggasthaus Starkenfeld
  Rodenecker Alm
  I-39030 Rodeneck
- Juni bis Oktober; 15
- 220 Volt mit Aggregat
- Rodeneck-Zumis 1½ Std.
  Lüsen 2½ Std.; Ellen 1½ Std.
- Roner Hütte 1 Std.
  Kreuzwiesenhütte 1 Std.; Turnaretscherhütte 3½ Std.; Maurerberghütte 4½ Std.
- Astjoch, 2194 m, 1 Std.
- Brixen oder Mühlbach
- Rodeneck
- Zumis-Rodeneck

Stella Alpina, Rifugio

1960 m; privat, Besitzer: Maria Sander-Zancanaro
Via Monzon 31
I-38036 Pozza di Fassa
✆ 0462/64388
Zugänge, Übergänge und Gipfel siehe Rifugio Gardecchia

- ⌂ Rifugio Stella Alpina
  Loc. Gardeccia
  I-38036 Pozza di Fassa
  ✆ 0462/63270
- ✕ Wintersaison, 15.06. bis 15.10.; 40 Schlafplätze
- Bahn: Bozen oder Auer
- Bus: Pozza di Fassa oder Vigo di Fassa
- Auto: Monzon, Valle di Vajolet

Steviahütte

2312 m; erb. 1976; privat

- Toni Ploner
  Sonegg 32
  I-39043 Klausen-Gufidaun
  ✆ 0471/844111
- ⌂ Steviahütte
  I-39048 Wolkenstein
- ✕ 1.7. – 20.9.; 18 Schlafplätze
- ↗ Wolkenstein-Dunei 1½ Std.
  St. Christina 2 Std.
- → Regensburger Hütte 2 Std.
- △ Col da la Pieres, 2747 m
  1½ Std.
- Bahn: Waidbruck, Klausen, Bozen
- Bus: Wolkenstein
- Auto: Wolkenstein

Talamini, Rifugio

1582 m; Besitzer: Gemeinde Vodo di Cadore
I-32040 Vodo di Cadore
✆ 0435/82112

- G. De Lorenzo
  I-32040 Vodo di Cadore
  ✆ 0435/89352
- ⌂ Rifugio Talamini
  I-32040 Vodo di Cadore
- ✕ 20.06. bis 15.11., 23.12. bis 15.04.; 20 ⊓
- ~ 220 Volt

↗ Zoppé di Cadore 2 Std.; Vodo di Cadore 2½ Std.
→ Passo Cibiana 2 – 4 Std.; Rifugio Venezia 2½ – 3 Std.
🚂 Pieve di Cadore oder Calalzo
🚌 Vodo di Cadore
🚗 Valle del Oglio

Talschlußhütte

1540 m; erb. 1953, umgeb. 1977
privat

🚹 Siegfried Villgrater
Waldheimweg 16
I-39030 Sexten
✆ 0474/70288
⌂ Talschlußhütte
Fischleintalstr. 41
I-39030 Sexten
✕ 23.12. – Ostern, 01. – 15.10.
in der Vor- und Nachsaison
Donnerstag Ruhetag; 18 ⊓
⚡ 220 Volt
↗ Sexten-Moos 2 Std.
P Dolomitenhof ½ Std.
Zubringerdienst mit Kutsche
→ Zsigmondyhütte 2 Std.; Dreizinnenhütte 2½ Std.; Büllelejochhütte 3 Std.
△ Rotwandspitze, 2965 m, 4 Std.; Schusterplatte, 2957 m, 4 Std.
🚂 Innichen
🚌 Fischleintal (Dolomitenhof)
🚗 Fischleintal (Dolomitenhof)

Tierseralplhütte

2436 m; erb. 1963; privat

🚹 Max Aichner
Plojerweg 17
I-39040 Kastelruth
✆ 0471/706590
⌂ Tierseralplhütte
I-39040 Kastelruth
✆ 0471/727958
✕ Mitte Juni bis Mitte Oktober
20 🛏, 36 ⊓, 10 ⊔
⚡ 220 Volt mit Generator
❄ offen
↗ Kompatsch 2½ Std.
Tiers-Weißlahnbad 3½ Std.
Campitello di Fassa 3½ Std.

→ Plattkofelhütte 2 Std.; Vajolethütte 2¼ Std.; Schlernhaus 1¾ Std. Grasleitenhütte 1½ Std.; Antermoiahütte 3 Std.
△ Roßzähne, 2653 m, 2½ Std.; Roterdspitze, 2655 m, 1½ Std. Nordwestl. Molignonspitze, 2779 m, 1½ Std.; Plattkofel, 2958 m, 4 Std.
Bozen oder Klausen
St. Zyprian (Tschamin-Schwaige) oder Seiseralm
St. Zyprian (Tschamin-Schwaige) oder Seiseralm

Tiziano, Bivacco

2246 m; erb. 1898, umgeb. 1961 u. 1988
CAI Sektion Venezia
San Marco 1672
I-30124 Venezia
✆ 041/5225407

immer zugänglich; 8 ⊓; Wasser etwa 15 Min. entfernt
↗ Auronzo – Val d'Ansiei – Albergo Montanara, dann 4 Std.
→ Biv. Musatti 2 – 2½ Std.; Rif. Chiggiato 3½ – 4 Std.; Biv. Fanton
△ Cimon del Froppa, 2932 m; Monticello, 2803 m; Cima Tiziano, 2802 m Pala di Meduce, 2864 m; Cima Schiavina, 2782 m
Calalzo oder Innichen
Val'Ansiei bei Auronzo
Val d'Ansiei

Tiziano, Neues Bivacco

2246 m; erb. 1977
CAI Sektion Venezia
San Marco 1672
I-30124 Venezia
✆ 041/5225407

immer zugängliche Wellblechhütte neben dem alten Bivacco Tiziano

Tondi-Faloria, Rifugio

2372 m; privat

Rosa Larece Fece
Via Ria de Zeto 15
I-32043 Cortina d'Ampezzo
Rifugio Tondi-Faloria
I-32043 Cortina d'Ampezzo
✆ 0435/5775

01.07. bis 30.09.; 6
220 Volt
↗ Auffahrt mit zum Haus; Cortina d'Ampezzo 3½ Std.; Tre-Croci-Paß 2 Std.
→ Rifugio Faloria ½ Std.; Rifugio Vandelli-Sorapis 3½ Std.; Bivacco Slataper
△ Punta Nera, 2847 m; La Cesta, 2768 m; Croda Rotta, 2670 m

Toblach
Cortina d'Ampezzo oder Tre-Croci-Paß
Talstation oder Tre-Croci-Paß

Toni-Demetz-Hütte

2685 m; erb. 1959, umgeb. 1971
privat, Besitzer: Enrico Demetz
I-39047 St. Christina/Grödental

Franz Niederkofler
Col-da-Lerch-Str. 86
I-39038 Wolkenstein
© 0471/794199

Toni-Demetz-Hütte
Sellapaß
I-39048 Wolkenstein
© 0471/795050

✗ 01.07. bis 01.10.; 10 Betten, 14 Lager
220 Volt
↗ Sellapaß $1\frac{1}{2}$ Std.
vom Sellapaß zum Haus
→ Langkofelhütte 1 Std.
Plattkofelhütte 3 Std.; Berghaus Zallinger 2 Std.; Seiser Alm 3 Std.
△ Langkofel, 3181 m, 4 Std.; Fünffingerspitze, 2996 m, 3 Std.
Plattkofel, 2964 m, 3 Std.
Klausen oder Bozen
Sellajoch
Sellajoch

Torquato Taramelli, Rif.

2046 m; erb. 1904
CAI SAT Sektion Susat
Universitaria SAT
Via Manci 57
I-38100 Trento
© 0461/981871

Auskunft bei der Sektion
Rifugio Taramelli-Monzoni
I-38036 Pozza di Fassa

✗ 20.06. bis 20.09., Weihnachts- und Osterferien; Anfragen an:
Roberto Conti © 0461/823322
oder SAT © 0461/981871
2 Betten, 10 Lager
↗ Rif. Malga Crocifisso $1\frac{1}{4}$ Std.
San-Pellegrino-Paß $2\frac{3}{4}$ Std.

→ Rifugio Contrin 4¼ Std.; Moena über Costella 3½ Std.; Rifugio Vallaccia 1 Std. Bivacco Donato Zeni-Vallaccia 3 Std.; Rifugio Passo le Selle 1½ Std.
△ Punta dell'Ort, 2693 m, 2½ Std.; Punta della Vallaccia, 2639 m, 1¾ Std. Sasso delle Undici, 2517 m, 2 Std.; Cima di Malinverno, 2637 m, 2½ Std.
Auer
Pozza di Fassa
Malga Crocifisso

Torre di Pisa, Rifugio (Latemarhütte)

2675 m; erb. 1980; privat

Camillo Gabrieli
Via Indipendenza 114
I-38037 Predazzo
✆ 0462/501053

Rifugio Torre di Pisa
I-38037 Predazzo
✆ 0462/501564

✗ 15.06. bis 30.09., bis Ende November am Wochenende
6 🛏, 14 ⊓
220 Volt mit Aggregat
↗ Reiterjoch 1¾ Std.
Predazzo 5 Std.
Obereggen 2 Std.
→ Bivacco Rigatti 2 Std.; Bivacco A. Sief 1¼ Std.; Eggentaler Alm ¾ Std. Paolinahütte über Karerpaß 6 Std.
△ Monte Cavignón, 2670 m, ½ Std.; Cima Valsorda, 2752 m, ½ Std. Reiterjochspitze, 2799 m, 1½ Std.; Diamantiditurm, 2842 m, 2 Std.
Auer
Pampeago oder Eggen
Zischgalm

Treviso-Canali, Rifugio

1631 m; erb. 1897, umgeb. 1974
CAI Sektion Treviso
Piazza dei Signori 4
I-31100 Treviso
✆ 0422/540855

Alesandro Timirello
Via S. Vittore 39
I-38054 Tonadico
✆ 0439/762065 oder 0423/900218

- Rifugio Treviso
  I-38054 Tonadico
  ✆ 0439/62311
- 01.06. bis 05.10.; 35 Betten
- 220 Volt
- offen; 4 Lager
- Albergo Cant del Gal 1½ Std.; Gosaldo 4 Std.
- Rif. Pradidali 3½ Std.; Rif. Rosetta-Pedrotti 4 Std.; Rif. Scarpa-Gurekion 4¼ Std.
  Biv. Minazio 2 Std.; Biv. Reali 2¾ Std.; Passo Cereda, Rif. Cereda 3½ Std.
- Sasso delle Lede, 2521 m, 3¼ Std.; Cima dei Lastei, 2844 m, 3½ Std.
  Croda Granda, 2849 m, 4¼ Std.; Sass d'Ortìga, 2634 m, 2¼ Std.
- Feltre oder Auer
- Fiera di Primiero
- Malga Canali

Trieste, Rifugio

1135 m; privat

- Liliana Decima
  Listolade
  I-32027 Taibon Agordino
  ✆ 0437/660168
- Rifugio Trieste
  Val Corpassa, Listolade
  I-32027 Taibon Agordino
  ✆ 0437/660122
- 15.05. bis 30.09.; 32 Schlafplätze
- 220 Volt
- PKW-Zufahrt zum Haus möglich; Listolade 1½ Std.
- Rifugio Vazzoler 2 Std.
- Belluno
- Listolade
- Listolade oder beim Haus P

Troier Hütte

2271 m; erb. 1750, umgeb. 1962
privat

- Luis Rungaldier
  Plesdinazstr. 104
  I-39047 St. Christina
  ✆ 0471/793130
- Troier Hütte
  Plesdinaz 60
  I-39047 St. Christina
- 15.06. bis 15.10.; keine Nächtigungsmöglichkeit

Secedabahn Bergstation 20 Min.; Col-Raiser-Lift Bergstation 1 Std.
Brogleshütte $1\frac{1}{2}$ Std.; Fermedahütte $\frac{3}{4}$ Std.; Regensburger Hütte $1\frac{1}{2}$ Std.
Große Fermeda, 2873 m; Kleine Fermeda, 2814 m; Sass Rigais, 3025 m
Klausen oder Waidbruck
St. Christina
St. Ulrich oder St. Christina, Talstation der

Tschafonhütte

1737 m; privat

Familie Lunger
I-39050 Tiers
© 0471/642058
Tschafonhütte
I-39050 Tiers
05.05. bis 31.10., 15
220 Volt
Tiers 2 Std.; Ums 2 Std.; Weißlahnbad $1\frac{3}{4}$ Std.
Schlernhaus $3\frac{1}{2}$ Std.
Tschafon, 1834 m, 20 Min.; Hammerwand, 2124 m, $1\frac{1}{4}$ Std.
Bozen
Tiers oder Weißlahnbad
Weißlahnbad

Turnaretscherhaus

2050 m; privat

Federico Promberger
Welschellen
I-39030 Enneberg
© 0474/501426
Turnaretscherhaus
Welschellen
I-39030 Enneberg
25.05. bis 31.10.; 12 Schlafplätze
220 Volt
Welschellen 2 Std.; Lüsen-Flitt $2\frac{1}{4}$ Std.; Untermoi $1\frac{3}{4}$ Std.
Kreuzwiesenhütte 2 Std.; Maurerberghütte 1 Std.
Maurerberg, 2332 m, 1 Std.; Glittner Joch, 2189 m, $\frac{1}{2}$ Std.
St. Lorenzen oder Bruneck
Untermoi oder Lüsen
Welschellen

Ugo Dalla Bernardina, Bivacco

2320 m; erb. 1956
CAI Sektion Belluno
Via Ricci 1
I-32100 Belluno
✆ 0437/27722

- ✗ immer zugänglich; 6 Schlafplätze mit Decken; Wasser etwa 150 m entfernt
- ↗ Rifugio 7° Alpini 3¼ Std.; Rifugio Bianchet 2 Std.
- → Bivacco Sperti 2 Std.; Bivacco Marmol 2 Std.
- △ Schiara, 2565 m, ¾ Std.; Gusela del Vescovà, 2365 m; Cima del Nasòn, 2385 m
- Bahn: Belluno
- Bus: La Stanga oder Bolzano-Bellunese
- Auto: Pian di Gat (Rifugio Bianchet) oder Case Bortòt

Vajolethütte (Rifugio Vajolet)

2243 m; erb. 1897
CAI SAT Trento
Via Manci 57
I-38100 Trento
✆ 0461/981871

- Bernard Fabio
  Via Carezza 20
  I-38036 Vigo di Fassa
  ✆ 0462/64345
- Rifugio Vajolet
  I-38030 Pozza di Fassa
  ✆ 0362/63292
- ✗ 15.06. bis 30.09.; 54 Betten, 50 Lager
  Duschgelegenheit
- 220 Volt mit Generator
- offen; 10 Lager mit Decken
- ↗ Rifugio Gardèccia 1 Std.; Monzon 3½ Std.
- → Rotwandhütte 2½ Std.; Rosengartenhütte 2 Std.; Gartlhütte 1 Std.
  Antermoiahütte 2 Std.; Santnerpaßhütte 1½ Std.
  Preußhütte unmittelbar daneben; Grasleitenpaßhütte 1 Std.
- △ Kesselkogel, 3002 m, 2½ Std.; Rosengartenspitze, 2981 m, 3¼ Std.
  Scalieretspitze, 2889 m, 2½ Std.; Vajolettürme 2810 m, 2813 m und 2821 m
- Bahn: Bozen oder Auer
- Bus: Pera di Fassa
- Auto: Monzon

Valdo, Bivacco

1590 m; erb. 1971
CAI Sektion Vicenza
Contra Riale 12
I-36100 Vicenza
✆ 0444/545369

- ✕ immer zugänglich; 9 ⊓ mit Decken; Wasser etwa 5 Min. entfernt
- ↗ Gena Bassa am Lago del Mis (Sospirolo) 3½ Std.
- → La Muda
- △ Monte Feruch, 2121 m; Monte Stornade, 2029 m; Cima del Camin, 2063 m
- Bahn: Belluno
- Bus: Mis (Sospirolo)
- Auto: Gena Bassa

Vallaccia, Rifugio

2275 m; erb. 1985; privat

- Walter Bernard
  Via S. Giuliana 16
  I-38039 Vigo di Fassa
  ✆ 0462/63463
- Rifugio Vallaccia
  Gardeccia
  I-38036 Pozza di Fassa
  ✆ 0462/64922
- ✕ 1.7. – 19.9.; 25 Schlafplätze
- ∿ 220 Volt
- ↗ Pozza di Fassa 4 Std.
  Val Monzoni P 1½ Std.
- → Rifugio Taramelli 1 Std.
  Biv. Donato Zeni Vallaccia 2 Std.
- △ P. Vallaccia, 2639 m, 1 Std.; Sas dale Undes, 2517 m, ¾ Std.; Sas de Mesdi, 2443 m
- Bahn: Bozen
- Bus: Pozza di Fassa
- Auto: Val Monzoni

Valparola, Rifugio

2168 m; an der Straße St. Kassian – Falzaregopaß; privat

- R. Trebo
  I-32020 Pieve di Livinallongo
  ✆ 0436/7178
- Rifugio Passo Valparola
  I-39030 St. Kassian
  ✆ 0436/866556
- ✕ 01.06. bis 30.10.; 14 Betten

~ 220 Volt
↗ PKW-Zufahrt zum Haus möglich; St. Kassian 2 Std.
→ Falzaregopaß $^{3}/_{4}$ Std.; Rifugio Scotoni 2 Std.; Rifugio Pralongia $2^{1}/_{2}$ Std.
△ Col di Lana, 2452 m, $2^{1}/_{2}$ Std.; Settsass, 2571 m; Monte Castello, 2371 m $^{3}/_{4}$ Std.
🚆 Bruneck
🚌 beim Haus oder Falzaregopaß
🚗 beim Haus P

Vandelli, Rifugio (Sorapishütte)

1928 m; erb. 1924, umgeb. 1966
CAI Sektion Venezia
San Marco 1672
I-30124 Venezia
✆ 041/5225407

† Luciano Zandegiacomo
I-32041 Auronzo di Cadore
✆ 0435/97039
⌂ Rifugio Vandelli
I-32041 Auronzo
✆ 0435/39015
✕ 10.06. bis 20.09., sonst nach Vereinbarung; 57 Schlafplätze
~ 220 Volt mit Generator
⊞ offen; 4 ⊓ mit Decken
↗ Tre-Croci-Paß $1^{1}/_{2}$ Std.; Bergstation Faloria-Tondi $3^{1}/_{2}$ Std.
→ Biv. Slataper 4 – 5 Std.; Rif. Angelo Bosi $5^{1}/_{2}$ – 6 Std.; Biv. Comici $2^{1}/_{2}$ – $3^{1}/_{2}$ Std.
Rifugio Citta di Carpi $3^{1}/_{2}$ – 4 Std.; Rifugio Faloria-Tondi $3^{1}/_{2}$ Std.
△ Sorapis, 3205 m, 6 Std.; Punta Nera, 2847 m; La Cesta 2768 m
🚆 Toblach oder Calalzo
🚌 Tre-Croci-Paß
🚗 Tre-Croci-Paß

Vederna, Rifugio

1324 m; privat

† Silvana Obber
Via Vignole 5
I-38050 Imer
✆ 0439/67687
⌂ Rifugio Vederna
I-38050 Imer
✆ 0439/67103
✕ 15.06. bis 30.09.; 11 🛏
~ 220 Volt
↗ Imer $2^{1}/_{2}$ Std.; Pontèt 4 Std.
→ Rifugio Fonteghi 4 Std.
Rifugio Dal Piaz 3 Std.

△ Monte Paviòn, 2335 m, 3 Std.; Monte Vederna, 1584 m, ½ Std.
🚂 Feltre
🚌 Imer
🚗 Imer oder beim Haus P

Velo della Madonna, Rif.

2358 m; erb. 1920, umgeb. 1980
CAI SAT Trento
Via Manci 57
I-38100 Trento
✆ 0461/981871

- M. Lott und R. Secco
  Via B. Zagonel
  I-38058 S. Martino di Castrozza
  ✆ 0439/68249
- Rifugio Velo della Madonna
  I-38058 S. Martino di Castrozza
  , ✆ 0439/768731
- ✕ 20.06. bis 20.09.; 16 Betten, 46 Lager
- 220 Volt mit Generator
- offen; 10 Lager
- ↗ S. Martino di Castrozza 3 Std.
  Malga Zivertaghe 2½ Std.; Valmesta 3 Std.
- → Rifugio Pradidali 2½ Std.; Rifugio Rosetta-Pedrotti 4 Std.
- △ Cima di Ball, 2802 m, ¾ Std.; Cima della Stagna, 2530 m, ½ Std.
  Cima della Madonna, 2752 m; Sass Maor, 2814 m
- 🚂 Feltre oder Auer
- 🚌 San Martino di Castrozza
- 🚗 Malga Zivertaghe

Venezia, Rifugio (Alba Maria de Luca)

1946 m; erb. 1892, umgeb. 1929 und 1954
CAI Sektion Venezia
San Marco 1672
I-30124 Venezia
✆ 041/5225407

- Vittore De Luca
  I-32040 Borca di Cadore
  ✆ 0435/82130
- Rifugio Venezia
  I-32040 Borca di Cadore
  ✆ 0436/9684
- ✕ 10.06. bis 20.09.; 74 Schlafplätze
- 220 Volt mit Generator
- offen; 6 Lager mit Decken; Kochgelegenheit

↗ Zoppé di Cadore 2 Std.; Borca di Cadore 3½ Std.; Passo Staulanza 2¼ Std.
→ Rifugio Talamini 2½ Std.; Rifugio Cittá di Fiume 3¼ Std.
San Vito di Cadore 3¾ Std.; Rifugio Coldai 4 Std.
△ M. Pelmo, 3168 m, 5 Std.; Pelmotto, 2993 m, 4½ Std.; M, Penna, 2196 m, 1¼ Std.
Longarone oder Calalzo
Zoppé, Borca di Cadore oder Passo Staulanza
Zoppé, Borca di Cadore oder Passo Staulanza

Viel del Pan, Rifugio

2432 m; privat

Brüder Dantone
I-38030 Alba di Canazei
✆ 0462/62226
Rifugio Viel del Pan
I-38032 Canazei
20.06. bis 30.09.; 11
keiner (Gas)
↗ Pordoijoch 1½ Std.; Rifugio Castiglione am Fedaiasee 1½ Std.
→ Rifugio Fredarola 1 Std.
△ Sasso Capello, 2557 m, ½ Std.
Auer oder Bozen
Pordoijoch
Pordoijoch oder Fedaiasee

Volpi-Mulaz, Rifugio

2571 m; erb. 1907, umgeb. 1960 und 1986
CAI Sektion Venezia
San Marco 1672
I-30124 Venezia
✆ 041/25407 (Mi/Fr 18.00 – 19.30)

Pia Crepaz
Via Prade
I-32020 Canale d'Agordo
✆ 0437/590287
Rifugio Mulaz
Via Prade
I-32020 Canale di Agordo
✆ 0437/599420
20.6. – 30.9.; 18, 20, 20
220 Volt mit Generator
offen; 12; Tisch, Bänke und Kochgelegenheit
↗ Falcade 4 Std.; Rollepaß 3 Std.; Paneveggio 4 Std.; Passo di Valles 3 Std.
→ Rifugio Rosetta-Pedrotti 4½ Std.; Gares 3 – 4 Std.
Bivacco G. Brunner ca. 3 Std.

△ Mulaz, 2904 m, 1 Std.; Cima di Campido, 3001 m, 3 Std.
Cima dei Burelòni, 3132 m, 3 Std.; Le Ziròcole, 3058 m, 2½ Std.
Auer oder Feltre
Falcade, Rollepaß oder Passo di Valles
Molino (Falcade) oder Rollepaß

Voltolina, Bivacco

2082 m; erb. 1961
CAI Sektion Venezia
San Marco 1672
I-30124 Venezia
✆ 041/5225407

✗ immer zugänglich; 9 ⊓; Wasser 10 Min. entfernt
↗ Rifugio Tre Sorelle im Val d'Ansiei 3 Std.
→ Biv. Musatti 5 – 6 Std.; Rif. San Marco 3½ Std.; Biv. Slataper; Biv. Comici
△ Corno del Doge, 2615 m; Cima Scotter, 2716 m; Cima de Marchi, 2769 m
C. Bastioni, 2926 m; Cima Belpra, 2917 m
Calalzo oder Innichen
Auronzo – Val d'Ansiei
Rifugio Tre Sorelle

Würzjochhütte (Ütia de Börz)

2006 m; erb. 1981
privat, Besitzer: Paul Wieser & Co.
Hotel Salares
I-39030 St. Kanzian
✆ 0471/849445

Roberto Wieser
Untermoi 58
I-39030 St. Martin
✆ 0474/520066

Ütia de Börz
Untermoi 58
I-39030 St. Martin

✗ Mitte Mai bis Ende Oktober
8 Betten, 20 ⊓
220 Volt
↗ Untermoi 1½ Std.; Zwischenwasser 3 Std.; St. Magdalena im Villnößtal 4 Std.
→ Schatzerhütte 2 Std.; Plosehütte 4 Std.
Maurerberghütte 1 Std.; Schlüterhütte 2 Std.
△ Kurtatsch, 2120 m, 20 Min.; Peitlerkofel, 2875 m, 3½ Std.
Brixen oder Bruneck
beim Haus
beim Haus P

Zallinger, Berghaus

2054 m; erb. 1936, umgeb. 1988; privat, Besitzer: Familie Schenk
✆ außerhalb der Saison 0471/655605

- Johann Schenk
  I-39040 Seiseralm
- Berghaus Zallinger
  I-39040 Seiseralm-Kastelruth
  ✆ 0471/727947
- ganzjährig, außer Mai und November; 30 Betten, 11 Lager
- 220 Volt
- Saltria – Williamshütte, dann 5 Min., Saltria 3/4 Std.; St. Christina 3 Std.
- Plattkofelhütte 3/4 Std.; Langkofelhütte 1 3/4 Std.; Tierseralplhütte 2 Std.
- Plattkofel, 2964 m, 3 Std.
- Klausen oder Bozen
- Saltria oder Seiseralm-Kompatsch
- Seiseralm-Kompatsch

Zsigmondy-Hütte (Rif. Zsigmondy-Comici)

2224 m; erb. 1882, umgeb. 1928
CAI Sektion Padova
Galleria S. Bernardino 5
I-35100 Padova
✆ 049/8750842

- Klaus Happacher
  Riegerhof 1
  I-39030 Sexten-Moos
  ✆ 0474/70143
- Zsigmondy-Hütte
  I-39030 Sexten
  ✆ 0474/70358
- 20.06. bis Anfang Oktober
  40 Betten, 40 Lager
- 220 Volt mit Generator
- offen; 6 Lager
- Fischleinboden 2 1/2 Std.; Auronzo 4 Std.
- Carduccihütte 1 Std.; Büllelejochhütte 1 Std.; Dreizinnenhütte 2 1/4 Std.
- Hochbrunner Schneide, 3045 m, 3 Std.; Paternkofel, 2744 m, 3 Std.
  Oberbachernspitze, 2698 m, 1 1/2 Std.
- Innichen
- Fischleintal (Dolomitenhof)
- Fischleintal (Dolomitenhof)

BOZEN
Leifers
Branzoll
Deutechnofen
Petersberg
Aldein
Pso. di Lavazè 1805
Auer
Schwarzhorn 2439
Montan
Neumarkt
S. Lugano
Varena
Predazzo
Carano
Tésero
Altrei
Cavalese
Biv.
Cma.
Capriana
Molina
Salurn
Gràuno
Fiemme
Sovèr
Lastè d. Sute 2615
Valda
Faedo
Cembra
S. Michele
Rif. Maderlina
Val
Lagorai
Pso. Mánghen 2047
Cima d'Asta 2847
Cana
Pressano
Rif. G. Tonini
Lases
Palù d. Férsina
Rif. O. Brentari
Lavis
Baselga
Cimon Rava 2434
Rif. Sette Selle
Malene
S. Orsola
Gàrdolo
Montagnaga
TRENTO
Civezzano
Torcegno
Telve
Bieno
Serso
Strigno
Pieve Tasiono
Roncegno
Borgo
Pergine
Levico Terme

53 Fleimstaler Alpen

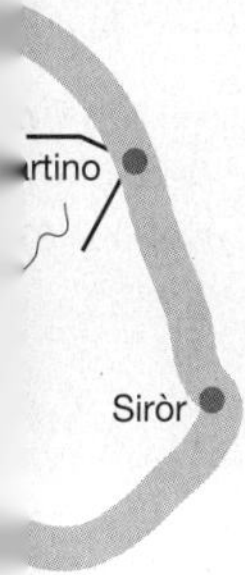

Umgrenzung

Trient – Etschtal – Bozen – Eggental – Reiterjoch – Satteljoch – Predazzo – Rollepaß – Val Cismon – Mezzano – Passo di Gobbera – Passo del Brocon – Strigno – Val Sugana – Trient

A. Vanin, Bivacco

2165 m; erb. 1969; Besitzer: Gemeinde Strigno
I-38059 Strigno
✆ 0461/762102

✕ immer zugänglich; 6 Schlafplätze mit Decken
Kochgelegenheit, Geschirr vorhanden, ebenso Wasser
↗ Bieno $3\frac{3}{4}$ Std.; Malga Tizzon di sotto $1\frac{1}{2}$ Std.
→ Rifugio Carlettini 3 – $3\frac{1}{2}$ Std.; Malga Sorgazza $4\frac{1}{2}$ Std.
△ Cima Ravetta, 2266 m, 20 Min.; Monte Primalunetta 2314 m
🚂 Strigno
🚌 Bieno
🚗 Malga Tizzon

Aldo Moro, Bivacco

2565 m; erb. 1981
CAI Sektion Fiamme Gialle
Alpinschule der Finanzwache
Via FF.GG. 8
I-38037 Predazzo
✆ 0462/501661

✕ betreut durch Außenstelle der Guardia d'Finanza (G.d.F.)
Via Passo Rolle 8
I-38030 Passo Rolle
✆ 0439/68040
immer zugänglich, 9 Schlafplätze, Wasser 100 m entfernt
↗ Lago di Paneveggio $3\frac{1}{2}$ Std.
S. Martino di Castrozza
$3\frac{1}{2}$ Std.; Passo Rolle – Passo Colbricon – Forc. Ceremana $3\frac{1}{2}$ Std.
→ Rifugio Laghi Colbricon $2\frac{3}{4}$ Std.; Bivacco Paolo e Nicola $3\frac{1}{2}$ Std.
△ Coston di Slavaci, 2708 m, $\frac{1}{2}$ Std.; Cime di Ceremana, 2699 m, $1\frac{1}{2}$ Std.
🚂 Auer
🚌 Paneveggio oder San Martino di Castrozza
🚗 Lago Paneveggio oder Passo Rolle

Alpino, Rifugio

1195 m; Besitzer: Gruppo Alpini Cembra
c.o. G. De Simoni
I-38034 Cembra
✆ 0461/683124

🚹 G. Bortolotti
I-39040 Salurn
✆ 0471/884218

Rifugio Alpino – Lago Santo
I-38034 Cembra
01.05. bis 30.09.; 30 Schlafplätze
220 Volt
Zufahrt von Cembra 5 km; Salurn 3 Std.
Rifugio Sauch ¾ Std.; Gfrill 4 Std.
Salurn oder Trient
Cembra
beim Haus P

ANA Telve, Bivacco

2054 m; am Passo Cadino; ANA (Associazione Nazionale Alpini), Sektion Telve
I-38050 Telve

immer zugänglich; 4 ⊓ mit Decken
Strigno – Passo Manghen, dann ½ Std.
Malga Cagnon di Sopra, Rif. Tonini, Rif. Sette Selle, Rif. Manghen ½ Std.
△ Cima Fornace, 2225 m
Strigno
Telve oder Strigno
Passo Manghen

Baita del Cimon, Bivacco

1953 m; Besitzer: Magnifica Comunità della Val di Fiemme
I-38033 Cavalese
✆ 0462/30365

immer zugänglich; 6 Schlafplätze mit Decken; Wasser vorhanden
Cavalese 4 Std.; Cavalese – Pegolazza, dann 2 Std.
Bivacco Malga Forame Alta 2 Std.; Bivacco Baita di Manzi
△ Cimon di Val Moena 1½ Std.
Auer
Cavalese
Pegolazza

Baito del Manzi, Bivacco

2047 m; Besitzer: Magnifica Comunità della Val di Fiemme
I-38033 Cavalese
✆ 0462/30365

immer zugänglich; 6 Schlafplätze mit Decken; Wasser vorhanden
Cavalese 4 Std.; Cavalese – Ponte Brustolaie, dann 2 Std.
Bivacco Malga Forame Alte 20 Min.; Bivacco Baito del Cimon 2¾ Std.
△ Busa Grana, 2510 m, 2 Std.; Cimon di Val Moena, 2488 m, 2 Std.
Auer
Cavalese
Ponte Brustolaie

Baito del Pignaro

1909 m; immer zugänglich. In der Nähe des Bivacco Malga Forame Alta, siehe dort

Baito di Carbonare, Bivacco

1719 m; Besitzer: Magnifica Comunità della Val di Fiemme
I-38033 Cavalese
✆ 0462/30365

- ✗ immer zugänglich; 6 Schlafplätze mit Decken; Wasser vorhanden
- ↗ Cavalese $3^1/_4$ Std.; Cavalese – Ponte Brustolaie, dann $1^1/_4$ Std.
- → Bivacco Malga Formare Alte, Bivacco Baito del Manzi, Bivacco Malga dell'Inferno
- △ Cima dell'Inferno, 2333 m
- Auer
- Cavalese
- Ponte Brustolaie

Carlettini, Rifugio

1368 m; privat; Besitzer: Eredi Carlettini
I-38050 Scurelle

- Rifugio Carlettini
  Val Campèlle
  I-38050 Scurelle
  ✆ 0461/766166
- ✗ 15.6. – 15.9.; Information im Rest. Crùcolo; ✆ 0461/766093; 12 Schlafplätze
- ↗ Strigno 2 Std.; PKW-Zufahrt zum Haus möglich
- → Malga Cazzorga Alta $3^1/_2$ – 4 Std.; Malga Nuova – Val di Moena $2^3/_4$ Std.
  Rif. Refavaie $3^3/_4$ Std.; Rif. Cima d'Asta $4^1/_2$ Std.; Biv. A. Vanin 3 – $3^1/_2$ Std.
- △ Cima di Lagorai, 2530 m, 5 Std.; Cima delle Stellùne, 2605 m, $4^1/_2$ Std.
  Cima delle Buse, 2574 m, 4 Std.; Cresta Ravetta, 2442 m, $3^1/_4$ Std.
- Strigno
- Strigno
- beim Haus P

Cauriol, Rifugio

1600 m; erb. 1948, umgeb. 1968
Besitzer: Gem. Ziano di Fiemme
I-38030 Ziano di Fiemme

- L. Cemin + P. Giacomuzzi
  Via Sandolin 13
  I-38030 Ziano di Fiemme
  ✆ 0462/571400
- Rifugio Cauriol
  Loc. Sadole
  I-38030 Ziano di Fiemme
- ✗ 15.06. bis 15.09.; 8 ⊓

↗ Ziano di Fiemme 2 Std.; PKW-Zufahrt zum Haus möglich
→ Rifugio Refavàie 3½ Std.; Bivacco Paolo & Nicola 4½ Std.
△ Monte Cauriol, 2494 m, 2¾ Std.; Cima Busa Alta, 2513 m, 2½ Std.
Bahn: Auer
Bus: Ziano di Fiemme
Auto: beim Haus P

Cislonalm

1249 m; privat

Cislonalm
I-39040 Auer-Montan
✗ ganzjährig; 8 Betten
220 Volt
↗ Truden 1 Std.; Montan 2 Std.; Neumarkt 2½ Std.; PKW-Zufahrt von Truden möglich
△ Cocul, 1563 m, 1 Std.
Bahn: Bozen oder Auer
Bus: Montan oder Truden
Auto: beim Haus P

Colbricon, Rifugio

1927 m; privat

Theresa Lucian in Piechele
Via Lorenzoni 10
I-38100 Trento
Rifugio Colbricon
Passo Rolle
I-38058 S. Martino di Castrozza
✗ 20.06. bis 20.09.
keine Nächtigung
↗ Passo Rolle ¾ Std.
S. Martino di Castrozza 2 Std.
→ Malga Ces ½ Std.
Rifugio Punta Ces 1 Std.
Rifugio Vecchio 2½ Std.
△ Colbricon, 2602 m, 3¼ Std.
Bahn: Auer oder Primolana
Bus: S. Martino di Castrozza oder Rollepaß
Auto: S. Martino di Castrozza oder Rollepaß

Eurotel 2000, Albergo

1970 m; privat

G. Chenodi
I-38033 Cavalese
✆ 0462/30282

Eurotel 2000
Alpe Cermis
I-38033 Cavalese
✆ 0462/30572

in der Wintersaison bis eine Woche nach Ostern, 15.07. bis 25.08.; 120

220 Volt

zum Haus; Cavalese $3\frac{1}{2}$ Std.; Pra del Chec 2 Std.

Rif. Paion $\frac{1}{2}$ Std.; Biv. Malga Nuova – Val Moena $2\frac{1}{2}$ Std.; Biv. Malga Lagorai 2 Std.

Sass Ross, 2127 m, $\frac{3}{4}$ Std.; La Sarela, 2271 m, $1\frac{1}{4}$ Std.
Cimon della Trappola, 2401 m, 2 Std.

Auer

Cavalese

Cavalese Talstation oder Pra del Chec

G. Cavinato, Bivacco

2847 m; am Gipfel der Cima d'Asta; Besitzer: Giovane Montagna
Sektion Padova
I-35100 Padova

immer zugänglich; 6 Schlafplätze mit Decken

Pieve Tesino – Malga Sorgazza, dann 5 Std.; Rifugio O. Brentari $1\frac{1}{4}$ Std.

Grigno/Val Sugana

Pieve Tesino

Malga Sorgazza

Giovanni Tonini, Rifugio

1946 m; umgeb. 1972
CAI SAT Sektion Baselga di Pine
I-38042 Baselga di Pine

Hana Pancikova
Via Verdi 25c
I-38043 Bedollo di Pine
✆ 0461/556835

Rifugio G. Tonini
Malga Spruggio Alta
I-38043 Bedollo di Pine
✆ 0461/683022

20.06. bis 20.09.; 16 Schlafplätze + ⌴; Dusche

220 Volt mit Generator

Brusago $2\frac{1}{2}$ Std.; Regnana 3 Std.

Rif. Sette Selle 3 Std.; Albergo Val Calamento $4\frac{1}{2}$ Std.; Palù del Fersina 2 Std.

M. Ruioch, 2415 m, $1\frac{1}{2}$ Std.; Uomo Vecchio, 2233 m, 2 Std.; M. Croce, 2490 m, 3 Std.

Trento

Brusago oder Bedollo

Brusago – Malga Bassa di Sprunggio

Gurndinalm, Berggasthof (Malga Gurandin)

1952 m; privat

- Berggasthof Gurndinalm
  I-39040 Aldein
- Anfang Juni bis Ende Oktober; 40 Schlafplätze
- 220 Volt
- Kaltenbrunn 3 Std.; Lavazejoch 1½ Std.; PKW-Zufahrt von Kaltenbrunn möglich
- Jochgrimm Berggasthaus ½ Std.
- Weißhorn, 2317 m, 1½ Std.; Schwarzhorn, 2439 m, 2 Std.
- Auer
- Kaltenbrunn oder Lavazejoch
- Oberradein, Lavazejoch, beim Haus P

Hornalm, Berggasthaus

1718 m; privat

- Berggasthaus Hornalm
  I-38030 Capriana
- Mitte Juni bis Ende September; 8 Schlafplätze
- 220 Volt
- Gfrill 1½ Std.; Truden 2 Std.; Capriana 3 Std.; Gampensattel ½ Std.
- Trudner Horn, 1781 m, 15 Min., Hornspitze, 1817 m, 15 Min.
- Neumarkt
- Truden oder Gfrill
- Gampensattel

Jochgrimm, Berggasthof (Rifugio Passo di Oclini)

1989 m; privat

- Familie Daldoss
  ✆ 0471/886982
- Albergo Passo Oclini
  I-38033 Cavalese
- 15.06. bis 31.10., Wintersaison; 45 Schlafplätze
- 220 Volt
- PKW-Zufahrt zum Haus vom Lavazejoch möglich; Lavazejoch 1 Std.
  Oberradein 1½ Std.; Kaltenbrunn (Fontanefredde) 3 Std.; Cavalese 4 Std.
- Berggasthaus Gurardin ½ Std.; Petersberger Leger 2 Std.
- Weißhorn, 2317 m, 1 Std.; Schwarzhorn, 2439 m, 1½ Std.
- Auer
- Lavazejoch
- P beim Haus oder Lavazejoch

La Storta, Bivacco

1510 m; Besitzer: Magnifica Comunità della Val di Fiemme
I-38033 Cavalese
✆ 0462/30365

- immer zugänglich; 6 Schlafplätze mit Decken; Wasser vorhanden
- ↗ Cavalese 3½ Std.; Cavalese – Ponte Brustolaie, dann 1½ Std.
- → Biv. Forame Alta 1½ Std.; Biv. Baito del Manzi 2 Std.; Biv. Baito di Carbonare
- △ La Storta, 1814 m
- Auer
- Cavalese
- Ponte Brustolaie

Laab, Berggasthaus

1648 m; privat

- Berggasthof Laab
  I-39050 Deutschnofen
- ganzjährig; 12
- 220 Volt
- ↗ Deutschnofen 1½ Std.; Maria Weißenstein 1 Std.
- → Petersberger Leger ½ Std.; Berghaus Jochgrimm
- △ Laabberg, 1702 m, ¼ Std.; Weißhorn, 2317 m
- Auer
- Maria Weißenstein oder Deutschnofen
- Maria Weißenstein oder Deutschnofen

Lago Erdemolo, Rifugio

2036 m; privat
Besitzer: Marco Toller
I-38050 Palù del Fersina – Loc. Lenzi
✆ 0461/550037

- Petri Elia
  Loc. Stefani 37
  I-38050 Palù del Fersina
  ✆ 0461/550005
- Rifugio Lago Erdemolo
  I-38050 Palù del Fersina
  ✆ 0461/550077
- 20.06. bis 20.09.; 30
- 220 Volt
- ↗ Palù del Fersina 1½ Std.
  Fierozzo 3 Std.
  Vetriolo Terme 5½ Std.
- → Rifugio Sette Selle 1½ Std.; Rifugio Serot 3½ Std.
  Rifugio Panarotta 4 Std.; Rifugio Tonini 4½ Std.

△ Mte. del Lago, 2327 m, 1¼ Std.; Pizzo Alto, 2264 m, ¾ Std.
Sopra Cornella, 2308 m, 2 Std.; Cima di Cavè, 2296 m, 1½ Std.
Trento
Palù del Fersina
Palù del Fersina

Lieg-Alm, Berggasthaus

1751 m; privat

Berggasthof Lieg-Alm
I-38033 Cavalese
Anfang Juni bis Mitte Oktober; 8 Schlafplätze
220 Volt
↗ Lavazejoch (Passo di Lavaze) ½ Std.; Cavalese 3½ Std.; Deutschnofen
→ Jochgrimmhaus 1¼ Std.
△ Auf der Lieg, 1752 m, 15 Min.; Zanggenberg, 2488 m, 3 Std.
Weißhorn, 2317 m, 3 Std.
Auer
Lavazejoch
Lavazejoch

Maderlina, Rifugio

1030 m; erb. 1970
CAI SAT Sektion Lisignago
Via Rizzol 73
I-38030 Lisignago
Betreut durch Sektion Lisignago, verantwortlich: Livio Feretti, ✆ 0461/683391. Anfrage empfehlenswert

meist nur an Wochenenden betreut; 25 ⊓
↗ Lisignago 2 Std.; Faédo 1½ Std.
Zufahrt über Lago Santo
→ Sauchhütte (Rifugio Sauch)
△ Signorar, 1081 m, ½ Std.
Lavis oder Trento
Lisignago
beim Haus P

Malga Forame Alta, Bivacco

1909 m; Besitzer: Magnifica Comunità della Val di Fiemme
I-38033 Cavalese
✆ 0462/30365

immer zugänglich; 6 Schlafplätze mit Decken; Wasser vorhanden

↗ Cavalese 3½ – 4 Std.; Cavalese – Ponte Brustolaie, dann 1½ Std.
→ Bivacco Baita Manzi 20 Min.; Bivacco Baita del Cimon 2 Std.
△ Cima dell'Inferno, 2333 m, 1½ Std.; Busa Grana, 2510 m, 2 Std.
Cima di Val Moena, 2488 m, 1½ Std.
🚆 Auer
🚌 Cavalese
🚗 Ponte Brustolaie

Malga Inferno, Bivacco

1910 m; Besitzer: Magnifica Comunità della Val di Fiemme
I-38033 Cavalese
✆ 0462/30365

✗ immer zugänglich; 10 Schlafplätze mit Decken; Wasser vorhanden
↗ Cavalese 4 Std.; Cavalese – Ponte Brustolaie, dann 1¾ Std.
→ Bivacco Malga Forame Alte, Bivacco Baito del Manzi
△ Cima dell'Inferno, 2333 m, 2 Std.
🚆 Auer
🚌 Cavalese
🚗 Ponte Brustolaie

Malga Lagorai, Bivacco

1872 m; Besitzer: Alm- und Weidegenossenschaft Sektion Tesero
I-38038 Tesero

✗ immer zugänglich; 10 Schlafplätze mit Decken; Kochgelegenheit, Geschirr und Wasser vorhanden
↗ Tesero 1¾ Std.; Malga Fraton 20 Min.
→ Alpe Cermis (Rifugio Paion, Eurotel 2000) 2 – 2¾ Std.; Rif. Cauriol 6 Std.
Malga Nuova – Moena 3 Std.; Rifugio Carletini 4 Std.; Malga Val Cion 3 Std.
Rif. Refavaie 5 Std.; Malga Toazzo 2½ Std.; Malga Litegosa 2½ Std.
△ Cimon di Cadinello, 2438 m, 2 Std.; Cima Formion, 2529 m, 2½ Std.
Cima di Pieroni, 2443 m, 2 Std.; Cima di Lagorai, 2530 m, 2 Std.
🚆 Auer
🚌 Tesero
🚗 Malga Fraton

Malga Nuova, Bivacco

1744 m; in der Val Moena. Besitzer: Alm- und Weidegenossenschaft Sektion Cavalese
I-38033 Cavalese

✗ immer zugänglich; 6 – 7 Schlafplätze mit Decken; Kochgelegenheit
↗ Cavalese 2½ Std.; Cavalese – Pegolazza, dann 20 Min.
→ Alpe Cermis (Rifugio Paion, Eurotel 2000) 2 – 2½ Std.; Malga Lagorai 2 – 3 Std.
Malga Val Cion 3 Std.; Rifugio Carletini 4½ Std.; Malga Cazzorga 3 Std.
△ Cimon di Val Moena, 2488 m, 2½ Std.; Cimon del To della Trappola, 2401 m, 3 Std.
Cellon delle Sute, 2616 m, 3 Std.; Castel di Bombasèl, 2535 m, 3½ Std.

- Auer
- Cavalese
- Pegolazza

Malga Toazzo, Bivacco

1464 m; Besitzer: Alm- und Weidegenossenschaft Sektion Ziano und Panchià
I-38030 Ziano-Panchià

- immer zugänglich; 8 Schlafplätze mit Decken; Wasser vorhanden
- Ziano di Fiemme – Cavelonte, dann ½ Std.
- Malga Lagorai 3 Std.; Rifugio Refavaie 5 Std.; Rifugio Cauriol 4¼ Std.
- Cimòn di Cadinello, 2438 m, 2¾ Std.; Cima Formiòn, 2529 m, 3 Std.
  Cimòn di Lastèolo, 2544 m, 3½ Std.; Cima Litegosa, 2548 m, 3 Std.
  Cima di Cupolà, 2547 m, 3½ Std.; Castel, 2486 m, 3¼ Std.
- Auer
- Ziano di Fiemme
- Cavelonte

Manghen, Rifugio

2047 m; am Passo Manghen; privat

- Rifugio Manghen
  I-38030 Molina di Fiemme
- 15.06. bis 20.09.; 36 Schlafplätze
- 220 Volt
- Zufahrt von Molini/Fiemme oder Telve/Val Sugana
- Bivacco ANA Telve; Malga Cazzorga 2½ – 3 Std.; Rifugio Carlettini 4 Std.
- M. Manghen, 2161 m, 20 Min; M. Ziolera, 2478 m, 1½ Std.; C. di Valsolaro, 2283 m
- Auer oder Borgo/Val Sugana
- Molina di Fiemme oder Telve
- beim Haus P

Ottone Brentari, Rifugio (Rifugio Cima d'Asta)

2473 m; erb. 1908, umgeb. 1983
CAI SAT Trento
Via Manci 57
I-38100 Trento
✆ 0461/981871

- Duilio Boninsegna
  Via Dolomiti 8
  I-38050 Imer
  ✆ 0439/67408
- Rifugio Ottone Brentari
  I-38050 Pieve Tesino
  ✆ 0461/594100

✗ 20.06. bis 20.09.; 16 🛏, 40 ⊓; Duschgelegenheit
~ 220 Volt; ☏
❄ 6 ⊓; offen
↗ Malga Sorgazza 3 Std.; Passo 5 Croci 3½ Std.; Sorgazza 4 Std.; Caoria 4½ Std.
Val Malene – Val Tolva – Forc. Regana 4½ Std.
→ Rifugio Revavaie 4½ Std.; Rifugio Carlettini 3 Std.
△ Cima d'Asta, 2847 m, 1¼ Std.
🚂 Borgo oder Gringo im Val Sugana
🚌 Pieve Tesino
🚗 Sorgazza

Paion-Alpe Cermis, Rifugio

2229 m; privat

⌂ Rifugio Paion-Alpe Cermis
I-38033 Cavalese
✆ 0461/31616
✗ ganzjährig; 38 Schlafplätze
~ 220 Volt
↗ Bergstation der 🚡 beim Eurotel 2000 ¾ Std.; Cavalese 4½ Std.
Pra del Chec 2¾ Std.
→ Malga Lagorai 2½ Std.; Malga Nuova di Val Moena 2¼ Std.
△ Sass Ross, 2127 m, ½ Std.; La Salera, 2271 m, ¾ Std.
Cimon de to della Troppola, 2401 m, 1¼ Std.
🚂 Auer
🚌 Cavalese
🚗 Pra del Chec

Paolo e Nicola, Bivacco

2180 m; erb. 1974, Besitzer: Centro Turistico Giovanile
I-38037 Predazzo

✗ immer zugänglich; 6 – 8 Schlafplätze; Herd, Geschirr, Wasser etwa 200 m entfernt
↗ Predazzo 3 Std.; Malga di Valmaggiore 1½ Std.;
→ Rifugio Refavaie 3½ Std.; Rifugio Cauriol 4 Std.; Bivacco Aldo Moro 2 Std.
△ Cima di Valmaggiore, 2479 m, 1 Std.; Cima di Cece, 2754 m, 2 Std.
Coltorondo, 2530 m, 1½ Std.
🚂 Auer
🚌 Predazzo
🚗 Malga Valmaggiore

Petersberger Leger, Berggasthof

1529 m; privat

⌂ Berggasthof Petersberger Leger
I-39040 Petersberg
✗ ganzjährig; 12 🛏

220 Volt
Maria Weißenstein ½ Std.; Petersberg 1 Std.
Berggasthaus Jochgrimm 2½ Std.; Berggasthaus Laab ½ Std.
Weißhorn, 2317 m, 2¼ Std.
Bozen oder Auer
Maria Weißenstein oder Petersberg
Maria Weißenstein

Refavaie, Rifugio

1115 m; erb. 1900, umgeb. 1964
privat

M. Zugliani und G. Loss
Via Basse 5
I-38050 Mezzano
© 0439/67342
Rifugio Refavaie
I-38050 Caoria
© 0439/60009 oder 710009
01.06. bis 30.10.; 7, 15
220 Volt
mit vom Besitzer zugänglich
Caoria 1½ Std.
Zufahrt mit PKW möglich
Rifugio Cauriòl 4½ Std.
Rifugio Carlettini 4½ Std.
Biv. Paolo & Nicola 3½ Std.; Rif. Ottone Brentari (Rif. Cima d'Asta) 5 – 6 Std.
Rifugio Passo del Colbricòn 6½ Std.; zum Passo del Brocòn 5½ Std.
Cauriòl, 2494 m, 3½ Std.; Cima d'Asta, 2847 m, 6 Std.
Grigno oder Feltre
Caoria
beim Haus P

Sauchhütte

950 m; erb. 1947, umgeb. 1988
privat

Dario Brugnara
Via III.Novembre 5
I-38030 Verla di Giovo
Valle di Cembra
© 0461/684232
Rifugio Sauch
I-38030 Verla – Val Cembra
© 0461/683768
01.04. bis 30.11., Mo Ruhetag
20

- 220 Volt
- Lago Santo di Cembra 1½ Std.; Pineta di Faedo ¾ Std.
  Salurn 2 Std.; San Michele (Etschtal) 2½ Std.
- → Rifugio Lago Santo 1½ Std.; Rifugio Monte Corno 2 Std.
- Trento oder Mezzocorona
- Cembra
- Lago Santo

Schwarzhorn, Berghotel (Albergo Corno Nero)

1989 m; privat; Zugänge, Übergänge und Gipfel siehe Berggasthof Jochgrimm

- Albergo Corno Nero
  Passo di Oclini
  I-38033 Cavalese
  © 0462/87050
- 15.06. bis 30.09., 20.12. bis 30.04.; 150 Schlafplätze
- 220 Volt
- Auer
- Lavazejoch
- beim Haus P

Sette Selle, Rifugio

2014 m; erb. 1975
CAI SAT Sektion Pergine
Piazza M. Garbari
I-38057 Pergine

- Licio Zortea und Walter Loss
  Via Zortea di Mezzo
  I-38100 Trento
  © 0439/64483 und 719244
- Rifugio Sette Selle
  Val del Laner
  I-38050 Palù del Fersina
  © 0461/550101
- 20.06. bis 30.09.
  16 Betten, 35 Lager, 16 Notlager
- 220 Volt
- Palù del Fersina 1½ Std.
- → Rifugio Tonini 4 Std.; Rifugio Erdemolo 1½ Std.
- △ Cima di Sette Selle, 2396 m, 2 Std.; Sasso Rotto, 2381 m, 2 Std.
  Sopra Conella, 2308 m, 1½ Std.; Cima d'Ezze, 2362 m, 1¼ Std.
- Trento oder Pergine
- Palù del Fersina
- Frotten (Palù del Fersina)

Slavazi, Bivacco

1980 m; Besitzer: Comunita Generale di Fiemme
I-38033 Cavalese

- immer zugänglich; 5 Schlafplätze mit Decken; Wasser vorhanden
- Ziano di Fiemme – Val Sadola, dann 1½ Std.
- Monte Cauriol, 2494 m, 3 Std.
- Auer
- Ziano di Fiemme
- Ziano di Fiemme – Val Sadola

Sporting Club, Albergo

1930 m; privat

- Milena Rettore
  I-35100 Padova
  © 049/5564380
- Albergo Sporting Club
  Alpe Cermis
  I-38033 Cavalese
  © 0462/31650
- 01.12. bis 30.04.; 92
- 220 Volt
- unmittelbar neben dem Eurotel 2000, siehe dort

Venezia, Albergo

1955 m; am Rollepaß; privat

- R. Zeni
  I-38038 Tesero
  © 0462/83217
- Albergo Venezia
  Passo Rolle
  I-38058 San Martino di Castrozza
  © 0439/68315
- 07.12. bis 30.04., 25.06. bis 30.09.; 60
- 220 Volt
- Zufahrt von San Martino di Castrozza oder Predazzo
- Rifugio Colbricon ¾ Std.
- Colbricon, 2602 m, 4 Std.
- Primolano oder Auer
- Rollepaß
- Rollepaß

1 Rif. Pino Prati
2 Biv. Baloni - Marzola
3 Biv. Vigolana alla Madonnina
4 Rif. Casarota
5 Biv. Baita Laozola C. Refatti
TRENTO
Susá
Matarello
L. di Caldonazzo
Barco
Rif. Paludei
Caldonazzo
Becco di Filadonna
Rif. Baita Belem
Besenello
Lavarone
Capella
Luserna
Volano
Folgaria
Rif. F. lli Filzi
Rovereto
Piazza
Casotto
Biv. Malga Melignetta
S. Pietro
Lizzana
Zóreri
Tonezza
Vanza
Rif. v. Lanzia al Pasubio
Col Santo 2112
Laghi
Castana
Pasubio
Arsiero
Sta. Margherita
Rif. Generale A. Papa
Biv. Marzotta - Sacchi
Riva
S. Antonia
Biv. G. Pedrinolla
Ala
Rif. Fraccaroli
Valli d. Pasùbio
Ronchi
Cima Carega 2259
Staro
Rif. C. Battisti
Rif. Revolta
1975
Recoaro Terme
Mte. Zavola
Tracchi
Fosse
Rif. Bertagnoli - Piatta
Erbezzo
Campodàlbero
Bosco Chiesanuova
Valdagno
Sta. Anna d'Alfaedo
Selva di Progno
Crespadoro
Dolce
Rovere Ver.
Vestenanova
Brogliano
Prun
Fumane
Trissino
Chiampo
Negrar
Arzignano
S. Giovanni
S. Pietro
Grezzana del Garda
Tregnago
Pescantina
Mezzane di Sotto
Roncà
Bussolengo
Montorso
VERONA
Illasi
Cazzano di Tramigna
Colognola

54 Vizentiner Alpen

Umgrenzung

Trient – entlang der Etsch – Rovereto – Verona – Vicenza – Bassano – Solagna – Primolana – Val Sugana – Borgo – Pergine – Trient

Alla Guardia, Rifugio

1036 m; privat

Giuseppe Gaicher
Via Rifugio Guardia
I-36076 Recoaro-Terme
✆ 0445/75257

Rifugio La Guardia
Giuseppe Gaicher
I-36076 Recoaro-Terme
✆ 0445/75257

ganzjährig, Donnerstag Ruhetag; 25
220 Volt
Straße von Recoaro-Terme 8 km
Schio oder Rovereto
Recoaro-Terme
beim Haus P

Bailoni-Marzola, Bivacco

1650 m; erb. 1971
CAI SAT Sektion Villazano
I-38049 Vigolo Vattaro

immer zugänglich, 5 Schlafplätze mit Decken
Grotta di Villazzano 3 Std.; Rifugio Maranza $1\frac{3}{4}$ Std.; Vigolo Vattaro $2\frac{1}{2}$ Std.
Rifugio Alpino Marzola $2\frac{1}{2}$ Std.; Rifugio Fontans del Gai
△ La Marzola, 1738 m, $\frac{3}{4}$ Std.
Trient
Grotta Villazzano
Rifugio Pino Prati oder Rifugio Maranza

Baita Belem, Rifugio

1420 m; erb. 1972
CAI SAT Sektion Lavarone
c/o Municipio
I-38046 Lavarone

betreut durch die Mitglieder der Sektion CAI SAT Lavarone 01.07. bis 30.08. durchgehend, ab 01.06. und bis 30.10. am Wochenende, übrige Zeit mit der Sektion nach Vereinbarung zugänglich; 6 Schlafplätze; mit Kochgelegenheit
keiner (Gas)
Lavarone – Gionghi, dann 1 Std.
Caldonazzo $3\frac{1}{2}$ Std.
△ Monte Cimone, 1486 m, $\frac{3}{4}$ Std.
Calliano
Lavarone – Gionghi
Lavarone – Gionghi

Baita del Cangi, Bivacco

1370 m; erb. 1967
CAI SAT Sektion Levico
Via Marconi 16
I-38056 Levico

✕ zugänglich mit 🔑 der Sektion; 6 Schlafplätze mit Decken, Wasser 10 m entfernt
↗ Levico Terme – S. Giuliana, dann 2 Std.; Lavarone – Spiazzo Alto, dann ½ Std.
→ Rifugio Malga Larici
△ Cima Vezzena, 1908 m, 2½ Std.; Cima Manderiolo, 2049 m
🚂 Levico Terme oder Calliano
🚌 Lavarone (Malga Rovere) oder Levico Terme
🚗 Spiazzo Alto

Baita Lanzola-C. Refatti, Bivacco

1351 m; erb. 1961
CAI SAT Sektion Borgo Valsugana
Piazza A. De Gasperi
I-38051 Borgo Valsugana

✕ immer zugänglich; 8 Schlafplätze mit Decken; Wasser vorhanden
↗ Rifugio Cacciatore 1½ Std.
→ Rifugio Malga Larici, Bivacco Busa delle Dodesde-Lenzi 3½ Std.
△ Porta Kempel, 2151 m, 2½ Std.; Cima Portule, 2307 m, 3¼ Std.
Cima Dodici, 2336 m, 3½ Std.
🚂 Borgo Valsugana
🚌 Valle di Sella
🚗 Rifugio Cacciatore

Baita Tonda-Martinella, Rifugio

1604 m; am Gipfel der Martinella; privat

👤 G. Olivi
Serrada
I-38064 Folgaria
✆ 0464/77125
🏠 Rifugio Baita Tonda-Martinella
I-38064 Folgaria
✆ 0464/71378
✕ 01.07. bis 15.09., 01.12. bis 15.04.; 5 🛏
⚡ 220 Volt
↗ 🚡 von Folgaria-Serrada zum Haus, Serrada 1¼ Std.
🚂 Calliano
🚌 Serrada
🚗 Serrada

Balasso, Rifugio

983 m; Besitzer: Società Alpinisti Vicentini
c/o G. Zola
I-36100 Vicenza
✆ 0444/986309

- G. Cemolani
  I-36030 Valli di Pasubio
  ✆ 0445/630106
- Rifugio Balasso
  San Antonio
  I-36030 Valli di Pasubio
  ✆ 0445/630106
- ganzjährig; 37 Schlafplätze
- 220 Volt
- PKW-Zufahrt zum Haus möglich
- → Rifugio A. Papa 2½ Std.; Rifugio Giuriolo – Alpe Campogrosse 2½ Std.
- △ Monte Corneto, 1899 m, 2½ Std.; Cima Palon, 2232 m, 4 Std.
- Rovereto oder Schio
- in Hausnähe bzw. San Antonio
- beim Haus P

Barricata, Rifugio

1351 m; privat, Besitzer: F. Stefani
I-38055 Asiago

- Rifugio Barricata
  I-36052 Enego
  ✆ 0461/565139
- 15.05. bis 15.11.; 28
- 220 Volt
- Rendole 1½ Std.; Grigno 3½ Std.; PKW-Zufahrt von Enego möglich
- → Albergo Marcesina ¾ Std.
- △ Monte Lozze, 1920 m, 2½ Std.; Castelloni di S. Marco, 1830 m, 1½ Std.
- Primolana
- Rendole
- beim Haus P

Bertagnoli-Piatta, Rifugio

1225 m; CAI Sektion Arzignano
Via Mazzini 46
I-36071 Arzignano

- Antonio Avogari
  Via Contrà Lodi 21
  I-36100 Vicenza
  ✆ 0444/541449

- Rifugio Bertagnoli-Piatta
  I-36071 Arzignano
  ✆ 0444/429011
- ✗ 01.06. bis 30.09. durchgehend, ab Ostern und bis 30.11. am Wochenende
  40 Schlafplätze
- 220 Volt mit Aggregat
- offen; 6 ⊓ mit Decken; Kochgelegenheit
- ↗ PKW-Zufahrt zum Haus möglich; Crespadoro 2½ Std.
- → Rifugio C. Battisti 2 Std.; Rifugio Scalorbi, Rifugio Valdagno, Rifugio Campogrosso
- △ M. Zemola, 1976 m; M. Gramolon, 1814 m, 2 Std.; Cima Mesole, 1672 m, 1¾ Std.
- Vicenza oder Schio
- Crespadoro
- Crespadoro oder beim Haus P

Busa delle Dodesde-Lenzi, Bivacco

2100 m; erb. 1976
CAI SAT Trento
Via Manci 57
I-38100 Trento
✆ 0461/981871
CAI SAT Sektion Borgo Valsugana
I-38051 Borgo Valsugana

- ✗ immer zugänglich; 6 Schlafplätze mit Decken; Kochgelegenheit
- ↗ Borgo Valsugana – Olle, dann 6 Std.; Val d'Assa – Busa del Cavallo, dann 1 Std.
- → Bivacco Baita Lanzola-Refatti 3½ Std.
- △ C. Dodici, 2336 m, 1 Std.; M. Ortigara, 2106 m, ¾ Std.; C. Undici, 2228 m
- Borgo Valsugana, Schio oder Thiene
- Valle di Sella oder Asiago (Val d'Assa)
- Busa del Cavallo oder Val di Sella

Campogrosso, Rifugio

1456 m; Besitzer: Almgemeinschaft
Alpe di Campogrosso
I-36073 Cornedo

- Mauro Mabboni
  Via Vellutai 18
  I-38061 Ala
  ✆ 0464/671194
- Rifugio Campogrosso
  I-38076 Recoaro Terme
  ✆ 0445/75030
- ✗ 01.05. – 30.09. durchgehend
  im Winter nur Wochenende
  50 Betten, 18 ⊓ + ⊔
- 220 Volt

↗ Recoaro Terme 2½ Std.; Pian delle Fugazze 1½ Std.
Camposilvano 1¾ Std.; PKW-Zufahrt zum Haus möglich
→ Rif. Scalorbi 2½ – 3 Std.; Rif. Cesare Battisti 3½ Std.; Rif. Fraccaròli 3 Std.
△ Cima di Campogrosso, 1502 m, 20 Min.; Cima delle Ofre, 1781 m, 1 Std.
M. Obante, 2038 m, 2¼ Std.; M. Baffelàn, 1791 m, 1¼ Std.
Rovereto
Pian delle Fugazze
beim Haus P

Casarota, Rifugio

1572 m; erb. 1961
CAI SAT Trento
Via Manci 57
I-38100 Trento
✆ 0461/981871

Goretta Zambon
Via Capri 20
I-36015 Schio
✆ 0445/528521
Rifugio Casarota
Loc. Vigolana
I-38040 Centa San Nicoló
✆ 0464/783677
20.06. bis 20.09.; 24 Betten, 18 Lager
220 Volt mit Generator
↗ Passo della Fricca 1¼ Std.
Ostaria Sindech 1½ Std.; Rifugio Paludei 1¾ Std.
→ Biv. Vigolana 2¼ Std.; Rif. Madonnina 2 Std.; Folgaria 4½ Std.
Besenello 4 Std.
△ Becco delle Filadonna, 2150 m, 2¼ Std.
Cornetto, 2060 m, 2¼ Std.
Caldonazzo (Val Sugana) oder Trento
Passo della Fricca
Passo della Fricca

Cesare Battisti, Rifugio

1275 m; erb. 1922, umgeb. 1978
CAI Sektion Valdagno
Corso Italia 9c
I-36078 Valdagno
✆ 0445/407201

Luciana Bisson
Via Branchi 33
I-36076 Recoaro Terme
✆ 0445/780567

Rifugio Cesare Battisti
Loc. Gazza
I-36076 Recoaro Terme
✆ 0445/75235
1.6. – 30.9.; 50 Schlafplätze
220 Volt
Parlati (Recoaro Terme) 2½ Std.
PKW-Zufahrt zum Haus
Rifugio Bertagnoli 2 Std.
Rifugio Scalorbi 1½ Std.
Rifugio Fraccaroli 2½ – 3 Std.
Rifugio Pertica 2 Std.
Rifugio Campogrosso 3 Std.
M. Plische, 1993 m, 2 Std.
M. Zevola, 1975 m, 2¼ Std.
M. Gramolon, 1808 m, 2 Std.
Cima Carega, 2259 m, 3 Std.
M. Obante, 2038 m, 3 Std.
Vicenza
Recoaro Terme (Parlati)
beim Haus P

Fraccaroli, Rifugio

2230 m; erb. 1953, umgeb. 1971 – 73 und 1981
CAI Sektion Verona
Stradone Scipione Maffei 8
I-37121 Verona
✆ 045/30555

Gianfranco Baschera
Via S. Eurosia 3
I-37030 Mizzole
✆ 045/557738
Rifugio Fraccaroli
Cima Posta
I-38061 Ala
✆ 045/7050033
15.06. bis 15.09., sonst auf Anfrage; 50 Schlafplätze
220 Volt mit Generator
offen; 6 ⊓ mit Decken
Ala 4 Std.; Camposilvano 4½ Std.; Rif. Scalorbi 1½ Std.
Rif. Campogrosso-Giuriolo 3 Std.; Pian delle Fugazze 3½ Std.
Rifugio C. Battisti
C. Carega, 2259 m, 15 Min., C. Posta, 2208 m, ½ Std.; C. Levante, 2020 m, 1¾ Std.
Ala oder Rovereto
Pian delle Fugazze
Rifugio Scalorbia oder Malga Brusa

F.lli Filzi, Rifugio

1603 m; auf dem M. Finonchio
erb. 1931, umgeb. 1956
CAI SAT Sektion Rovereto
Corso Rosmini 53
I-38068 Rovereto
✆ 0464/423855

- Sandro Sartori
  I-38060 Marco di Rovereto
  ✆ 0464/93184
- Rifugio F.lli Filzi
  I-38068 Rovereto
  ✆ 0464/435620
- 20.6. – 20.9., übrige Zeit an Wochenenden; 16 Schlafplätze
- 220 Volt
- Serada 1½ Std.; Moietto 2 Std.; Guardia 2 Std.; Scottini 2 Std.
- Rifugio Albergo Coe 3½ Std.; Rifugio Stella d'Italia 3 Std.
- Rovereto
- Sereda
- Sereda oder Moietta

Generale Achille Papa, Rif.

1934 m; erb. 1922, umgeb. 1966
CAI Sektion Schio
Via Rossi 8, I-36015 Schio
✆ 0445/25755

- Renato Leonardi
  Via Cipani 3
  I-36015 Schio
  ✆ 0445/527026
  Paolo Bortoloso
  Via S. Antonio 9
  I-36030 S. Vito di Leguzzano
  ✆ 0445/673177
- Rifugio Gen. Achille Papa
  I-36030 Valli del Pasubio
  ✆ 0445/630233
- 20.6. – 20.9. durchgehend, 20.9. – 4.11. Wochenende, Feiertage; 16 Betten, 40 Lager
- 220 Volt mit Generator
- Pian delle Fugazze 3 Std.; Ponte Verde 3½ Std.; Colle Xomo 3½ Std.
- Rifugio Lancia (Rifugio Pasubio) 2½ – 3 Std.; Rifugio Balasso 1½ Std.
- △ Cima Parlon, 2232 m, 2 Std.
- Schio
- San Antonio
- Pian delle Fugazze

Gianni Pedrinolla, Bivacco (Capanna Sinèl)

1990 m; erb. 1981
CAI SAT Sektion Ala
Via Torre
Palazzo Malfatti
I-38061 Ala

✕ betreut durch die Sektion, zugänglich mit ⚷, anfragen beim Soccorso Alpino Ala, Paolo Trainotti, ✆ 0464/62164-60033; 10 ⊓; Wasser vorhanden
↗ Malga Brusa (Ala) 3 Std.; Ronchi 4 Std.; Brozzi (Vallarsa) Fraz. Obra 3¾ Std.
→ Rifugio Fraccaroli 1 Std.; Passo Buole 3¼ Std.
△ Cima Levante, 2020 m, 1¼ Std.; Monte Jòcole
🚂 Ala
🚌 Ala
🚗 Malga Brusa (Ala)

Madonnina, Albergo

1056 m; am Dosso del Bue, privat,

† L. Perazzoli u. D. Silvresti
Corso Alpini 3
I-38100 Trento
✆ 0461/823629
⌂ Albergo Madonnina
Dosso del Bue
I-38040 Vattaro
✆ 0461/848566
✕ 01.06. bis 30.09. durchgehend, 24.12. bis 10.01. durchgehend, ab 01.05. und bis 30.10. am Wochenende; 44 Schlafplätze
〜 220 Volt
↗ PKW-Zufahrt von Vattaro zum Haus möglich
→ Rifugio Paludei 1 Std.; Bivacco Vigolana 3 Std.
△ Cima Vigolana, 2148 m, 4 Std.
🚂 Trento
🚌 Vattaro
🚗 Vattaro oder beim Haus P

Malga Derocca, Rifugio

1560 m; Besitzer: Gemeinde Vigolo Vattaro, I-38049 Vigolo Vattaro

† Gruppo Amici Derocca
c/o G. Gasperi
I-38049 Vigolo Vattaro
✆ 0461/723144
✕ 01.07. bis 31.08. an den Wochenenden; 32 Schlafplätze
⊞ immer zugänglich; 8 ⊓; Kochgelegenheit
↗ Vigolo Vattaro 2½ Std.

→ Bivacco Vigolana 2 Std.
△ Becco della Ceriola, 1935 m; Cima del Campigolet, 2028 m
Trient
Vigolo Vattaro
Vigolo Vattaro

Malga Larici, Rifugio

1658 m; privat, Besitzer: A. Cornale, I-36010 Roana

Rifugio Malga Larici
Val d'Assa
I-36010 Roana
✆ 0424/66383
✗ 10.07. bis 30.08. durchgehend, 25.12. bis 10.01. durchgehend, 01.05. bis 30.06. und 01.01. bis 15.04. an den Wochenenden; 20 Betten, 10 Lager
220 Volt; Skilift in Hüttennähe
↗ von Roana PKW-Zufahrt möglich
→ Bivacco Baita del Cangi
△ Cima Larici, 2033 m, 1½ Std.
Thiene oder Schio
Ghèrtele im Val d'Assa
beim Haus P

Malga Melignetta, Bivacco

1614 m; erb. 1980
CAI SAT Sektion Folgaria
Via C. Battisti
I-38064 Folgaria

✗ immer zugänglich; 6 Schlafplätze
↗ Folgaria – Francolini 1½ Std.; Serrada 2 Std.; Sessellift-Bergstation Martinella 1 Std.
→ Rif. Baita Tondo – Martinella 1 Std.; Passo della Borcola; Serrada
△ Monte Maggio, 1853 m; Monte Borcoletta
Rovereto oder Calliano
Francolini oder Serrada
Francolini, Serrada oder Passo Coe

Maranza, Rifugio

1072 m; privat

Rifugio Maranza
I-38050 Villazzano
✆ 0461/920056
✗ ganzjährig; 4 Schlafplätze
220 Volt
↗ Villazzano – Grotta 2 Std.; Vigolo Vattaro 2 Std.; PKW-Zufahrt zum Haus möglich
→ Rif. Pino Prati 1½ Std.; Biv. Marzola – Bailoni 1¾ Std.; Rif. Alpino Marzola 2½ Std.

△ Marzola, 1738 m, 2½ Std.
🚂 Trento
🚌 Grotta-Villazzano oder Vigolo Vattaro
🚗 P beim Haus möglich

Marcesina, Rifugio

1369 m; privat

🚶 M. Caregnato
I-36052 Enego
✆ 0424/90212
🏠 Rifugio Marcesina
I-36052 Enego
✆ 0424/90209
✗ 01.06. bis 30.10., 01.12. bis 30.03.; 20 🛏
⚡ 220 Volt
↗ Valmaron 1 Std.; PKW-Zufahrt von Enego möglich
→ Rifugio Barricata ¾ Std.
△ Monte Lozze, 1920 m, 3 Std.; Colle Meneghini, 1601 m, 1 Std.
🚂 Primolana
🚌 Enego
🚗 beim Haus P

Marzotta-Sacchi, Bivacco

1929 m; erb. 1962
CAI Sektion Schio
Via A. Rossi 8
I-36015 Schio
✆ 0445/25755

In unmittelbarer Nähe des Rifugio Papa gelegen wird das Bivacco von dessen Hüttenwirt betreut und ist nur nach Rücksprache mit ihm während der Bewirtschaftungszeit des Rifugio Papa zugänglich. Zugänge, Übergänge und Gipfel sowie Bahn, Bus und Parkplatz siehe Rifugio Papa.

✗ von 15.11. bis 30.05. offen und immer zugänglich; 8 Schlafplätze.

Montefalcone, Rifugio

1625 m; Besitzer: Gemeinde Recoaro-Terme
Via Roma
I-36076 Recoaro-Terme
✆ 0445/75171

🚶 Gino Albiero
Via Vicolo Genova 14
I-36078 Valdagno
✆ 0445/410549

Rifugio Montefalcone
Via Busa
Recoaro Mille
I-36076 Recoaro-Terme
0445/780288

01.12. bis 31.03, 01.06. bis 30.09.; 8

220 Volt

zum Haus; Recoaro 1000 $1\frac{3}{4}$ Std.

Schio oder Rovereto

Recoaro-Terme

Recoaro-Mille

Paludei, Rifugio

1059 m; erb. 1949
CAI SAT Trento
Via Manci 57
I-38100 Trento
0461/981871

Carlo Mase
Via Muredei 44
I-38100 Trento
0461/915233

Rifugio Paludei
I-38040 Centa San Nicoló
0461/722130

1.6. – 30.9.; 8 Schlafplätze

220 Volt mit Generator

PKW-Zufahrt zum Haus von Centa San Nicoló möglich
Centa San Nicoló $1\frac{1}{4}$ Std.

Rifugio Casarota $1\frac{3}{4}$ Std.; Bivacco Vigolana 3 Std.

Becco di Filadonna, 2150 m, $3\frac{3}{4}$ Std.

Mattarello oder Trento

Centa San Nicoló

beim Haus P

Paradiso, Albergo

1631 m; Besitzer: SpA Funivia Cornetto (ges.)
I-38064 Folgaria
0464/71596

Albergo Paradiso
Malga Cornetto
I-38064 Folgaria
0464/71308

01.07. bis 25.08., 15.12. bis 15.04.; 43

- 220 Volt
- Folgaria mit Lift zum Haus; Folgaria 1½ Std.
- Malga Palazzo; Bivacco Vigolana
- Cornetto, 2060 m; Cima Vigolana, 2148 m
- Calliano
- Folgaria
- Folgaria

Pertica, Rifugio

1522 m; privat

- G. Capepelletti
  I-37039 Tregnano
  ✆ 045/7809083
- Rifugio Pertica
  I-37030 Giazza
  ✆ 045/7847011
- 01.06. bis 30.09. durchgehend, sonst an den Wochenenden; 30 Schlafplätze
- 220 Volt
- Ronchi 3 Std.; Talende im Val Ronchi 900 m, dann 1¾ Std.
  PKW-Zufahrt von Giazza möglich; Rifugio Revolta 50 Min.
- Rifugio Scalorbia 1½ Std.; Rifugio Fracaroli 2 Std.; Rifugio C. Battisti
- Cima Obante, 2020 m, 2½ Std.; Cima Carega, 2259 m, 2¾ Std.
- Ala
- Ronchi oder Giazza
- Val Ronchi oder Giazza

Pino Prati, Rifugio

670 m; erb. 1963
CAI SAT Sektion Bindesi-Villazzano
Via Molino 7
I-38050 Villazzano

- Anita Cagol
  Loc. Grota 78
  I-38050 Villazzano
  ✆ 0461/920181
- Rifugio Pino Prati
  Loc. Bindesi
  I-38050 Villazzano
  ✆ 0461/923344
- 20.06. bis 20.09., sonst am Wochenende; 4 Schlafplätze
- 220 Volt
- Grotta (Villazzano) ½ Std.
- Rifugio Maranza 1¼ Std.; Bivacco Bailoni 2½ Std.
- Cima Marzola, 1738 m, 3 Std.

- 🚂 Trento
- 🚌 Villazzano
- 🚗 Grotta (Villazzano)

Revolta, Rifugio

1336 m; erb. vor 1900, umgeb. 1936/52 und 1986
CAI Sektion Bosco Chiesanuova
Piazza della Chiesa 34
c/o APT della Lessinia
I-37021 Bosco Chiesanuova
✆ 045/7050088

- Franco Cisamolo
  Via Bernardi 176
  I-37030 Selva di Progno
  ✆ 045/7847004
- Rifugio Revolta
  Val di Revolto
  I-37030 Selva di Progno
  ✆ 045/7847039
- 20.6. bis 30.9. durchgehend, bis 20.10. am Wochenende oder nach Vereinbarung
- mit Solaranlage
- offen; 2 Schlafplätze
- S. Giorgio (Bosco Chiesanuovo) 1½ Std.; Giazza 2 Std.; Ala – Ronchi, dann 3½ Std.; Zufahrt zum Haus möglich
- → Rifugio Cesare Battisti 2 Std.; Rifugio Fraccaroli 2½ Std.; Rifugio Scalorbi 1½ Std.
- △ Monte Obante 2020 m 3 Std.; Monte Zevola 1976 m 2 Std.
- 🚂 Ala oder Verona
- 🚌 Ronchi oder Giazza
- 🚗 beim Haus

Scalorbi, Rifugio

1767 m; erb. 1952, Besitzer: ANA (Associazione Nationale Alpini) Sektion Verona, I-37100 Verona, ✆ 045/8002546

- Mirella Faggioni, I-37030 Giazza, ✆ 045/7847054
- Rifugio Scalorbi, I-37030 Giazza, ✆ 045/7847029
- 20.06. bis 15.09. durchgehend, ab 20.05. und bis 15.10. am Wochenende
  25 Schlafplätze
- keiner (Gas)
- offen, 6 ⊓
- Ala – Ronchi, dann 4 Std.; Rifugio Revolto 1½ Std.; Giazza 3½ Std.
- → Rif. Fraccaroli 1½ Std.; Rif. C. Battisti 1½ Std.; Rif. Campogrosso 2 Std.
- △ Cima Carega, 2259 m, 2 Std.; Monte Obante, 2020 m, 1 Std.
- 🚂 Ala
- 🚌 Ronchi oder Giazza
- 🚗 Rifugio Revolto

Stella d'Italia, Rifugio

1536 m; erb. 1907, umgeb. 1980; privat

Claudio und Francesca Rech
I-38060 San Sebastiano 11
✆ 0464/75187

Rifugio Stella d'Italia
Loc. Sommo Alto
I-38064 Folgaria
✆ 0464/71374

20.12. bis 20.04. Skigebiet, 20.06. bis 20.09.; 20

220 Volt

Folgaria 1½ Std.; Sommopaß 1 Std.; Francolini 1½ Std.
von Francolini (2 km von Folgaria) zum Haus

Rifugio F.lli Filzi 3 Std.; Rifugio Albergo Coe 1 Std.; Rifugio Martinella 2 Std.

Sommo Alto, 1613 m, ¼ Std.
Mte. Pioverna, 1800 m, 2 Std.; Mte. Maggio 2½ Std.

Rovereto oder Calliano

Folgaria

Francolini oder Sommopaß

Valdagno, Rifugio

1076 m; erb. 1947; privat

B. Di Sandri
I-36076 Recoaro-Mille
✆ 0445/75160

Rifugio Valdagno
I-36076 Recoaro-Mille
✆ 0445/75160

ganzjährig; 30 Schlafplätze

220 Volt

Bergstation der Recoaro – C. Busacco 15 Min.
Recoaro Terme 2 Std.; PKW-Zufahrt zum Haus möglich

Rifugio C. Battisti 2 Std.; Rifugio Bertagnoli-Piatta 2 Std.

Cima Campo d'Avanti, 1689 m, 2 Std.; Cima di Marana, 1552 m, 1¾ Std.

Schio

Recoaro Terme

Recoaro oder P beim Haus

Verenetta, Albergo

1654 m; privat

E. Frigo
I-36010 Roana
✆ 0424/66061

Albergo Verenetta
Bosco Arzari di Mandrielle
I-36010 Roana
✆ 0424/66061

ganzjährig; 60

220 Volt; 1 und

↗ Zufahrt von Rotzo oder Roana möglich

→ Rifugio Alpino am Monte Verena mit

△ Monte Verena, 2015 m, mit oder $1\frac{1}{4}$ Std.

Thiene oder Schio

Roana oder Rotzo

beim Haus P

Vigolana alla Madonnina, Bivacco

2030 m; erb. 1966
CAI SAT Sektion Caldonazzo
Via Roma
38052 Caldonazzo

immer zugänglich; 6
Wasser etwa 200 m entfernt
Kochgelegenheit

↗ Vattáro 3 Std.
Vigolo – Vattáro $3\frac{1}{2}$ Std.
Dosso del Bue $2\frac{1}{2}$ Std.
Rifugio Paludei $2\frac{1}{2}$ Std.

→ Rifugio Casarota $1\frac{1}{2}$ Std.
Bivacco Malga Derocca 1 Std.
Folgaria 4 Std.
Besenéllo 5 Std.

△ Becci di Filadonna, 2150 m, 40 Min.; Cima Vigolana, 2148 m, 1 Std.

Caldonazzo oder Trento

Vattaro

Vattaro

Vincenzo Lancia al Pasubio, Rifugio

1825 m; erb. 1940
CAI SAT Sektion Rovereto
Corso Rosmini 53
I-38068 Rovereto
✆ 0464/423855

- 🚶 Ilia Chizzola
  Via Roma 89
  I-38068 Mori
  ✆ 0464/07151
- ⌂ Rifugio Vincenzo Lancia
  Alpe Pozze el Pasubio
  I-38068 Trambileno-Rovereto
  ✆ 0464/88068
- ✕ 01.06. bis 30.09., übrige Zeit nach Vereinbarung; 6 🛏, 60 ⊓
- ⚡ 220 Volt mit Generator
- ❄ offen; 5 ⊓
- ↗ Giazzera 2½ – 3 Std.; Anghèbeni 3½ – 4 Std.
  Valmòrbia 4½ Std.; Pozzacchio 3 Std.; Piazza 4½ Std.
- → Rifugio Gen. Achille Papa 3 Std.; Rifugio Albergo Coe 7 Std.
- △ Mte. Palon, 2220 m, 1½ Std.; Corno Battisti, 1760 m, 1½ Std.
  Col Santo, 2112 m, 1 Std.; Mte. Testo, 2000 m, ½ Std.
- 🚂 Rovereto
- 🚌 Trambileno
- 🚗 Giazzera

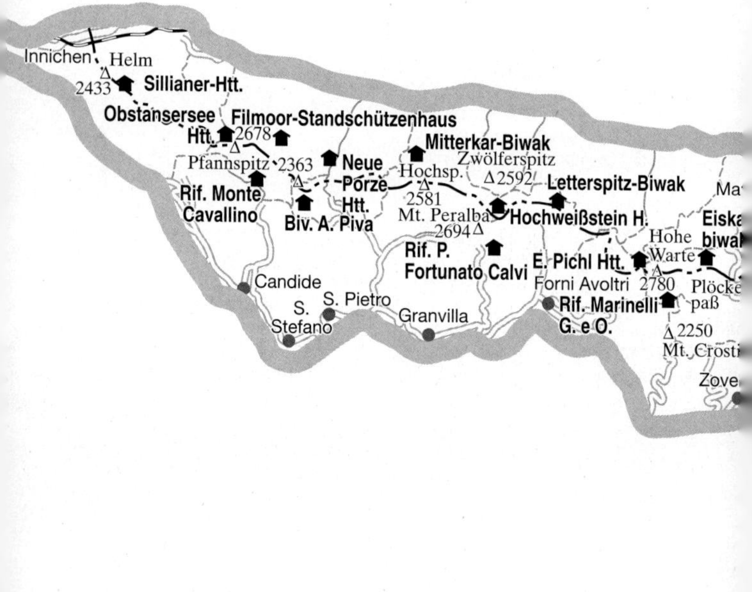
Innichen
Helm
2433
Sillianer-Htt.
Obstansersee Htt.
Filmoor-Standschützenhaus
2678
Pfannspitz
2363
Neue Porze Htt.
Rif. Monte Cavallino
Biv. A. Piva
Mitterkar-Biwak
Zwölferspitz
Hochsp.
2581
2592
Letterspitz-Biwak
Mt. Peralba
2694
Hochweißstein H.
Rif. P. Fortunato Calvi
E. Pichl Htt.
Hohe Warte
2780
Eiska biwak
Plöcke paß
Candide
S. Pietro
S. Stefano
Granvilla
Forni Avoltri
Rif. Marinelli G. e O.
2250
Mt. Crosti
Zove

57a Karnischer Hauptkamm

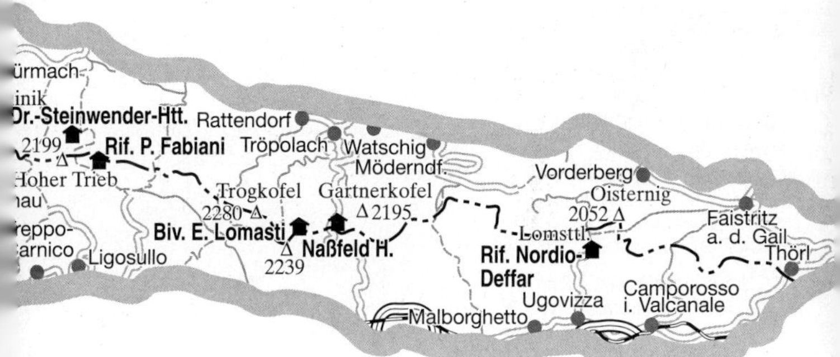

Umgrenzung:

Innichen – entlang der Drau – Tassenbach – Gailbach – Kartitscher Sattel – entlang der Gail (Tiroler Gailtal – Lessachtal – Unteres Gailtal) – Kötschach-Mauthen – Hermagor – Thörl-Maglern – entlang der Gailitz – Tarvis – Kanaltal – Pontebba – Paularo – Paluzza – Comeglions – Forni Avoltri – Sappada – San Stefan/Cadore – Kreuzbergsattel – Sexten – Innichen

Alle Sorgenti del Piave, Rifugio

1816 m; privat

- Luigi Piller-Hoffer
  Via Fontana 13
  I-32047 Sappada
  ✆ 0435/469389
- Rifugio Sorgenti del Piave
  I-32047 Sappada – Val Sesis
- 20.06. bis 30.09.; 12 Betten, 6 Lager
- 220 Volt
- Cima di Sappada 2½ Std.
- Rifugio P. F. Calvi ¾ Std.
  Hochweißsteinhaus 3 Std.
- △ Hochweißstein, 2694 m, 3 Std.
  M. Chiadenis, 2490 m, 1½ Std.
- Calalzo oder Carnia
- Cima Sappada
- beim Haus P

Armando Piva, Bivacco

2216 m; erb. 1974
CAI Sektion Val Comelico
I-32040 Casamazzagno
Achille Carbogno
✆ 0435/67268

- immer zugänglich; 12 Lager
  Wasser 5 Min. vom Bivacco
- Casera Melin, 1673 m, 1½ Std.
  San Stefan di Cadore 5 Std.
- Filmoor-Standschützenhütte 2¾ Std.
  Neue Porzehütte über Porzescharte 2 Std.
- △ Porze, 2599 m, 1½ Std.
  Wildkarleck, 2532 m
  Roßkarspitze, 2511 m
- Calalzo
- Candido (Sega Digon)
- Casera Melin

Collina Grande, Rifugio

1522 m; Besitzer: Regionale Forstverwaltung
I-33028 Tolmezzo
✆ 0433/2000

✕ nicht bewirtschaftet, Selbstversorgerhütte, mit Schlüssel von der Forstverwaltung Tolmezzo zugänglich; 6 Schlafplätze; Wasser vorhanden; Kochgelegenheit
↗ Zufahrt ab Plöckenpaß-Straße bei Timau bis zur Casera Val Collina, dann 20 Min.
→ Rifugio Marinelli; Plöckenpaß
△ Frischenkofel (Monte Cellon), 2238 m
Carnia oder Kötschach-Mauthen
Timau oder Plöckenpaß
Casera Val Collina

Dr.-Steinwender-Hütte

1720 m; erb. 1976, erweitert 1993
ÖAV Sektion Austria
Rotenturmstr. 14
A-1010 Wien
✆ 0222/5131003

Herfried Zobernig
Treßdorf 50
A-9632 Kirchbach
Dr.-Steinwender-Hütte
A-9635 Dellach/Gailtal
✆ 04718/625
✕ 15.06. bis 03.10.; 28 ⊓, 4 ⊔
offen; 6 ⊓
↗ Weidenburg/Gailtal 4 Std.
Nölbling 2½ – 3 Std.
→ Plöckenhaus 5 – 6 Std.
Rif. Fabiani 1 Std.; Straniger Alm 2½ Std.; Naßfeldhaus 7½ Std.; Biv. Lomasti 5½ Std.
△ Hoher Trieb, 2199 m, 2 Std.; Kleiner Trieb, 2095 m, 1 Std.
Monte Scarnitz, 2118 m, 1 Std.
Dellach
Nölbling
Nölbling oder Straniger Alm

Edoardo Tolazzi, Rifugio

1350 m; Besitzer: Private Vereinigung in Collina

Giuliana Pinzan-Tolazzim
I-33020 Forni Avoltri
✆ 0433/72164
Rifugio Ed. Tolazzi
Collina
I-33020 Forni Avoltri
✕ ganzjährig; 16
220 Volt
↗ PKW-Zufahrt zum Haus

→ Rifugio Marinelli 2 Std.; Rifugio Lambertenghi 2 Std.; Eduard-Pichl-Hütte 2½ Std.
△ Hohe Warte (Monte Coglians), 2780 m, 4 Std.
Carnia, Calalzo oder Innichen
Forni Avoltri
beim Haus P

Eduard-Pichl-Hütte

1960 m; erb. 1923
Neubau 1949/50, umgeb. 1985/86
ÖAV Sektion Austria
Rotenturmstr. 14
A-1010 Wien
✆ 0222/5131003

Josef Müllmann
A-9640 Kötschach 389
✆ 04715/752
Eduard-Pichl-Hütte
Wodmaier 7
A-9652 Birnbaum
15.06. bis 30.09.; 16 Betten, 46 Lager
Duschgelegenheit
220 Volt mit Generator
mit Schlüssel zugänglich; 10 Lager
↗ Plöckenpaß-Straße 3 Std.; Birnbaum 4 – 5 Std.; Wolayertal 2 Std.; Collina 2 Std.
→ Hochweißsteinhaus 5 – 6 Std.; Rifugio Lambertenghi 20 Min.
Rifugio Marinelli 2½ Std.; Plöckenhaus 3½ Std.; Rifugio Calvi 7 Std.
△ Hohe Warte, 2780 m, 3 – 4 Std.; Rauchkofel, 2460 m, 1½ Std.
Seekopf, 2554 m, ½ Std.
Kötschach-Mauthen
Plöckenhaus, Plöckenpaß oder Birnbaum
Untere Valentinalm, Plöckenhaus oder Birnbaum

Eiskarbiwak

2100 m unter der Kellerwand
ÖAV Sektion Austria
Rotenturmstr. 14
A-1010 Wien
✆ 0222/5131003

offener Unterstand; Decken und Matratzen vorhanden; Kocher mitnehmen
↗ Obere Valentinalm 2½ Std.; Untere Valentinalm 3 – 4 Std.; Plöckenpaß 3 Std.
△ Frischenkofel (Cellon), 2238 m; Kellerwand, 2742 m
Kötschach-Mauthen
Plöckenhaus oder beim Zugang zur Unteren Valentinalm
an der Plöckenpaßstraße, eventuell Untere Valentinalm

Enzianhütte

auf der Mauthner Alm
1500 m; erb. 1963; privat

- Anna Lamprecht
  Kreuzberg 2
  A-9640 Mauthen
- Enzianhütte a. d. Mauthner Alm
  A-9640 Mauthen
- Juni bis Oktober
  keine Nächtigung
- Kötschach-Mauthen 2½ Std.
  Lamprechtbauer (Kreuzberg)
  1½ Std.
- Untere Valentinalm 2½ Std.
  Plöckenhaus 3 – 3½ Std.
- Mauthner Alm, 1782 m, 1 Std.
  Hinterer Mooskofel, 2510 m, 3 Std.
- Kötschach-Mauthen
- Mauthen
- Kreuzberg (Lamprechtbauer)

Ernesto Lomasti, Bivacco

1920 m; erb. 1979
CAI Sektion Pontebba
Piazza di Popolo
I-33016 Pontebba

- immer zugänglich; 12 ⊓; Wasser 20 m entfernt
- Passo Cason di Lanza 1½ Std.; Caserute (Studena Bassa) 4½ Std.
- Rudnigalm 1 Std.; Naßfeldpaß 2 – 2½ Std.
- Roßkofel, 2239 m, 1 Std.; Trogkofel, 2779 m, 1½ – 2 Std.
- Pontebba oder Tröpolach
- Pontebba, Naßfeldpaß oder Tröpolach
- Naßfeldpaß, Passo Cason di Lanza oder Studena Bassa

Filmoor-Standschützenhütte

2350 m; erb. 1976, umgeb. 1991
ÖAV Sektion Austria
Rotenturmstr. 14
A-1010 Wien
✆ 0222/5131003

- Günter Haring
  Kochstr. 72
  A-8010 Graz

Filmoorhütte
A-9941 Kartitsch
über Funk von ✆ 04848/5277 erreichbar

letzte Juniwoche bis Ende September; 8, 6

keiner, Hütte mit zugänglich

Kartitsch 3½ – 4 Std.
Leiten – Stuckensee 3 Std.
Kartitscher Sattel 3 Std.

Porzehütte 3½ Std.
Obstanserseehütte 2½ Std.

△ Pfannspitze, 2678 m, 2 Std.
Gr. Kinigat, 2689 m, 1½ Std.
Filmoorhöhe, 2457 m, 1½ Std.

Sillian

Leiten oder Kartitscher Sattel

im Leitnertal

Forcella Zovo, Rifugio

1606 m; privat

A. De Bettin
Fraz. Costalta
I-32040 San Pietro/Cadore
✆ 0435/60182

Rifugio Forcella Zovo
I-32040 San Pietro/Cadore

15.06. bis 30.09. durchgehend, 01.10. bis 15.10. am Wochenende; 14, 6

220 Volt

offen; 2

Zufahrt von San Pietro, Campolongo 2 Std.

Bivacco A. Piva über Palombinopaß; Rifugio Da Sandrin; Neue Porzehütte

△ Monte Zovo, 1937 m; Monte Curie, 2035 m; Monte Schiaron, 2246 m

Calalzo

San Pietro di Cadore

beim Haus P

Forestale di Pezzeit, Rifugio

1474 m; erb. 1970; Besitzer: Gemeinde Moggio Udinese
Piazza Uffici
I-33015 Moggio Udinese
✆ 0433/51177

Selbstversorgerhütte, nicht bewirtschaftet; mit zugänglich, erhältlich bei der Forstverwaltung in I-33018 Pontebba, ✆ 0428/90097; 6; Kochgelegenheit; Wasser in der Nähe

↗ Pontebba – Casera Caserute, dann 20 Min.; Rifugio Cason di Lanza 1 Std.
Malga Rio Secco 1½ Std.

→ Rifugio Grauzaria 6 Std.; Riccovero Turiee 2 Std.; Riccovero Forchiutta 3 Std.
Bivacco Lomasti (Rudnigsattel) 3 Std.; Rattendorfer Alm 3 Std.

△ Monte Salinchiet, 1857 m, 2 Std.; Monte Zermula, 2143 m, 2½ Std.
Trogkofel, 2279 m; Creta di Rio Secco, 2203 m, 4 Std.; Roßkofel, 2239 m, 4½ Std.

Pontebba

Pontebba

Rifugio Cason di Lanza oder Casera Caserute

Hahnspielhütte (Rifugio Gallo Cedron)

2200 m; erb. 1959, umgeb. 1980
privat

Hanns u. Gemma Lanzinger
Sonnwendweg 15
I-39030 Sexten
✆ 0474/70078

Hahnspielhütte am Helm
I-39030 Sexten

20.12. bis 10.04., 15.06. bis 10.10.; 2 Betten, 7 Lager; Dusche

220 Volt
1 Lift, im Winter 1 und 1

↗ Bergstation der Bahn von Sexten, und Vierschach 25 Min.
Sexten 3 Std.; Mitterberg 1 Std.

→ Sillianer Hütte 1¼ Std.; Obstanserseehütte 4½ Std.
Nemesalphütte 3½ Std.; Klammbachalm-Hütte 2½ Std.

△ Helm, 2443 m, 40 Min.

Innichen

Sexten, Talstation

Mitterberg oder Talstation

Helm-Restaurant

2050 m; erb. 1975, umgeb. 1981
Bergstation der Bahn von Sexten
Besitzer: Helmbahnen A.G
Dolomitenstraße 45
I-39030 Sexten
✆ 0474/70355

Peter Watschinger
Jaufenstr. 3
I-39038 Innichen
✆ 0474/910070

- ⌂ Helm-Restaurant
  I-39030 Sexten
  ✆ 0474/70255
- ✗ Weihnachten bis Ostern, Anfang Juni bis Anfang Oktober; keine Nächtigung
- ∼ 220 Volt
- ↗ Sexten $2\frac{1}{2}$ Std.; Seilbahn von Sexten und Vierschach zum Haus (bzw. in die Nähe)
- → Hahnspielhütte, 25 Min.; Sillianer Hütte $1\frac{1}{2}$ Std.; Obstanserseehütte 5 Std.
- △ Helm, 2434 m, $1\frac{1}{2}$ Std.
- Bahn: Innichen
- Bus: Sexten oder Vierschach
- Auto: Sexten, Talstation der Seilbahn

Hochweißsteinhaus

1868 m; erb. 1927/28, Neubau 1949/50, umgeb. 1975
ÖAV Sektion Austria
Rotenturmstr. 14
A-1010 Wien
✆ 0222/5131003

- Ingeborg Guggenberger
  Klebas 27
  A-9653 Liesing
  ✆ 04716/551 oder 262
- ⌂ Hochweißsteinhaus
  Klebas 27
  A-9653 Liesing
  Y 0663/48494
- ✗ Mitte Juni bis Ende Sept.
  14 Betten, 32 Lager, 10 Notlager
- ∼ 220 Volt mit Aggregat
- Winterraum: mit Schlüssel zugänglich; 8 Lager
- ↗ St. Lorenzen 3 Std.; Liesing 5 Std.; Ma. Luggau 5 Std.; P Frohnalm 1 Std.
- → Rif. Calvi $1\frac{1}{2}$ Std.; Neue Porzehütte 6 – 8 Std.
- △ Hochweißstein, 2694 m, $2\frac{1}{2}$ Std.; Torkarspitze, 2513 m, $2\frac{3}{4}$ Std.
- Bahn: Kötschach-Mauthen
- Bus: St. Lorenzen-Wiesen
- Auto: Frohntal – Ingridhütte

Lambertenghi-Romanin, Rifugio

1955 m; erb. 1934, umgeb. 1982, Besitzer: Gemeinde Forni Avoltri
I-33020 Forni Avoltri

- Ivan u. Romeo Tamussini
  Via Corona 3
  I-33020 Forni Avoltri-Collina
  ✆ 0433/72368 u. 72096

- Rif. Lambertenghi-Romanin
  Passo Volaia
  I-33020 Forni Avoltri-Collina
  ✆ 0433/72017
- 1.6.–30.9.; sonst am Wochenende; ✆ anfragen
  96 Schlafplätze; Dusche
- 220 Volt
- offen; 6
- Collina 1¾ Std.
  Forni Avoltri 5½ Std.
  Rif. Tolazzi 1½ Std.
  Plöckenpaß 4½ Std.
- Eduard-Pichl-Hütte 20 Min.
  Rifugio Marinelli 2 Std.
  Plöckenhaus 3½ Std.
  Hochweißsteinhaus 6 Std.
  Rifugio Calvi 7 Std.
- △ Hohe Warte, 2780 m, 3 – 4 Std.; Seekopf, 2554 m, 3½ Std.
- Carnia, Calalzo, Innichen, Kötschach-Mauthen
- Forni Avoltri, Birnbaum, Plöckenhaus oder Plöckenpaß im Sommer
- Rifugio Tolazzi, Plöckenhaus oder Plöckenpaß

Letterspitzbiwak

2080 m; erb. 1978
ÖAV Sektion Austria
Rotenturmstr. 14
A-1010 Wien
✆ 0222/5131003

- immer zugänglich; 4
- Liesing 3½ Std.
  Liesing – Niedergail 2 Std.
- Hochweißsteinhaus 5 Std.
  Eduard-Pichl-Hütte 4½ Std.
- △ Letterspitzl, 2463 m
  Steinwand, 2520 m
- Kötschach-Mauthen
- Liesing
- Niedergail

Marinelli Giovanni e Olintro, Rifugio

2111 m; erb. 1901, umgeb. 1985
CAI Sektion Udine
Via Beato Odorico de Pordenone 3
I-33100 Udine
✆ 0423/504290

Giorgio Tamussin
Via Corona 3
I-33020 Collina
© 0433/72094
Rifugio Marinelli
Forc. Moraretto
I-33026 Paluzza
© 0433/779177
1.7.–20.9.; 40 Schlafplätze
220 Volt mit Generator
offen; 4 ⊓
Collina 2½ Std.
Plöckenpaß 2½ Std.
Timau 4 Std.
Rifugio Tolazzi 2 Std.
→ Rif. Lambertenghi 2 Std.
Eduard-Pichl-Hütte 2½ Std.
△ Hohe Warte, 2780 m, 2 Std.; Kellerwarte, 2713 m, 2 Std.
Monte Crostie, 2250 m, 2½ Std.; Monte Floriz, 2184 m, 1½ Std.
Carnia oder Kötschach-Mauthen
Collina oder Plöckenpaß
Rifugio Tolazzi oder Plöckenpaß

Mitterkarbiwak

1973 m; erb. 1976 und 1980
ÖAV Sektion Austria
Rotenturmstr. 14
A-1010 Wien
© 0222/5131003
immer zugänglich; 8 ⊓
Wasser in der Nähe
Untertilliach 3 Std.
→ Neue Porzehütte 3 Std.
Hochweißsteinhaus 3 Std.
△ Steinkarspitze, 2525 m, 2 Std.
Hochspitz, 2580 m, 2 Std.
Sillian oder Tassenbach
eventuell Kötschach-Mauthen
Untertilliach
Untertilliach

Monte Cavallino, Rifugio

1849 m; erb. 1978
CAI Sektion Val Comelico
I-32040 Casamazzagno
Achille Carbogno ✆ 0435/67268

- ✗ Selbstversorgerhütte, mit ⚷ der Sektion zugänglich; 20 Schlafplätze Kochgelegenheit; Wasser vorhanden
- ↗ Casamazzagno 2 Std.; eventuell PKW-Zufahrt möglich
- → Filmoor-Standschützenhütte über Filmoorsattel
- △ Filmoorhöhe, 2457 m; Kl. Kinigat, 2674 m; Gr. Kinigat, 2689 m; Königswand, 2686 m
- Bahn: Calalzo
- Bus: Casamazzagno
- PKW: Val Digon

Monte Ferro, Rifugio

1563 m; privat

- Monte Ferro s.r.l.
  I-32047 Sappada
  ✆ 0435/69526
- Rifugio Monte Ferro
  I-32047 Sappada
- ✗ 15.12. bis 30.03., 15.07. bis 30.08.; 15 Betten
- 220 Volt
- ↗ Seilbahn von Sappada; Sappada ¾ Std.
- → Rifugio Sorgenti del Piave 3½ Std.; Rifugio De Gasperi über Sappada 5 Std. Rifugio Calvi 4 – 4½ Std.
- △ Monte del Ferro, 2348 m, 2½ Std.; Monte Franza, 2329 m, 3 Std.
- Bahn: Calalzo oder Carnia
- Bus: Sappada Seilbahn Talstation
- PKW: Sappada

Morgante, Rifugio

1570 m; bei der Casera Malpasso; Besitzer: Regionalverwaltung Friuli-Venezia-Giulia

- nicht bewirtschaftet, Selbstversorgerhütte, ⚷ erhältlich bei der Forstverwaltung
  I-33028 Tolmezzo
  ✆ 0433/2000
  12 Schlafplätze; Kochgelegenheit; Wasser vorhanden
- ↗ Timau 1¾ Std.
- → über Kronhof-Törl zum Karnischen Höhenweg 1½ Std. Dr.-Steinwender-Hütte; Plöckenhaus über Kronhof-Törl – Köderkopf 4½ Std.
- △ Hoher Trieb, 2199 m; Hocheck, 2217 m
- Bahn: Carnia oder Kötschach-Mauthen
- Bus: Timau oder Plöckenhaus
- PKW: Timau

Naßfeldhaus

1513 m; erb. 1970
ÖAV Sektion Hermagor
Postfach 85
A-9620 Hermagor

- Gertrude u. Erich Schwager
  10.-Oktober-Str. 5
  A-9754 Steinfeld/Drau
  © 04717/292
- Naßfeldhaus
  A-9620 Hermagor
  © 04285/8276
- Mitte Dezember bis nach Ostern, Mitte Juni bis Ende September; 40 Betten, 60 Lager, 30 Notlager
- 220 Volt
- Zufahrt zum Haus; Tröpolach 3½ Std.; Hermagor – Garnitzenklamm 5 – 6 Std.
- Rudnigalm 2½ Std.; Rattendorfer Alm 3 Std.; Egger Alm 5 – 6 Std.
  Bivacco Lomasti 2½ Std.; Dr.-Steinwender-Hütte 7½ Std.
- △ Gartnerkofel, 2195 m, 2½ Std.; Roßkofel, 2239 m, 4 Std.; Trogkofel, 2279 m, 5 Std.
- Tröpolach/Gailtal oder Hermagor
- beim Haus, sonst Tröpolach
- beim Haus P

Nemesalphütte

1833 m; erb. 1955, umgeb. 1987
Besitzer: IG Alpe Nemes
I-39030 Sexten
© 0474/70323

- Hubert Lanzinger
  Heideckstr. 17
  I-39030 Sexten-Moos
  © 0474/70121
- Nemesalphütte
  Hubert Lanzinger
  I-39030 Sexten
- 20.12. – 15.4., 15.7. – 20.10.
  8 Lager
- 220 Volt
- Sexten-Moos 2 Std.Sexten-Mitterberg 1½ Std.; Kreuzbergpaß 1 Std.
- Klammbachalmhütte 1 Std.; Hahnspielhütte 3 Std.; Sillianer Hütte 3 Std.
  Obstanserseehütte 2¾ Std.; Filmoor-Standschützenhütte 4½ Std.
- △ Demut, 2591 m, 2 Std.
- Innichen
- Sexten oder Kreuzbergpaß
- Sexten-Moos oder Kreuzbergpaß

Nordio-Deffar, Rifugio

1210 m; erb. 1949
CAI Triest Sektion Societa Alpina della Guilie
Via Machiavelli 17
I-34132 Trieste
✆ 040/630464
Fax 040/368550

- Mario Schiavato
  Ul. Ivana Susnja 4
  HR-51000 Rijeka
  ✆ 038/5134827
- Rifugio Nordio-Deffar
  I-33010 Ugovizza
  ✆ 0428/60045
- 20.06. bis 20.09.; 22 Betten, 23 Lager
- 220 Volt
- Ugovizza 2 Std.; PKW-Zufahrt von Ugovizza möglich
  Ostaria Comiscio ½ Std.; Vorderberg im Gailtal 4 Std.
- Feistritzer Alm 2 Std.; Doliza-Alm (Gasthaus Starhand) 1 Std.
  Achomitzer Alm (Schönwipfelhaus) 1½ Std.;
- Oisternig, 2050 m, 2½ Std.; Monte Cocco, 1941 m, 2½ Std.
  Achomitzerberg, 1823 m, 3 Std.
- Ugovizza, Vorderberg
- Ugovizza
- Ostaria Comoscio, eventuell beim Haus

Obstanserseehütte

2304 m; erb. 1930, Neubau 1980
ÖAV Sektion Austria
Rotenturmstr. 14
A-1010 Wien
✆ 0222/5131003

- Elfrieda Herrnegger
  Gästehaus Garni Tirol
  A-9941 Kartitsch
  ✆ 04848/5218
- Obstanserseehütte
  A-9941 Kartitsch
  ✆ 04848/5422
- 30.06. bis 30.09.; 32 Lager, 4 Notlager
- Kartitsch – Winklertal 2½ Std.
  Kartitsch – Schustertal 4½ Std.
  Kartitsch – Erschbaumertal 4½ Std.
  Kreuzberg 4½ Std.

→ Sillianer Hütte 4½ Std.; Filmoor-Standschützenhütte 2½ Std.
Neue Porzehütte 6 Std.; Nemesalphütte 3 Std.
△ Pfannspitze, 2678 m, 1¼ Std.; Tscharrknollen, 2482 m, 2 Std.
Großer Kinigat, 2689 m, 2½ Std.
Tassenbach oder Sillian
Kartitsch
Kartitsch-Winklertal

Oisternig, Berghaus

1750 m; nach Brand Neubau geplant, jedoch 1994 noch nicht fertiggestellt; privat

Herbert Kornherr
Feistritzer Alpe 111
A-9613 Feistritz/Gail
Berghaus Oisternig
Adresse siehe Hüttenwirt
ganzjährige Bewirtschaftung ohne Ruhetag geplant; 36, 30
daneben die Feistritzer Alpe mit 6 Schlafplätzen und Sommerbewirtschaftung
mit Generator
↗ Feistritz im Gailtal 2½ Std.; PKW-Zufahrt zum Haus möglich
→ Achomitzer Alpe 1 Std.; Dolinzer Alpe (Gasthaus Starhand) ¾ Std.
Egger Alm 4½ – 5 Std.; Rifugio Nordio-Deffar 1¾ Std.
△ Oisternig, 2050 m, 1 Std.
Nötsch a. d. Gail
Feistritz a. d. Gail
beim Haus P

Pier Fortunato Calvi, Rif.

2167 m; erb. 1926
CAI Sektion Sappada
I-32047 Sappada

Giulio Galler
Via Bach 136
I-32047 Sappada
✆ 0435/66176
Rifugio P. F. Calvi
I-32047 Sappada – Val Sesis
✆ 0435/469232
15.6. – 30.9.; 60 Schlafplätze
220 Volt
offen, 6
↗ Cima Sappada 3 Std.
Rif. Sorgenti di Piave ¾ Std.
Forni Avoltri 4 Std.
→ Hochweißsteinhaus 2 Std.; Eduard-Pichl-Hütte 7 Std.
Rifugio Lambertenghi 7 Std.

△ Hochweißstein (Mte. Peralba), 2694 m, 2½ Std.; Mte. Chiadenis, 2490 m, 2 Std. Mte. Avanza, 2481 m, 1½ Std.
🚂 Calalzo oder Carnia
🚌 Cima Sappada oder Forni Avoltri
🚗 Rifugio Sorgenti di Piave

Pietro Fabiani, Rifugio

1539 m; erb. 1989
CAI Sektion Ravascletto
Via Val Calda 7
I-33025 Ravascletto
✆ 0433/66018

† Onorio Zanier
Fraz. Ravinis 33a
I-33027 Paularo
✆ 0433/70397
⌂ Rifugio Pietro Fabiani
c/o Onorio Zanier
Pecol di Chiaula
I-33027 Paularo
✕ 15.6. – 30.9.; 20 Schlafplätze
⌁ mit Aggregat
⊞ offen
↗ Casera Ramaz 1½ Std.
→ Dr.-Steinwender-Haus 1 Std.; Casera Lanza 3 Std.; Casera Promosio 2 Std.
△ Hoher Trieb (Cuestalta), 2199 m, 2 Std.; Findenigkofel (M. Lodin), 2015 m, 2 Std.
🚂 Carnia oder Dellach/Drautal
🚌 Paularo
🚗 Casera Ramaz

Plöckenhaus, Alpengasthof

1208 m; privat

† Carl Gressel-Plöckner
A-9640 Mauthen
✆ 04715/263
⌂ Plöckenhaus
A-9640 Mauthen
✆ 04715/381
✕ 01.06. bis 30.09.; 35 Schlafplätze
⌁ 220 Volt
↗ Zufahrt zum Haus; Mauthen 3 Std.
→ Dr.-Steinwender-Hütte 5 Std.; Untere Valentinalm 1 Std.
Eduard-Pichl-Hütte 3½ Std.; Marinellihütte über Plöckenpaß 3 Std.
△ Kleiner Pal, 1866 m, 2 Std.; Frischenkofel, 2238 m, 3 Std.
Polinik, 2331 m, 3½ Std.

- Kötschach-Mauthen
- beim Haus oder Mauthen
- beim Haus P

Porzehütte, Neue

1942 m; erb. 1976, umgeb. 1983 und 1992
ÖAV Sektion Austria
Rotenturmstr. 14
A-1010 Wien
✆ 0222/5131003

- Peter Auer
  A-9942 Obertilliach 7
  ✆ 04847/5243
- Porzehütte
  A-9942 Obertilliach
  ✆ 0663/56899
- 15.06. bis 30.09.; 50 ⊓, 15 ⊔
- Obertilliach 2½ Std.
  Talschluß Klapfsee ½ Std.
- Hochweißsteinhaus 6 – 8 Std.
  Obstanserseehütte 5 Std.
  Filmoor-Standschützenhütte 2½ Std.; Mitterkarbiwak 3 Std.
- △ Porze, 2589 m, 2½ Std.; Bärenbadeck, 2430 m, 2 Std.
- Sillian
- Obertilliach
- Obertilliach oder Talschluß beim Klapfsee

Pramosio, Rifugio

1521 m; Besitzer: Regionalverwaltung Friuli-Venezia-Giulia

- P. Screm
  I-33027 Paularo
  ✆ 0433/70141
- Rifugio Pramosio
  Casera Pramosio
  I-33020 Timau
- 15.06. bis 30.09.; 30 Schlafplätze
- offen; 6 ⊓
- Timau 2 Std.
- Rifugio Morgante; weitere Übergänge u. Gipfel siehe dort
- Carnia oder Kötschach-Mauthen
- Timau
- Timau

Rattendorfer Alm

1535 m; privat

- Rattendorfer Alm
  A-9631 Rattendorf
- Ende Juni bis Ende September; 13 Betten, 12 Lager, eventuell Notlager
- 220 Volt
- Rattendorf 4 Std.; Fahrweg, Tröpolach 4 Std.; Schlanitzen 3 Std.
- Naßfeldhaus 3½ Std.; Rudnigalm 2¼ Std.; Straniger Alm 2½ Std.
  Dr.-Steinwender-Hütte 4 Std.
- Hochwipfel, 2195 m, 2 Std.; Trogkofel, 2279 m, 2½ Std.
  Zottachkogel, 2032 m, 1½ Std.
- Rattendorf-Jenig
- Rattendorf oder Tröpolach
- Schlanitzen, eventuell beim Haus P

Schönwipfelhaus (Achomitzer Alm)

1715 m; privat

- Schönwipfelhaus
  Achomitzer Alm
  A-9613 Feistritz/Gail
- 15.06. bis 30.09.; 21 Betten, 21 Lager
- Achomitz 3½ Std.; Camporosso 3 Std.
- Thörl-Maglern 6½ Std.; Feistritzer Alm; Berghaus Oisternig ¾ Std.
  Rifugio Nordio-Deffar 1½ Std.; Starhand-Wirtshaus 2 Std.
- Oisternig, 2052 m, 2 Std.; Achomitzer Berg, 1813 m, ¼ Std.
- Nötsch/Gail oder Camporosso/Canaltal
- Achomitz oder Camporosso
- Achomitz, eventuell Feistritzer Alm oder Rifugio Nordio-Deffar

Sillianer Hütte

2447 m; erb. 1983 – 86
früher Viktor-Hinterberger-Hütte
ÖAV Sektion Sillian
c/o Andreas Ortner
A-9920 Sillian 88
✆ 04842/6250

- Amalia Rainer-Pranter
  Arnbach 48
  A-9920 Sillian
  ✆ 04842/6208
- Sillianer Hütte
  A-9920 Sillian
  ✆ 04842/6770
- 15.6. – 10.10.; 9 Betten, 42 Lager, 30 Notlager

220 Volt; Waschräume und Duschgelegenheit
mit zugänglich; 12
↗ Sillian 4 Std.; Arnbach 4 Std.; Leckfeldalm [P] 1½ Std.
Bergstation der Helmseilbahn 1½ Std.
→ Hahnspielhütte 1¼ Std.; Obstanserseehütte 4½ Std.; Nemesalphütte 3 Std.
△ Helm, 2434 m, ½ Std.; Hollbruckerspitze, 2581 m, 1 Std.
Sillian, Innichen
Sillian, Arnbach, Vierschach und Sexten
Leckfeldalm (Sillian) [P]

Starhand Wirtshaus (Dolinza Alm)

1460 m; privat

Wirtshaus Starhand
Dolinza Alm
A-9614 Vorderberg/Gail
✕ 20.05. bis 30.09.; 12
220 Volt
↗ Vorderberg 3½ Std.; Ugovizza 3 Std.; Rifugio Nordio-Deffar 1 Std.
→ Egger Alm 3½ Std.; Schönwipfelhaus (Achomitzer Alm) 2 Std.
Feistritzer Alm – Berghaus Oisternig 1 Std.
△ Starhand, 1965 m, 2 Std.; Oisternig, 2052 m, 2 Std.
Vorderberg/Gail oder Ugovizza
Vorderberg/Gail oder Ugovizza
Vorderberg oder Rifugio Nordio-Deffar

Straniger Alm

1479 m; erb. 1929, umgeb. 1982; Besitzer: Almgemeinschaft Stranig-Goderschach

Stefan Buchacher
Stranig 10
A-9633 Raisach
© 04284/5534
Straniger Alm
A-9633 Raisach
✕ 20.06. bis 20.09.; 10, 15
220 Volt mit Generator
↗ Haltestelle Raisach 3 Std.; PKW-Zufahrt zum Haus möglich
→ Naßfeld 5 Std.; Rattendorfer Alm 3 Std.
Dr.-Steinwender-Hütte 2½ Std.; Plöckenpaß 7 Std.
△ Hochwipfel, 2195 m, 2 Std.; Findenigkofel (Mte. Lodin), 2015 m, 2½ Std.
Monte Zermula, 2134 m, 4 Std.; Trogkofel, 2279 m, 4 Std.
Raisach
Raisach
beim Haus [P]

Untere Valentinalm

1200 m; privat

Untere Valentinalm
A-9640 Mauthen
Mitte Juni bis Ende September
220 Volt
↗ von der Plöckenpaßstraße 20 Min.
→ Plöckenhaus 1 Std.; Mauthner Alm 2½ – 3 Std.
Eduard-Pichl-Hütte 3½ Std.; Rifugio Lambertenghi 4 Std.
△ Rauchkofel, 2460 m; Hohe Warte, 2780 m; Wodner Törl, 2063 m
Kötschach-Mauthen
an der Plöckenstraße
an der Plöckenstraße

Valdaier, Rifugio

1320 m; Besitzer: Gemeinde Ligosullo
I-33020 Ligosullo
✆ 0433/777033

Rifugio Valdaier
I-33020 Ligosullo
✆ 0433/777058
16.06. bis 15.09., in der Wintersaison am Wochenende; 11, 14
220 Volt
↗ Zufahrt von Ligosullo
△ Monte Paularo, 2043 m; Monte Neddis, 1990 m; Monte Dimon, 2043 m
Carnia
Ligosullo
beim Haus P

S
Stef
Mte. Cridola
Δ2580
2
3
Rif Giaf
4
5
Δ
247
Cma. d. Preti
Δ2703
Mte. Tu
Δ
2311
Rif. Maniago
Cimolais
Erto
Mte.
Col. Nudo Cellino
Δ
2472
Bá
Ponte
nelle Alpi
Rif. C. u. M.
Semenza
Mo
Pieve
Chies
Mte. Ca
Δ2250
BELLUNO
Puos
Castion
Farra
Spert
Visome
Lago di
S. Croce
Piancava
Limana
S. Croce
Aviano
Trichiana
6
Mel
S. Floriano
Lentiai
Valmorèl
Rif. Casera
Ceresera
Cesana
S. Antònio
Feltre
Vittorio
Veneto
Mte. Cesen
1570
Δ
Vas
Segusino
Valdobbiádene

57b Südliche Karnische Alpen

1 Rif. N. Flaiban-F. Pacherini
2 Rif. Padova
3 Rif. Cercena
4 Rif. Pordenone
5 Ricovero, Casera
Laghetto di Sopra
6 Rif. Brigata Alpina Cadore

Umgrenzung

S. Stefano di Cadore – entlang der Piave – Belluno – Feltre – Fener – Valdobbiadene – Vittorio-Veneto – Aviano – Maniago – Meduno – Gemona – Carnia – Chiusaforte – Pontebba – Paularo – Paluzza – Cameglions – Forni Avoltri – Sappada – S. Stefano di Cadore

A. Bristot, Rifugio

1612 m; privat, Besitzer: Fratelli Fornasier
Via Agosti 36
I-32100 Belluno
✆ 0437/212219

- Tatiana Gris
  Fraz. Meano
  I-32035 S. Giustina
- Rifugio A. Bristot
  Col Toront
  I-32100 Belluno
  ✆ 0437/298174
- ✗ 01.06. bis 30.09., 20.12. bis 15.04.; 16 ⊓, 6 ⊔; Duschgelegenheit
- 220 Volt
- ↗ Belluno – Nevegal (Col de Goum), dann 1¾ Std.; Belluno – Pian del Nogher, dann und 40 Min., Faverghera Rist. La Casera ¾ Std.
- → Rifugio Brigata – Alp Cadore 15 Min.; Rifugio Col Visentin 45 Min.
- △ Col Toront, 1675 m, wenige Minuten
- Belluno
- Belluno, 01.07. bis 31.08. Pian del Nevegal
- Faverghera Rist. La Casera oder Pian del Nogher

Aldo Vaccari, Bivacco

2050 m; erb. 1978
CAI Sektion Lorenzago
Sektion Montebelluna
I-31044 Montebelluna ✆ 0423/23827

- ✗ immer zugänglich; 9 ⊓ mit Decken; Wasser etwa 100 m entfernt
- ↗ Passo della Mauria 4¼ Std.; Rifugio Giaf 3 Std.
  Lorenzago – Straße zum Passo della Mauria (Bar Pineta) 3 Std.
- → Ricovero Miaron; Bivacco Montanel; Rifugio Padova
- △ Monte Criola, Ostgipfel 2581 m; Punta Cozzi, 2382 m
- Calalzo
- Passo della Mauria oder Bar Pineta
- Rifugio Giaf oder an der Mauriapaßstraße

Alessio Toffolon, Bivacco

1993 m; erb. 1980
CAI Sektion Vittorio Veneto
Via della Vittoria 321
I-31029 Vittorio Veneto

- ✗ immer zugänglich; 9 ⊓ mit Decken; nur Regenwasser
- ↗ Rifugio Alpago (Chies Alpago) 3 Std.
  Chies/Alpago – Casera Pian Formosa, dann 3 Std.

→ Rifugio Semenza 7½ – 8½ Std.; Rifugio Dolada (Rifugio Dolomieu) 16 – 18 Std.;
△ Crep Nudo, 2207 m; Capèl Grande, 2071 m; Monte Venàl, 2212 m
Monte Messer, 2230 m; Monte I-Muri, 2049 m; Monte Antànder, 2184 m
Belluno oder Cadola
Pieve d'Alpago
Casera Pian Formosa

Alpino, Rifugio

1125 m; privat

Amabile Pilat
Via Sommavilla 20
I-31020 Revine Lago
✆ 0438/583645
Rifugio Alpino
Pian delle Femene
I-31020 Revine Lago
✆ 0438/583645
ganzjährig, Montag Ruhetag
6 Schlafplätze
220 Volt
PKW-Zufahrt zum Haus
→ Rifugio Col Visentin 2 Std.
Passo di San Boldo 2½ Std.
Rifugio Posa Puner 7½ Std.
Rifugio Nevegal 3 Std.
Vittorio Veneto
Revine Lago
beim Haus P

Arneri, Rifugio

1620 m; Besitzer: Funivio Piancavallo s.p.a.
I-33081 Aviano

Alessandro Vianello
Fraz. Piancavallo
I-33081 Aviano
✆ 0434/655189
Rifugio Arneri
Loc. Piancavallo
I-33081 Aviano
Winter- und Sommersaison; keine Nächtigungsmöglichkeit
220 Volt
Piancavallo – Tremol, dann 1 Std.
→ Rif. Semenza 4½ Std.; Tambre d'Alpago 5 Std.; Budoia 3 Std.
△ Monte Tremol, 2007 m, 1 Std.; Monte Colombera, 2066 m, 1½ Std.
Cimon del Vacallo, 2251 m, 3 Std.; Col Cornier, 1767 m, 1 Std.

- Aviano
- Aviano
- Piancavallo

Angelo Ursella, Bivacco

2000 m; erb. 1978
CAI Sektion Val Comelico
I-32040 Casamazzagno
Achille Carbogno
© 0435/67268

- immer zugänglich; 9 ⊓
  Wasser 30 Min. vom Bivacco
- ↗ San Stefan di Cadore 4 Std.
  Bivacco Spagnolli 2 Std.
- → Rif. Tenente-Fabbro 5 Std.
  Bivacco Caimi 5 Std.
  Bivacco Spagnolli 2 Std.
- △ M. Crissin, 2495 m, 2½ Std.
- Calalzo
- San Stefan di Cadore
- San Stefan di Cadore

Anita Goitan, Bivacco

1810 m; erb. 1975
CAI Sektion Triest
Via Machiavelli 17
I-34132 Triest
© 040/60317 (19.30 – 21.00 Uhr)

- immer zugänglich; 9 Schlafplätze mit Decken; Wasser in der Nähe
- ↗ Rifugio Pussa 3 Std.
- △ Cima della Meda, 2302 m; Monte Cornaget, 2323 m; Cima Podestine, 2281 m
- Longarone oder Calalzo
- Claut
- Rifugio Pussa

Brigata Alpina Cadore, Rifugio

1610 m; erb. 1958; CAI Sektion Belluno
Via Ricci 1
I-32100 Belluno
© 0437/27722

- Augusto Vianello
  Via Giampiccoli
  I-32100 Belluno
  © 0437/34228

- 🏠 Rifugio Brigata Alpina Cadore
  c/o CAI Belluno
  ✆ 0437/298159
- ✕ 20.12. – 30.3., 1.7. – 30.9. und nach Vereinbarung; 50 Schlafplätze; Dusche
- ⚡ 220 Volt
- ↗ ⛷ von Pian del Nevegal; Pian del Nevegal 1¾ Std.; Favergha, Rist. La Casera ½ Std.
- → Rifugio Bristot 15 Min.; Rifugio Col Visentin 1 Std.
- △ Monte Faverghera, 1611 m; Col Toront, 1675 m; Col Visentin, 1673 m
- 🚂 Belluno
- 🚌 Belluno, 01.07. bis 31.08. Pian del Nevegal
- 🚗 Pian del Nevegal oder Faverghera Rist. La Casera

Cacciatori, Rifugio

1610 m; Besitzer: Sektion Cacciatore
c/o G. Lepre
Fraz. Magnanino
I-33020 Rigolato

- ✕ 6 Schlafplätze; Kochgelegenheit; Wasser außerhalb vorhanden; zugänglich mit 🔑, erhältlich bei G. Lepre (Adresse siehe oben)
- ↗ Rigolato – Staipe Vas, dann 50 Min.; Sostasio ¾ Std.; Prato Carnico 1 Std.
- → Rifugio Monte Talm; Rifugio Al Cedrone
- △ Creta della Fuina, 2350 m; Monte Pleros, 2314 m; Monte Talm, 1728 m
- 🚂 Carnia
- 🚌 Rigolato oder Prato Carnico
- 🚗 Staipe Vas

Carlo u. Massimo Semenza, Rifugio

2020 m; erb. 1962
CAI Sektion Vittorio Veneto
Viale della Vittoria 321
I-31029 Vittorio Veneto

- 🚹 Gabriele Marcon
  Via Cal da Poz
  I-31029 Vittorio Veneto
  ✆ 0438/554706
- 🏠 Rifugio C. M. Semenza
  I-32010 Tambre d'Alpago
  ✆ 0437/49055
- ✕ 30.06. bis 15.09. eventuell nach Vereinbarung, 01.06. bis 30.06. und bis Ende September am Wochenende; 32 Schlafplätze
- ⚡ keiner (Gas)
- ❄ 9 ⊓ in Biwakschachtel (etwa 100 m entfernt)
- ↗ Col Indes (Tambre) 2½ Std.; Piano delle Lastre 2½ Std.
  Casera Pal (Chies d'Alpago) 4 Std.
- → Biv. Toffolon 7½ – 8½ Std.; Farra d'Alpago 6 – 7 Std.; Rif. Arneri -Piancavallo

△ Cimon del Cavallo, 2251 m; Monte Laste, 2247 m, Cimon di Palantina, 2190 m Monte Cornor, 2170 m; Monte Castellat, 2208 m
Belluno oder Vittorio Veneto
Farra d'Alpago
Pian dell Laste oder Col Indes

Carota, Rifugio

1002 m

D. Pellegrinotti
I-32010 Pieve d'Alpago
✆ 0437/478033

Locanda Al Rifugio Carota
I-32010 Pieve d'Alpago
✆ 0437/478033

ganzjährig; 8 Betten; Duschgelegenheit
220 Volt
PKW-Zufahrt zum Haus möglich; Pieve d'Alpago 20 Min.
→ Rifugio Dolada 1½ Std.
△ Col Spuntic, 1162 m; Col Brustola, 1774 m
Belluno oder Cadola
Pieve d'Alpago
beim Haus P

Casera Ceresera, Rifugio

1347 m; erb. 1930, umgeb. 1947 u. 1987
CAI Sektion Sacile
Casella Postale
I-33077 Sacile

Selbstversorgerhütte, betreut durch die CAI Sektion Sacile; im Sommer beaufsichtigt, vorherige Anfrage unbedingt erforderlich; 15 Schlafplätze; Kochgelegenheit
Fahrweg Sarone – Gaiardin
→ Pian Consiglio; Pian Cavallo
Sacile
Sarone
Gaiardin

Casera Ditta, Rifugio

956 m; Besitzer: G. Filippin
I-33080 Erto e Casso
✆ 0427/87035

Rifugio Casera Ditta
Pian di Mesazzo
I-33080 Erto e Casso
✆ 0427/87035

✗ 01.06. bis 15.10., übrige Zeit ungewiß, auf Anfrage; 8 🛏, 12 ⊓; Dusche
220 Volt
↗ Erto – Casera Costa Ortighe, dann 1 Std.
△ Montagna del Vescoco (Col Mat, 1981 m); Cima Degnona, 2208 m
Longarone
Erto
Casera Costa Ortighe

Casera Laghetto di Sopra, Ricovero

1871 m; erb. 1850, umgeb. 1988
CAI Sektion Monfalcone
Via Duca d'Aosta 102
I-34074 Monfalcone
✆ 0481/40029

✗ immer zugänglich; nur für Notfälle; Wasser 50 m entfernt
↗ Cimolais 4¾ Std.; Val Cimoliana 8 km von Cimolais 2¾ Std.
Pieve di Cadore – Perarola 7 Std.
→ Bivacco Gervasutti 3 Std.; Bivacco Greselin 5½ – 6½ Std.
△ Cima Laste, 2555 m; Cima dei Preti, 2706 m; Cima Sella, 2334 m
Perarolo di Cadore oder Longarone
Cimolais oder Perarolo di Cadore
Val Cimoliana oder Caralte (Perarola)

Casera Pramaggiore, Bivacco

1812 m; erb. 1983
CAI Sektion San Vito al Tagliamento
Torre Raimonda
I-33078 San Vito al Tagliamento
Betreut durch: Diego Verardo ✆ 0434/833719, Dora Lisa Rosalen ✆ 0434/550093

✗ immer zugänglich; 8 Schlafplätze mit Decken; Wasser 15 Min. entfernt
↗ Claut – Val Settimana, 905 m, dann 2¾ Std.
→ Rifugio Pussa 2¾ Std.; Rifugio Flaiban-Pacherini 3 Std.; Rifugio Pordenone 2½ Std.
△ Monte Pramaggiore, 2478 m
Longarone oder Calalzo
Claut
im Val Settimana oder Rifugio Pussa

Casera Sopareit, Bivacco

1528 m
CAI Sektion Spilimbergo
c/o G. Sedran
I-33097 Spilimbergo
✆ 0427/2789

✗ immer zugänglich; 6 Schlafplätze mit Decken; Herd, Wasser 25 Min. entfernt

↗ Tramonti di Sopra – Forc. di Monte Rest, dann 2½ Std.
△ Monte Valcalda
Carnia oder Meduno
Tramonte di Sopra
Forc. di Monte Rest

Cercena, Rifugio

1072 m
CAI Sektion Domegge di Cadore
Via F. Barnabo
I-32040 Domegge di Cadore

Lea de Bona
Via Manzoni 8
I-32013 Longarone
✆ 0437/770153

Rifugio Cercena
I-32040 Domegge di Cadore
✆ 0435/72283

20.06. bis 20.09.
keine Nächtigung

↗ Domegge di Cadore 1 Std.
mit Jeep-Taxi zum Haus
Vallesella 1 Std.

→ Rifugio Padova 1 Std.; Rifugio Giaf 3½ Std.
△ Cima Montanella, 2441 m, 4 Std.
Calalzo
Domegge di Cadore oder Vallesella
Domegge di Cadore oder Vallesella

Col Visentin, Rifugio (Rifugio Monumento Sacrario)

1763 m; Besitzer: ANA Sektion Belluno
I-32100 Belluno

Rifugio Col Visentin
c/o ANA Sektion Belluno
✆ 0437/27110 oder 0437/28353

01.06. bis 30.09. durchgehend, sonst an den Wochenenden; 32 Schlafplätze
220 Volt
↗ PKW-Zufahrt zum Haus möglich
→ Rifugio Bristot ¾ Std.; Rifugio Brigata Alpina Cadore 1 Std.
Rifugio Alpino, Pian delle Femene 2 Std.; Passo di San Baldo 4 – 4½ Std.
△ Col Visentin, 1763 m, wenige Minuten; Col Toront, 1675 m, ¾ Std.
Vittorio Veneto
Vittorio Veneto
beim Haus P

D. Feruglio, Bivacco

1712 m; erb. 1967; CAI Sektion Udine
Via B. Odorico da Pordenone 3
I-33100 Udine
✆ 0432/504290 (17.30 – 19.30 Uhr)
Betreut durch: Sergio Corazza
Via Umago 36
I-33100 Udine
✆ 0432/504289

- ✕ immer zugänglich; 9 Schlafplätze; nur Schmelz- bzw. Regenwasser
- ↗ Rifugio Grauzaria 2 Std.
- △ Creta Grauzaria, 2065 m; Campanile Medace
- Bahn: Pontebba oder Moggio Udinese
- Bus: Bevorchians
- PKW: Nanghet im Val Aupa

Damiana del Gobo, Bivacco

1990 m; erb. 1985
CAI Sektion Sappada
Via Soravia 34
I-32047 Sappada

- ✕ immer zugänglich; 9 Schlafplätze mit Decken; Wasser 200 m entfernt
- ↗ Sappada 2¾ Std.
- → Rifugio De Gasperi 3 Std.
- △ Creton di Clap Grande, 2487 m; Creton di Clap Piccolo, 2439 m
  Monte Hoberdeirer, 2174 m
- Bahn: Calalzo, Carnia oder Innichen
- Bus: Sappada
- PKW: Sappada

Dolada, Rifugio

1494 m; Besitzer: Gemeinde Pieve d'Alpago
I-32010 Pieve d'Alpago
✆ 0437/478086

- Genoveffa Bortoluzzi
  I-32010 Chies d'Alpago
  ✆ 0437/40341
- Rifugio Dolada
  I-32010 Pieve d'Alpago
  ✆ 0437/478048
- ✕ 01.06. bis 30.09., sonst anfragen; 25 Schlafplätze
- 220 Volt
- ↗ PKW-Zufahrt zum Haus möglich; Rif. Carota 1½ Std.; Pieve d'Alpago 2 – 2¼ Std.
- → Biv. Toffolon 16 – 18 Std.

△ Monte Dolada, 1938 m; Col Mat, 1981 m; Cimon delle Basilighe, 2208 m C. Sora il Ciot, 2318 m; Col Nudo, 2471 m; C. Secca, 2350 m
Belluno oder Cadola
Pieve d'Alpago
Rifugio Carota oder P in Hausnähe

Enzo Moro, Rifugio

1270 m; Besitzer: Gemeinde Sutrio
I-33020 Sutrio

Bruno Pittino
Via Roma 18
I-33020 Sutrio
✆ 0433/778278

Rifugio Enzo Moro
c/o Comune Sutrio
I-33020 Sutrio

Winter- und Sommersaison
28 in 4-Bettzimmern

220 Volt

Zufahrt von Sutrio 10 km auch im Winter geräumt; Zufahrt von Ovaro über Lenzone nur im Sommer

→ Ravascletto über Monte Zoncolan; Rifugio Stella Alpina Ovaro über Monte Zoncolan; Fielis und Arta Terme

△ Monte Tamai, 1973 m; Monte Arvenis, 1978 m
Carnia
Sutrio
beim Haus P

Erasmo Frisacco, Biv.

1853 m; erb. 1983
CAI Sektion Treviso
Piazza dei Signori 4
I-31100 Treviso

immer zugänglich; 9 Schlafplätze mit Decken; Herd; Wasser 15 Min. entfernt
Erto 5 – 5½ Std.; S. Martino 6 – 7 Std.
→ Casera Gravuzza (nur Notunterkunft) 1 Std.;
△ Col Nuda, 2471 m
Longarone
Erto
Val Vaiont

Flavio Zanette, Bivacco

1627 m; erb. 1923, umgeb. 1991
CAI Sektion Sacile
Cas. Postale 27
I-33077 Sacile

- ✕ immer zugänglich; 8 Schlafplätze; Wasser 10 Min. entfernt
- ↗ S. Martino bei Erto 2½ Std.; Cellino di Sopra – Forcella Ferron 5 Std.
- △ Monte Cornetto
- Bahn: Longarone
- Bus: Erto
- Auto: S. Martino

Franco Marta, Bivacco

2048 m; erb. 1985
CAI Sektion Val Comelico
I-32040 Casamazzagno
Achille Carbogno
✆ 0435/67268

- ✕ immer zugänglich; 10 Lager; Wasser 10 Min. vom Bivacco
- ↗ Rifugio Volontari Alpini-Feltre Cadore 2¾ Std.; Sappada 3½ Std.
- → Campolongo
- △ Monte Terza Media, 2455 m, 2½ Std.
- Bahn: Calalzo
- Bus: Campolongo
- Auto: Rifugio Volontari Alpini-Feltre Cadore

F.lli De Gasperi, Rifugio

1767 m; erb. 1925, umgeb. 1949
CAI Sektion Tolmezzo
Via C. Battisti 4
I-33028 Tolmezzo
✆ 0433/41410

- Nilo Pravisano
  Via Patriacato 3
  I-35100 Padova
  ✆ 040/8752421
- Rifugio De Gasperi
  Clap Grant
  I-33020 Prato Carnico
  ✆ 0433/69069
- ✕ 20.06. bis Ende Oktober
  50 Betten, 50 Lager
- 220 Volt
  Materialseilbahn von Pra di Bosco zum Haus

- offen; 3 ⊓
- ↗ Pra di Bosco 1½ Std.; Pesariis 3½ Std.; Sappada 3½ Std.
- → Rifugio Tenente-Fabbro 3½ – 4 Std.; Rifugio Monte Siera 4 Std.
  Bivacco Damiana del Gobbo 3½ Std.; Forni Avoltri 7 Std.; Forni di Sopra 8 Std.
- △ Creton di Clap Grande, 2487 m, 3 Std.; Creton di Culzei, 2458 m, 2½ Std.
- Calalzo
- Pesariis oder Sappada
- Pra di Bosco

G. Bianchi, Bivacco

1725 m; erb. 1973
CAI Sektion Moggio Udinese
I-33015 Moggio Udinese
✆ 0433/51649
c/o L. Vuerich
Via Molini 14
I-33015 Moggio Udinese

- ✗ immer zugänglich; 9 Schlafplätze mit Decken; Herd, Geschirr; Wasser 5 Min.
- ↗ Moggio Udinese 3½ Std.
- → Rifugio Vualt 1¾ Std.
- △ Monte Chiavals, 2098 m; Zuc dal Bor, 2195 m
- Moggio Udinese
- Moggio Udinese
- Pradis

Giaf, Rifugio

1434 m; erb. 1947, umgeb. 1991
CAI Sektion Forni di Sopra
Via Roma 13
I-33024 Forni di Sopra

- Marco de Santa
  Via Chianeit 7
  I-33024 Forni di Sopra
  ✆ 0433/88330
- Rifugio Giaf
  I-33024 Forni di Sopra
  ✆ 0433/88002
- ✗ 15.6. bis 30.09.
  43 Schlafplätze
- 220 Volt mit Aggregat
- offen; 7 – 9 ⊓
- ↗ Forni di Sopra (Chiandarens) 1½ Std.; Passo dello Maurio 1½ Std.
- → Rifugio Padova 3 Std.; Rifugio Tenente Fabbro 6 – 7 Std.
  Bivacco Granzotto-Marchi 3 Std.; Bivacco Vaccari 3 Std.
  Rifugio Pordenone 4 Std.; Rifugio Flaiban-Pacherini 5 Std.

△ Monte Cridola, 2581 m, 4 Std.; Monte Boschet, 1706 m, 1 Std. Cima Orticello, 2119 m, 2½ Std.; Cima di Giaf, 2523 m, 4 Std.
🚂 Calalzo
🚌 Forni di Sopra
🚗 Forni di Sopra (Chiandarens) oder P östlich unterhalb der Hütte

Giovanni Spagnolli, Biv.

2047 m; erb. 1985
CAI Sektion Vigo di Cadore
Via IV. Novembre 3
I-32040 Vigo di Cadore

✗ immer zugänglich; 15 Schlafplätze, Wasser vorhanden
↗ Vigo di Cadore 2½ Std.
→ Biv. Ursella-Zandonella 1½ Std. Rifugio T. Fabbro; Biv. Caimi
△ Monte Pupera Valgrande, 2513 m, 1½ Std. Monte Crissin, 2503 m, 2 Std.
🚂 Calalzo
🚌 Laggio-Vigo di Cadore
🚗 F.li del Rin (Val Piova)

Giuliano Perugini, Biv.

2060 m; erb. 1961
CAI Associazione XXX Ottobre der Sektion Triest
Via Cesare Battisti 22
I-34125 Trieste
✆ 040/635500

✗ betreut durch die Sektion; immer zugänglich; 9 Schlafplätze, Wasser 150 m entfernt
↗ Rifugio Pordenone 2 Std.; Cimolais 5 Std.
→ Rifugio Padova 3 Std.; Rifugio Giaf 5 Std.; Biv. Granzotta-Marchi 3 Std.
△ Pala Grande, 2385 m; C. Toro, 2355 m; C. Emilia, 2369 m
🚂 Longarone
🚌 Cimolais
🚗 Val Meluzzo (Cimolais)

Giuseppe Caimi, Bivacco

2045 m; erb. 1975
CAI Sektion Val Comelico
I-32040 Casamazzagno
Achille Carbogno
✆ 0435/67268

✗ immer zugänglich, 10 ⊓; Wasser 5 Min. vom Bivacco

↗ Campolongo – Val Frison – Val Cornon 3 Std.
→ Rifugio Tenente-Fabbro 4 Std.; Bivacco Ursella-Zandonella 5 Std.
△ Monte Cornon, 2370 m, 2 Std.
🚂 Calalzo
🚌 Campolongo
🚗 Ponte in cima Strada Nuova

Giusto Gervasutti, Biv.

1850 m; erb. 1970
CAI Associazione XXX Ottobre der Sektion Triest
Via Cesare Battisti 22
I-34125 Trieste
✆ 040/635500.

✗ betreut von der Sektion, immer zugänglich, 9 Schlafplätze
10 – 15 Min. zur Wasserstelle.
↗ von Cimolais – Val Cimoliana – Val S. Maria 4 Std.
→ Rifugio Padova 2 Std.
Rifugio Pordenone 3½ Std.
△ Cima Cadin di Toro, 2386 m
Cima Spe, 2314 m
Cima dei Lares, 2273 m
Cima Cadin di Vedorcia, 2403 m; Cima Cadin degli Elmi, 2424 m
🚂 Longarone
🚌 Cimolais
🚗 im Val Meluzzo (Cimolais)

Grauzaria, Rifugio

1250 m; erb. 1963
CAI Sektion Moggio Udinese
I-33015 Moggio Udinese

🚹 Dario Masarotti
Via Michelini 15
I-33100 Udine
✆ 0432/34720
🏠 Rifugio Grauzaria
Loc. Conca di Flop
I-33015 Moggio Udinese
Y vom Gasthaus Coset-Bevorchians ✆ 0433/51205
✗ 1.6. bis 30.9.; 22 Schlafplätze
❄ offen

↗ Nanghets im Val Aupa 1½ Std.
→ Bivacco Feuglio 2½ Std.; Rifugio Palasecca 4 Std.
△ Creta Grauzaria, 2065 m; Monte Sernio, 2187 m
Pontebba oder Moggio Udinese
Bevorchians
Nanghet im Val Aupa

Groppa Pastour, Bivacco

1617 m; Besitzer: Azienda Rigionale Forestale (Forstverwaltung)
I-33085 Maniago
✆ 0427/730491

✗ immer zugänglich; 9 Schlafplätze mit Decken
↗ Barcis – Val Prescudin, dann 2½ Std.
→ Bivacco Toffolon 4 Std.; Rifugio Semenza 4½ Std.
△ Monte I-Muri, 2049 m; Monte Paster, 2067 m; C. Brutt Pass, 2155 m
Longarone oder Maniago
Barcis
Val Prescudin

Lander, Bivacco

1225 m; Besitzer: Associazione Amici della Montagna
✆ 0433/92033
c/o Albergo Salon
Piano d'Arta
I-33022 Arta Terme

✗ immer zugänglich; 6 Schlafplätze mit Decken; Kochgelegenheit
↗ Arta Terme – Piani d'Arta, dann 2 Std.
△ Monte di Rivo
Carnia
Arta Terme
Piano d'Arta

Malga Cjampis, Bivacco

1234 m; erb. 1843, umgeb. 1890/1972/1984
CAI Sektion Spilimbergo Gruppe Valtramontina
I-33090 Tramonte di Sopra
Betreut durch: Ugo Urban, ✆ 0427/869146

✗ immer zugänglich; 12 Schlafplätze; Wasser 50 m, Koch- und Heizgelegenheit
↗ Tramonti – Maleon, dann 3½ Std.
△ Monte Frascola, Monte Tamaruz
Carnia oder Meduno
Tramonti di Sopra
Maleon

Maniago, Rifugio

1730 m; erb. 1962, umgeb. 1980
CAI Sektion Maniago
c/o Adriano Bruna
Via Bruna 55
I-33085 Maniago
✆ 0427/72011

- Albino Rinaldo
  Via Schiavonesca 70
  I-33039 Riese Pio X
  ✆ 0432/483769
- Rifugio Maniago
  Val Zemola
  I-33080 Erto e Casso
- 15.06. bis 06.10.; 20
- 220 Volt mit Aggregat
- Erto 3 Std.; Cimolais 5 Std.
- Bivacco Griselin 3½ Std.; Bivacco Baroni 2½ Std.; Malga Lodina 2½ Std.
- Monte Duranno, 2665 m, 4 Std.; Monte Citta, 2191 m, 3½ Std.
  Monte Buscada, 2100 m, 3 Std.; Monte Borga, 2228 m, 4 Std.
  Spalla Duranno, 2234 m, 2 Std.; Cime Centenere, 2774 m, 2 Std.
- Longarone
- Erto
- Erto

Marchi-Granzotto, Bivacco

2170 m; erb. 1962, umgeb. 1989
CAI Sektion Pordenone
Piazetta del Cristo 5
I-33170 Pordenone
✆ 0434/522823

- immer zugänglich; 12 Schlafplätze; Wasser 10 Min. entfernt
- Rifugio Pordenone 3 Std.; Cimolais über Rifugio Pordenone 6 Std.
- Bivacco Perugini 2¾ Std.; Rifugio Giaf 3 Std.
- Cresta del Leone, 2403 m; Cima Barbe, 2303 m; Monfalcon di Forni, 2453 m
  Monfalcon di Cimoliana, 2450 m; Monfalcon di Montanaia, 2548 m
- Longarone
- Cimolais
- Val Meluzzo (Cimolais)

Molassa, Bivacco

700 m; Besitzer: Gemeinde Barcis
I-33080 Barcis
✆ 0427/76014

✗ immer zugänglich; 6 Schlafplätze mit Decken; Wasser 10 Min. entfernt
↗ Barcis-Molassa, dann $1\frac{1}{2}$ Std.
△ Monte Lupo
🚂 Longarone oder Maniago
🚌 Barcis
🚗 Molassa

Montanel alt, Bivacco

2020 m; erb. 1978; unmittelbar beim Bivacco Montanel neu, siehe dort

✗ immer zugänglich; 4 Schlafplätze mit Decken

Montanel neu, Bivacco

2020 m; erb. 1985
CAI Sektion Domegge di Cadore
Via Don F. Barnabo 4
I-32040 Domegge di Cadore

✗ immer zugänglich; 8 Schlafplätze mit Decken
Kochgelegenheit, Geschirr vorhanden, Wasser 20 m entfernt
↗ mit Jeep-Taxi zum Rifugio Cercenà, dann $3\frac{1}{2}$ Std.
Domegge di Cadore $4\frac{1}{2}$ Std.; Vallesella $4\frac{1}{2}$ Std.
→ Rifugio Padova, Bivacco Vaccari, Rifugio Giaf
△ Crodon di Scodavacca, 2389 m; Montanel, 2461 m
🚂 Calalzo
🚌 Domegge di Cadore oder Vallesella
🚗 Domegge di Cadore oder Vallesella

Monte Pilang, Rifugio

1551 m; Besitzer: Gemeinde Prato Carnico
I-33020 Prato Carnico
✆ 0433/69101

✗ Selbstversorgerhütte; 10 Schlafplätze; Kochgelegenheit, Wasser vorhanden
🔑 bei der Gemeinde Prato Carnico während der Amtsstunden erhältlich
✆ Voranmeldung empfehlenswert
↗ Prato Carnico – Pieria, dann $1\frac{1}{4}$ Std.
△ Monte Forchia, 1901 m; Monte Losa, 1953 m
🚂 Carnia
🚌 Pieria
🚗 Pieria

Monte Sernio, Rifugio

1419 m; erb. 1973, umgeb. 1984
CAI Sektion Tolmezzo
Via C. Battisti 4
I-33028 Tolmezzo
✆ 0433/41410

- ✗ Selbstversorgerhütte, nicht bewirtschaftet; 12 Schlafplätze; Herd, Geschirr vorhanden, Wasser bei der Hütte. Informationen und Anmeldung beim CAI Tolmezzo
- ⊞ 12 Schlafplätze
- ↗ Arta Terme – Stavoli Chiampees (Lovea), dann 1½ Std.; Sella Pra di Lunze 2 Std.
- → Rifugio Grauzaria
- △ Monte Sernio, 2187 m; Creta di Mezzodi, 1806 m; Creta di Palasecca, 1888 m
- Carnia
- Arta Terme
- Stavoli Chiampees

Monte Talm, Rifugio

1093 m; Besitzer: Gemeinde Prato Carnico
I-33020 Prato Carnico
✆ 0433/69101

- ✗ Selbstversorgerhütte; 8 Betten, 12 Lager; Kochgelegenheit, Wasser vorhanden.
  Schlüssel bei der Gemeinde Prato Carnico während der Amtsstunden erhältlich
  ✆ Voranmeldung empfehlenswert
- ↗ Prato Carnico – Fraz. Coi, dann ¾ Std.
- → Rifugio Cacciatori; Rifugio Al Cedrone
- △ Monte Talm, 1728 m; Creta della Fuina, 2350 m
- Carnia
- Prato Carnico
- Prato Carnico-Coi

Nino Flaiban-Fabio Pacherini, Rifugio

1587 m; erb. 1973; CAI Associazione XXX Ottobre der Sektion Triest
Via Cesare Battisti 22
I-34125 Trieste
✆ 040/635500

- Mauro Conighi
  Borgo S. Mauro 207
  I-34019 Sistiana
  ✆ 040/299174
- Rifugio Flaiban-Pacherini
  I-33024 Forni di Sopra
  ✆ 0433/88555

✗ 15.06. bis 20.09.; 14
↗ Forni di Sopra – Andrazza 2½ Std.
→ Rifugio Pordenone 3½ Std.; Rifugio Giaf 5 Std.; Rifugio Pussa 4½ Std.
△ Monte Pramaggiore, 2478 m, 3½ Std.; Cima di Suola, 2079 m, 2 Std.
Cima Pescion, 2410 m, 3 Std.
Calalzo oder Carnia
Forni di Sopra
Andrazza (Forni di Sopra)

Padova, Rifugio

1316 m; erb. 1910, umgeb. 1932
CAI Sektion Domegge di Cadore
Via F. Barnabo
I-32040 Domegge di Cadore

Svaluto Moreolo Ferruccio
Piazza S. Leonardo
I-32040 Grea di Domegge di Cadore
✆ 0435/728001
Rifugio Padova
I-32040 Domegge di Cadore
✆ 0435/72488
✗ 20.06. bis 20.09.
55 Schlafplätze
220 Volt mit Aggregat
offen
↗ Domegge di Cadore 2½ Std.; Jeep-Taxi zum Haus; Rifugio Cercena 1½ Std.
Vallesella 2½ Std.; Forni di Sopra 4½ Std.; Pieve di Cadore 2 Std.
→ Rif. Giaf; Rif. Pordenone 4½ Std.; Rif. Tita Barba 2 Std.; Biv. Perugini 3½ Std.
△ Monte Cridola, 2581 m, 5 Std.; Cima Monfalcone, 2548 m, 5 Std.
Cardin di Toro, 2386 m, 3 Std.
Calalzo
Domegge di Cadore, Vallesella
Domegge di Cadore, Vallesella

Paolo Greselin, Bivacco

1920 m; erb. 1957, umgeb. 1975
CAI Sektion Padova
Galleria S. Bernardino 5
I-35100 Padova
✆ 049/8750842

✗ immer zugänglich; 9 Schlafplätze mit Decken; Herd; Wasser 40 m entfernt
↗ Cimolais 4 Std.; Macchietto – Val Montina 7 Std.
→ Rif. Maniago 3½ Std.; Biv. Gervasutti 8½ – 10 Std.; Rif. Padova, Biv. Baroni
△ Cima dei Preti, 2706 m; Cima dei Frati, 2355 m; Monte Duranno, 2668 m

- Longarone
- Cimolais
- Val Cimoliana

Pordenone, Rifugio

1249 m; erb. 1930, umgeb. 1972
CAI Sektion Pordenone
Piazza del Cristo 5
I-33170 Pordenone
© 0434/522823

- Narcisa Zoldan
  Fraz. Fortogna 112
  I-32010 Longarone
  © 0437/770851, 0435/66015
- Rifugio Pordenone
  Val Montanaia
  I-33080 Cimolais
  © 0427/87300
- 20.6.–20.9.; 66 Schlafplätze
- 220 Volt mit Generator
- Cimolais 3 Std.; mit PKW ins Val Meluzzo, dann 15 Min.
- Rifugio Padova 5½ Std.; Bivacco Gervasutti 3½ Std.
  Rifugio Flaiban-Pacherini 3½ Std.; Rifugio Giaf 4½ Std.
  Bivacco Perugini 2½ Std.; Rifugio Pussa über Forc. Pramaggiore 5½ Std.
  Rifugio Pussa über Cas. Bregolina – Forc. Dof 7½ Std.
- Campanile di Val Montanaia, 2173 m, 3½ Std.; Cima Monfalcon, 2548 m, 5 Std.
  Monte Pramaggiore, 2478 m, 4½ Std.; Monte Ferrara, 2353 m, 4 Std.
- Longarone
- Cimolais
- Val Meluzzo (Cimolais)

Posa Punèr, Rifugio

1342 m; ANA Sektion Vittorio Veneto

- Rifugio Posa Punèr
  I-31040 Miane
  © 0438/893241
- 15.6. bis 15.9. durchgehend, 1.5. – 14.9. und 16.9. – 30.11. am Wochenende
  25 Schlafplätze
- 220 Volt
- Sitzmöglichkeit für 6 Personen; Heizgelegenheit
- PKW-Zufahrt von Valdobbiadene möglich
- Passo di Praderàdego 2½ – 3 Std.; Segusino 4 – 4½ Std.
- Monte Cimon, 1438 m; Monte Grava, 1464 m; Monte Forconetta, 1494 m
  Monte Marièch, 1526 m; Monte Cesen, 1570 m; Col Posanova, 1502 m

Fener
Segusino oder Valdobbiadene (Malga Marièch im Sommer)
beim Haus

Pussa, Rifugio

947 m; erb. 1971/72
umgeb. 1989/90
CAI Sektion Claut
Viale Nuovo
I-33080 Claut
✆ 0427/878453

Sergio Corona
Val Cellina
Via A. Giordani 24
I-33080 Claut
✆ 0427/878178

Rifugio Pussa
Val Setimana
I-33080 Claut
✆ 0427/87050

✕ 15.6. – 15.9.; 46 Schlafplätze
220 Volt mit Aggregat
beim Bewirtschafter oder CAI Claut erhältlich
↗ Claut 3 Std.; Straße zum Haus; Forni di Sotto 4 – 5 Std.
→ Rifugio Flaiban-Pacherini 4 Std.; Rifugio Pordenone $6\frac{1}{2}$ Std.
Bivacco Anita Goitan 3 Std.; Casera Pramaggiore $2\frac{3}{4}$ Std.
△ Pramaggiore, 2874 m, 3 Std.; Monte Cornaget, 2323 m, 5 Std.
Monte Rua, 2177 m, $2\frac{1}{2}$ Std.; Caserine, 2306 m, 4 Std.
Calalzo oder Longarone
Claut
beim Haus P

Sergio Baroni, Bivacco

1732 m; erb. 1976
CAI Sektion Venezia
San Marco 1672
I-30124 Venezia
Bergsteiger-Jugend CAI und ANA Sektion Venezia, ✆ 041/5225407

✕ immer zugänglich; 9 Schlafplätze mit Decken; Wasser 10 Min. entfernt
↗ Macchietto bei Perarolo 4 Std.
→ Rifugio Maniago $2\frac{1}{2}$ Std.; Bivacco Greselin
△ Monte Duranno, 2665 m; Cima dei Preti, 2706 m; Cima dei Frati, 2355 m
Perarolo di Cadore
Macchietto
Macchietto

Stella Alpina, Rifugio

1350 m; privat

- Antonio Saramuzza
  Via Caprin 16
  I-34073 Grado
  ✆ 0431/80153
- Rifugio Stella Alpina
  I-33020 Ravascletto
  ✆ 0433/66051
- Winter- und Sommersaison
  50 Betten
- 220 Volt
- Ravascletto 1 Std.
- Rifugio Enzo Moro – Sutrio – ins Valle del But
  Rifugio Marinelli über Ravascletto, Collina über Ravascletto, Ovaro
- Monte Zoncolan, 1740 m; Monte Tamai, 1973 m
  Monte Crostis, 2251 m, und Cimon di Crasulin, 2105 m, 3½ Std.
- Carnia
- Ravascletto
- Ravascletto

Tenente Fabbro, Rifugio

1783 m; privat

- Wiliam Feltrin
  Viale Dolomiti 56
  I-32014 Ponte Nelle
  ✆ 0437/990451
- Rifugio Tenente-Fabbro
  Da Rongh Celeste
  I-32040 Pelos di Cadore
  ✆ 0435/77016
- 20.06. bis 20.09.; 19 Schlafplätze
- 220 Volt
- PKW-Zufahrt zum Haus möglich
- Forni di Sopra 4½ Std.; Mauriapaß 4 – 5 Std.
  Rifugio Giaf 6 – 7 Std.; Rifugio De Gasperi 4 Std.
- Monte Brentoni, 2548 m, 3½ Std.; Monte Tiarfin, 2413 m, 2½ Std.
  Col Rementera, 1910 m
- Calalzo
- Laggio, Vigo di Cadore
- beim Haus P

Tita Barba, Rifugio

1821 m; privat

Lorenza Chiotti Bacichetta
I-32040 Vodo di Cadore

Rifugio Tita Barba
Coston Vedorcia
I-32044 Pieve di Cadore
✆ 0435/32902

20.06. bis 20.09. durchgehend, 21.09. bis 15.10. am Wochenende; 20 Schlafplätze

220 Volt

↗ Sottocastello 3 Std.

→ Rifugio Padova 2 Std.; Rifugio Pordenone 2 Std.; Rifugio Giaf 3 Std.

△ Cima Spe, 2314 m, 2 Std.; C. Cadin di Vedorcia, 2403 m
C. Cadin degli Elmi, 2224 m; C. Cadin di Toro, 2386 m

Sottocastello

Sottocastello

bei Sottocastello

Tita Piaz, Rifugio

1420 m; erb. 1900, umgeb. 1972
Besitzer: Gemeinde Ampezzo
I-33021 Ampezzo
✆ 0433/86161

Bruno di Bello – Claudio Trojer
Via Illegio 5a
I-33028 Tolmezzo
✆ 0433/43067

Rifugio Tita Piaz
I-33021 Ampezzo

01.06. bis 15.10.; 34 🛏, 4 ⊔

220 Volt

↗ Ampezzo 3 Std.
Sauris 1½ Std.
PKW-Zufahrt zum Haus

→ Rifugio De Gasperi 6 Std.

△ Mte. Tinisa, 2100 m, 2 Std.; Mte. Sesilis, 1812 m; Mte. Nauleni, 1790 m

Carnia

Ampezzo

beim Haus P

Turriee, Rifugio

1555 m; Besitzer: Forstverwaltung Tolmezzo
I-33028 Tolmezzo
✆ 0433/2000

✕ mit 🔑 zugänglich; 4 ⊓, 6 ⊔; Kochgelegenheit, Wasser vorhanden.
🔑 erhältlich bei der Forstverwaltung
↗ Paularo – Dierico, dann $2\frac{3}{4}$ Std.; Paularo – Casaso, dann $2\frac{1}{2}$ Std.
→ Rifugio Forestale Chianeipade; Ricovero Casera Forchiutta
Rifugio Casera Zuof di Fau; Rifugio Grauzaria
△ Monte Salinchiet, 1857 m
🚂 Carnia
🚌 Paularo
🚗 Casaso oder Dierico

Val Provagna, Bivacco

1223 m; Besitzer: Gemeinde Barcis
I-33080 Barcis
✆ 0427/76014

✕ immer zugänglich; 6 Schlafplätze mit Decken
↗ Barcis
△ Monte Castello, 1573 m; Palon, 1647 m
🚂 Maniago oder Longarone
🚌 Barcis
🚗 Barcis

Val Zea, Bivacco

1245 m; Besitzer: Forstverwaltung Maniago
I-33085 Maniago
✆ 0427/730491

✕ immer zugänglich; 9 Schlafplätze mit Decken; Wasser 10 Min. entfernt
↗ Barcis – Val Prescudin, dann $1\frac{1}{2}$ Std.
△ Crep Nudo, 2207 m
🚂 Longarone oder Maniago
🚌 Barcis
🚗 Val Prescudin

Valdajer, Rifugio

1350 m

† Gemeinde Ligosullo
I-33020 Ligosullo
✆ 0433/777033
⌂ Rifugio Valdajer
Adresse siehe Gemeinde ✆ 0433/777058, 777033

✗ Winter- und Sommersaison
40 Schlafplätze
~ 220 Volt
↗ PKW-Zufahrt zum Haus
→ Casera Pramosio 4 Std.
Treppo Carnico 4 Std.
Paularo 2 Std.
△ Monte Dimon, 2046 m
Monte Paularo, 2045 m, $2\frac{3}{4}$ Std.
Carnia
Ligosullo oder Paularo
beim Haus P

Volontari Alpini Feltre-Cadore, Rifugio

1281 m; ANA Campolongo
I-32045 S. Stefano di Cadore

Gabriella De Zolt Giustina
Fraz. Campolongo
I-32045 S. Pietro di Cadore
Rifugio Volontari Alpini Feltre
Val Frison
I-32045 S. Stefano di Cadore
✗ 15.06. bis 30.09.; 20 Schlafplätze
~ 220 Volt
↗ PKW-Zufahrt zum Haus möglich
→ Bivacco Franco-Marta 3 Std.
Calalzo oder Innichen
Campolongo
beim Haus P

Vualt, Rifugio

1168 m; Besitzer: Region Friaul Julisch-Venezia

✗ mit 🔑 zugänglich; 4 ┌┐, 6 └┘; Kochgelegenheit, Wasser vorhanden.
Auskunft und 🔑 erhältlich bei: Forstverwaltung Tolmezzo
I-33038 Tolmezzo
✆ 0433/2000
↗ Moggio Udinese $1\frac{1}{2}$ Std.
→ Bivacco Bianchi 2 Std.
△ Monte Chiavals, 2098 m; Zuc del Bor, 2195 m
Moggio Udinese
Moggio Udinese
Pradis

1 Rif. Casa Alpina Valbruna
2 Ricovero Armando Bernardinis
3 Rif. C. Gilberti
+Dom Petra Skalarja na Kaninu
4 Koča na Mangrtskem sedlu
5 Rif. L. Zacchi
6 Dom v Tamarju
7 Zavetišče pod Špičkdom
8 Koča pri izviru Soče
9 Koča na Erjavčeva
10 Koča na Gozdu
11 Mihov dom na Vršiču
12 Postarski + Ticarjev dom na Vršiču
13 Koča na Krnici
14 Pogačnikov dom pri Kriških podih
15 Aljažev dom
16 Dom Valentina Staniča
17 Triglavski dom na Kredarici
18 Dom Planika pod Triglavom

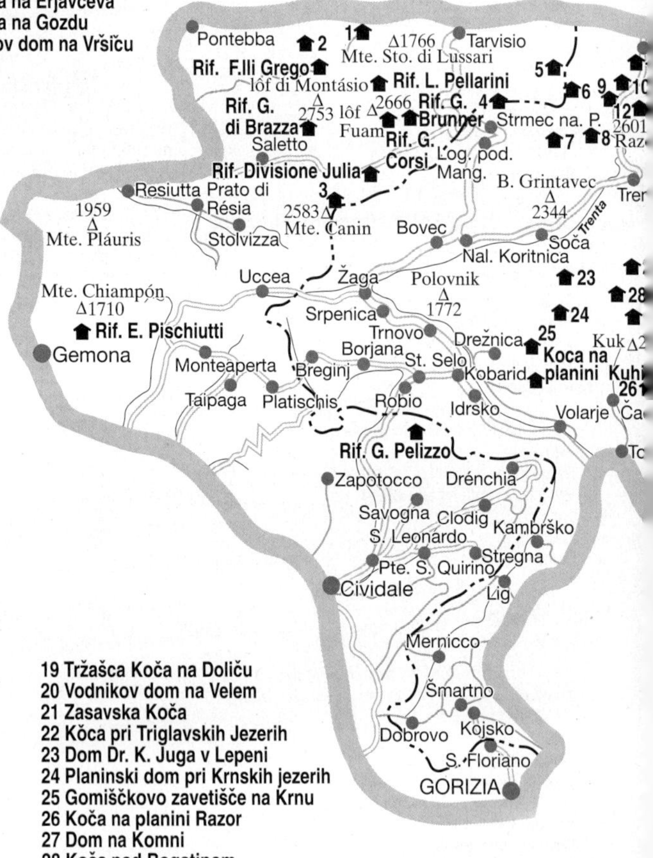

19 Tržašca Koča na Doliču
20 Vodnikov dom na Velem
21 Zasavska Koča
22 Kŏca pri Triglavskih Jezerih
23 Dom Dr. K. Juga v Lepeni
24 Planinski dom pri Krnskih jezerih
25 Gomiščkovo zavetišče na Krnu
26 Koča na planini Razor
27 Dom na Komni
28 Koča pod Bogatinom

58 Julische Alpen

Umgrenzung

Pontebba – Kanaltal – Tarvis – Fusine – Save – Jesenice – Kranj – Laibach – Vrhnika – Ziri – Indrija – Indrijatal – Tolmin – Isonzotal (Socatal) – Gorizia – Cividale d. Friul – Gemona d. Friul – Carnia – Pontebba

Aljažev dom v Vratih (Aljaz-Haus)

1015 m; erb. 1910, umgeb. 1977
PD Dovje-Mojstrana
SLO-64281 Mojstrana
✆ 064/89135

- Auskunft beim PD Mojstrana
- Aljažev dom
  SLO-64281 Mojstrana
  ✆ 064/89013
- 15.05. bis 15.10.; 26 Betten, 100 Lager
- 220 Volt
- offen
- Mojstrana $2\frac{1}{2}$ Std., Zufahrt mit PKW möglich; aus der Trenta über den Luknjapaß 4 Std.
- → Dom Valentina Staniča $4\frac{1}{2}$ Std.; Triglavski dom na Kredarici 5 Std. Pogačnikov dom 4 Std.; Koča Zlatorog v Trenti 4 Std. Biwak IV Na Rušju 5 – 6 Std.
- △ Triglav, 2864 m, 6 Std.; Škrlatica, 2740 m, 5 Std.; Stenar, 2501 m, $4\frac{1}{2}$ Std.
- Jesenice
- Dovje Mojstrana
- bei der Hütte P

Aljažev Stolp

2864 m; am Gipfel des Triglav
Unterstand für 4 Personen
erb. 1895
betreut durch: PD Ljubljana-Matica

Armando Bernardinis, Ricovero

1970 m; erb. 1917, umgeb. 1984
CAI Sektion Pontebba
Piazza del Popolo
I-33016 Pontebba

- immer zugänglich; 6 Lager
  Schmelzwasser, sonst 35 Min.
- Dognatal 2 Std.
  Malborghetto 3 Std.
- → Rifugio Grego $2\frac{1}{2}$ Std.; Bivacco Stuparich $6\frac{1}{2}$ Std.; Bivacco Gemona
- △ Due Pizzi, 2046 m, $\frac{1}{2}$ Std.; Jof di Miezegnot, 2087 m, 3 – 4 Std.
- Malborghetto oder Dogno
- Malborghetto oder Dogno
- Malborghetto oder an der Dognotal-Straße

Bellina, Bivacco

1405 m; Besitzer: Associazione Cacciatori
I-33010 Venzone
c/o V. Pittuelli
I-33010 Venzone
✆ 0432/985278

✗ immer zugänglich; 4 Schlafplätze mit Decken; Herd, Holz, Geschirr und Wasser
↗ Venzone – St.li Tugliezza, dann 2¾ Std.
△ Monte Plauris, 1959 m
🚂 Venzone
🚌 Venzone
🚗 St.li Tugliezza

Biwak I, Veliki dnini

2180 m; erb. 1935
PD Jesenice
Cesta Železarjev 1
SLO-64270 Jesenice
✆ 064/81291

✗ betreut durch Alpinistcni odsek
PD Jesenice
✆ 064/81291
Ganzjährig zugänglich; 6 Schlafplätze; beim PD Jesenice ist ein 🔑 erhältlich
Kocher mitbringen, Wasser im Hochkar Velika Dnina 20 Min.
↗ Kranjska Gora – Koča v Krnici 4 Std.; Koča v Krnici 2½ Std.
→ Biwak II – Pod Rokavi 3 Std.; Biwak III – Za Akom 3½ Std.
△ Škrlatica, 2740 m, 2½ Std.; Visoki Rokav, 2646 m, 2 Std.; Oltar, 2621 m
V. und M. Ponca, 2592 m und 2502 m, 1½ Std.
🚂 Jesenice
🚌 Kranjska Gora
🚗 an der Straße Kranjska Gora – Vršičpaß

Biwak II, Pod Rokavi

2118 m; erb. 1937
PD Jesenice
Cesta Železarjev 1
SLO-64270 Jesenice
✆ 064/81291

✗ betreut durch Alpinistcni odsek
PD Jesenice
✆ 064/81291
Ganzjährig zugänglich; 7 Schlafplätze; beim PD Jesenice ist ein 🔑 erhältlich
Ofen vorhanden, Brennmaterial 30 Min. unterhalb im Latschenfeld, Wasser beim Biwak

↗ Mojstrana 4½ Std.; Poldovaalm 2 Std.; Aljažev dom 3 Std.
→ Biwak III, 1½ Std.
△ Oltar, 2621 m; Visoki Rokav, 2646 m, 1 Std.; Dovški Križ ,2542 m
Kukova špica, 2417 m, 5 Std.; Škrlatica 2738 m 4 Std.
Jesenice
Dovje Mojstrana
Poldov Rovt

Biwak III, Za Akom

1340 m; erb. 1946, umgeb. 1977
PD Jesenice
Cesta Železarjev 1
SLO-64270 Jesenice
✆ 064/81291

betreut durch: Alpinistcni odsek
PD Jesenice
✆ 064/81291
Ganzjährig zugänglich; 8 Schlafplätze; beim PD Jesenice ist ein erhältlich
Ofen, Brennmaterial und Wasser vorhanden
↗ Gozd-Martuljek 2 Std.
→ Biwak I 4 – 5 Std.; Biwak II 4 Std.
△ Oltar, 2621 m; Široca Peč, 2497 m; V. und M. Ponca, 2592 und 2502 m, 4 Std.
Kukova špica, 2427 m, 3 Std.; Škrlatica, 2740 m
Jesenice
Gozd-Martuljek
Gozd-Martuljek

Biwak IV, Na Rušju

1980 m; erb. 1953, umgeb. 1976
PD Jesenice
Cesta Železarjev 1
SLO-64270 Jesenice
✆ 064/81291

betreut durch: Alpinistcni odsek
PD Jesenice
✆ 064/81291
Ganzjährig zugänglich; 10 ⊓, 6 ⊔; beim PD Jesenice ist ein erhältlich
Brennmaterial in der Nähe, Ofen und Wasser vorhanden
↗ Aljažev dom 2 Std.
→ Pogačnikov dom 2½ Std.; Ko¢a v Krnici 5 – 6 Std.
△ Stenar, 2501 m; Križ ,2410 m, 1½ Std.; Dolkova špica, 2591 m
Škrlatica, 2740 m, 3 Std.; Razor, 2601 m, 3 Std.
Jesenice
Mojstrana
Aljažev dom

Blegošu, Koča na

1391 m; erb. 1976/77
PD Škofja Loka
SLO-64220 Škofja Loka
✆ 064/631151

- Jože Stanonik
  Termo
  SLO-64220 Škofja Loka
  ✆ 0609/614587
- Koča na Blegošu
  SLO-64223 Poljane n. Škofja Loka
- Anfang Juni bis Ende September, Mai + Oktober an Wochenenden und Feiertagen
  35 Schlafplätze
- 220 Volt mit Generator
- Leskovica 1¾ Std.; Zali log 3½ Std.; Hotavlje 3½ Std.
- → Smučarska Koča na Starem vrhu 2½ Std.; Dom na Lubniku 4½ Std.
  Zavetišče na Jelencih ½ Std.; Koča na Črnem vrhu 2 Std.
  Koča na Ermanovcu 3½ Std.; Zavetišče na Robidenskem 2 Std.
- △ Blegoš, 1562 m, ½ Std.; Koprivnik ,1393 m, 2 Std.; Mladi vrh, 1374 m, 3 Std.
- Škofja Loka
- Zali log oder Hotavelje
- Zali log oder Leskovica

Blejska Koča na Lipanci (Veldeshütte)

1633 m; umgeb. 1978
PD Bled
Riklijeva 9
SLO-64260 Bled

- Janez Petkoš
  ✆ 064/715861
- Blejska Koča na Lipanci
  SLO-64274 Zornje Gorje
- 01.06. bis 30.09.
  12 Betten, 12 Lager, 12 Notlager
- 220 Volt mit Generator
- mit Schlüssel vom PD zugänglich
- Sporthotel Pokljuka 2 Std.
  Blejsko jezera (Bled) 4 – 5 Std.
  Mojstrana 5½ Std.
- → Vodnikov dom 5 Std.; Kovinarska Koča 3 Std.; Koča na Uskovnico 4 Std.
- △ Lipanski vrh, 1965 m, 1 Std.; Debelja peč, 2014 m, 1½ Std.
  Viševnik, 2050 m, 2 Std.

Bled-Jezero
Sporthotel Pokljuka
Sporthotel Pokljuka

Bogatinom, Koča pod (Bogatinhütte)

1513 m; erb. 1932, umgeb. 1990
PD Bohinj-Sredna vas
SLO-64267 Sredna vas v Bohinju
✆ 064/723601-721042

Franc Erlah
Sredna vas st. 132
SLO-64267 Sredna v Bohinju
✆ 064/723617

Koča pod Bogatinom
Adresse siehe Hüttenwirt

Ende Juni bis Ende Sept.
41, 14; Waschraum

220 Volt

Koča pri Savici am Wocheiner See $2\frac{3}{4}$ Std.

Dom na Komni $\frac{1}{4}$ Std.; Planinski dom pri Krnskih jezerih $2\frac{1}{2}$ Std.
Dom dr. Klementa Juga 4 Std.; Koča pri Triglavskih jezerih $2\frac{1}{2}$ Std.
Skihotel Vogel 5 Std.; Koča na planini Razor 4 Std.

Bogatin, 1977 m; $1\frac{3}{4}$ Std.; Mahavšček, 2008 m, $2\frac{1}{4}$ Std.
Lanževica, 2003 m, 2 Std.

Bohinjska Bistrica
Ukanc-Savica
Koča pri Savici

CAI Gorizia, Bivacco Riobianco, Bivacco

1950 m; erb. 1967 bzw. 1975
CAI Sektion Gorizia
Via Rossini 13
I-34170 Gorizia

immer zugänglich
Bivacco CAI Gorizia: 9
Bivacco Riobianco 8
mit Matratzen und Decken

Valle Rio del Lago $2\frac{1}{2}$ Std.
Cave del Predil $5\frac{1}{2}$ Std.

Rif. Guido Corsi $1\frac{1}{2}$ – 2 Std.

C. del Vallone, 2368 m, $2\frac{1}{2}$ Std.
C. Alta di Riobianco, 2257 m, $1\frac{1}{2}$ Std.; C. Piccola della Scala 2099 m $1\frac{3}{4}$ Std.

- 🚂 Tarvisio
- 🚌 Cave del Predil oder Tarvisio
- 🚗 Rio del Lago

CAI Manzano, Bivacco

1650 m; erb. 1981
CAI Sektion Cividale del Friuli, Zweigsektion Manzano
I-33044 Manzano

- ✕ immer zugänglich; 12 ⊓; Wasser in der Nähe
- ↗ Stolvizza-Coritis 3 Std.; Besa 2 Std.
- → Bivacco Marussich über Monte Canin
- △ Monte Guarda (Skutnik), 1721 m; Kl. Baba, 1936 m; Gr. Baba, 2137 m Lasca Plagna, 2448 m; Monte Canin, 2587 m
- 🚂 Chiusaforte
- 🚌 Stolvizza
- 🚗 Besa

Calligaris, Bivacco O.

1250 m
CAI Triest, Sektion Societa Alpina della Giulie
Via Machiavelli 17
I-34132 Triest
✆ 040/630464, Fax 368550

- ✕ immer zugänglich; 8 ⊓
- ↗ Cave del Predil 1¾ Std.; Riofreddo 1¾ Std.
- → Rifugio Pellarini 1½ Std.; Rifugio Corsi 3 Std.; Rifugio Brunner 3 Std.
- △ Vetta Bella, 2049 m, 2½ Std.; Monte Lussari ,1766 m, 3 Std. Cima del Cacciatore, 2071 m, 3 Std.
- 🚂 Tarvis
- 🚌 Cave del Predil
- 🚗 Riofreddo

Carlo u. Giani Stuparich, Bivacco

1587 m; erb. 1924, Neubau 1975
CAI Triest
Sektion Societa Alpina delle Giulie
Via Machiavelli 17
I-34132 Trieste
✆ 040/630464, Fax 040/368550

- ✕ immer zugänglich; 18 Schlafplätze; Wasser vorhanden.
- ↗ Val Saisera 2 Std.; Rif. Grego 1¾ Std.; Valbruna 4 Std.

- Bivacco Dario Mazzeni 3 Std.; Rifugio Pellarini 6½ Std.; Biwak Suringar 3 Std. Rifugio Corsi 4½ – 5½ Std.
- Montatsch (Jof di Montasio), 2753 m, 5 Std.; Jof di Somdogna, 1889 m, 1 Std.
- Valbruna
- Valbruna
- Vai Saisera im Valbruna-Tal

Casa Alpina Valbruna, Rif.

807 m; erb. 1962
CAI Associazione XXX. Ottobre der Sektion Trieste
Via Cesare Battisti 22
I-34125 Trieste
✆ 040/635500

- bew. durch die Sektion
- Casa Alpina Valbruna
  I-33010 Valbruna-Malborghetto
  ✆ 0428/60113
- 30.06. bis 15.09.; 12
- 220 Volt
- Valbruna ¼ Std.
- Rifugio Fratelli Grego 2 Std.
  Rifugio Pellarini 2½ Std.
  Rifugio Corsi 3½ Std.
- Jof di Miezegnot, 2078 m, 3½ Std.; Jof Fuart, 2666 m, 6 Std.
- Valbruna
- Valbruna
- beim Haus P

Celso Gilberti, Rifugio

1850 m; erb. 1934, umgeb. 1984
CAI Sektion Udine
Via B. Odorico da Pordenone 3
I-33100 Udine
✆ 0432/504290

- Maria Moretti
  Via Ambuars 4
  I-33013 Gemona di Friuli
  ✆ 0432/982559
- Rifugio Celso Gilberti
  Loc. Sella Nevea
  I-33010 Chiusaforte
  ✆ 0433/54015
- 01.12. bis 30.04., 15.06. bis 30.09., 46 Schlafplätze

220 Volt
offen
↗ Sella Nevea (Rifugio Divisione Julia) 2 Std.; Bergstation der Kaninbahn 10 Min.
→ Biv. Marussich 1½ Std.; Biv. Modonutti-Savoia 3 Std.; Peter-Skalar-Hütte 2½ Std.
△ Kanin (Monte Canin), 2587 m, 2½ Std.; Monte Forato, 2498 m, 2 Std.
Monte Sart, 2324 m, 3 Std.; Bila Pec, 2146 m, ¾ Std.
Tarvis oder Chiusaforte
Sella Nevea oder Cave del Predil
Sella Nevea oder Cave del Predil

Cividale (Sotogliz), Bivacco

1414 m; erb. 1979
CAI Sektion Cividale del Friuli
Via Borgo S. Pietro 43
I-33043 Cividale del Friuli

immer zugänglich; 12 Schlafplätze; Wasser 5 Min.; Herd und Geschirr vorhanden.
↗ von der Straße Dogna – Chiout di Gus 4 km (Hinweistafel) 2½ Std.
→ Bivacco S. del Torso, 2379 m, 3½ Std.
△ Monte Cimone del Montasio, 2379 m, 3½ Std.
Pontebba (Dogna)
Dogna
Straße Dogna – Chiout di Gus

Črnem vrhu nad Novaki, Koča na

1245 m; erb. 1957, umgeb. 1960
PD Cerkno
SLO-65282 Cerkno

Katarina Filipic
Pluznje 38
SLO-65282 Cerkno
© 065/75711 oder 76275
Koča na Črnem
SLO-65282 Cerkno
01.06. bis 30.09.; 17
220 Volt
↗ Nowaki 2¼ Std.
Cerkno 3 Std.
PKW-Zufahrt möglich
→ Koča na Poreznu 4½ Std.; Koča na Blegošu 2 Std.;
Zaveti§çe na Robidenskem 1¼ Std.; Zavetišče na Jelencih 2¼ Std.
△ Blegoš, 1562 m, 2½ Std.; Porezen, 1630 m, 4½ Std.
Grahovo
Nowaki
beim Haus P

Črni prsti, Koča na (Dom Zorka Jelinčiča)

1835 m; erb. 1954, umgeb. 1965
PD Podbrdo
SLO-65243 Podbrdo

- Peter Cufer
  Podbrdo 56a
  SLO-65243 Podbrdo
  ✆ 065/88083
- Dom Zorka Jelinčiča na Črni prsti
  SLO-65243 Podbrdo
- 20.06. bis 20.09.; 12 Betten, 40 Lager
- 220 Volt mit Aggregat
- Podbrdo 4 Std.
  Bohinjska Bistrica 3 – 4 Std.
  Stržišče 3 Std.
- → Dom dr. Janeca Mencingerja 2½ Std.; Koča na planini Razor 6 – 7 Std.; Koča na Soriški planina 5 Std.
- △ Rodica, 1966 m, 2 Std.; Kobla, 1498 m, 2½ Std.
- Bohinjska Bistrica oder Podbrdo
- Bohinjska Bistrica oder Podbrdo
- Stržišče

Črniku nad Dražnico, Biwak na

1216 m; erb. 1983
PD Kobarid
SLO-65222 Kobarid
c/o Vojko Rot
Šarfova 15
SLO-65222 Kobarid
✆ 065/85020 oder 85084
oder: Željko Cimprič
Mučeniška 2a
SLO-65222 Kobarid
✆ 065/85121 oder 85270

- immer zugänglich; 10 Schlafplätze; Wasser vorhanden
- Dražnica 1½ Std.
- → Gomiščkovo zavetišče; Zavetišče na Planini Kuhinja
- △ Krn, 2244 m; Kožljak, 1587 m
- Most na Soči
- Kobarid
- Dražnica

Dario Mazzeni, Bivacco

1630 m; erb. 1969, umgeb. 1971
CAI Triest, Sektion Societa Alpina della Giulie
Via Machiavelli 17
I-34132 Triest
✆ 040/630464, Fax 368550

✗ immer zugänglich; 8 ⊓; Wasser 80 m entfernt.
↗ Malga Saisera 2 Std.
→ Rif. Corsi $2\frac{1}{4}$ Std.; Rif. Pellarini 3 Std.; Biw. Stuparich 3 Std.; Rif. Grego $3\frac{3}{4}$ Std.
△ verschiedene Klettertouren in der Montasio-Gruppe und Jof-Fuart-Gruppe
🚆 Valbruna
🚌 Valbruna
🚗 Val Saisera

Del Pic, Bivacco

1300 m
Besitzer: Associazione Cacciatori
I-33010 Venzone
c/o V. Pittuelli
I-33010 Venzone
✆ 0432/985278

✗ immer zugänglich; 3 Schlafplätze mit Decken; Kochherd, Brennholz und Geschirr vorhanden, Regenwasser im Sammelbehälter
↗ Venzone – Portis, dann 3 Std.
△ Monte Plauris, 1959 m
🚆 Venzone
🚌 Venzone
🚗 Portis

Divisione Julia, Rifugio

1162 m; erb. 1888, umgeb. 1987
CAI Sektion Udine
Via Beato Odorico da Pordenone 3
I-33100 Udine
✆ 0432/504290 (17.30-19.30 Uhr)

🚶 L. Leardini
Sella Nevea
I-33010 Chiusaforte
⌂ Rifugio Divisione Julia
Sella Nevea
I-33010 Chiusaforte
✆ 0433/54015
✗ 1.12. – 30.4., 1.6. – 31.10.
13 🛏, 26 ⊓, 20 ⊔

220 Volt
↗ Zufahrt zum Haus von Tarvis oder Chiusaforte; Raibl (6 km von Tarvis) 3 Std. Chiusaforte 4½ Std.
→ Rif. Corsi 3½ Std.; Rifugio Gilberti 2 Std.; oder -Auffahrt, Rifugio Brazza 2 Std.
△ Bila Pec, 2146 m, 2¾ Std.; Monte Canin, 2578 m, 5 Std. Jof di Montasio (Montatsch), 2753 m, 5½ Std.
Tarvis oder Chiusaforte
am Haus
beim Haus P

Dom Borisa Ziherla na Lubniku

1025 m; erb. 1953, umgeb. 1976
PD Škofja Loka
SLO-64220 Škofja Loka
✆ 064/620667

Silvio Čadež
Kopališka 17
SLO-64220 Škofja Loka
✆ 064/620642

Dom Boris Ziherla na Lubniku
SLO-64220 Škofja Loka
✆ 064/620501

✕ 15.3. bis 1.1., außerhalb der Saison nur an Wochenenden und Feiertagen; Anfrage empfohlen; 21 Schlafplätze
220 Volt
↗ Lovske koče na Suši ½ Std.; Škofja Loka 2 Std.
→ Smučarska Koča na Starem vrhu 2 Std.; Koča na Blegošu 4½ Std.
△ Tomaž, 1666 m, 1½ Std.; Stari vrh, 1217 m, 2½ Std.; Blegoš, 1562 m, 4½ Std. Gora-Malenski vhr, 1053 m, 4 Std.
Škofja Loka
Škofja Loka oder Praprotno
Lovske koče na Suši

Dom Petra Skalarja na Kaninu (Kaninhütte)

2260 m; erb. 1984
PD Bovec
SLO-65230 Bovec

Gregor Rupnik
Iskra
SLO-65230 Bovec
✆ Büro 065/86011, privat 065/86255

Dom Petra Skalarja, Adresse siehe Sektion

✗ 20.06. bis 20.09.; 42 🛏, 40 ⊓
220/24 Volt mit Generator
offen
↗ ab Bergstation Kaninbahn 1 Std.
von Bovec 6 – 7 Std.
→ Rifugio Gilberti 2½ Std.
△ Kanin 2587 m 2½ Std.
Prestreljenik 2499 m 2 Std.
Rombon 2208 m 6 Std.
Abstieg nach Bovec 4 Std.
Most na Soči
Bovec
Bovec

Dom Valentina Staniča pod Triglavom (Stanic-Hütte)

2332 m; erb. 1887, umgeb. 1992
PD Javornik-Koroška Bela
Kridričeva 36c
SLO-64270 Jesenice
✆ 064/83487

Franc Svetina
Prosvetna st 2
SLO-64270 Jesenice
✆ 064/83126
Dom Valentina Staniča
SLO-64281 Mojstrana
✆ 0609/614772
✗ Anfang Juli bis Ende September; 110 🛏, 110 ⊓
220 Volt mit Generator
offen
↗ Mojstrana Kottal, Ende der Fahrstraße 4½ Std.; Kovinarska Koča 5 Std.; Alježov dom 4½ Std.
→ Triglavski dom na Kredarici 1 Std.; Vodnikov dom 3 Std.
△ Triglav, 2864 m, 2 Std.; Begunski vrh, 2461 m, ½ Std.; Cmir 2393 m 2 Std.
Rjavina, 2532 m, 2 Std.; Visoka Vrbanova špica, 2408 m, ½ Std.
Spodnja Vrbanova špica, 2299 m, 2 Std.
Jesenice
Mojstrana
Kottal, Krmatal oder Vratatal

Dr. Janeza Mencingerja, Dom

804 m; erb. 1954, umgeb. 1982
PD Bohinjska Bistrica
SLO-64264 Bohinjska Bistri
Verwaltet von der Ljubljanska banka-Gorenjska banka, Kranj

- Dom Dr. Janeza Mencingerja
  Ravne 20
  SLO-64264 Bohinjska Bistrica
  ✆ 064/721491
- 20.6. bis 20.9. durchgehend
  sonst an den Wochenenden
  8 Betten, 20 Lager
- 220 Volt
- Bohinjska Bistrica 1 Std.
  PKW-Zufahrt bis in Hüttennähe
- → Dom Zorka Jelinčiča na Črna prst 2½ Std.
- △ Kobla ,1498 m, 2 Std.; Črna prst, 1844 m, 2½ Std.
- Bohinjska Bistrica
- Bohinjska Bistrica
- in Hüttennähe

Dr. Klementa Juga v Lepeni, Dom (Dr.-Klement-Jug-Haus)

633 m; erb. 1953, umgeb. 1972
PD Nova Gorica
Delpinova 1
SLO-65000 Nova Gorica
✆ 065/23030

- Auskunft bei der Sektion
- Dom Dr. Klementa Juga
  Lepena
  SLO-65232 Soča
- 15.06. bis 30.09.; 38 Betten
  Waschraum
- 220 Volt
- Soča 1½ Std.; PKW zum Haus
- → Planinski dom pri Krnskih jezerih 2 Std.; Dom na Komni 4¾ Std.
  Koča pod Bogatinom 4½ Std.; Gomiščkovo Zavetišče na Krnu 5 Std.
- △ Krn, 2244 m, 5 Std.; Bogatin, 1977 m, 4½ Std.
- Most na Soči
- Soča
- beim Haus P

Elio Pischiutti, Rifugio

1370 m; erb. 1947
CAI Sektion Gemona del Friuli
Via Carlo Caneva
I-33013 Gemona del Friuli

- betreut durch: Sandro Cargnelutti
  Via Carlo Caneva
  I-33013 Gemona del Friuli
  ✆ 0432/970307
- immer zugänglich; 5 Schlafplätze; Regenwasser, Quelle 30 Min. entfernt
- Gemona-Stalis 3 Std.; Montenars-Roccoli 3 Std.
- △ Monte Chiampon, 1710 m
- Gemona
- Gemona-Stalis
- Gemona-Stalis

Erjavčeva Koča na Vršiču (Voss-Hütte)

1525 m; erb. 1901, umgeb. 1992
PD Jesenice
Cesta Železarjev 1
SLO-64270 Jesenice
✆ 064/81291

- Auskunft bei der Sektion
- Erjavčeva Koča
  Vršiču cesta 90
  SLO-64280 Kranjska Gora
  ✆ 064/88506
- ganzjährig; 60 Betten, 30 Lager
- 220 Volt
- Kranjska Gora 2¾ Std.
  PKW-Zufahrt zum Haus
- → Tičarjev dom ½ Std.
  Poštarski dom ½ Std.; Koča pri izviru Soče 2 Std.
  Zaveti§¢e pod Špičkdom 4½ Std.; Dom v Tamarju 3¼ Std.
  Koča na Gozdu ¾ Std.; Mihov dom 1¼ Std.; Koča na Krnici 2 Std.
  Pogačnikov dom 6½ – 7½ Std.
- △ Vršič ,1737 m, ½ Std.; Sleme, 1911 m, 1½ Std.
  Mala Mojstrovka, 2332 m, 2½ Std.; Prisojnik, 2547 m, 4½ Std.
  Razor, 2601 m, 6½ Std.; Jalovec, 2645 m, 7½ Std.
- Jesenice
- Kranjska Gora oder Vršič
- bei der Hütte P

Ermanovcu, Planinska dom na

968 m; erb. 1986
PD Sovodenj
SLO-64225 Sovodenj

- Marina Krek
  Termopol
  SLO-64225 Sovodenj
  ✆ 064/695030
- Planinska dom na Ermanovcu
  SLO-64225 Sovodenj
  ✆ 064/695066
- 1.4. – 1.12., sonst an Wochenenden und Feiertagen
  14 Betten, 20 Lager
- 220 Volt
- ↗ Sovodenj 1¼ Std.; Stara Oselica 1½ Std.; Kladja 1 Std.; Zufahrt bis in Hausnähe
- → Zavetišče Gorske straže na Jelencih 3 Std.; Koča na Blegošu 3½ Std.
  Zavetišče na Robidenskem brdu 2½ Std.
- △ Ermanovec, 1026 m, ½ Std.; Spic, 908 m, 1 Std.; Sivka, 1008 m, 4½ Std.
  Bevkov vrh, 1051 m, 2 Std.
- Škofja Loka
- Sovodenj oder Trebija
- Kladja, in Hausnähe P

Franz, Bivacco E.

1008 m
Besitzer: Associazione Cacciatori
I-33010 Venzone
c/o V. Pittuelli
I-33010 Venzone
✆ 0432/985278

- immer zugänglich; 5 Schlafplätze; Kochherd, Brennholz und Geschirr vorhanden
  Wasser in etwa 100 m Entfernung
- ↗ Venzone – St.li Tugliezzo, dann 1¾ Std.
- → Bivacco Bellina 1 Std.
- △ Monte Plauris, 1959 m
- Venzone
- Venzone
- St.li Tugliezzo

Frattelli Grego, Rifugio

1395 m; erb. 1926, umgeb. 1949
CAI Triest
Sektion Societa Alpina della Giulie
Via Machiavelli 17
I-34132 Trieste
✆ 040/630464, Fax 040/368550

- Isabella della Mea
  Via S. Stefano 19
  I-33011 Artegna
  ✆ 0432/987020
- Rifugio Frattelli Grego
  I-33010 Valbruna
  ✆ 0428/60111
- 20.06. bis 20.09.
  19 Betten, 21 Lager
- 220 Volt mit Aggregat
- offen; 16 Lager
- Valbruna 2½ Std.; Ugovizza 3 Std.; Dogna 4 Std.; Saisera-Alm (Valbruna) 1 Std.
  Straßenende im Dogna-Tal (Somdogna) ¼ Std.
- Biwak Stuparich 1½ Std.; Bivacco Mazzeni 3¾ Std.; Rifugio Pellarini 7 Std.
  Rifugio Corsi 6½ Std.
- △ Jof di Somdogna, 1889 m, 1½ Std.; Jof di Miezegnot, 2089 m, 2½ Std.
  Due Pizzi, 2046 m, 3 Std.; Piper, 2066 m, 3 Std.
- Valbruna oder Ugovizza
- Valbruna
- Talende Valbruna-Dogno, Malga Saisera, Sella Somdogna

F.lli Nogara, Bivacco

1850 m; erb. 1959, umgeb. 1984
CAI Sektion Tarvisio
c/o R. Del Negro, Taverna Comunale
Piazza Comunale
I-33018 Tarvisio
✆ 0428/2069

- immer zugänglich; 9 Schlafplätze; Wasser 50 m entfernt
  Tisch, Sessel und Decken vorhanden.
- Lago di Fusine 3 Std.
- Rifugio Zacchi 2½ Std.
- △ Mangart, 2677 m, 3½ Std.
- Tarvis
- Fusine
- Lago Fusine

Giacomo di Brazza, Rifugio

1660 m; erb. 1969
CAI Udine
Sektion Societa Alpina Friulana
Via B. Odorico da Pordenone 3
I-33100 Udine
✆ 0432/504290

- Alberto Cosentino
  Via Crisaze 15
  I-33010 Prato di Resia
  ✆ 0423/727502
- Rifugio Giacomo di Brazza
  Altopiano del Montasio
  I-33010 Sella di Nevea-Chiusaforte
- 15.06. bis 30.09.; 30 ⊓, 18 ⊔
- Neveapaß 1½ Std.; Straßenende Pian del Montasio ½ Std.
- → Rifugio Guido Corsi 4 Std.; Bivacco Suringar 3 – 4 Std.
- △ Jof di Montasio, 2753 m, 3½ – 4 Std.; Monte Cimone, 2379 m
  Cima di Terra Rossa, 2420 m, 2 Std.
- Chiusaforte
- Neveapaß
- Pian del Montasio

Gomiščkovo zavetišče na Krnu (Krnhütte)

2182 m; erb. 1951, umgeb. 1972/88
PD Nova Gorica
Delpinova 1
SLO-65000 Nova Gorica
✆ 065/23030

- Auskunft bei der Sektion
- Gomiščkovo zavetišče na Krnu
  Krn
  SLO-65222 Kobarid
  ✆✆0609/611363
- 15.06. bis 30.09.; 50 ⊓
- 220 Volt mit Generator
- offen
- Bergdorf Krn 3 Std.
  Drežnica (Kobarid) 3 Std.
  Kobarid 6 Std.; Tolmin 6 – 7 Std.
- → Planinski dom pri Krnskih jezerih 2½ Std.; Koča na planini Razor 8 Std.
  Koča na planini Kuhinja 2½ Std.; Koča pod Bogatinom 5 Std.

△ Krn, 2244 m, 10 Min.; Batognica, 2164 m, ¾ Std.; Vrh nad Peski, 2178 m, 1 Std.
Most na Soči
Kobarid, Tolmin oder Kamno
Drežnica oder Krn

Gozdu, Koča na

1226 m; erb. 1922, umgeb. 1986
PD Kranjska Gora
Borovška cesta
SLO-64280 Kranjska Gora
oder: Marko Udir, Hotel Alpina
SLO-64280 Kranjska Gora
✆ 064/88761 oder 88606
Franc Zerjav
Gasliska 10
SLO-64280 Kranjska Gora
✆ 064/81002 oder 88044

Jani Hrovat
Podkoren 5a
SLO-64280 Kranjska Gora
✆ 064/881190
Koča na Gozdu
SLO-64280 Kranjska Gora, ✆ 064/881325
ganzjährig; 18 Betten, 25 Lager
Zufahrt zum Haus möglich; Kranjska Gora 1¾ Std.
Mihov dom ½ Std.; Koča na Krnici 1¼ Std.; Erjavčeva Koča 1 Std.
Tičarjev dom 1¼ Std.; Poštarski dom 1½ Std.
△ Prisojnik, 2547 m, 4½ Std.; Mojstrovka, 2332 m, 3½ Std.; Jalovec, 2643 m, 5 Std.
Jesenice
beim Haus u. Kranjska Gora
beim Haus P

Guglielmo Pelizzo, Rif.

1430 m; erb. 1975
CAI Sektion Cividale del Friuli
Via Borgo S. Pietro 4
I-33043 Cividale del Friuli

Stefano Sinuello
Via Picojut 10
I-33043 Cividale del Friuli
✆ 0432/730582
Isabella De Crignis
Piazza Garibaldi 8
I-33028 Tolmezzo
✆ 0433/40014

- Rifugio G. Pelizzo
  I-33040 Savogna
  ✆ 0432/714041
- 20.12. bis 30.03.; ✆ Anfrage erforderlich; 01.06. bis 15.11.; 24 Schlafplätze
- 220 Volt mit Generator
- PKW-Zufahrt möglich; Savogna 2½ Std.
- Rifugio Mersino Alto 1¼ Std.; Stupizza an der Straße nach Slowenien (Kobarid)
- △ Monte Matajur, 1643 m, ½ Std.
- Cividale del Friuli oder Udine
- Savagno
- beim Haus P

Guido Brunner, Rifugio

1432 m; erb. 1935, umgeb. 1970
CAI Triest, Sektion Societa Alpina della Giulie
Via Machiavelli 17
I-34132 Triest
✆ 040/630464, Fax 368550

- immer zugänglich; nicht bewirtschaftet; nur Notunterkunft; 4 Betten, 10 Lager
- aus dem Tal des Rio del Lago 1¼ Std.; Cave del Predil 2½ Std.
- Bivacco Gorizia 1½ Std.; Rifugio Corsi 2½ Std.; Bivacco Calligaris 3 Std.
- △ Vetta Bella, 2049 m, 1½ Std.; Pan di Zucchero, 1948 m, 1¼ Std.
  Cima Alta di Riobianco 2257 m
- Tarvis
- Cave del Predil
- im Valle Rio del Lago

Guido Corsi, Rifugio (Findenegghütte)

1854 m; erb. 1925, umgeb. 1968
CAI Triest
Sektion Societa Alpina della Giulie
Via Machiavelli 17
I-34132 Trieste
✆ 040/630464

- Raimondo Sciarillo
  Via Francesco Patrizio 26
  I-34149 Trieste
  ✆ 040/390025
- Rifugio Guido Corsi
  I-33012 Cave del Predil
  ✆ 0428/68113
- 20.06. bis 20.09.; 40 Betten, 20 Lager
- 220 Volt; Materialseilbahn zum Haus; Gepäcktransport möglich
- offen; 4 Lager; Ofen und Brennholz

↗ Sella Nevea 2¾ Std.; Valle del Rio del Lago 2 – 2½ Std.
Passo degli Scalini 3½ Std.
→ Rifugio Brunner 2½ – 3 Std.; Rifugio Pellarini 3½ Std.; Biv. Mazzeni 2¼ Std.
Rifugio Frattelli Grego 5½ Std.; Biv. CAI Gorizia
△ Cima Vallone, 2135 m, 2½ Std.; Wischberg, 2668 m, 2½ Std.
Castreinspitze, 2495 m, 2½ Std.; Hohe Gamsmutter, 2576 m, 3 Std.
Tarvis
Cave del Predil oder Neveapaß
Neveapaß oder Polveriera

Hlek na Starijskem vrhu, Biwak

1225 m; erb. 1983
PD Kobarid
SLO-65222 Kobarid
c/o Vojko Rot
Šarfova 15
SLO-65222 Kobarid
✆ 065/85020 oder 85084
oder: Željko Cimprič
Mučeniška 2a
SLO-65222 Kobarid
✆ 065/85121 oder 85270

✕ immer zugänglich; 10 Schlafplätze; Decken, Wasser, Kochgelegenheit
↗ Kobarid 3½ Std.
→ Koča na Stolu 1½ Std.
Most na Soči
Kobarid
Kobarid

Jezeru, Koča na Planini pri

1453 m; erb. 1984
PD Integral Ljubljana
Celovška 166
SLO-61107 Ljubljana
c/o Nevenka Pejčič
Interna banka Integral Ljubljana
Celovška 166
SLO-61107 Ljubljana
✆ 061/556985 oder 1594144-213
oder: stanovanje Celovška 189
SLO-61117 Ljubljana
✆ 061/571925

Koča na Planini pri Jezeru
SLO-64265 Bohinjsko jezero

✕ Mitte Juni bis Ende September; 50 🛏, 30 ⊓
~ 220 Volt mit Aggregat
⊞ offen
↗ Stara Fužina 3 – 4 Std.; Planina Blato 1 Std.
→ Kosijev dom Vogar $1\frac{3}{4}$ Std.; Vodnikov dom na Velem polju 5 Std.
Koča pri Triglavskih jezerih $2\frac{1}{2}$ Std.; Zasavska Koča na Prehodavcih 5 Std.
△ Pršivec, 1761 m, 2 Std.; Mala Tičarica, 2071 m; 2 Std.
Velika Zelnarica, 2320 m, 3 Std.
🚂 Bohinjska Bistrica
🚌 Stara Fužina
🚗 Planina Blato

Komni, Dom na (Komnahaus)

1520 m; erb. 1936, umgeb. 1993
PD Ljubljana-Matica
Trdinova 8
P.P. 320
SLO-61001 Ljubljana
✆ 061/1312020

🚶 Auskunft bei der Sektion
⌂ Dom na Komni
Ukanc 147
SLO-64265 Bohinjsko Jezero
✆ 064/721475
✕ ganzjährig; 90 🛏, 30 ⊓
~ 220 Volt; 🚡 von Koča pri Savici
↗ Koča pri Savici $2\frac{1}{2}$ Std.
Wocheiner See $3\frac{1}{2}$ Std.
→ Koča pod Bogatinom $\frac{1}{4}$ Std.; Planinski dom pri Krnskih jezerih $2\frac{1}{2}$ Std.
Dom Dr. Klementa Juga $4\frac{1}{4}$ Std.; Koča pri Triglavskih jezerih $2\frac{1}{2}$ Std.
△ Bogatin, 1977 m, 2 Std.; Mahavšček, 2008 m, $2\frac{1}{2}$ Std.; Lanževica, 2003 m, 2 Std.
🚂 Bohinjska Bistrica
🚌 Hotel Zlatarog
🚗 Koča pri Savici

Kosijev dom Vogar

1054 m; erb. 1953, umgeb. 1981 – 85
PD Železničar Ljubljana
Kolodvorska 39
SLO-61000 Ljubljana
✆ 061/113144 (Durchwahl 4323)
oder: Kancijan Kušar
Savlje 39
SLO-61000 Ljubljana
✆ 061/371488

- Kosijev dom Vogar
  Stara Fuzina 221
  SLO-64265 Bohinjsko jezero
  ✆ 0609/613367
- ✗ 15.06. bis 30.09., 15.01. bis 10.03.; 45 🛏, 18 ⊓
- 220 Volt mit Aggregat
- ↗ Stara Fužina 1½ Std.
- → Koča na Planini pri Jezeru 1¾ Std.; Vodnikov dom na Velem polju 5 Std.
- △ Pršivec, 1761 m, 3 Std.
- Bohinjska Bistrica
- Stara Fužina
- Stara Fužina

Kovinarska Koča v Krmi (Krmahütte)

870 m; erb. 1959
PD Javornik-Koroška Bela
Kridričeva 36c
SLO-64270 Jesenice
✆ 064/83487-83126

- Olga Sodja
  C. Revoluoije 15
  SLO-64270 Jesenice
  ✆ 064/81323
- Kovinarska Koča v Krmi
  SLO-64281 Mojstrana
- ✗ 25.05. bis 20.10.
  15 🛏, 15 ⊓, 5 ⊔
- 220 Volt
- ↗ Mojstrana 2 Std.
  Krnica 3½ Std.; PKW zum Haus
- → Bjelska Koča 3½ Std.; Vodnikov dom 4 Std.; Triglavski dom na Kredarici 6 Std.
  Dom Valentina Staniča 6 Std.; Dom Planica pod Triglavom 5½ Std.
- △ Debelja peč, 2014 m, 4 Std.
- Jesenice oder Bled
- Mojstrana oder Krnica (Bled)
- beim Haus P

Krnici, Koča v

1113 m; erb. 1932, umgeb. 1987
PD Kranjska Gora
Borov§ka cesta
SLO-64280 Kranjska Gora
oder: Marko Udir, Hotel Alpina, SLO-64280 Kranjska Gora, ✆ 064/88761 od. 88606
Franc Zerjav, Gasilska 10, SLO-64280 Kranjska Gora, ✆ 064/81002 od. 88044

- Jani Hrovat
  Podkoren 5a
  SLO-64280 Kranjska Gora
  © 064/881190
- Koča na Krnici
  SLO-64280 Kranjska Gora
- 1.5. – 31.10., sonst an Wochenenden und Feiertagen; vorherige Anfrage empfohlen
  8 Betten, 10 Lager
- 220 Volt mit Aggregat
- Kranjska Gora 2 Std.
  Mihov Dom 1 Std.
- Pogačnikov dom 4 – 5 Std.
  Aljažev dom 5 – 6 Std.
  Koča na Gozdu 1½ Std.
  Erjavčeva Koča 2½ Std.
  Tičarjev dom 2¾ Std.; Poštarski dom 3 Std.; Biwak I 3 Std.; Biwak IV 5 Std.
- △ Špik, 2472 m, 4 – 5 Std.; Škrlatica, 2740 m, 6 Std.; Križ ,2410 m, 4 Std.
- Jesenice
- Mihov dom oder Kranjska Gora
- Mihov dom oder Kranjska Gora

Kuhinja, Koča na planini (Kuhinja-Almhütte)

991 m; erb. 1983
PD Kobarid
SLO-65222 Kobarid
© 065/85020 (Rot Vojko)
© 065/85121 (Cimprič Zevjko)

- Lidija Manfreda
  Gregorciceva 20
  SLO-65220 Tolmin
  © 065/82959
- Koča na planini Kuhinja
  SLO-65222 Kobarid
  © 065/85270
- 20.06. bis 10.10.; 15 Lager
- 220 Volt
- Kobarid 3 Std.; Kamno 2 Std.
  PKW bis in Hüttennähe
- Gomiščkovo Zavetišče na Krnu 3 Std.; Dom pri Krnskih jezerih 5 Std.
- Krn, 2244 m, 3 Std.; Batognica, 2164 m, 3½ Std.; Mrzli vrh, 1359 m, 2 Std.
- Most na Soči
- Kobarid oder Kamno
- in Hüttennähe P

Luigi Pellarini, Rifugio

1499 m; erb. 1924, umgeb. 1960 /93
CAI Triest
Sektion Societa Alpina della Giulie
Via Machiavelli 17
I-34132 Trieste
✆ 040/630464 Fax 040/368550

Rifugio Pellarini
I-33010 Valbruna
✆ 0428/60135
20.6. – 20.9.; 60 Schlafplätze
220 Volt mit Generator
offen; 15 ⊓; Kochgelegenheit
Valbruna $2\frac{3}{4}$ Std.
Valbruna-Val Saisera 2 Std.
Bergstation der Lussari 3 Std.
Rio Freddo über die Krnicascharte 4 Std.; Prasnigsattel $1\frac{1}{2}$ Std.
Rifugio Corsi 3 Std.; Bivacco Mazzeni 3 Std.; Biwak Stuparich $4\frac{1}{2}$ Std.
Rifugio Grego $5\frac{1}{2}$ Std.; Biw. Calligaris
Monte Nobios Grande, 2313 m, $2\frac{1}{4}$ Std.; Jof Fuart, 2666 m, 4 Std.
Valbruna
Valbruna
Valbruna-Val Saisera

Luigi Zacchi, Rifugio

1380 m; erb. 1932, umgeb. 1949/70
CAI Sektion Tarvisio
I-33018 Tarvisio

Andrea Branzanti
I-33010 Fusine in Val Romana
✆ 0428/61157 (abends)
Rifugio Luigi Zacchi
I-33018 Tarvisio
✆ 0428/61195
15.6. – 15.9. am Wochenende
1.6. – 14.6. u. 16.9. – 15.10.
nach Vereinbarung; 22 ⊓
220 Volt mit Generator
offen; 2 ⊓; Kochgelegenheit
Lago Sup. di Fusine 2 Std.
Fusine $3\frac{3}{4}$ Std.; Tarvisio $5\frac{1}{2}$ Std.
Bivacco Nogara $2\frac{1}{2}$ Std.; Capanna Cinque Punte
Mangart, 2678 m, $4\frac{1}{2}$ Std.; Grande Vernica, 2351 m, $3\frac{1}{2}$ Std.
Tarvisio
Fusine
Lago Fusine

Luknjo, Biwak pod

1430 m; erb. 1947, erneuert 1982
PD Dovje-Mojstrana
Savška cesta 1
SLO-64281 Mojstrana
✆ 064/891186

✗ Informationen im Aljažev dom einholen. Immer zugänglich, unterhalb des Luknjapaß (1758 m) am Übergang vom Vratatal nach Trenta
↗ Aljažev dom 1½ Std.
→ Pogačnikov dom 3 Std.; Dom Planika 6 Std.
△ Bovški Gamsovec, 2389 m, 2½ Std.; Triglav, 2864 m, 5 Std.
🚆 Jesenice
🚌 Dovje-Mojstrana
🚗 Aljažev dom

Mangrtskem sedlu, Koča na (Mangarthütte)

1906 m; erb. 1963
PD Bovec
SLO-65230 Bovec

🚶 Gregor Rupnik
Iskra
SLO-65230 Bovec
✆ Büro 065/86011
privat 065/86255
⌂ Koča na Mangrtskem sedlu, Adresse siehe Sektion
✗ 01.07. bis 15.09.; 28 🛏, 25 ⊓
⚡ 220/24 Volt mit Generator
↗ vom Predilpaß 2½ Std.; Zufahrt bis 10 Min. von der Hütte
→ Bivacco Nogara 2 Std.
Rifugio Luigi Zacchi 4 Std.
△ Mangart, 2679 m, 2 Std.
🚆 Most na Soči
🚌 Bovec
🚗 in Hüttennähe P

Marussich, Bivacco

2040 m
CAI Sektion Gorizia
Via Rossini 13
I-34170 Gorizia

✗ immer zugänglich; 9 ⊓; Kochgelegenheit, Geschirr vorhanden, Schmelzwasser

↗ Stolvizza, 4 Std.; Tamaroz, 4 Std.; Rifugio Gilberti (bis dort Seilbahnauffahrt) 1½ Std.
→ Bivacco Manzano über Monte Canin
△ Monte Canin, 2587 m; Monte Sart, 2324 m; Bila Pec, 2146 m
Bahn: Chiusaforte
Bus: Chiusaforte
Auto: Stolvizza oder Tamaroz

Mihov dom na Vršiču

1085 m; erb. 1948, umgeb. 1987
PD Kranjska Gora
Borovška cesta
SLO-64280 Kranjska Gora
oder: Marko Udir, Hotel Alpina
SLO-64280 Kranjska Gora
✆ 064/88761 oder 88606
Franc Zerjav
Gasilska 10
SLO-64280 Kranjska Gora
✆ 064/81002 oder 88044

Jani Hrovat
Podkoren 5a
SLO-64280 Kranjska Gora
✆ 064/881190

Mihov dom na Vršiču
SLO-64280 Kranjska Gora
✆ 064/881190

ganzjährig; 10 Betten, 12 Lager
220 Volt
↗ Kranjska Gora 1½ Std.; Zufahrt zum Haus möglich
→ Koča na Krnici 1 Std.; Koča na Gozdu ½ Std.; Erjavčeva Koča 1½ Std.
Poštarski dom 2 Std.
△ Spik, 2472 m, 5 Std.; Prisojnik, 2547 m, 5 – 6 Std.
Bahn: Jesenice
Bus: Kranjska Gora oder beim Haus
Auto: beim Haus P

Planika pod Triglavom, Dom (Planikahütte)

2401 m; früher Maria-Theresien-Haus; erb. 1908, umgeb. 1980
PD Zgornje Gorje
SLO-62247 Zgornje Gorje
✆ 064/78069

Marica Okršlar
Pod Hribom 14
SLO-64260 Bled
✆ 064/78069

Dom Planika pod Triglavom
SLO-64265 Bohinjsko jezero
© 0609/614773
01.07. bis 30.09.; 90, 40
220 Volt mit Generator
offen
Rudno polje 5 Std.
Srednja vas 7 Std.
Pokljuka 5 Std.
→ Triglavski dom 1 Std.
Tržaška Koča 2 Std.
Vodnikov dom 1¾ Std.
Kovinarska Koča 5½ Std.
△ Triglav, 2863 m, 1½ Std.
Jesenice, Bled oder Bohinjska Bistrica
Krnica, Pokljuka, Mojstrana
Pokljuka oder Aljaž-Haus

Planinski Dom na Goropekah

705 m; erb. 1963, umgeb. 1992
PD Ziri
c/o Präsident Janez Kosmac
Tavcarjeva 5
SLO-64226 Ziri
© 064/692619

Marta Macek
Goropeke 15
SLO-64226 Ziri
Dom na Goropekah
Goropeke 15
SLO-64226 Ziri
© 064/691122
ganzjährig; 7, 28, 10
220 Volt; 1
PKW-Zufahrt; Ziri 1 Std.
→ Planinska Koča Vrh nad Rovtami 1½ Std.
△ Vrh nad Rovtami, 884 m, 1½ Std.; Blegoš, 1562 m, 5 Std.
Škofja Loka
Ziri
beim Haus P

Planinski dom pri Krnskih jezerih (Krn-See-Hütte)

1385 m; erb. 1984
PD Nova Gorica
Delpinova 1
SLO-65000 Nova Gorica
✆ 065/23030

- Auskunft bei der Sektion
- Planinski dom pri Krnskih jezerih
  Lepena
  SLO-65232 Soča
- 15.06. bis 30.09.
  77 Betten, 93 Lager, 20 Notlager
- 220 Volt mit Generator
- offen
- Dom Dr. Klementa Juga v Lepeni 2 Std.; Soča 3½ Std.
- Dom na Komni 2¾ Std.; Koča pod Bogatinom 2½ Std.
  Gomiščkova Zavetišče na Krnu 3 Std.; Koča na planini Razor 4 Std.
- Krn, 2244 m, 3 Std.; Bogatin, 1977 m, 2 Std.; Veliki Lemež, 2042 m, 2½ Std.
  Mahavšček, 2008 m, 2½ Std.
- Most na Soči
- Soča
- Dom Dr. Klementa Juga (Lepenatal)

Pogačnikov dom pri Kriških podih (Pogacnikhaus)

2052 m; erb. 1951, umgeb. 1973
PD Radovljica
Gorenjska c. 31
SLO-64240 Radovljica
✆ 064/74015

- Verena Mencinger
  Na Vrtaci 3
  SLO-64240 Radovljica
  ✆ 064/718269
- Pogačnikov dom
  SLO-64232 Soča
  ✆ 0609/615620
  oder über die Adresse der Sektion
- 01.07. bis 30.09.; 37 Betten, 22 Lager, 16 Notlager
- 220/24 Volt mit Generator
- offen

↗ Aljažhaus 4 Std.; Zlatoroghaus 4 Std.; vom Vršičpaß 4 Std.
→ Tržaška Koča 5½ Std.; Koča na Krnici 5 Std.
△ Stenar, 2501 m, 1½ Std.; Bovški Gamsovec, 2389 m, 1¼ Std.
Križ, 2410 m, 1½ Std.; Razor, 2601 m, 2 Std.; Škrlatica, 2740 m, 5 Std.
Jesenice oder Most na Soči
im Sommer Trenta
Trenta bei der Talstation der

Poštarski dom na Vršiču

1688 m; erb. 1952, umgeb. 1985
PD PTT Ljubljana
Trg OF 16/1
SLO-61000 Ljubljana
✆ 061/116114

Poštarski dom na Vršiču
SLO-64280 Kranjska Gora
✆ 064/883566
1.6. – 30.9.; 47 Schlafplätze
220 Volt
↗ Vršičpaß 15 Min.
Kranjska Gora 3 Std.
→ Pogančnikov dom 6 – 7 Std.
Zavetišče pod Špičkdom 4 Std.
Koča pri izviru Soče 2 Std.
Dom Tamarju 3½ Std.
Mihov dom 1½ Std.; Koča na Gozdu 1 Std.; Tičarjev dom ¼ Std.
Erjaceva Koča ¼ Std.; Koča v Krnici 2¼ Std.
△ Prisojnic, 2547 m, 4 Std.; Razor, 2601 m, 6 Std.; Mala Mojstrovka, 2232 m, 2 Std.
Sleme, 1911 m, 1¾ Std.; Jaloveč, 2645 m, 7 Std.
Jesenice
Vršičpaß oder Kranjska Gora
Vršičpaß

Ratitovcu, Koča na

1656 m; erb. 1954, umgeb. 1987
PD Železniki
Postfach 16
SLO-64228 Železniki
✆ 064/66653 (Nastran)

Demsar Tomaž
Postfach 16
SLO-64228 Železniki
✆ 064/67145

Koča na Ratitovcu
SLO-64228 Železniki

✕ Juli und August durchgehend, Mai, Juni, Sept., Okt. und Nov. am Wochenende
⌁ 220 Volt mit Generator; ☎
⊠ offen
↗ Sorica 4 Std.; Padrošta 3 Std.; Zali log 3 Std.; Železniki $3\frac{1}{2}$ Std.
Jesenovec 3 Std.; Bohinjska Bistrica 6 – 7 Std.
→ Litostrojska Koča 3 Std.; Planina Klom 1 Std.; Planina Pecana $\frac{1}{2}$ Std.
△ Altemaver, 1678 m, 20 Min.; Kremant, 1658 m, $\frac{3}{4}$ Std.; Kosmati Vrh, 1643 m, 1 Std.
🚂 Bohinjska Bistrica oder Škofja Loka
🚌 Zelezniki oder Sorica
🚗 Sorica oder Prtovč

Razor, Koča na Planini (Razor-Almhütte)

1317 m; umgeb. 1984
PD Tolmin
Gradnikova ulica 1
SLO-65220 Tolmin

🚹 Vlado Šorli
Šavlijeva 3
SLO-65220 Tolmin
✆ 065/81034
⌂ Koča na Planini Razor
Tolminske Ravne 15
SLO-65220 Tolmin
✕ 20.06. bis 20.09.; 90 🛏, 20 ⊓
⌁ 220 Volt mit Generator
⊠ offen
↗ Tolmin 4 Std.; Planina Lom 2 Std.
→ Koča na Planini Stador $2\frac{1}{2}$ Std.; Skihotel Vogel 4 Std.; Planinski dom pri Krnskih Jezerih 4 Std.; Gomiščkova zavetišče 8 Std.; Dom Zorka Jelinčiča 7 Std.; Koča pod Bogatinom $4\frac{1}{2}$ Std.
△ Vrh nad Škrbino 2054 m $2\frac{1}{2}$ Std.; Tolminski Migovec 1881 m $1\frac{1}{2}$ Std.; Vogel 1922 m 2 Std.; Vrh Planje 1863 m 2 Std.; Rodica 1966 m 5 Std.; Črna prst 1844 m 7 Std.; Krn 2244 m 8 Std.
🚂 Most na Soči
🚌 Tolmin
🚗 Planina Lom

Sandro del Torso, Bivacco

2379 m; erb. 1969, erneuert 1986
CAI Sektion Udine
Via Beato Odorico da Pordenone 3
I-33100 Udine
✆ 0432/504290 von 17.30-19.30 Uhr

- ♰ betreut durch: Sergio Corazza
  Via Umago 36
  I-33100 Udine
  ✆ 0432/504289
- ✕ immer zugänglich; 9 ⊓; Schmelzwasser.
- ↗ Neveapaß – Pecolalm, dann 3½ Std.; Dognatal über Bivacco Cividale 6 Std.
  Piani di Montasio im Raccolanatal 3 Std.
- → Bivacco Cividale 3½ Std.; Rifugio Giacomo di Brazza 4 Std.
- △ Bivacco am Monte Cimone del Montasio, 2379 m
- 🚂 Chiusaforte oder Tarvisio
- 🚌 Val Raccolana oder Neveapaß
- 🚗 Piani di Montasio oder Pecolalm

Savici, Koča pri

653 m; erb. 1951, umgeb. 1990
PD Ljubljana-Matica
Trdinova 8
P.P. 320
SLO-61001 Ljubljana
✆ 061/1312020

- ♰ Auskunft bei der Sektion
- ⌂ Koča pri Savici
  Ukanc 35
  SLO-64265 Bohinjsko jezero
- ✕ Anfang Juni – Ende Sept.
  32 ⊓
- ⚡ 220 Volt
- ↗ mit PKW zum Haus
  vom Wocheiner See 1 Std.
- → Dom na Komni 2½ Std.; Koča pod Bogatinom 2¾ Std.
  Planinski dom pri Krnskih jezerih 5 Std.; Koča pri Triglavskih jezerih 3 Std.
- △ Bogatin, 2008 m, 4½ Std.; Dolic, 2151 m, 5½ Std.
- 🚂 Bohinjska Bistrica
- 🚌 in Hüttennähe
- 🚗 in Hüttennähe P

Savoia, Bivacco L.

1900 m; erb. 1984
CAI Sektion Udine
Via Beato Odorico da Pordenone 3
I-33100 Udine
✆ 0432/504290 (17.30 – 19.30 Uhr)

- ♰ betreut durch: Frederico Savoia
  Via Brenari 31
  I-33100 Udine, ✆ 0432/26682

✗ immer zugänglich; 12 Schlafplätze; Herd, Geschirr und Erste-Hilfe-Ausrüstung
↗ Sella-Nevea-Paß 3 Std.; Rifugio Gilberti (bis dort Auffahrt mit 🚡) 3 Std.
△ Monte Cergnala, 2344 m; Monte Robon, 1982 m; Confinspitze, 2328 m
🚂 Tarvis
🚌 Sella-Nevea-Paß
🚗 Sella-Nevea-Paß

Soče, Koča pri izviru (Soča-Quelle-Hütte)

886 m; erb. 1953, umgeb. 1973
PD Jesenice
Cesta Železarjev 1
SLO-64270 Jesenice
✆ 064/81291

† Auskunft bei der Sektion
⌂ Koča pri izviru Soče
Trenta 72
SLO-65232 Soča
✗ April bis Oktober; 14 🛏, 17 ⌐¬
⚡ 220 Volt mit Generator
↗ Na Logu Trenti (Koča Zlatorog) $1\frac{1}{2}$ Std.
mit PKW zur Hütte
→ Zavetišče pod Špičkdom 4 Std.;
Tičarjev dom na Vršiču 2 Std.;
Erjav¢eva Koča na Vršiču $2\frac{1}{4}$ Std.; Po§tarski dom na Vršiču $2\frac{1}{4}$ Std.
△ Bavški Grintavec, 2347 m, 5 – 6 Std.; Jalovec, 2645 m, $6\frac{1}{2}$ Std.
Pelc, 2437 m, 5 Std.
🚂 Most na Soči
🚌 Trenta oder Bovec
🚗 Koča Zlatorog oder
P bei der Hütte

Špičk Dom, Zavetišče pod

2064 m; erb. 1950, umgeb. 1983
PD Jesenice
Cesta Železarjev 1
SLO-64270 Jesenice
✆ 064/81291

† Auskunft bei der Sektion
⌂ Zavetišče pod Špičkdom
SLO-65232 Soča
oder über die Sektion
✗ Anfang Juli bis Ende Sept.
30 ⌐¬, 8 ⌊⌋

↗ Vršičpaß 4 Std.; Straßenende im Bavisča-Tal 4 Std.; Bovec 6 Std.
Koča Zlatorog (Trenta na Logu) 5½ Std.; Kugy-Denkmal 3½ Std.
→ Koča pri izviru Soče (Soča-Quelle-Hütte) 4 Std.; Tičarjev dom (Ticar Haus) 4 Std.
Erjaceva Koča (Vosshütte) 4¼ Std.; Poštarski dom (Postar Haus) 4¼ Std.
Jesenice oder Most na Soči
Kranjska Gora, Vršič oder Bovec
Trenta na Logu, Vršič oder Talende im Bavisčatal

Spikom, Biwak pod

1424 m; erb. 1975, umgeb. 1988
PD Gozd-Martuljek
SLO-64282 Gozd-Martuljek
Informationen bei: Kristijan Robič
Finžgarjevo naselje 6
SLO-64282 Gozd-Martuljek

✕ mit 🔑 zugänglich; erhältlich bei: Antonu Omanu
Zgornje Rute 24
Gozd-Martulek
6 – 8 Schlafplätze; Kochgelegenheit vorhanden.
↗ Gozd-Martuljek 2 Std.
△ Špick, 2472 m
Jesenice
Gozd-Martuljek
Gozd-Martuljek

Stador, Koča na Planini (Stadorhütte)

1050 m; erb. 1970, umgeb. 1983
Besitzer: AET Tolmin
Gradnikova 11
SLO-65220 Tolmin
✆ 065/81753

Peter Laharnar
Gradnikova 11
SLO-65220 Tolmin
✆ 065/81753
Koča na Planini Stador
siehe Adresse der Sektion
✕ 01.05. bis 20.09.
12 Schlafplätze
220 Volt
↗ Tolmin 1½ Std.; Zufahrt mit PKW möglich
→ Koča na Planini Razor 2½ Std.
△ Kobilja glava, 1465 m, 1 Std.; Globoko, 1828 m, 4½ Std.; Vogel, 1922 m, 5 Std.
Škrbina, 1910 m, 5½ Std.

🚂 Most na Soči
🚌 Tolmin
🚗 Tolmin oder bei der Hütte

Stolu, Koča na

1673 m; erb. 1979
PD Kobarid
SLO-65222 Kobarid
✆ 065/85418

- Željko Cimprič
  Mučeniška 2a
  SLO-65222 Kobarid
  ✆ 065/85121 od. 85270
- mit zugänglich
  Auskunft bei: Vojko Rot
  Šarfova 15
  SLO-65222 Kobarid
  ✆ 065/85020 od. 850084
  4 🛏, 7 ⊓; , Wasser aus einer Regenzisterne
- 220 Volt
- ↗ Kobarid über Biwak Hlek 5 Std.; Sedla 4 Std.; Zaga 4½ Std.; Božicaalm 1 Std.
- → Biwak Hlek na Starijskem vrhu 1½ Std.

🚂 Most na Soči
🚌 Sedlo, Kobarid oder Zaga
🚗 Božica Alm

Suringar, Bivacco A.

2430 m; erb. 1954
CAI Triest, Sektion Societa Alpina della Giulie
Via Machiavelli 17
I-34132 Triest
✆ 040/630464, Fax 368550

- immer zugänglich; 4 – 6 ⊓; Wasser etwa 50 m entfernt
- ↗ Casera Pecol-Altopiano di Montasio 2½ Std.; Biwak Stuparich 3 Std.
  Rifugio Grego 6 Std.; Neveapaß 4½ – 5 Std.
- → Rifugio Brazza 3 – 4 Std.
- △ Jof di Montasio, 2753 m, 1 Std.

🚂 Chiusaforte
🚌 Chiusaforte
🚗 Piani di Montasio

Tamarju, Dom v (Tamar Hütte)

1108 m
erb. 1899, umgeb. 1936/68/90
PD Medvode
SLO-61215 Medvode
✆ 061/611026

- Dom Tamarju
  Rateče 168
  SLO-64283 Rateče-Planica
  ✆ 064/876055
- ganzjährig; 45 Betten, 36 Lager, 25 Notlager
- 220 Volt
- Rateče 2 Std.
  Planica 1½ Std.
  vom Vršičpaß 3 Std.
- → Tičarjev dom 3½ Std.; Erjavčeva Koča 3½ Std.; Poštarski dom 3¾ Std.
  Koča na Gozdu am Vršičpaß 3½ Std.
- △ Jalovec, 2645 m, 5 – 6 Std.; Mala Mojstrovka, 2232 m, 4 Std.
  Srednja Ponca, 2228 m, 3 – 4 Std.; Visoka Ponca, 2274 m, 4 – 5 Std.
  Slemenova špiza, 1911 m, 2½ Std.
- Jesenice oder Tarvisio
- Rateče-Planica
- beim Haus P

Tičarjev dom na Vršiču (Ticarhaus)

1620 m; erb. 1912, umgeb. 1975
PD Jesenice
Cesta Železarjev 1
SLO-64270 Jesenice
✆ 064/81291

- Auskunft bei der Sektion
- Tičarjev dom na Vršiču
  Trenta 85
  SLO-64280 Kranjska Gora
  ✆ 064/88506
- April bis Oktober; 36 Betten, 35 Lager
- 220 Volt
- Kranjska Gora 3 Std.; mit PKW knapp vor die Hütte, im Sommer 2x täglich Bus
- → Poštarski dom ¼ Std.; Erjavčeva Koča ¼ Std.; Koča pri izviru Soče 1¾ Std.
  Koča na Gozdu 1 Std.; Mihov dom 1½ Std.; Koča v Krnici 2 Std.
  Dom v Tamarju 3¼ Std.; Zavetišče pod Špičkdom 4 Std.

△ Prisojnik, 2547 m, 4 Std.; Mala Mojstrovka, 2332 m, 2 Std.; Razor 6 Std.
Sleme, 1911 m, 1½ Std.; Jalovec, 2645 m, 7 Std.
Jesenice
Kranjska Gora bzw. in der Nähe des Hauses
Vršičpaß

Triglavski dom na Kredarici (Triglavhaus)

2515 m; erb. 1896, umgeb. 1983
PD Ljubljana-Matica
Trdinova 8
P.P. 320
SLO-61001 Ljubljana
✆ 061/1312020

Auskunft bei der Sektion
Triglavski dom na Kredarici
Triglavska cesta
SLO-64281 Mojstrana
✆ 0609/611221
01.07. bis 25.09.
140, 160
220 Volt mit Aggregat
keiner, da im Winter teilweise bewirtschaftet, vorherige Anfrage empfehlenswert
Mojstrana – Vratatal – Aljazhaus, dann 5 Std.
Mojstrana – Krmatal, Ende der Fahrstraße, dann 4 Std.
Mojstrana – Kot-Tal, Ende der Fahrstraße, dann 4 Std.
→ Dom Planica pod Triglavom 1 Std.; Vodnikov dom 2 Std.
Dom Valentina Staniča pod Triglavom 1 Std.; Kovinarska Koča 5 Std.
△ Triglav, 2864 m, 1 Std.
Jesenice
Dovje-Mojstrana
Aljazhaus,
Kovinarska Koča im Krmatal
Kottal

Triglavskih jezerih, Koča pri (Siebenseenhütte)

1685 m; erb. 1880, umgeb. 1988
PD Ljubljana-Matica
Trdinova 8
P.P. 320
SLO-61001 Ljubljana
✆ 061/1312020

Auskunft bei der Sektion

- 🏠 Koča pri Triglavskih jezerih
  Ukanc 147
  SLO-64265 Bohinjsko jezero
  © 0609/615235
- ✗ 01.07. bis 30.09.; 30 Betten, 170 Lager
- 220 Volt mit Generator
- im Nebengebäude, offen
- ↗ Koča pri Savici 3 Std.; Wocheiner See 4 Std.
- → Dom na Komni 2½ Std.; Koča pod Bogatinom 2½ Std.
  Koča na planini pri Jezeru 2½ Std.; Zasavska Koča na Prehodavcih 2¼ Std.
  Tržaška Koča na Doliču 3½ Std.; Vodnikova Koča 5 Std.; Dom Planica 6 Std.
- △ Mala Tičarica, 2071 m, 1 Std.; Mala Zelnarica, 2310 m, 3 Std.
  Velika Zelnarica, 2320 m, 3¾ Std.; Veliko Špičje, 2398 m, 2½ Std.
- Bohinjska Bistrica
- Hotel Zlatorog
- Koča pri Savici

Tržaška Koča na Doliču (Dolic-Hütte)

2151 m; erb. 1952, umgeb. 1973
PD Zgornje Gorje
SLO-64247 Zgornje Gorje
© 064/78069

- 🏠 Marica Okrslar
  Pod Hribom 14
  SLO-64260 Bled
  © 064/78069
- 🏠 Tržaška Koča na Doliču
  SLO-65232 Soča
  © 0609/614780
- ✗ 01.07. bis 30.09.
  115 Betten, 25 Lager, 20 Notlager
- 220 Volt mit Generator
- offen
- ↗ Zadnjica im Trenta-Tal 3½ Std.; Bohinje 6 Std.; Koča Zlatorog 5 Std.
- → Zasavska Koča 2½ Std.; Koča pri Triglavski jezerih 3½ Std.
  Vodnikov dom 2 Std.; Dom Planika pod Triglavom 2 Std.
  Aljažev dom 5 Std.; Pogačnikov dom 5½ Std.
- △ Triglav, 2864 m, 2½ Std.; Kanjavec, 2568 m, 1½ Std.
- Jesenice, Bohinjska Bistrica oder Most na Soči
- Stara Fužina oder Bovec
- Trenta oder Aljaž haus

Uskovnici, Koča na (Uskovnicahaus)

1138 m; erb. 1955, umgeb. 1965
PD Bohinju-Sredna vas
SLO-64267 Sredna vas v Bohinju
✆ 064/723601-721042

- Franc Erlah
  Sredna vas st. 132
  SLO-64267 Sredna vas v Bohinju
  ✆ 064/723617
- Koča na Uskovnici
  Adresse siehe Sektion
- Ende Juni bis Ende Sept.
  43 Schlafplätze, Waschraum
- 220 Volt mit Generator
- Stara Fužina 2 Std.; Sredna vas 2 Std.; Rudno Polje 1 Std.
- Vodnikov dom 3 Std.; Koča na Vojah 1½ Std.; Blejska Koča na Lipanci 4 Std. Sporthotel Pokljuka 2½ Std.
- △ Veleki Draški vrh, 2243 m, 3½ Std.; Viševnik, 2050 m, 3 Std.
- Bohinjska Bistrica
- Sredna vas oder Stara Fužina
- Sredna vas, Stara Fužina oder Rundno Polje

Vianello-Davanzo-Picciola, Bivacco

1930 m; erb. 1975
CAI Triest, Sektion Societa Alpina della Giulie
Via Machiavelli 17
I-34132 Triest
✆ 040/630464, Fax 368550

- immer zugänglich; 8 ⌐¬; nur Schmelzwasser
  Stützpunkt der Höhlenforschergruppe Kanin
- Rifugio Gilberti 1 Std.
- Biw. Marussich
- △ Kanin, 2785 m
- Tarvis oder Chiusaforte
- Sella Nevea oder Cave del Predil
- Sella Nevea

Vodnikov dom na Velem polju (Vodnikhütte)

1817 m; erb. 1958, umgeb. 1986
PD Bohinju-Sredna vas
SLO-64267 Sredna vas v Bohinju
✆ 064/723601-721042

🕴 Franc Erlah
Sredna vas st. 132
SLO-64267 Sredna vas v Bohinju
✆ 064/723617
🏠 Vodnikov dom
✆ 0609/615621
Adresse siehe Sektion
✗ Ende Juni bis Ende Sept.
20 🛏, 30 ⊓, Waschraum
⚡ 220 Volt mit Generator
↗ Rudno Polje 3 Std.
Bohinjsko Jezera 5 Std.
→ Dom Planica pod Triglavom 2 Std.; Triglavski dom na Kredarici 2¼ Std.; Dom Valentina Staniča 3 Std.; Tržaška Koča na Doliču 2 Std.; Koča na Uskovnici 3 Std.; Blejska Koča na Lipanci 5 Std.; Kovinarska Koča 4 Std.
△ Triglav, 2863 m, 3 Std.
🚂 Bohinjska Bistrica
🚌 Bohinjsko Jezero
🚗 Rudno Polje

Vojah, Koča na (Vojehütte)

690 m; erb. 1982
PD Bohinju-Sredna vas
SLO-64267 Sredna vas v Bohinju
✆ 064/723601-721042

🕴 Franc Erlah
Sredna vas st. 132
SLO-64267 Sredna vas v Bohinju
✆ 064/723617
🏠 Koča na Vojah
siehe Adresse der Sektion
✗ Ende Juni bis Ende Sept.
14 🛏, 21 ⊓, Waschraum
⚡ 220 Volt mit Generator
↗ Stara Fužina 1 Std.
→ Vodnikov dom 3¼ Std.; Koča na Uskovnici 1½ Std.; Kosijev dom Vogar 2 Std.
🚂 Bohinjska Bistrica
🚌 Bohinjsko jezero
🚗 Stara Fužina

Zasavska Koča na Prehodavcih (Prehodavci-Hütte)

2050 m; erb. 1953, umgeb. 1985
PD Radeče
Starograjska 7
SLO-61433 Radeče
✆ 0601/81302

- Auskunft bei der Sektion
- Koča na Prehodavcih
  Trenta 28
  SLO-65232 Soča
  ✆ 0609/614781
- ✕ 01.07. bis 25.09.
  39 Betten, 16 Lager, 50 Notlager
- 220 Volt mit Aggregat
- offen
- ↗ Trenta (Na Logu) – Zadnjica-Zadnjiški dol 4 Std.
  Trenta (Na Logu) – Trebiški Dol 4 Std.; Bohinj – Siebenseental 6 Std.
- → Koča pri triglavskih jezerih 2 Std.; Tržaška Koča na Doliču 2½ Std.
  Vodnikov dom na Velem polju 3 Std.
- △ Kranjavec, 2568 m, 2 Std.; Veliko Špičje, 2398 m, 3 Std.; Vrsac, 2194 m, 1 Std.
  Velika Zelnarica, 2320 m, 2 Std.; Triglav, 2863 m, 5 Std.
- Bohinjska Bistrica
- Trenta Na Logu
- Trenta-Zadnjica

Zavetišče Gorske straže na Jelencih

1186 m; erb. 1950, umgeb. 1985
PD Gorenja vas
O-64224 Gorenja vas
✆ 064/68714

- Drago Trček
  SLO-64224 Gorenja vas 241
  ✆ 064/68714
- ✕ 01.10. bis 31.05. an Wochenenden und Feiertagen; 15 Lager
- ↗ Leskovica 1 Std.
  Hotavlje 2½ Std.
- → Koča Blegošu ½ Std.
  Koča na Črnem vrhu 2¼ Std.
  Zavetišče na Robidenskem 1¾ Std.
  Koča na Ermanovcu 3 Std.

△ Blegoš, 1562 m, 1 Std.; Koprivnik, 1393 m, 2 Std.; Mladi vrh, 1374 m, 3 Std. Gora Malenski, 1053 m, 3½ Std.; Črni vrh, 1291 m, 2 Std.
Škofja Loka
Hotavlje
Leskovica

Zvana na Porecnu, Dom A.

1590 m; erb. 1907, umgeb. 1986
PD Cerkno
SLO-65282 Cerkno

Katarina Filipič
Plužnje 38
SLO-65282 Cerkno
✆ 065/75711 oder 76275
Dom A. Zvana na Porecnu
SLO-65282 Cerkno
01.06. bis 15.09.; 20 Betten, 24 Lager
220 Volt mit Generator
Obloke – Hudajužna 3 Std.
Podbrdo 3 Std.; Cerkno 4 Std.
→ Koča na vrhu nad Novaki 4½ Std.
Litostrojska Koča na Soriški planini 4½ Std.
Dom Zorka Jelinčiča na Črni 6 Std.; Bolnica Franja 3 Std.
△ Porezen, 1630 m, wenige Minuten
Podbrdo oder Hudajužna (Obloke)
Podbrdo oder Hudajužna
Podbrdo oder Hudajužna

Zavetišče na Robidenskem brdu

857 m; erb. 1952
PD Cerkno
SLO-65282 Cerkno

Katarina Filipič
Plužnje 38
SLO-65282 Cerkno
✆ 065/75711 oder 76275
Zavetišče na Robidenskem brdu
Gorenji Nowaki 45
SLO-65282 Cerkno
ganzjährig; 30 Schlafplätze
220 Volt

↗ Leskovico 2 Std.; Gorenjih Novakov 3 Std.; PKW-Zufahrt bis in Hüttennähe
→ Koča na Črnem-Nowaki 1½ Std.; Zavetišče na Jelencih 2 Std.
Koča Triglavske XXXI. udarne divizije na Ermanovcu 2½ Std.
Koča na Blegošu 2 Std.
△ Črni vrh, 1291 m, 1½ Std.; Blegoš, 1562 m, 2½ Std.
🚂 Škofja oder Most na Soči
🚌 Leskovico
🚗 in Hüttennähe P

Drobollach
Maria Gail
Faak a. See
St. Martin
Finkenstein
Mühlbach
Fürnitz
Latschach
Arnoldstein
Radendorf
Altfinkenstn.
1
Rosenbach
Ofen
1568
Wurzenpaß
1071
2145
Berta Htt.
Mittagskogel
Mittagskogel Htt.
Kahlkogel
1834
3
Maria Elend
Weizelsdf.
Feistritz
Suetschach
Windisch Bleiberg
Bärental
Dom
Pristava
Klagenfurter Htt.
Loibltal
2
Dovje
Hrusica
JESENICE
4
5
Roblekov dom
Zirovnica
Begunje
Lesce
Radovljica
1 Slowenische Alpenvereinshütte
2 Koca na Golici
3 Koca na Pesku
4 Valvasorjev Stolum dom
5 Planinski dom na Zelenici
6 Dom Kokrskega Karisku
7 Mozirska koca na Golteh

59 Karawanken und Bachergebirge

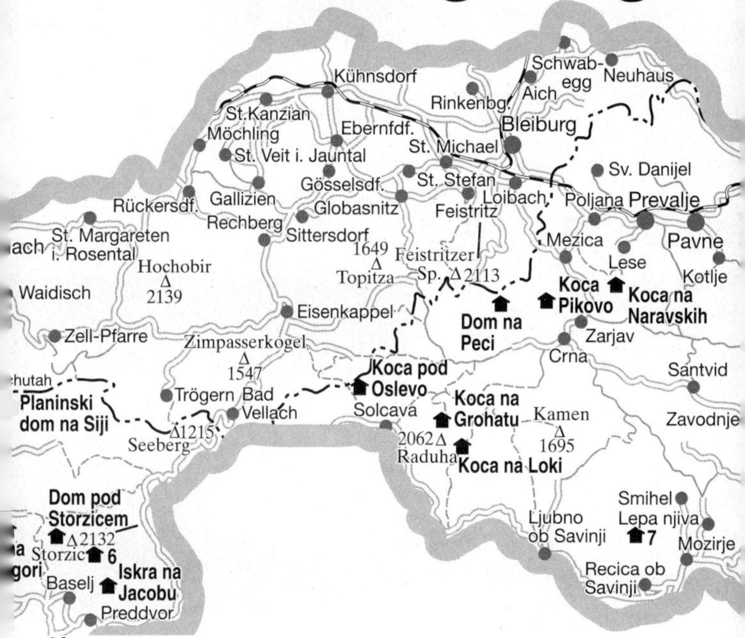

Umgrenzung

Tarvis – entlang der Gailitz – Villach – entlang der Drau – Marburg – Slovenische Bistrica – Celje – Velenje – Savinja – Rucnikbach – Paulitschsattel – Seebergsattel – Kokra – Preddvor – Kranj – entlang der Save – Kranjska Gora – Ratece – Fusine – Tarvis

Andrejev dom na Slemenu

1086 m; erb. 1951/52, umgeb. 1975
PD Tovarna usnja Šoštanj
SLO-63325 Šoštanj
✆ 063/881201

- Marjan Kogeljnik
  SLO-63325 Šoštanj
- Andrejev dom na Slemenu
  Šentvid pri Zavodnju št. 6
  SLO-63325 Šoštanj
  ✆ 063/881201
- ganzjährig; Di Ruhetag
  31 Betten, 52 Lager
- 220 Volt
- Šoštanj 4 Std.
  PKW-Zufahrt möglich; Topolšica $2\frac{1}{4}$ Std.; Črna 3 Std.
- → Dom na Uršlji gori $2\frac{1}{4}$ Std.; Poštarski dom 3 Std.
  Koča na Naravskih ledinah 2 Std.; Dom na Smrekovcu $2\frac{1}{2}$ Std.
- △ Uršlji gori, 1680 m, $2\frac{1}{2}$ Std.; Smrecovec, 1577 m, 3 Std.
- Šoštanj
- Topolšica
- beim Haus P

Bertahütte

1567 m; erb. 1963
ÖAV Sektion Villach
Schanzstr. 3
A-9500 Villach
✆ 04242/289584

- Edith Schumah
  Schwanenblick 24
  A-9523 Villach
  ✆ 04252/2178
- Adresse siehe Hüttenwirtin
- Anfang Juni bis Ende Sept.
  40 Lager
- Untergreuth (Martinihof) $3\frac{1}{2}$ Std.
  Ledenitzen 3 Std.
  Hotel Mittagskogel 3 Std.
  Rosenbach 4 Std.
- → Baumgartner Wirtshaus – Wurzenpaß
- △ Mittagskogel, 2143 m, 2 Std.; Ferlacherspitz, 1793 m, $\frac{1}{2}$ Std.
- Faak, Ledenitzen oder Rosenbach
- Latschach, Hotel Mittagskogel
- Martinihof oder Kopein

Dobrči, koča na

1478 m; erb. 1978 anstelle der abgebrannten Konstanjevceva koča
PD Tržič
Trg svobode 18
SLO-64290 Tržič
✆ 064/53362

† Ivo Bergant
Kovorska 1
SLO-64290 Tržič
✆ 064/50108

⌂ koča na Dobrči
SLO-64290 Tržič

✗ 15.6.–15.9.; 22 Schlafplätze

~ 220 Volt mit Aggregat

↗ Tržič 3 Std.; Begunje 2½ Std.
Bistrisko planino 1½ Std.

→ Roblekov dom 3½ Std.

△ Vrh Dobrče, 1634 m, ½ Std.; Begunjščica Veliki vrh, 2060 m, 4 Std.

🚂 Kranj

🚌 Tržič

🚗 Bistrisko planino

Dreiländereckhütte

1423 m; privat

⌂ Dreiländereckhütte
Seltschach 72
A-9601 Arnoldstein

✗ Wintersaison, 10.05. bis 10.10.; 5 🛏, 10 ⊓

~ 220 Volt

↗ 🚡 zur Seltschacher Alm, dann 10 Min.; Arnoldstein 2½ – 3 Std.
Seltschach 2¼ Std.; Wurzenpaß 1½ Std.; Ratece 1¾ Std.

△ Ofen (Pec), 1509 m, 15 Min.; Hahnenwipfel (Petelinjek), 1556 m, ½ Std.

🚂 Arnoldstein

🚌 Arnoldstein

🚗 Seltschach

Eisenkappler Hütte

1555 m; erb. 1953, umgeb. 1987; ÖTK Sektion Südkärnten
A-9135 Eisenkappel
✆ 04238/8348

† Maria Haller
A-9135 Eisenkappel 87
✆ 04138/253

⌂ Eisenkappler Hütte
A-9135 Eisenkappel
✆ 04238/8170
✗ April bis November, sonst an Wochenenden und Feiertagen auf Anfrage; 9 🛏, 15 ⊓, 20 ⊔
⚡ 220 Volt mit Aggregat nur für Küchenbetrieb
↗ Eisenkappel 3½ Std.
Schaidasattel 2½ Std.
Ebriach Wh. Schmied 2½ Std.
Mautstraße zur Hütte
→ Koschutahaus 5 Std.
△ Hochobir, 2139 m, 1¾ Std.
🚆 Völkermarkt-Kühnsdorf
🚌 Eisenkappel
🚗 bei der Hütte 🅿

Golici, Koča na

1582 m; erb. 1892, umgeb. 1984
PD Jesenice
Cesta Železarjev 1
SLO-64270 Jesenice
✆ 064/81291

⌂ Koča na Golici
Adresse siehe Sektion
✗ 25.04. bis 15.10.
⚡ 220 Volt mit Generator
↗ Planina pod Golico 2½ Std.
→ Dom Pristava 3 – 4 Std.
Prešernova Koča na Stolu 6 Std.
△ Golica, 1835 m, 1 Std.
Rozca, 1586 m, 2½ Std.
Klek, 1754 m, 2 Std.
Kepa, 2143 m, 4 Std.
🚆 Jesenice
🚌 Planina pod Golico
🚗 Planina pod Golico

Grohatu, Koča na

1460 m; erb. 1991
PD Mežica
Trg svobode 1
SLO-62392 Mežica
✆ 0602/35378

- Koča na Grohatu
  Adresse siehe Sektion
- 01.05. bis 20.10.; 35 Betten
- 220 Volt
- Črna – Puc – Šumel
  – Bukovnik 4 Std.
  Solčava – Javorje Alm
  – Grohat 3 Std.
  mit PKW bis Bukovnik, dann
  1 Std.
- → Koča na Loki 1¼ Std.
  Koča pod Olševo 3 Std.
- △ Raduha, 2062 m, 1½ Std.
  Lanež, 1929 m, 1½ Std.
- Prevalje
- Črna na Koroškem
  oder Solčava
- Bukovnik, nur in der Bewirtschaftungszeit befahrbar

Klagenfurter Hütte

1664 m; erb. 1906, Wiederaufbau 1952, erweitert 1982
ÖAV Sektion Klagenfurt
Lidmanskygasse 2/I
A-9020 Klagenfurt
✆ 0463/513056

- Friedrich Mak
  A-9170 Ferlach
  ✆ 04227/4309
- Klagenfurter Hütte
  A-9181 Feistritz/Rosental
- Weihnachten u. Osterwoche, Pfingsten bis Mitte Oktober, sonst auf Anfrage; 24 Betten, 38 Lager
- 220 Volt
- 16 Schlafplätze
  Selbstversorgerraum mit Schlüssel zugänglich
- P im Bärental, 1140 m, 1¼ Std.; Bodental, Gasthaus Sereinig 2½ Std.
  Bodental, Gasthaus Bodenbauer 2½ Std.; Feistritz im Rosental 4 Std.
- → Prešernova Koča über Bielschitzasattel 1½ Std.
  Planinski dom na Zelenici 2½ Std.
- △ Hochstuhl, 2238 m, 2½ Std.; Klagenfurter Spitze, 2103 m
  Bielschitzka, 1956 m, 1 Std.; Geißberg, 2024 m, 1¼ Std.
- Feistritz/Rosental
- Bärental
- Talschluß im Bärental

Kofcah, Dom na

1488 m; erb. 1927, umgeb. 1982/83
PD Tržič
Trg svobode 18
SLO-64290 Tržič
✆ 064/52336

- Ivo Bergant
  Kovorska 1
  SLO-64290 Tržič
  ✆ 064/50108
- Dom na Kofcah
  SLO-64290 Tržič
- 15.06. – 15.09., sonst an Wochenenden/Feiertagen; 40
- 220 Volt mit Aggregat
- Tržič 3 Std.
  Planinski dom na Šiji ½ Std.; Planina Dovzanka 1 Std.
- △ Kofce gora, 1968 m, 1 Std.; Veliki vhr, 2087 m, 1½ Std.; Kladivo, 2093 m, 2 Std.
- Kranj
- Tržič
- Planina Dovzanka oder Dom na Šiji

Kokrškega odreda na Kališču, Dom

1534 m; erb. 1942, umgeb. 1982
PD Kranj
Koroška 27
SLO-64000 Kranj
✆ 064/212823

- Dom Kokrškega odreda na Kališču
  SLO-64205 Preddvor
  ✆ 0609/614586
- Mitte Juni bis Ende Sept.
  24, 50
- keiner (Gas);
- Preddvor 3 – 4 Std.
  Bašelj 3 Std.; Kanonir 4 Std.
- → Dom pod Storžičem 3½ Std.
  Koča na Kriški gori 4½ Std.; Planinska koča iskra na Jakobu 3 Std.
- △ Storžič, 2132 m, 1¾ Std.; Bašeljski vrh, 1744 m, ½ Std.; Zaplata, 1820 m, 2 Std.
  Mali Grintovec, 1813 m, 1 Std.; Srednji vrh, 1853 m, 2 Std.
  Cjanovca, 1820 m, 2 Std.
- Kranj
- Preddvor
- Bašelj

Koschutahaus

1279 m; erb. 1932
TVN Landesleitung Kärnten
Bahnhofstr. 44
A-9020 Klagenfurt
✆ 0463/512860

- Elisabeth Male
  Zell Pfarre
  A-9170 Ferlach
  ✆ 04227/2681
- Koschutahaus
  Zell Pfarre
  A-9170 Ferlach
  ✆ 04227/7110
- Anfang Juni bis Anfang Okt.
  32 Betten, 16 Lager, 2 Notlager
- 220 Volt mit Generator
- Ferlach Bhf.-Waidisch 4 Std.; Zell Pfarre 1½ Std.; Mautstraße zum Haus
- → Gasthof Terklbauer 2½ Std.; Eisenkappler Hütte 6 Std.
- △ Koschutnikturm, 2136 m, 2½ Std.; Hainischturm, 2093 m, 2¾ Std.
- Ferlach
- Zell Pfarre
- Zell Pfarre oder P in Hausnähe

Kremžarjevim vrhom, Koča pod

1102 m; erb. 1934, umgeb. 1982
PD Slovenj Gradec
SLO-62380 Slovenj Gradec

- Koča pod Kremžarjevim vrhom
  SLO-62380 Slovenj Gradec
  ✆ 0602/44883
- ganzjährig; 26 Betten, 22 Lager
- 220 Volt
- Slovenj Gradec 2 Std.
  Šmartna 2½ Std.
  Dravograd 5 Std.
  Zufahrt von Slovenj Gradec bis 15 Min. vom Haus möglich
- → Partizanski dom na Mali Kopi 2 Std.
  Grmoškov dom pod Veliko Kopo 2¾ Std.; Poštarski dom pod Plesivcem 3½ Std.
- △ Mali Kopa, 1524 m, 2 Std.; Velika Kopa, 1542 m, 2½ Std.
- Dravograd
- Slovenj Gradec oder Šmartna
- Slovenj Gradec oder P 15 Min. von der Hütte

Kriški gori, Koča na

1471 m; erb. 1950/51, umgeb. 1981 und 1990
PD Križe
SLO-64294 Križe

- ✝ Ivan Likar
  Vrtna ul. 6
  SLO-64294 Križe
  ✆ 064/57905
- ⌂ Koča na Kriški gori
  SLO-64294 Križe
  ✆ 0609/615623
- ✕ 15.06. – 15.09. durchgehend, sonst nur an Wochenenden und Feiertagen; 31 Betten, 16 Lager
- ∼ 220 Volt mit Aggregat
- ↗ Tržič 2 – $2\frac{1}{2}$ Std.; Golnik $2\frac{1}{2}$ Std.; Gorice $2\frac{3}{4}$ Std.; Zavetišče v Gozdu $1\frac{1}{2}$ Std.
- → Dom pod Storžičem 3 Std.; Dom Kokrškega odreda $4\frac{1}{2}$ Std.
- △ Tolsti vhr, 1715 m, 1 Std.; Vrata, 1591 m, 20 Min.; Storžič $4\frac{1}{2}$ Std.
- Bahn: Kranj
- Bus: Tržič, Križe oder Golnik
- Auto: Zavetišče v Gozdu

Loki pod Raduho, Koča na

1534 m; neu erb. 1978
PD Luče ob Savinji
SLO-63334 Luče ob Savinji

- ✝ Tomaz Marolt
  Podveža 2
  SLO-63334 Luče ob Savinji
  ✆ 063/844062
  Vera Voler
  Luče 4
  SLO-63334 Luče ob Savinji
  ✆ 063/844175
- ⌂ Koča na Loki pod Raduho
  SLO-63334 Luče ob Savinji
- ✕ Anfang Juni bis Ende Sept., Mai und Oktober an Wochenenden und Feiertagen, für Gruppen ab 10 Personen nach Vereinbarung; 45 Betten, 40 Lager
- ∼ 220 Volt mit Aggregat
- ↗ Luče $3\frac{1}{2}$ Std.; Solčava $3\frac{1}{2}$ – 4 Std.; Planina Vodol 1 Std.; Planina Luče $\frac{1}{4}$ Std.
- → Koča na Grohatu $1\frac{1}{4}$ Std.; Koča pod Olševo 4 Std.;
  Koča na Travniku $2\frac{1}{2}$ Std.; Dom na Smrekovcu 5 Std.

△ Velika Radahu, 2062 m, 1½ Std.; Olševo, 1929 m, 5 Std.; Lanež, 1925 m, 1 Std. Veliki Travnik, 1637 m, 2½ Std.; Komen, 1684 m, 3½ Std.
Bahn: Celje oder Kamnik
Bus: Luče, Struge oder Solčava
Parkplatz: Planina Vodol, eventuell Planina Luče

Mariborska Koča

1068 m; erb. 1913, umgeb. 1990
PD Maribor-Matica
Vita Kraighera 2
SLO-62000 Maribor
✆ 062/212962

Mariborska Koča
SLO-62208 Pohorje
✆ 062/603273
✕ ganzjährig, Mi Ruhetag
45 Betten, 10 Lager
220 Volt
↗ Maribor-Radvanje (Endstation Buslinie 6) 3 Std.
Bergstation der Seilbahn ¾ Std.
Maribor-Reka (Endstation Buslinie 13) 2½ Std.
Bistrice pri Limbušu 3 Std.
→ Ruška koča pri Arehu 1 Std.
△ Mariborska razglednik, 1147 m, ½ Std.; Bolfenk, 1044 m, ¾ Std.
Bahn: Maribor
Bus: Maribor oder Bistrice pri Limbušu
Parkplatz: Seilbahn Talstation

Mittagskogelhütte

1566 m; erb. 1963
ÖAV Sektion Villach
Schanzstr. 3
A-9500 Villach
✆ 04242/289584
Zugänge, Übergänge und Gipfel sowie Bus, Bahn und Parkplatz siehe Bertahütte.

✕ Selbstversorgerhütte der AV-Jugend, mit Schlüssel zugänglich; Informationen beim ÖAV Villach und auf der Bertahütte

Mozirska Koča na Golteh

1356 m; erb. 1896, umgeb. 1986
PD Mozirje
SLO-63330 Mozirje

- Martin Aubrecht
  SLO-63330 Mozirje 9
  ✆ 063/831215
- Mozirska Koča na Golteh
  SLO-63330 Mozirje
  ✆ 063/831121
- ganzjährig; 50 Betten
- 220 Volt
- Rečica ob Savinj 3 Std.
  Mozirje 3 Std.
  Bergstation der Seilbahn Žekovec-Golte ¼ Std.; Šmihel 3½ Std.
- → Dom na Smrekovcu 2½ Std.
- △ Boskovec, 1587 m, 1 Std.; Ostri vrh, 1584 m, ¾ Std.
  Medvedjak, 1563 m, 1 Std.; Smrecovec, 1577 m, 3 Std.
- Šmartno ob Paki oder Šoštanj
- Mozirje oder Rečica ob Savinj
- Talstation der Seilbahn

Naravskih ledinah, Koča na

1072 m; erb. 1964, umgeb. 1978
PD Ravne na Koroškem
SLO-62390 Ravne na Koroškem

- Ferdo Igerc
  Ob Suhi 24
  SLO-62390 Ravne na Koroškem
  ✆ 0602/22685
- Koča na Naravskih ledinah
  SLO-63390 Ravne na Koroškem
  ✆ 0602/21001
- 1.5. – 1.10., 2.10. – 30.4. nur am Wochenende (Sa/So)
  13 Betten, 16 Lager
- 220 Volt
- Ravne na Koroškem 2 Std.
  Prevalje 3 Std.; Žerjav 2½ Std.; Leše 3 Std.; PKW-Zufahrt möglich
- → Dom na Uršlji Gori 1½ Std.; Smučarska koča 1 Std.
  Poštarski dom pod Plešivcem 3 Std.; Andrejev dom na Slemenu 2 Std.
- △ Uršlja gora, 1699 m, 1½ Std.; Jankovec, 1200 m, 1½ Std.
- Ravne na Koroškem
- Ravne na Koroškem
- bei der Hütte P

Olševo, Koča pod

1232 m; erb. 1940, umgeb. 1948
PD Solčava
SLO-63335 Solčava

- ✝ Božo Selišnik
  Podolševa 26
  SLO-63335 Solčava
  ✆ 063/846031
- ⌂ Koča pod Olševo
  Podolselva 26
  SLO-63335 Solčava
  ✆ 063/846031
- ✗ ganzjährig; 5 Schlafplätze
- ⏦ 220 Volt
- ↗ Solčava 2½ Std.
  PKW-Zufahrt möglich
- → Koča na Grohatu pod Raduho 3 Std.; Koča na Loki pod Raduho 4 Std.
  über den Heilig-Geist-Sattel nach Eisenkappel 4 – 5 Std.
- △ Govca (Olševo), 1929 m, 2½ Std.; Potočka zijalka, 1700 m, 1 Std.
  čeva pec, 1336 m, ½ Std.
- 🚂 Šmartno ob Parki
- 🚌 Solčava
- 🚗 beim Haus P

Paskem Kozjaku, Dom na

690 m; erb. 1943, umgeb. 1979
PD Velenje
Saleska 18
SLO-63320 Velenje
✆ 063/851192

- ⌂ Dom na Paskem Kozjaku
  SLO-63320 Velenje
  ✆ 063/855210
- ✗ Freitagnachmittag bis Sonntagabend; 16 Betten, 18 Lager
- ⏦ 220 Volt
- ↗ PKW-Zufahrt möglich
  Velenje 3½ Std.
  Dobrna 3½ Std.
  Vinska gora 3½ Std.
  Gorn. Dolic 2 Std.
- △ Basališče, 1278 m, 1¼ Std.; Javorje, 1252 m, 1¾ Std.
- 🚂 Velenje oder Dravograd
- 🚌 Velenje, Vinska Gora oder Gorn. Dolic
- 🚗 beim Haus P

Peci, Dom na
Petzenhaus

1665 m; erb. 1957
PD Mežica
Trg svobode 1
SLO-62392 Mežica
✆ 0602/35378

- Information bei der Sektion
- Dom na Peci
  Adresse siehe Sektion
  ✆ über Bergwerkszentrale 0602/35110 (Durchwahl 450) oder Y 0609/611364
- 01.05. bis 20.10.; 81 Betten, 19 Lager
- 220 Volt; Gepäcktransport nach Vereinbarung möglich
- ↗ Mežica 3½ Std.; Črna na Koroškem 3½ Std.; von Mežica 12 km mit PKW, dann 35 Min.; von Črna na Koroškem 16 km, dann 35 Min.
  Topla (10 km von Črna na Koroškem) 3 Std.
- → Gasthaus Siebenhütten 3 Std.; Koča Pikovo 2½ Std.
- △ Kordeschkogel (Kordeževa glava), 2126 m, 1½ Std.
- Prevalje
- Mežica oder Črna na Koroškem
- Jakobe (Zufahrt nur während der Bewirtschaftungszeit)

Pesku, Koča na

1386 m; erb. 1929, umgeb. 1986
PD Oplotnica – RTC Unior Zreče
c/o Hotel Planja na Rogli
SLO-63214 Zreče
✆ 063/754322

- Koča na Pesku
  SLO-62317 Oplotnica
- ganzjährig; 32 Betten, 24 Lager
- 220 Volt
- ↗ Hotel Planina na Rogli ¾ Std.
  Lovrenca na Pohorju 3 Std.
  Oplotnica 5 Std.
- → Dom na Osankarici 3 Std.
  Ribniška koča 3 Std.
- △ Rogli, 1517 m, ½ Std.
  Klopni vrh, 1340 m, 2 Std.
  Jezerski vrh, 1537 m, 2¾ Std.
- Ruta
- Hotel Planina na Rogli (3x tägl.)
- Hotel Planina na Rogli

Pikovo, Koča

992 m; erb. 1951, umgeb. 1986
PD Mežica
Trg svobode 1
SLO-62392 Mežica
✆ 0602/35378

- Ana Abraham
  Leska 5
  SLO-62392 Mežica
  ✆ 0602/35584
- Koča Pikovo
  Podpeca 11
  SLO-62393 Črna na Koroškem
- 01.05. bis 30.10., Mo Ruhetag
  6 ⊔
- 220 Volt
- Mežica 1½ Std.; Črna über Mučenik 1½ Std.; Črna über Podpeca 2 Std.
  mit PKW von Mežica über Mučenik 12 km zum Haus
- → Dom na Peci (Petzenhaus) 2½ Std.
- △ Kordeževa glava, 2126 m, 4 Std.; Veliki vrh, 1165 m, 1½ Std.
- Prevalje
- Mučenik
- beim Haus P

Planinska Koča Iskra na Jakobu

961 m; erb. 1988
PD Kranj
Koroška 27
SLO-64000 Kranj
✆ 064/212823
oder Sektion Iskra
✆ 064/214351 und 214551

- Planinska Koča Iskra na Jakobu
  SLO-64205 Preddvor
- 15.6. bis 15.9. durchgehend, sonst an Wochenenden und Feiertagen sowie nach Vereinbarung; 15 Schlafplätze
- 220 Volt mit Aggregat
- Preddvor 1¼ Std.; Spodne kokra 2 Std.
- → Dom Kokrškega odreda na Kališču 3¼ Std.
- △ Potoska gora, 1238 m, ¾ Std.; Javorov vhr, 1434 m, 1 Std.
  Zaplata, 1820 m, 2 Std.; Srednji vhr, 1853 m, 2½ Std.
  Mali Grintovec, 1813 m, 3¼ Std.; Bašeljski vrh, 1744 m, 4 Std.

- 🚂 Kranj
- 🚌 Preddvor
- 🚗 Preddvor

Poštarski dom pod Plešivcem

805 m; erb. 1955, umgeb. 1987
PD PTT Maribor
Slomškov trg 10
SLO-62101 Maribor
✆ 062/25161

- Poštarski dom pod Plešivcem
  SLO-62380 Slovenj Gradec
  ✆ 062/21055
- ✕ ganzjährig; 30 Betten, 8 Lager
- 220 Volt
- ↗ Slovenj Gradec 1 Std.
  PKW-Zufahrt möglich
- → Dom na Uršlji gori $2\frac{1}{2}$ Std.
  Andrejev dom na Slemenu 3 Std.
  Koča na Naravskih ledinah 3 Std.
- △ Uršlja gori, 1680 m, $2\frac{1}{2}$ Std.
- 🚂 Dravograd
- 🚌 Slovenj Gradec
- 🚗 beim Haus P

Prešernova Koča na Stolu

2174 m; erb. 1909, umgeb. 1984
PD Javornik-Koroška Bela
Kridričeva 36c
SLO-64270 Jesenice
✆ 064/83487 oder 83126

- Svetina Franc
  Prosvetna št. 2
  SLO-64270 Jesenice
  ✆ 0609/611366
- Prešernova Koča na Stolu
  SLO-64274 Zirovnica
  ✆ 0609/611366
- ✕ Mitte Juni bis Ende Sept.
  45 Betten, 45 Lager
- 220 Volt
- ↗ Žirovnica $5\frac{1}{2}$ Std.; Valvasorjev dom pod Stolum $2\frac{1}{2}$ Std.

→ Planinski dom na Zelenici 3½ Std.; Dom pod Vrtako 2½ Std.
Roblekov Dom 3 Std.; Dom Pristava 5 Std.; Klagenfurter Hütte 2 Std.
△ Veliki Stol 2237 m 20 Min.
Jesenice oder Žirovnica
Jesenice oder Žirovnica
Valvasorjev dom pod Stolum

Pristava na Javorniškem Rovtu, Dom

975 m; erb. 1953, umgeb. 1971
PD Javornik-Koroška Bela
Kridričeva 36c
SLO-64270 Jesenice
✆ 064/83487

Dom Pristava na Javorniškem Rovtu
Javorniski Rovt št. 22
SLO-64270 Jesenice
✆ 064/83799
ganzjährig; 64 Schlafplätze
220 Volt
Jesenice 2 Std.
Koroška Bela 1½ Std.
→ Koča na Črnem Vrhu 1½ Std.
Valvasorjev dom pod Stolum 2½ Std.; Hotel dom pod Golico 2 Std.
Koča na Golici 4 Std.; Stouhütte über den Bärensattel 4 Std.
△ Španov vrh, 1334 m, 1 Std.; Bärentaler Kotschna (Struska), 1944 m, 3 Std.
Jesenice oder Javornik
Javornik
Javornik rovt

Ribniška Koča

1507 m; erb. 1932, umgeb. 1978
PD Paloma Sladki vrh
SLO-62214 Sladki vrh
✆ 062/644460

Ribniška Koča
SLO-62364 Ribnica na Pohorju
✆ 0602/68602
ganzjährig
38, 26
220 Volt;
PKW-Zufahrt möglich
Ribnica 2 Std.; Mislinja 3 Std.

→ Koča na Pescu 3 Std.; Grmoškov dom pod Veliko Kopo $1\frac{1}{2}$ Std.
Partizanski dom pod Malo Kopo $2\frac{1}{2}$ Std.; Koča pod Kremžarjevim vrhom 4 Std.
△ Jezerski vrh, 1537 m, 20 Min.; Rogla, 1517 m, $3\frac{1}{2}$ Std.; Črni vrh, 1543 m, $\frac{3}{4}$ Std.
Velika Kopa, 1542 m, 2 Std.; Mala Kopa, 1524 m, $2\frac{1}{2}$ Std.
Podvelka
Ribnica na Pohorju
beim Haus P

Roblekov dom na Begunščici

1657 m; erb. 1946
PD Radovljica
Gorenjska c. 31
SLO-64240 Radovljica
✆ 064/715544-713127

Potočnik Janko
Ovšiše 6
SLO-64244 Podnart
✆ 064/70269
Roblekov dom
Poljce 34
SLO-64275 Begunje
✗ 20.06. bis 15.09., sonst am Wochenende bei Schönwetter (anfragen); 18 Betten, 15 Lager
220 Volt mit Generator
mit Schlüssel zugänglich, erhältlich bei Joze Finzgar
Zgosa 60a
SLO-64275 Begunje
↗ Begunje 3 – 4 Std.; mit PKW bis Poljška planina, dann $1\frac{1}{2}$ Std.
→ Valvasorjev dom $2\frac{1}{2}$ Std.; Planinski dom na Zelenici $1\frac{1}{2}$ Std.
Koča na Dobrči $3\frac{1}{2}$ Std.; Prešernova koča 3 Std.; Dom pod Vrtako $1\frac{1}{2}$ Std.
△ Begunjščica, 2060 m, 1 Std.
Lece oder Radovljica
Begunje
Dragatal bzw. Poljška planina

Rosenkogelhütte (Veldener Hütte)

1410 m; Besitzer: Skiclub des Turnvereins Velden
A-92020 Velden

✗ Selbstversorgerhütte; 24 Schlafplätze; mit Schlüssel zugänglich
Informationen: Helmuth Bildstein, Velden, ✆ 04274/2466
oder Herr Krainer, Velden, ✆ 04274/4124
↗ Rosenbach-Bärengraben $2\frac{1}{2}$ Std.
→ Koča na Golici $1\frac{1}{2}$ Std.

△ Rosenkogel, 1775 m, 1 Std.; Frauenkogel, 1892 m, 1 Std.
Rosenbach
Rosenbach
Rosenbach

Ruška Koča pri Arehu (Tinetov dom)

1246 m; erb. 1907, umgeb. 1987
PD Ruše
Ulica Ruške čete 3
SLO-62342 Ruše
✆ 062/661403

Ruška koča pri Arehu
SLO-62208 Pohorje
✆ 062/603264
✕ ganzjährig; 21, 15
220 Volt
↗ PKW-Zufahrt möglich
Ruše $2\frac{3}{4}$ Std.
Šmartno na Pohorju 2 Std.
→ Mariborska Koča 1 Std.
Dom na Glažuti $\frac{1}{2}$ Std.; Stuhecov dom pri Treh kraljih $2\frac{1}{2}$ Std.
Koča na Pesku $5\frac{1}{2}$ Std.; Dom na Osankarici $3\frac{1}{2}$ Std.
△ Žigartov vrh, 1346 m, $\frac{1}{2}$ Std.; Klopni vrh, 1340 m, 3 Std.
Veliki vrh, 1344 m, $2\frac{1}{4}$ Std.; Bolfenk, 1044 m, $1\frac{3}{4}$ Std.
Maribor
Ruše
in Hausnähe P

Siebenhütten, Berggasthof

1662 m; erb. 1965; Besitzer: Kärntner Seilbahnen A.G.

Berggasthof Siebenhütten
Feistritz
A-9150 Bleiburg
✕ Sommer- und Wintersaison
keine Nächtigung
↗ zum Haus
Feistritz ob Bleiburg $2\frac{1}{2}$ Std.
→ Dom na Peci 3 Std.
△ Kordeschkopf, 2126 m, $1\frac{1}{2}$ Std.
Knieps, 2110 m, $1\frac{1}{4}$ Std.
Feistritzer Spitze (Hochpetzen), 2114 m, $1\frac{1}{2}$ Std.
Bleiburg
Feistritz ob Bleiburg
Talstation

Šiji, Planinski dom na

1528 m; erb. 1973
PD Planinac-Kranj
SLO-64002 Kranj

- Stanko Kolar
  SLO-64000 Kranj
  ✆ 064/213711
  Tomislav Andrejevic
  SLO-64000 Kranj
  ✆ 064/211183 oder 212677
- Planinski dom na Šiji
  SLO-64290 Tržič
  ✆ 064/50304
- 01.06. bis 30.09.; 50
- 220 Volt mit Aggregat
- Tržič 3 – 3½ Std.
  PKW-Zufahrt möglich
- → Dom na Kofcah ½ Std.
- △ Veliki vrh, 2088 m, 1½ Std.; Kladivo, 2093 m, 1½ Std.; Kofce gora; 1967 m, 1 Std.
- Kranj
- Tržič
- in Hausnähe P

Slowenische Alpenvereinshütte

1079 m; erb. 1969
Slowenischer Bergsteigerverband Kärnten

- Selbstversorgerhütte, beim Slowenischen Bergsteigerverband; an den Wochenenden und im Sommer bewartet; 25 Schlafplätze
- Kopein, Ghs. Türkenkopf ½ Std.
  Rosenbach 1½ Std.
  Mallenitzen 1½ Std.
- → Bertahütte 2 Std.
- △ Ferlacher Spitze, 1742 m
  2¾ Std.
  Gratschenitzen, 1360 m, 2 Std.
  Mittagskogel, 2143 m, 3¾ Std.
- Ledenitzen, Rosenbach oder Winkl im Rosental
- Hotel Mittagskogel
- Kopein, Gasthaus Türkenkopf

Smrekovcu, Dom na

1375 m; erb. 1933, umgeb. 1983
PD Črna na Koroškem
SLO-62393 Črna na Koroškem

- ♦ Porsod Viktor
  SLO-62393 Črna na Koroškem
  ✆ 0602/38084
- ⌂ Dom na Smrekovcu
  Bele vode 37
  SLO-62393 Črna na Koroškem
- ✕ Anfang Mai bis Ende Oktober
  36 Betten, 20 Lager
- ⌁ 220 Volt
- ↗ Črna 3 Std.
  Ljubno ob Savinji 3½ Std.
  Šoštanj 4½ Std.
  PKW-Zufahrt möglich
- → Mozirska Koča na Golteh 2½ Std.
  Ko¢a na Travniku 2½ Std.
  Andrejev dom na Slemenu 2½ Std.; Dom na Uršlji gori 4½ Std.; Koča na Loki pod Raduho 5 Std.
- △ Smrecovec, 1577 m, ½ Std.; Komen, 1684 m, 2 Std.; Raduha, 2062 m, 7 Std.
- Bahn: Prevalje
- Bus: Črna na Koroškem
- Auto: in Hausnähe P

Šmucarski Dom na Črnem vrhu

1156 m
Besitzer: Ski- und Sportclub Joze Gregoric
SLO-64270 Jesenice

- ⌂ Šmucarski dom na Črnem vrhu
  Planina pod Golico
  SLO-64270 Jesenice
- ✕ ganzjährig; 32 Betten, 38 Lager
- ⌁ 220 Volt
- ↗ Planina pod Golico ½ Std.
  Lift: Mittelstation beim Haus
  Hrusica über Planina 1¾ Std.
- → Dom Pristava ¾ Std.
- △ Črni vrh, 1365 m; Špancov vrh, 1334 m; Skigebiet
- Bahn: Jesenice
- Bus: Planina pod Golico
- Auto: Planina pod Golico

Storžičem, Biwak pod

1750 m; erb. 1948
PD Tržič
Trg Svobode 18
SLO-64290 Tržič
064/56108

Ivo Bergant
Kovorska 1
SLO-64290 Tržič
064/50116

✕ 5 ⊓, nur mit von der Sektion zugänglich; Kochstelle für Holz und Gas vorhanden
↗ Dom pod Storžičem
→ Dom Kokrškega odreda
Koča na Kriški gori
△ Storžič, 2132 m; Psica, 1769 m
Kranj
Tržič
Lom

Storžičem, Dom pod

1123 m; erneuert 1981
PD Tržič
Trg svobode 18
SLO-64290 Tržič
064/52336

Ivo Bergant
Kovorska 1
SLO-64290 Tržič
064/56108

Dom pod Storžičem
SLO-64290 Tržič

✕ 15.06. bis Anfang September durchgehend, im Frühjahr und Herbst am Wochenende und Feiertagen; 48 🛏, 20 ⊓
220 Volt
↗ Tržič 2½ Std.; Kanonir 4 Std.; Golnik 3 Std.; Fahrweg zum Haus
→ Koča na Kriški gori 3 Std.; Zavetišče v Gozdu 3½ Std.
Dom Kokrškega odreda 2½ Std.
△ Storžič, 2132 m, 3 Std.; Tolsti vhr, 1715 m, 2 Std.; Stegovnik, 1692 m, 3 Std.
Veliki Javornik, 1715 m, 2 Std.; Bela peč, 1538 m, 2 Std.
Kranj
Tržič
Lom

Štuhecov dom pri Treh kraljih

1181 m; erb. 1934, umgeb. 1970
PD Impol Slovenska Bistrica
Grajska 1
Postfach 4
SLO-62310 Slovenska Bistrica
✆ 062/811296

⌂ Štuhecov dom pri Treh kraljih
SLO-62315 Šmartno na Pohorju
✆ 062/834110
✗ ganzjährig; 106 Betten, 30 Lager
~ 220 Volt
↗ PKW-Zufahrt zum Haus möglich; Slovenska Bistrica 3½ – 4 Std.
Oplotnica 2½ Std.; Šmartno na Pohorju 2¼ Std.; Veliko Tinje 1½ Std.
→ Dom na Osankarici 1¼ Std.; Ruška Koča pri Arehu 2½ Std.
△ Veliki vrh, 1344 m, ½ Std.; Žigartov vrh, 1346 m, 2 Std.
[Bahn] Pragersko oder Maribor
[Bus] Slovenska Bistrica, Veliko Tinje oder Šmartno na Pohorju
[Auto] beim Haus P

Travniku, Koča na

1548 m; erb. 1978, umgeb. 1990
PD Ljubno ob Savinji
SLO-63333 Ljubno ob Savinji

Stane Podmeninsek
SLO-63333 Ljubno ob Savinji
✆ 063/831920 oder 841510
Joze Marovt
SLO-63333 Ljubno ob Savinji
✆ 063/841024
⌂ Koča na Travnicu
Primuz pri Ljubnem
SLO-63333 Ljubno ob Savinji
✗ Mitte Juni bis Ende September am Wochenende, sonst für Gruppen nach Vereinbarung; 16 Lager
↗ Ljubno ob Savinji 3½ Std.; Pocka planina 1 Std.; Bistratal 2½ Std.
→ Koča na Loki pod Raduho 2½ Std.; Dom na Smrekovcu 2½ Std.
△ Travnik, 1637 m, ¼ Std.; Velika Raduha, 2062 m, 4 Std.
Komen, 1684 m, 1½ Std.; Smrecovec, 1577 m, 2½ Std.
[Bahn] Šmartno ob Paki oder Celje
[Bus] Lubnjo ob Savinji
[Auto] Pocka planina

Uršlji gori, Planinski dom na

1696 m; erb. 1912, umgeb. 1984;
PD Prevalje
SLO-62391 Prevalje

- Ivan Komprej
  Spodnji Kraj 39
  SLO-62391 Prevalje
  ✆ 0602/31479
- Dom na Uršlji gori
  SLO-62381 Podgorje
  ✆ 0609/612586
- 01.06. bis 30.09., sonst auf Anfrage; 10 Betten, 30 Lager, 25 Notlager
- 220 Volt
- Prevalje 4 Std.
  Ravne $3\frac{1}{2}$ Std.; Plesivec $2\frac{1}{2}$ Std.; Krizan $1\frac{1}{2}$ – 2 Std.; Slovenj Gradec $4\frac{1}{2}$ Std.
- Koča na Naravskih ledinah $1\frac{1}{2}$ Std.; Poštarski dom pod Plešivcem 2 Std.; Andrejev dom na Slemenu 2 Std.; Smučarska Koča $2\frac{1}{2}$ Std.; Dom na Smrekovcu $4\frac{1}{2}$ Std.
- △ Uršlji Gori, 1696 m, in Hüttennähe
- Ravne na Koroškem
- Ravne na Koroškem
- Naravske ledine oder Krizan

Valvasorjev dom pod Stolum

1180 m; erb. 1878, neugeb. 1954
PD Radovljica
Gorenska c. 31
SLO-64240 Radovljica
✆ 064/715544-713127

- Potočnik Janko
  Ovšiše 6
  SLO-64244 Podnart
  ✆ 064/70269
- Valvasorjev dom pod Stolum
  SLO-64274 Zirovnica
  für Notfälle Y
- 1.6. – 30.9., sonst Wochenende/Feiertage; 25 Betten, 22 Lager
- 220 Volt
- Žirovnica $1\frac{1}{2}$ – 2 Std.; Koreška-Bela 2 – $2\frac{1}{2}$ Std.; PKW-Zufahrt möglich
- Roblekov dom $2\frac{1}{2}$ Std.; Dom Pristava $2\frac{1}{2}$ Std.; Prešernova Koča $2\frac{1}{2}$ Std.
  Planinski dom na Želenici $3\frac{1}{2}$ Std.
- △ Veliki Stol, 2237 m, 3 – $3\frac{1}{2}$ Std.

Žirovnica, Javornik oder Jesenice
Žirovnica
Žirovnica, Koroška-Bela oder P beim Haus

Zavetišče v Gozdu

891 m; erb. 1937, umgeb. 1979/88
PD Križe, SLO-64294 Križe

Jože Stegnar
Sebenje 45
SLO-64294 Križe
✆ 064/57150 (abends)
Zavetišče v Gozdu
SLO-64294 Križe
✆ 064/57503
Wochenende und Feiertage, sonst anfragen; 9 Schlafplätze
220 Volt
Križe 1½ Std.; Golnik 1 Std.; Gorice 1¼ Std.; PKW-Zufahrt
Koča na Kriški gori 1¼ Std.; Dom pod Storžičem 3½ Std.
Stor®i¢, 2132 m, 4½ Std.
Kranj
Križe oder Golnik
Golnik oder P in Hausnähe

Zelenici, Planinski dom na

1536 m; erb. 1929, umgeb. 1966
PD Tržič; Trg svobode 18
SLO-64290 Tržič; ✆ 064/52336

Ivo Bergant
Kovorska 1
SLO-64290 Tržič
✆ 064/56108
Planinski dom na Zelenici
SLO-64290 Tržič
01.07. bis 15.09.; Winter
56, 7
220 Volt
Sv. Ana 1½ Std.; Završnicatal 2 Std.; Most 4 Std.; Roblekov dom 1½ Std.
Prešernova Koča 3½ Std.; Valvasorjev dom 3½ Std.; Klagenfurter Hütte 3 Std.
Begunjščica-Veliki vrh, 2060 m, 2½ Std.; Hochstuhl, 2236 m, 3½ Std.
Žirovnica
Most
Sv. Ana oder Talschluß Završnicatal

60 Steiner Alpen

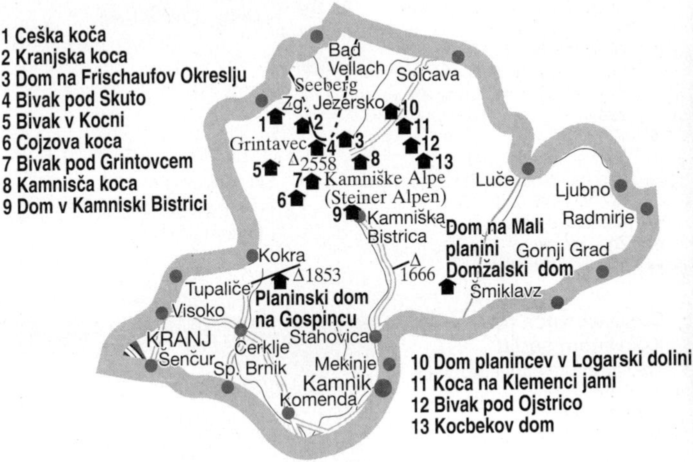

Umgrenzung

Im Westen: Kranj – Kokra – Seebergsattel. Im Norden: Seebergsattel – Paulitschsattel – Solčava. Im Osten: Solčava – entlang des Savinjaflußes – Luče – Radmirje. Im Süden: Gorni grad – Smiklavz – Tirosek – Stranje – Kamnik – Kranj

Češka koča na Spodnjih Ravneh (Tschechische Hütte)

1542 m; erb. 1900, umgeb. 1975
PD Jezersko
SLO-64206 Zg. Jezersko 47
© 064/44059

- Andrej Karnicar
  SLO-64206 Zg. Jezersko 47
  © 064/44059
- Češka Koča na Spodnjih Ravneh
  SLO-64206 Zgornje Jezersko
  © 0609/615624
- 20.06. bis 30.09., Mai und Oktober an Wochenenden und Feiertagen; 35 ⛾, 20 ⊓, 10 ⊔
- 220 Volt
- offen
- Jezersko 2 – 2½ Std.
- → Frischaufov dom 5 Std.; Koča na Ledinah 1½ Std.; Cojzova Koča 5 Std.
- △ Kočna, 2540 m, 3½ Std.; Skuta, 2532 m, 4 Std.; Grintovec, 2558 m, 3 Std.
- Kranj oder Kamnik
- Zg. Jezersko
- Makek (Jezersko)

Cojzova Koča na Kokrskem sedlu

1793 m; erb. 1897, umgeb. 1989
PD Kamnik
Kridričeva 38
SLO-61240 Kamnik
© 061/831345

- Informationen bei der Sektion
- Cojzova Koča
  SLO-61243 Stahovica
- 15.6. bis 15.10.
  105 ⛾, 30 ⊓, 20 ⊔
- 220 Volt mit Generator
- offen
- Kaminska Bistrica 3½ Std.
  Dolina Kokre 3 Std.
- → Kamniška Koča 6 Std.
  Češka Koča 4½ Std.; Frischaufov dom 5 Std.
  Planinski dom na Gospincu 5 Std.; Dom na Krvavcu 5 Std.
- △ Grintovec, 2558 m, 2 Std.; Skuta, 2532 m, 3 Std.; Kočna, 2540 m, 3½ Std.

- Kamnik
- Kamniška Bistrica
- Kamniška Bistrica

Domžalski dom na Veliki planini

1534 m; erneuert 1988
PD Domžale
postni predal 66
SLO-61230 Domžale

- Miro Avbelj
  Dragomelj 76
  SLO-61230 Domžale
  ✆ 061/376005
  Peter Primožič
  Precna 16
  SLO-61230 Domžale
  ✆ 061/721952
- Domžalski dom na Veliki planini, SLO-61242 Stahovica
- 15.6. – 19.9. u. 20.12. – 28.2. durchgehend, sonst am Wochenende; 39 Betten, 21 Lager
- 220 Volt
- Stahovica 3 Std.; Bergstation der Seilbahn 1¼ Std.; Podvolovljek 2½ Std.; Črna 2½ Std. Kopišča (Talstation) 3 Std.; Kranjski rak 1½ Std.
- Dom na Mali planini 5 Min., Dom v Kamniški Bistrici 3 Std.; Kocbekov dom 4 Std.
- Gradišče ali Njivice, 1666 m, ¾ Std.; Konj, 1808 m, 2 Std.
- Kamnik
- Stahovica oder Kopišča (Talstation)
- Kranjski rak

Gospincu Planinski dom na

1491 m; erb. 1977
PD Kranj
Koroška 27
SLO-64000 Kranj
✆ 064/212823

- Planinski dom na Gospincu
  SLO-64207 Cerklje na Gorenjskem
- ganzjährig; 40 Betten, 13 Lager
- 220 Volt
- Seilbahn zum Haus
  Seilbahn-Talstation 2½ Std.
  Arnež 3½ Std.; Kamnik 4 Std.

PKW-Zufahrt möglich
→ Cojzova Koča na Kokrškem sedlu 5 – 6 Std.
△ Krvavec, 1853 m, ¾ Std.; Veliki Zvoh, 1971 m, 1¼ Std.
Kalkši greben, 2224 m, 3½ Std.; Kompotela, 1989 m, 2 Std.
Kranj oder Kamnik
Cerklje na Gorenjskem oder Arnež
Talstation

Grintovcem, Biwak pod

2104 m; erb. 1972
PD Kamnik
Kridričeva 38
SLO-61240 Kamnik
✆ 061/831345

✕ immer zugänglich; 4 ⊓; Bank und Tisch, keine Decken
↗ Cojzova Koča 1 Std.; Kamniška Bistrica 4½ Std.
→ Češka Koča 2½ Std.; Biwak pod Skuto 2 Std.
△ Grintovec, 2558 m, 1½ Std.; Skuta, 2532 m, 2 Std.
Kamnik
Kamniška Bistrica
Kamniška Bistrica

Kamniška Koča na Kamninskem sedlu

1864 m; erb. 1906, umgeb. 1983
PD Kamnik
Kridričeva 38
SLO-61240 Kamnik
✆ 061/831345

Informationen bei der Sektion
Kamniška Koča
SLO-61242 Stahovica
✆ 0609/611367
✕ 15.6. – 15.10.
92 Betten, 50 ⊓, 100 ⊔
220 Volt mit Generator
offen
↗ Kamniška Bistrica 3½ Std.
→ Frischaufov dom 1½ Std.; Kocbekov dom 3 Std.; Cojzova Koča 6 Std.
Češka Koča 6 Std.; Dom v Kamniški Bistrici 3 Std.
△ Brana, 2252 m, 1½ Std.; Skuta, 2532 m, 4 Std.; Planjav, 2394 m, 2 Std.
Turska Gora, 2251 m, 3 Std.; Ojstrica, 2350 m, 4 Std.
Kamnik
Kamniška Bistrica
Kamniška Bistrica

Kamniški Bistrici, Dom v

600 m; erb. 1928, umgeb. 1982
PD Ljubljana-Matica
Trdinova 8
P.P. 320
SLO-61001 Ljubljana
✆ 061/1312020

- Dom v Kamniški Bistrici
  SLO-61242 Stahovica
  ✆ 061/832462
- 18.04. bis 18.10., sonst nach vorheriger Vereinbarung mit der Sektion; 36 Betten
- 220 Volt
- PKW-Zufahrt möglich
  Stahovica 2½ Std.
- → Cojzova Koča 3½ Std.; Kamniška Koča 3½ Std.; Kocbekov dom 5 Std.
  Dom na Mali planini 3 Std.; Domžalski dom na Veliki planini 3 Std.
- △ Planjava, 2399 m, 6 Std.; Konj, 1803 m, 4 Std.
- Kamnik
- bei der Hütte
- bei der Hütte P

Klemenči jami pod Ojstrico, Koča na

1208 m; erb. 1862, umgeb. 1983
PD Solčava
SLO-63335 Solčava
✆ 063/846008

- Edvard Ikovic
  SLO-63335 Solčava
  ✆ 063/846008
- Koča na Klemenči jami
  SLO-63335 Solčava
- 01.06. bis 30.09., im Oktober am Wochenende; 16 Betten, 16 Lager
- 220 Volt
- offen
- Logarska Dolina 1 Std.
- → Kocbekov dom na Korošici 3½ Std.; Frischaufov dom 2½ Std.
  Kamniška Koča 5 – 6 Std.
- △ Krofička, 2083 m, 2½ Std.; Strelovec, 1763 m, 1½ Std.
  Ojstrica, 2350 m, 3 Std.; Planjava, 2394 m, 4½ Std.
- Šmartno ob Paki
- Logarska Dolina
- Logarska Dolina

Kocbekov dom na Koro§ici

1808 m; erneuert 1973 und 1990
PD Celje
Stanetova 1
SLO-63000 Celje
✆ 063/24802

- Kocbekov dom na Korošici
  Podveža 46
  SLO-63334 Luče ob Savinji
  ✆ 0609/615625
- Ende Juni bis Ende Sept.
  17 Betten, 40 Lager
- 220 Volt mit Aggregat
- offen; 10 Lager
- Kaminska Bistrica 4 – 5 Std.
  Luče 6 – 7 Std.
  Planina Ravne 2½ Std.; Robanov kot 4 Std.
- Kamniška Koča 3 Std.; Koča na Klemenči 3½ Std.; Dom v Kamniški Bistrici 5 Std.
  Domžalski dom und Dom na Mali planini 4 Std.
- △ Ojstrica, 2350 m, 1½ Std.; Planjava, 2394 m, 2½ Std.; Veliki vrh, 2110 m, 1½ Std.
  Lucki Dedec, 2023 m, ¾ Std.; Koroški vrh, 1991 m, ½ Std.
- Celje
- Kamniška Bistrica oder Luče
- Planina Ravne

Ko¢ni, Biwak v

1952 m; erb. 1952
PD Kranj
Koroška cesta 27
SLO-64000 Kranj
✆ 064/212823

- immer zugänglich; 8 Lager
- Cojzova Koča 1 Std.; Dolina Kokra-Vrtacnik 4 Std.
- Češka Koča
- △ Kočna, 2520 m, 2 Std.; Dolška škrbina, 2317 m; Grintovec, 2558 m, 2 Std.
- Kamnik
- Kamniška Bistrica
- Kamniška Bistrica oder Vrtačnik-Dolina kokra

Kranjska Koča na Ledinah

1700 m; erb. 1977
PD Kranj
Koroška 27
SLO-64000 Kranj
✆ 064/212823

- Kranjska Koča na Ledinah
  SLO-64205 Zgornje Jezersko
- ✗ Mitte Juni bis Mitte September
  60 Schlafplätze
- 220 Volt
- ↗ Zg. Jezersko 3½ Std.
  Ravenska kocna 1½ Std.
- → Češka Koča 1 Std.
  Frischaufov dom 4 Std.
- △ Koroška Rinka, 2433 m, 3 Std.
  Kranjska Rinka, 2453 m, 3 – 3½ Std.; Ledinski vrh, 2108 m, 1 Std.
  Velika Baba, 2127 m, 2 Std.; Mrzla gora, 2203 m, 3½ Std.
- Kranj
- Zg. Jezersko
- Ravenska kočna

Logarski dolini Dom planincev v

837 m; umgeb. 1981
PD Celje
Stanetova 1
SLO-63000 Celje
✆ 063/24802

- Dom planincev v Logarski dolini
  SLO-63335 Solčava
  ✆ 063/846096
- ✗ 01.05. bis 15.10.; 45
- 220 Volt
- ↗ PKW-Zufahrt möglich
  Solčava 2 Std. (Straße)
- → Koča na Klemenči jami 1 Std.
  Frischaufov dom 2 Std.
- △ Krofička, 2083 m, 3½ Std.
  Strelovec, 1736 m, 2½ Std.; Ojstrica, 2350 m, 4 Std.; Planjava, 2394 m, 5½ Std.
  Mrzla gora, 2203 m, 5½ Std.
- Celje
- Logarška dolina
- beim Haus P

Mali planini, Dom na

1526 m; erb. 1970
PD Črnuče
Titova 351
SLO-61231 Ljubljana-Črnuče
Zugänge, Übergänge, Gipfel sowie Bus, Bahn und Parkplatz siehe Domžalski dom na Veliki planini

- Slavco Berčič
  Spodnje Gameljne 278
  SLO-61211 Ljubljana-Šmartno
  ✆ 061/263113 oder 376747
- Dom na Mali planini
  SLO-61242 Stahovica
  ✆ 061/724316
- Anfang Juni bis Ende Sept. sonst an Wochenenden und Feiertagen
- 220 Volt

Menini planini, Dom na

1453 m; erb. 1898, umgeb. 1983
PD Gornji grad
postni predal 4
SLO-63342 Gornji grad

- Franc Rup
  Gornji grad 28
  SLO-63342 Gornji grad
  ✆ 063/842042 (vormittags außer Sa, So und Feiertag)
- Dom na Menini planini
  SLO-63342 Gornji grad
- Anfang Juni bis Ende September durchgehend, ab Anfang Mai und bis Ende Oktober an den Wochenenden und Feiertagen; 25 Betten, 50 Lager
- 220 Volt
- Gornji grad $2\frac{1}{2}$ – 3 Std.; Crnivec 3 Std.; Golice $3\frac{1}{2}$ – 4 Std.; Planina Bibi 1 Std.
- Planinski dom na Creti $4\frac{1}{2}$ Std.
- Vivodnik, 1508 m, 10 Min., Petelinjek, 1451 m, $\frac{1}{2}$ Std.; Goli vrh, 1426 m, $1\frac{1}{2}$ Std.
- Kamnik oder Celje
- Gornji grad oder Golice
- Planina Bibi

Ojstrico, Biwak pod

1700 m; erb. 1955; PD Celje, Stanetova 1; SLO-63000 Celje ✆ 063/24802
Bahn, Bus und Parkplatz siehe koča na Klemenči jami bzw. Kocbekov dom

- ✗ 4 ⊓; zugänglich mit ⚲, erhältlich bei der Sektion
- ↗ Kocbekov dom; Koča na Klemenči jami
- △ Ojstrica, 2350 m; Škrbina, 1800 m; Rjavčki vrh, 1898 m

Okrešlju, Frischaufov dom na (Frischauf-Hütte)

1396 m; erb. 1908, umgeb. 1960
PD Celje
Stanetova 1
SLO-63000 Celje
✆ 063/24802

- ⚲ Frischaufov dom na Okrešlju
  Logarska dolina 16
  SLO-63335 Solčava
- ✗ Mitte Mai bis Ende September
  47 ⊨, 31 ⊓
- ⚡ 220 Volt mit Aggregat; ☎
- ⊞ offen
- ↗ Logarska dolina 1 Std.
  Dom Planincev 2 Std.
- → Kamniška Koča $1\frac{1}{2}$ Std.
  Cojcova Koča $5\frac{1}{2}$ Std.; Kranjska Koča na Ledinah 4 Std.
- △ Skuta, 2532 m, 4 Std.; Koroška rinke, 2433 m, $3\frac{1}{2}$ Std.
- 🚂 Celje
- 🚌 Logarška dolina
- 🚗 Rinka-Wasserfall Logarška dolina

Skuto, Biwak pod

2070 m; erb. 1946, neugeb. 1981
PD Ljubljana-matica, Trdinova 8, SLO-61000 Ljubljana, ✆ 061/1312020

- ✗ immer zugänglich; 12 ⊓ mit Decken, Tisch und Bank
- ↗ Češka Koča 3 Std.; Frischaufov dom $2\frac{3}{4}$ Std.
- → Biwak pod Grintovcem 2 Std.
- 🚂 Kamnik
- 🚌 Kamniška Bistrica
- 🚗 Kamniška Bistrica

63 Plessur-gebirge

Umgrenzung

Im Norden von Landquart entlang des Flußes Landquart bis Klosters – weiter über Davos – Glaris – Wiesen – Schmitten – Tiefencastel – Thusis. Im Westen Thusis – Rothenbrunnen – Bonaduz – Domath – Ems – und entlang des Rhein über Chur nach Landquart

Alp Lavoz, Bergrestaurant

1913 m; erb. 1979; privat

Familie Zogaj-Balzer
CH-7078 Lenzerheide
© 081/344530

Bergrestaurant Alp Lavoz
Fam. Zogaj-Balzer
CH-7078 Lenzerheide
© 081/341076

Sommer- und Wintersaison
keine Nächtigungsmöglichkeit

220 Volt
im Winter beim Haus, Skiregion Valbella-Lenzerheide

Lenzerheide 1½ Std.
Valbella 1½ Std.

Piz Danis, 2497 m, 1¾ Std.; Piz Scalottas, 2323 m, 1½ Std.
Stätzerhorn, 2574 m, 1½ Std.

Chur oder Tiefencastel

Lenzerheide oder Valbella

Lenzerheide oder Valbella

Arflina, Berghaus

2000 m; umgeb. 1978; privat
Besitzer: Walter Steiner-Rominger
CH-7235 Fideris
© 081/541304

Walter u. Maria Steiner
Sammacrest
CH-7235 Fideris,
© 081/542079

Berghaus Arflina
CH-7235 Fideris
© 081/541304

ganzjährig; 50, 80, 20
Zentralheizung

220 Volt; 3

Fideris 3 Std.

→ Berghaus Hochwang 2 Std.
Berghaus Casanna u. Pirigen je 2 Std.; Weißfluhjoch u. Parsennhütte je 4 Std.

Mattjisch Horn, 2460 m, 2 Std.; Glattwang, 2376 m, 1½ Std.
Weißfluh, 2834 m, 4 Std.

Küblis oder Fideris

beim Haus

Mautstraße zum Haus P

Battagliahaus

1579 m; privat

- Battagliahaus, CH-7099 Malix
- Winter- und Sommersaison
- 220 Volt
- Malix 1½ Std.; Chur 2 Std.; zum Haus
- Edelweißhütte 1 Std.; Berghaus Hardegger 20 Min.
- Spundisköpfe, 1864 m, 1 Std.; Dreibündenstein, 2174 m, 2 Std.
- Chur
- Chur oder Malix
- nahe dem Berghaus Hardegger P

Brambrüesch-Chur, Naturfreundehaus

1576 m; Naturfreunde Sektion Chur,
CH-7000 Chur

- Käthi Balzer
  Segantinistr. 11
  CH-7000 Chur
  ✆✆081/251844
- Naturfreundehaus Brambrüesch
  CH-7000 Chur
  ✆✆081/225975
- Winter- und Sommersaison; 48 Schlafplätze; Duschgelegenheit
- 220 Volt
- ab Chur, PKW-Zufahrt in Hausnähe; Chur 2 Std.; Malix 1½ Std.
- Edelweißhütte 1 Std.; Berghaus Hardegger 20 Min.
- Spundisköpfe, 1864 m, 1 Std.; Dreibündenstein,2174 m, 2 Std.
- Chur
- Chur oder Malix
- nahe dem Haus P

Casanna, Berghaus

1944 m; umgeb. 1991; privat

- Familie Ch. Menegon-Hafen
  Fondei
  CH-7057 Langwies
  ✆ 081/3742049
- Berghaus Casanna
  CH-7057 Langwies-Fondei
  ✆ 081/3742082 od. 3742021
  bzw. Y 077/819401
- 20.12. – So nach Ostern
  20.06. – 20.10.; 20
  ✆ Anmeldung empfohlen

- 220 Volt
- Langwies 2 Std.
- Berghaus Pirigen 1½ Std.; Berghaus Heuberge und Arflina 2 Std. Hochwanghütte 3 Std.; Straßberg Wirtshaus 20 Min.
- Stelli, 2622 m, 3 Std.; Zenjifluh, 2685 m, 3 Std.
- Langwies
- Langwies

Churerjoch, Berghaus (Jochalp)

2020 m; erb. 1934, umgeb. 1992
Privatbesitzer:
Fredy Halter
CH-7076 Parpan

- Beni Fäh
  CH-7076 Parpan
  © 081/351238
- Berghaus Jochalp
  CH-7076 Parpan
  © 081/351238
- Winter- und Sommersaison
  40 Schlafplätze
- 220 Volt
- Tschiertschen 2 Std.
  Parpan 2 Std.
- Gürgaletsch, 2441 m; Parpaner Schwarzhorn, 2683 m
- Chur
- Parpan oder Tschiertschen
- Parpan oder Tschiertschen

Hardegger, Berghaus

1500 m; erb. 1936
Privatbesitzer:
Anton Hardegger
CH-7000 Chur

- Familie S. u. W. Bachmann
  CH-7074 Malix-Brambrüesch
  © 081/223849
- Berghaus Hardegger
  CH-7074 Malix-Brambrüesch
  © 081/223849
- ganzjährig; Dienstag Ruhetag; 7 Betten, 13 Lager, 4 Lager
- 220/380 Volt
- Bergstation der Seilbahn Chur-Brambrüesch 15 Min.
  Malix-Busstation ¾ Std.; Chur 3 Std.; Zufahrt bis in Hausnähe möglich

→ Edelweißhütte ¾ Std.
△ Dreibündenstein, 2160 m, 3 Std.
Chur
Malix
in Hausnähe P

Heuberge, Berg- und Skihaus

1939 m; erb. 1932, umgeb. 1991
privat

Peter Emmenberger
CH-7235 Fideris
✆ 081/541305
privat ✆ 081/543695

Berghaus Heuberge
CH-7235 Fideris
✆ 081/541305

ganzjährig; 24 Betten, 65 Lager
Zentralheizung

220 Volt, 3 Skilifte

↗ Fideris 3 Std.
Langwies 3½ Std.

→ Parsennhütte 4 Std.
Berghaus Weißfluhjoch 4 Std.; Berghaus Casanna 2 Std.
Berghaus Hochwang 2 Std.; Berghaus Pirigen 2 Std.

△ Mattjisch Horn, 2460 m, 2 Std.; Glattwang, 2376 m, 1½ Std.
Weißfluh, 2834 m, 4 Std.

Küblis oder Fideris
beim Haus
Mautstraße zum Haus P

Hörnlihütte

2514 m; Skiclub Arosa

Familie Ifanger
CH-7050 Arosa

Hörnlihütte
Familie Ifanger
CH-7050 Arosa
✆ 081/311504

10.01. – 20.04.; 01.07. – 15.10.; 30 Lager; Anmeldung erforderlich

220 Volt

offen

↗ (Hörnli-Express) zum Haus, Arosa 2 Std.; Praval 1½ Std.

→ Weißhorn-Gipfelhütte (Stoffelhütte) 2½ – 3 Std.; Tschiertschen über Carmannapaß 4 Std.; Parpan über Urdenfürkli 2½ Std.; Ramozhütte

Arosa
Gratisbus Bahnhof – Talstation Hörnli-Express
Talstation Hörnli-Express

Medegerfluhhütte

2041 m
Naturfreunde Arosa
CH-7050 Arosa

Arthur Hug
Salavis 45
CH-7204 Untervaz
✆ 081/513681
oder 077/648290 (Natel)
Medegerfluhhütte
CH-7099 Langwies
Juni – Oktober, im Winter auf Anfrage; 28 Schlafplätze
220 Volt
Arosa 2 Std.; Langwies 2 Std.; Litzirüti 2 Std.
Über den Strehlapaß nach Davos $4\frac{1}{2}$ Std.
△ Medegerfluh, 2674 m, 2 Std.; Tiejerfluh, 2781 m, $2\frac{1}{2}$ Std.
Tiejer Haupt, 2123 m, $\frac{1}{2}$ Std.
Langwies, Litzirüti oder Arosa
Arosa
Langwies oder 1,3 km vom Haus P

Parsennhütte

2200 m; privat

Parsennhütte
CH-7260 Davos
Winter- und Sommersaison
220 Volt
Klosters $3\frac{1}{2}$ Std.; Bergstation Gotschnagrat $\frac{3}{4}$ Std.; Davos-Dorf 3 Std.
Davos-St. Wolfgang 2 Std.
Berghaus Arflina 2 Std.; Berghaus Weißfluh 2 Std.; Langwies $3\frac{1}{2}$ Std.
△ Cassana, 2557 m; Grüenhorn, 2501 m
Davos-St. Wolfgang
Davos-St. Wolfgang
Davos-St. Wolfgang oder -Talstation

Pirigen
Berg- und Skihaus

1733 m; erb. 1865, umgeb. 1984
privat

- Fam. Schatzmann-Gautschi
  CH-7057 Langwies
  © 081/3742003
- Berg- und Skihaus Pirigen
  CH-7057 Langwies
  © 081/3742064
- Mitte Dezember – Ende April
  Mitte Juni – Ende Oktober
  5 Betten, 22 Lager
- Solarstrom 220/240 Volt
- ↗ Langwies 1½ Std.
- → Berghaus Heuberge 2½ Std.
  Berghaus Arflina 2½ Std.; Berg- und Skihaus Hochwang 2 Std.
  Berg- und Skihaus Casanna 1½ Std.
- △ Mattjisch Horn, 2460 m, 2 Std.
- Langwies
- Langwies; im Sommer Zufahrt zum Haus, bewilligungspflichtig P

Ramozhütte

2293 m; erb. 1921, umgeb. 1943
SAC Sektion Arosa
CH-7050 Arosa

- Hansrüdi Wyss
  Rainweg
  CH-7050 Arosa
  © 081/311021
- Ramozhütte
  CH-7050 Arosa
- immer zugänglich; nicht bewirtschaftet; 30 Schlafplätze
- offen; 8 Lager
- ↗ Arosa 2½ – 3 Std.
- → Über die Furcletta nach Alvaneu-Dorf bei Tiefencastel 3½ Std.
- △ Aroser Rothorn, 2980 m, 3 Std.
- Arosa
- Arosa-Unterseeplatz (Ortsbus)
- Arosa-Isel (Kläranlage)

Schifer, Berghaus

1562 m; zuletzt umgeb. 1985
Besitzer:
Davos-Parsenn-Bahnen A.G.
Promenade 157
CH-7260 Davos-Dorf
✆ 081/476767

- Hans Steiner
  Promenade 157
  CH-7260 Davos-Dorf
  ✆ 081/476767
- Berghaus Schifer
  CH-7249 Serneus
  ✆ 081/541533
- Ende November bis Mitte April, 26.06. bis 15.10.
  Mo Ruhetag; 64 Betten, 44 Lager
- 220 Volt
- offen
- im Sommer Bus ab Klosters, im Winter -Davos-Weißfluhjoch, dann -Schifer
- → Serneuser Schwendi ¾ Std.; Conterser Schwendi ¼ Std.; Parsennhütte
  Berghaus Weißfluhjoch; Wirtshaus Straßberg
- △ Weißfluh, 2834 m
- Klosters-Platz oder Davos-Dorf
- Klosters-Platz
- Klosters-Platz oder Davos-Dorf

Serneuser Schwendi Berghaus

1622 m; erb. 1988
Privatbesitzer:
Kaspar Weber
Restaurations-A.G.
CH-7250 Klosters
✆ 081/691015

- Gaudy Barblan,
  Serneuser Schwendi,
  CH-7250 Klosters,
  ✆ 081/691289
- Berghs. Serneuser Schwendi
  CH-7250 Klosters
  ✆ 081/691289
- Dezember bis Ostern; Anfang Juli bis Mitte Oktober
  14 Betten, 86 Lager
  Waschräume und Duschen

220 Volt
↗ Klosters-Platz $1\frac{3}{4}$ Std.; von der Bergstation der Goschnabahn 2 Std.
→ Contenser Schwendi 1 Std.; Parsennhütte 3 Std.
Berghaus Weißfluhjoch $2\frac{1}{2}$ Std.
△ Weißfluh 2834 m, 4 Std.
🚂 Klosters
🚌 Klosters
🚗 Klosters

Weißhorn-Gipfelhaus (Stoffel-Hütte)

2653 m
Besitzer:
Arosa-Bergbahnen A.G.
CH-7050 Arosa
✆ 081/311828

Denise und Roger Perret
Weißhorn-Gipfelhaus
CH-7050 Arosa
✆ 081/311870
Weißhorn-Gipfelhaus
CH-7050 Arosa
✆ 081/311870
✕ Wintersaison; Mitte Juni bis Mitte Oktober; 12 🛏, 12 ⊓, 5 ⊔
220 Volt
↗ Arosa 3 Std.; 🚡-Auffahrt zum Haus; 2 Sektionen
→ Hütte am Weißhornsattel $\frac{1}{2}$ Std.; Hörnlihütte $2\frac{3}{4}$ Std.
🚂 Arosa
🚌 Arosa
🚗 Arosa

64 Plattagruppe

Umgrenzung

Im Norden Tiefencastel – Thusis, im Osten Thusis – Tinzen – Mühlen – Julierpaß – Silvaplana, im Süden Silvaplana – Malojaßpaß – Vicosoprano – Stampa – Chiavenna und im Westen Chiavenna – Pinazzo – Splügenpaß – Splügen – Rofflaschlucht – Via Mala – Thusis

Camanin, Rifugio

1800 m
Privatbesitzer:
Digonelli-Lodigiani
I-23024 Andossi-Madesimo
✆ 0343/53326

- Igilda Digonelli
  Via Trivulzia 36
  I-23020 Mese
  ✆ 0343/41152
- Rif. Camanin
  I-23024 Andossi-Madesimo
  ✆ 0343/53326
- 06.12. bis 07.01.; 16.06. bis 15.09.; 50 Schlafplätze
- 220 Volt
- Madesimo 20 Min.; im Sommer Zufahrt von der Staatsstraße zum Splügenpaß
- Rif. Stuetta 1 Std.; Rif. Bertacchi 1½ Std.; Rif. Chiavenna 3 Std.
- Pizzo Ferre, 3103 m, 4½ Std.; Pizzo Suretta, 3027 m, 4 Std.; Pizzo Tambo 3274 m, 5 Std.; Pizzo Spadolazzo, 2720 m, 3 Std.; Pizzo d'Emet, 3210 m, 5 Std.
- Chiavenna
- Madesimo
- Madesimo oder beim Haus P

Carlo Emilio, Rifugio

2140 m; erb. 1912
CAI Sektion Como
Via Volta 56/58
I-22100 Como
✆ 031/264177

- Rif. Carlo Emilio
  Lago di Truzzo
  I-23020 S. Giacomo e Filippo
- derzeit nicht bewirtschaftet; erhältlich beim Staudammwärter am Lago di Truzo; 30 Min. von der Hütte; 16 Schlafplätze, Wasser in 5 Min. Entfernung
- Solarstrom-Anlage
- San Bernardo 3 Std.
  Campodolcino 4½ Std.
- Alpe Starleggia über Passo Servizio 3½ Std.
  Soazza über Passo Lendine 4½ Std.
- Pizzo Quadro, 3013 m, 3 Std.; Pizzo Forato, 2968 m, 3½ Std.
  Pizzo Truzzo, 2722 m, 2 Std.; Pizzo Sevino, 3021 m, 2½ Std.
- Chiavenna
- San Giacomo e Filippo
- San Bernardo

Chiara Giuriani e Walter Borzi, Bivacco

2660 m; erb. 1981
CAI-Sektion Chiavenna
Via Dolzino 99
I-23022 Chiavenna
✆✆0343/34619

✗ Immer zugänglich; 9 ⊓; Wasser in 50 m Entfernung
↗ Villa di Chiavenna 5½ Std.; Borgonuovo 5½ Std.
→ Rif. Chiavenna 4 Std.
△ Pizzo Stella 3163 m 2½ Std.
Cima di Lago 3083 m 4 Std.
🚂 Chiavenna
🚌 Borgonuova, Chiavenna oder Campodolcino
🚗 Borgonuova

Chiavenna, Rifugio

2044 m; erb. 1928, umgeb. 1970
CAI Sektion Chiavenna
Via Dolzino 99
I-23022 Chiavenna
✆ 0343/34619

🚹 Claudio Martinucci
Via Vertemate 30
I-23020 Prosto di Piuro
✆ 0343/35086
🏠 Rif. Chiavenna
Alpe Angeloga
I-23021 Campodolcino
✆ 0343/50490
✗ 01.06. bis 30.09.
80 Schlafplätze
⚡ 220 Volt
❄ offen, 6 ⊓ ; Gasofen vorhanden
↗ Madesimo – Lago Azzuro – Motta 2 Std.; Fraciscio 1¾ Std.
→ Rif. Bertacchi über Lago Nero – Passo Emet 8 Std.; Biv. Chiara Giuriani e Walter Borzi 4 Std.; Passo Angeloga – Passo Guakio – Cresta 5½ Std.
△ Pizzo Groppera, 2948 m, 3 Std.; Pizzo Peloso, 2078 m, 2½ Std.
Pizzo Stella, 3163 m, 3½ Std.
🚂 Chiavenna
🚌 Campodolcino oder Madesimo
🚗 Fraciscio

Giovanni Bertacchi, Rifugio

2196 m; erb. 1919, umgeb. 1982
CAI Sekt. Milano
Via Silvio Pellico 6
I-20121 Milano
✆ 02/86463516

- 🚹 Zita Pilatti
  Via A. de Giacomi 45
  I-23024 Madesimo
  ✆ 0343/56009
- ⌂ Rif. G. Bertacchi
  Lago d'Emet
  I-23024 Madesimo
- ✕ 30.04. bis 15.05.; 01.06. bis 30.09.; 22 Schlafplätze
- ⊞ mit 🚹 zugänglich; 6 Lager und Decken
- ↗ Madesimo 2 Std.
- → Biv. Suretta 3½ Std.; Rif. Camanin 1½ Std.; Andossi-Monte Spluga 1½ Std.
  Passo d'Emet – Innerferrera (CH) 3 Std.; Passo d'Emet – Rif. Chiavenna 8 Std.
  Pizzo Spadolazzo, 2730 m, 1½ Std.
  Pizzo Suretta, 3027 m, 5 Std.
  Pizzo d'Emet, 3210 m, 3½ Std.
  Pizzo Sterla, 3023 m, 3½ Std.
  Pizzo della Palù, 3172 m, 4 Std.
- 🚆 Chiavenna
- 🚌 Madesimo
- 🚗 Madesimo

Giovanni Cecchini, Bivacco

2750 m; erb. 1979
CAI Sektion Valle Spluga
Via alle Scuole
I-23024 Madesimo
✆ 0343/54123

- ✕ Immer zugänglich; 9 ⊓; Wasser 50 m entfernt.
- ↗ Monte Spluga an der Straße zum Splügenpaß 2½ Std.
  Fraciscio (Campodolcino) 5 Std.
- → Rif. Bertacchi 4 Std.; Rif. Bertacchi über Biv. Suretta 7 Std.; Rif. Stuetta 2½ Std.
  Biv. Suretta 4 Std.
- △ Pizzo Ferre, 3103 m, 1½ Std.; Pizzo Tambo, 3274 m, 2½ Std.
  Cima di Val Loga, 3003 m, 1 Std.
- 🚆 Chiavenna
- 🚌 Madesimo, im Sommer auch Monte Spluga
- 🚗 Splügenpaß, Monte Spluga oder Madesimo

Stuetta, Rifugio

1900 m
Privatbesitzer:
Giovanni Baldo
Via Italia 21
I-22063 Cantù

- Palma Ciabarri
  Frac. Tini 82
  I-23021 Campodolcino
  ✆ 0343/50248
- Rif. Stuetta
  Stuetta di Madesimo
  I-23020 Pianazzo
  ✆ 0343/54207
- 01.07. bis 31.10.; 20
- 220 Volt
- Madesimo 2 Std.; mit PKW oder Bus, an der Staatsstraße vom Comer See zum Splügenpaß
- Rif. Bertacchi 1½ Std.; Biv. Suretta 2½ Std.; Biv. Cecchini 2½ Std.
  Rif. Camanin 1¼ Std.
- Pizzo Tambo, 3274 m, 4½ Std.; Pizzo Ferre, 3103 m, 5 Std.
  Pizzo Suretta, 3027 m, 4½ Std.; Pizzo Spadolazzo, 2720 m, 3½ Std.
  Monte Cardine, 2467 m, 2 Std.; Pizzo Zoccone, 2902 m, 4 Std.
- Chiavenna
- Madesimo-Stuetta
- beim Haus P

Suretta Bivacco

2470 m; erb. 1982
CAI Sektion Valle Spluga
Via alle Scuole
I-23024 Madesimo
✆ 0343/54123

- Immer zugänglich; 9 ; Gasofen vorhanden; Wasser 10 Min. vom Biwak entfernt.
- Monte Spluga an der Splügenpaßstraße 2 Std.; Splügenpaß – Laghi Azzuri 2½ Std.
- Rif. Bertacchi (Lago di Emet) 3 Std.; Rif. Stuetta 2½ Std.
  Val d'Emet – Innerferrera (CH) 3½ Std.; Surettajoch – Sufers (CH) 4 Std.
- Spadolazzo, 2720 m, 2 Std.; Mittl. Schwarzhorn, 2837 m, 2 Std.
  Schwarzhörner,2890 m, 4 Std.; Pizzo Pinirocolo, 3028 m, 2 Std.
  Punta Rossa, 3015 m, 2 Std.; Pizzo Suretta, 3027 m, 2½ Std.
- Chiavenna
- Monte Spluga oder Madesimo
- Monte Spluga, Splügenpaß oder Madesimo

65 Albulaalpen

Umgrenzung

Davos – Flüelapaß – Susch – Zernez – Oberengadin – (Brail – Chapella – Zuoz – La Punt – Bever) – St. Moritz – Silvaplana – Julierpaß – Mühlen – Tinzen – Tiefencastel – Wiesen – Glaris – Davos

Clavadeleralp, Naturfreundehaus

1980 m
NFS Sektion Davos
c/o Joos Ambühl
Talstr. 2
CH-7270 Davos-Platz
✆ 081/431881

- Berta Ettinger
  Talstr. 6
  CH-7270 Davos-Platz
  ✆ 081/435614
- Naturfreundehs. Clavadeleralp
  CH-7272 Clavadel
  ✆ 081/436310 oder 432266
- 20.12. bis 30.04., 26.06. bis 30.10.; 44
- 220 Volt
- Clavadel ¾ Std.; Mittelstation Ischalp der Jakobshorn- ¾ Std.
  Frauenkirch 1¼ Std.
- △ Jakobshorn, 2590 m, 2 Std.; Jatzhorn, 2682 m, 2 Std.
- Davos-Platz
- Davos-Clavadel
- Clavadel oder Frauenkirch, im Sommer Mautstraße zum Haus P

Cristolais Haus

1886 m; erb. 1937, neugeb. 1979
TV Naturfreunde Engadin
CH-7524 Zuoz
✆ 082/72779 (Berner)

- Kurt Hunziker
  A-l'En 705
  CH-7503 Samedan
  ✆ 082/65965
- keine Bewirtschaftung, ganzjährig nur für Selbstversorger, Voranmeldung beim Hüttenwart unbedingt erforderlich; 30
- 220 Volt
- Bhf. oder P Samedan ¾ Std.
  Bhf. oder P Celerina 1 Std.
  keine Zufahrt zur Hütte
- △ Piz Ot, 3246 m, 4 Std.
- Samedan oder Celerina
- Samedan oder Celerina

Ela, Chamonas d'

2252 m
SAC Sektion Davos
CH-7270 Davos-Platz

- ⌂ Chamona d'Ela
  Informationen bzw. ⚷ bei
  Peter Ammann
  Hochgebirgsklinik PH 2
  CH-7265 Davos-St. Wolfgang,
  ✆ 081/462404
- ✕ an den Wochenenden Juli bis Sept. bewartet; 28 Schlafplätze; Notruf ✆
- ⊞ 12 ⊓ in der alten Hütte
- ↗ Filisur 3½ Std.; Bergün 2½ – 3 Std.; Tinizong 3½ Std.
- → Passo d'Ela-Tschitta – Preda – Albulapaß, Keschhütte 7 Std.
- △ Piz Ela, 3338 m, 6 Std.; Corn na Tinizong (Tinzenhorn), 3172 m, 4 Std.; Piz Mitgel, 3158 m; Piz Salteras, 3110 m; Piz Val Lunga, 3078 m
- 🚂 Bergün oder Filisur
- 🚌 Bergün oder Filisur
- 🚗 Filisur (Val Spadlatscha) oder Bergün

Es-cha, Chamanna d'

2594 m; erb. 1934, umgeb. 1989
SAC Sektion Bernina
Hansruedi Naef
Chesa Pitschna, A-l'En
CH-7503 Samedan
✆ 082/65115

- ⚲ Josias Müller
  Dischmastr. 29
  CH-7270 Davos-Dorf
  ✆ 081/463374
- ⌂ Es-cha Hütte
  Postfach 90
  CH-7522 La Punt
  ✆ 082/71755
- ✕ 25.06. bis 15.10.; 50 ⊓, 10 ⊔
- ⊞ offen; 30 Schlafplätze
- ↗ Zuoz 2½ Std.; Madulain 2½ Std.; Bergün-Chants 4 Std.; Albulastraße 1½ Std.
- → Keschhütte 2½ Std.
- △ Piz Kesch, 3417 m, 3 Std.; Piz Porchabella, 3079 m, 2 Std.; Piz Forun, 3052 m, 1½ Std.; Piz Belvair, 2822 m, 1 Std.
- 🚂 Zuoz oder Medulain
- 🚗 Zuoz oder Medulain, im Sommer an der Albulapaßstraße

Grialetschhütte

2542 m; erb. 1928
SAC Sektion St. Gallen
CH-9000 St. Gallen
Haus Aegerta
Wiesenstr. 11
CH-9034 Eggersried
✆ 071/952207

- Hanspeter Reiss
  Talstr. 11
  CH-7270 Davos-Platz
  ✆ 081/436879
- Grialetschhütte
  c/o Hanspeter Reiss
  Talstr. 11
  CH-7270 Davos-Platz
  ✆ Hütte 081/463436
- März-April nach Voranmeldung; militär. Schießzeiten beachten! Das Gebiet ist zeitweise gesperrt; 01.07. bis 15.10.; ✆ Anmeldung erforderlich; 65 ⊓; Verpflegung nur nach Anmeldung.
- offen; 10 ⊓
- ↗ Flüelapaß 2½ Std.; Davos 4½ Std.; Dürrboden 2 Std.; Susauna im Engadin über die Vallorgia 5 – 5½ Std.; im Winter nur ab Flüelapaßstraße
- → Keschhütte 6 Std.; Es-cha-Hütte 7½ Std.; Vereina-Berghaus 8 Std.
- △ Piz Grialetsch, 3131 m, 2½ – 3 Std.; Piz Sarsura, 3178 m, 3 Std. Schwarzhorn, 3164 m, 3 – 3½ Std.; Piz Vadret, 3229 m, 4½ Std.
- Davos oder Susch
- Davos
- Davos-Dischmatal oder Flüelapaßstraße

Jenatsch, Chamanna (Jürg-Jenatsch-Hütte)

2652 m; erb. 1908, umgeb. 1974
Neubau 1993
SAC Sektion Bernina
G. Suter
Via Surpunt 6
CH-7500 St. Moritz
✆ 082/31003 oder 27410

- Toni Sager
  Chesa Sager
  ✆ 082/64534
- Jürg-Jenatsch-Hütte
  Toni Sager
  CH-7502 Bever
  ✆ 082/32929

✗ 25.01. bis 15.05., 01.07. bis 25.10.
60 ┌┐, 5 └┘; Selbstversorgerraum für 15 Personen
Solaranlage
offen
↗ Spinas (Station der Rhätischen Bahn) – Val Bever 4 Std.
Julierpaß-Hospiz – Val d'Angel 3½ Std.
→ Tinizong über Fuorcla Laviner 6½ Std.
Mulegns (oder Furnatsch) über Fuorcla da Flix 5 Std.
Keschhütte 9 Std.; Es-cha-Hütte 8 Std.
△ Piz Jenatsch, 3250 m, 2½ Std.; Piz Calderas, 3397 m, 3 Std.
Piz d'Err, 3378 m, 4 Std.; Piz Picuogl, 3333 m, 3½ Std.
Piz Surgonda, 3197 m, 2½ Std.; Piz d'Angel, 3205 m, 2 Std.
Piz Traunter Ovas, 3151 m, 2½ Std.
Spinas oder Bever
Julierpaß La Veduta
Bever oder Julierpaß

Kesch, Chamanna digl (Keschhütte)

2632 m
SAC Sektion Davos
CH-7270 Davos-Platz

Ruedi Käser
Ried
CH-7499 Wiesen
✆ 081/721726
Chamanna Kesch
CH-7482 Bergün
✆ 081/731134
✗ 15.03. bis Ende April
01.07. bis 20.10.
85 Schlafplätze
220 Volt mit Generator
offen; 20 Schlafplätze
↗ Bergün 4½ Std.
evtl. Mautstraße bis Chants, dann 2½ Std.
Davos/Dürrboden bei Davos 4 Std.
Chapella – Val Susauna 4½ Std.
→ Es-cha-Hütte 2½ Std.
Grialetschhütte 6 Std.
Chamonas d' Ela 7 Std.
△ Piz Kesch, 3417 m, 2½ – 3 Std.; Piz Val Müra, 3162 m
Piz Forun, 3052 m, 1½ Std.; Piz Porchabella, 3079 m, 1½ Std.
Bergün
Bergün
Chants im Val Tuors

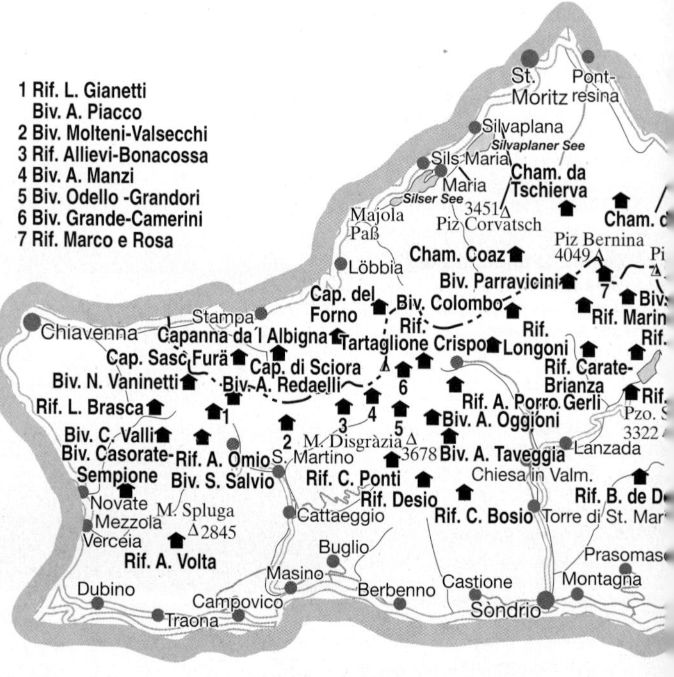
1 Rif. L. Gianetti
Biv. A. Piacco
2 Biv. Molteni-Valsecchi
3 Rif. Allievi-Bonacossa
4 Biv. A. Manzi
5 Biv. Odello -Grandori
6 Biv. Grande-Camerini
7 Rif. Marco e Rosa
St. Moritz
Pont-resina
Silvaplana
Silvaplaner See
Sils-Maria
Maria
Silser See
Cham. da Tschierva
3451
Piz Corvatsch
Majola Paß
Cham. Coaz
Piz Bernina 4049
Löbbia
Biv. Parravicini
Cap. del Forno
Biv. Colombo
Rif. Marin
Stampa
Chiavenna
Capanna da'l Albigna
Rif. Tartaglione Crispo
Rif. Longoni
Cap. Sasc Furä
Cap. di Sciora
Rif. Carate-Brianza
Biv. N. Vaninetti
Biv. A. Redaelli
Rif. L. Brasca
Rif. A. Porro Gerli
Biv. A. Oggioni
Biv. C. Valli
M. Disgràzia
3678
Biv. Casorate-Sempione
Rif. A. Omio
S. Martino
Biv. A. Taveggia
Lanzada
Biv. S. Salvio
Rif. C. Ponti
Chiesa in Valm.
Novate Mezzola
M. Spluga
2845
Rif. Desio
Rif. C. Bosio
Torre di St. Mar
Cattaeggio
Verceia
Rif. A. Volta
Buglio
Prasomas
Masino
Dubino
Berbenno
Castione
Montagna
Campovico
Traona
Sòndrio

66 Berninaalpen

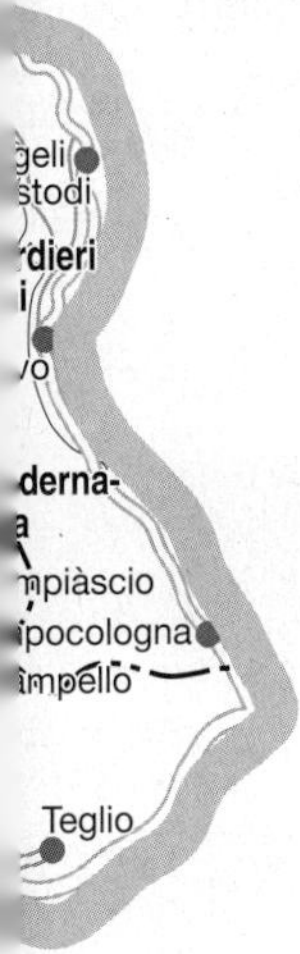

Umgrenzung

Samedan – Pontresina – Berninapaß – Poschiavo – Brusio – Tirano – weiter im Addatal (Valtellina) – Tresenda – Sondrio – Morbegno – ans Nordende des Comersees – im Westen entlang des Lago di Mezzola – Somaggia – Chiavenna – im Norden Stampa – Malojapaß – Silvaplana – St. Moritz – Samedan

Albigna, Capanna da'l

2336 m
SAC Sektion Hoher Rohn
c/o Hermann Gassner
Stadionstr. 45
CH-8833 Samstagern
✆ 01/7842777

- Lucia Marizzi-Hofmeister
  CH-7606 Bondo
  ✆ 082/41430
- Capanna da'l Albigna
  CH-7603 Vicosoprano
  ✆ 082/41405
- 15.06. bis 15.09., für die übrige Zeit anfragen; 86
- offen; 18 ; Kochgelegenheit
- Albigna-Staumauer $\frac{3}{4}$ Std.; Vicosoprano $3\frac{1}{2}$ Std.
- Fornohütte $3\frac{1}{2}$ Std.; Sciorahütte über Cacciabellapaß 4 Std.; Rif. Allievi 4 Std.
- Pizzo di Cacciabella, 2969 m, 4 Std.; Pizzo Casnil, 3189 m, $3\frac{1}{2}$ Std.
- St. Moritz
- Vicosoprano-Pranzaira
- Pranzaira

Alessandro Volta, Rif.

2212 m; erb. 1900, umgeb. 1991
CAI Sektion Como
Via A. Volta 56/58
I-22100 Como
✆ 031/264177

- Gallino Oregioni
  Via S. Francesco 8
  I-23020 Verceia
  ✆ 0343/44337
- Rif. A. Volta
  Val dei Ratti
  I-23020 Verceia
- bei Fam. Oregioni anfragen dort auch ; 38
- Verceia 6 – 7 Std.
- Rif. Omio 4 Std.; Rif. Branca 5 Std.; Biv. C. Valli 4 Std.; Biv. B.-Cornaggio 4 Std.
- Sasso Manduino, 2888 m, $2\frac{1}{2}$ Std.; Punta Como, 2846 m, $2\frac{3}{4}$ Std.
  Punta Magnaghi, 2871 m, $4\frac{3}{4}$ Std.; Punta Bonazzola, 2940 m, $2\frac{1}{2}$ Std.
  Pizzo Ligonico, 3032 m, 3 Std.; Cima di Gaiazzo, 2920 m, $2\frac{1}{2}$ Std.
- Verceia
- Verceia
- Verceia

Alfonso e Raffaele Zoia, Rifugio

2021 m; erb. 1929, umgeb. 1984
CAI Sektion Milano
Via S. Pellico 6
I-20121 Milano
✆ 02/86463516

- Ignazio Dell'Andrino
  Via Curlo
  I-23023 Chiesa-Valmalenco
  ✆ 0432/452263
- Rif. Zoia
  Campo Moro
  I-23020 Lanzada
  ✆ 0432/451405
- 15.04. bis 30.05. und 15.09. bis 30. 10. am Wochenende oder nach Vereinbarung
  01.07. bis 15.09. durchgehend; 40 Schlafplätze; Duschmöglichkeit
- 220 Volt
- ↗ Campo Moro 10 Min.; Franscia 1½ Std.
- → Rif. Cristina 1½ Std.; Rif. Bignami 2 Std.; Rif. Mitta und Musella 1½ Std.
- Sondrio
- Franscia
- Campo Moro

Alfredo Redaelli, Bivacco

3308 m; erb. 1970, umgeb. 1987; 10 m unter dem Gipfel des Piz Badile
CAI Sektion Lecco Gruppe Ragni
Via Roma 51
I-22053 Lecco
✆ 0341/534700

- Immer zugänglich; 4 ⊓
  nur Schmelzwasser
- ↗ Rif. Gianetti 4 Std.
- → Sciorahütte 5 Std.
- △ Piz Badile, 3308 m
- Ardenno-Masino
- San Martino-Valmasino
- Bagni del Masino

Allievi-Bonacossa, Rif.

2385 m; erb. 1897, Neubau 1988
CAI Sektion Milano,
Via Silvio Pellico 6
I-20121 Milano
✆ 02/86463516

- Ugo Fiorelli
  Via Bagni
  I-23010 S. Martino-Valmasino
  ✆ 0342/640854
- Rif. Allievi-Bonacossa
  Val di Zocca
  I-23010 S. Martino-Valmasino
  ✆ 0342/614200
- 28.06. bis 30.09.
  130 Schlafplätze
- 220 Volt mit Generator
- offen; 6 ⊓
- San Martino-Valmasino 4½ Std.•
- → Rif. Gianetti 4 – 5 Std., Rif. Ponti 5 – 6 Std.; Biwak Molteni-Valsecchi 3 Std.
  Biwak Manzi 2 Std.; Fornohütte 5 Std.; Albignahütte 3½ Std.
- △ Cima di Castello, 3392 m, 4 – 5 Std.; Pizzo di Zocca, 3174 m, 5 Std.
  Punta Rasica, 3305 m, 6 Std.; Torrone Orientale, 3333 m, 4 Std.
  Torrone Centrale, 3290 m, 6 Std.; Torrone Occindentale, 3349 m, 4 – 5 Std.
- Ardenno-Masino
- San Martino-Valmasino
- San Martino-Valmasino

Alpe Musella, Rifugio

2021 m; privat

- Daniele Mitta, Via Cortile 11
  I-23020 Torre di S. Maria
  ✆ 0342/454292
- Rif. Alpe Musella
  I-23020 Lanzada
  ✆ 0342/454292
- 10.06. bis 30.09.
  70 Schlafplätze
- 220 Volt
- Alpe Foppa ¾ Std.
  Franscia 1½ Std.
  Campo Moro 1 Std.
- → Rif. MonteMotta 2 Std.
  Rif. Carate Brianza
  und Rif. Palù je 2½ Std.
  Rif. Cristina und Rif. Bignami je 3½ Std.
- △ Sasso Moro, 3108 m
- Sondrio
- Franscia-Lanzada
- Alpe Foppa oder Campo Moro

Andrea Oggioni, Bivacco

3151 m; erb. 1965
CAI Sektion Monza
Cas. Postale 202
I-20052 Monza

- ✗ Immer zugänglich; 12 ⊓; nur Schmelzwasser
- ↗ Chiareggio 5 Std.; Rif. Porro 3½ Std.
- → Biv. Rauzi 1½ Std.; Biv. Taveggia über Punta Kennedy, 3283 m, 3 Std.
- △ Monte Disgrazia, 3678 m, 1¾ Std.; Pizzo Ventina, 3261 m
- Sondrio
- Chiareggio oder Chiesa-Valmalenco
- Chiareggio

Angelo Taveggia, Biv.

2894 m; erb. 1936
CAI Zentrale
Via Silvio Pellico 6
I-20121 Milano
✆ 02/86463516

- Betreut durch den Hüttenwirt des Rif. Porro Livio Lenatti I-23023 Chiareggio
- ✗ immer zugänglich; 4 ⊓ nur Schmelzwasser
- ↗ Chiareggio 5½ Std. Rif. Porro 3½ – 4 Std.
- → Biv. Oggioni 3 Std. Biv. Rauzi 3½ Std.
- △ Monte Disgrazia, 3678 m; Pizzo Ventina, 3261 m Pizzo Cassandra, 3226 m Punta Kennedy, 3283 m
- Sondrio
- Chiareggio oder Chiesa Valmalenco
- Chiareggio

Antonio Manzi, Bivacco

2538 m; erb. 1938, umgeb. 1993
CAAI Zentrale
Via Silvio Pellico 6
I-20121 Milano
✆ 02/86463516

✗ Betreut durch den Hüttenwirt des Rif. Allievi-Bonacossa
Ugo Fiorelli
I-23010 San Martino-Valmasino
✆ 0432/640854 oder 614200
✗ immer zugänglich; 9 ⊓; Wasser etwa 15 Min. entfernt
↗ San Martino-Valmasino 5 Std.
→ Rif. Cesare Ponti 4¾ Std.; Rif. Allievi-Bonacossa 2 Std.
Biv. Odello-Grandori 4 Std.; Biv. Grande Camerini 5 Std.
△ Pizzo Torrone Centrale, 3290 m, 4 Std.; Picco Luigi Amedeo, 2800 m
Punta Ferraria, 3170 m
🚂 Ardenno-Masino
🚌 San Martino-Valmasino
🚗 San Martino-Valmasino

Antonio Omio, Rifugio

2100 m; erb. 1938
umgeb. 1948/1970
CAI Società Escursionisti Milanese (SEM)
Via U. Foscolo 3
I-20121 Milano
✆ 02/864630

🚹 Dino Fiorelli
Via V. di Mello
I-23010 S. Martino-Valmasino
✆ 0342/640888
⌂ Rif. Antonio Omio
Alpe Oro
I-23010 S. Martino-Valmasino
✆ 0342/640020
✗ 01.07.–30.09.; 42 🛏, 22 ⊓, 20 ⊔
⊞ im Nebengebäude, offen
↗ Bagni del Masino 2½ Std.
→ Rif. Gianetti 3 Std.; Rif. Brasca 5 Std.; Rif. A. Volta 5 Std.
△ Punta Milano, 2610 m, 3 Std.; Pizzo dell'Oro, 2703 m (Mittelgipfel), 2½ Std.
Punta delle Sfinge, 2802 m, 4 Std.; Pizzo Ligoncio, 3032 m, 3½ Std.
Punta Fiorelli, 2391 m, 4 Std.
🚂 Ardenno-Masino
🚌 San Martino
🚗 Bagni del Masino

Attilio Piacco, Bivacco

2534 m; erb. 1887, umgeb. 1961; unmittelbar neben dem Rif. Luigi Gianetti
CAI Sektion Milano
Via Silvio Pellico 6
I-20121 Milano ✆ 02/86463516

✗ Betreut durch den Hüttenwirt des Rif. Luigi Gianetti; immer zugänglich; 15 Schlafplätze; Wasser vorhanden. Alle weiteren Angaben siehe Rif. Luigi Gianetti.

Augusto Porro-Gerli, Rifugio

1965 m; erb. 1936, umgeb. 1991
CAI Sektion Milano
Via Silvio Pellico 6
I-20121 Milano
✆ 02/86463516

- Livio Lenatti
  Via Nicolo Rusca 12
  I-23023 Chiesa-Valmalenco
  ✆ 0432/451597
- Rif. Porro-Gerli
  I-23023 Chiareggio-Valmalenco
  ✆ 0432/451404
- ✗ 06.06. – 02.10.; 100 Schlafplätze
- 220 Volt
- mit zugänglich
- ↗ Chiareggio 1 Std.; Chiesa-Valmalenco über den Ventinapaß 6 Std.
- → Rif. Tartaglione-Crispo 1 Std.; Rif. Desio über den Cassandrapaß 6½ Std.
  Biwak Oggioni 3½ Std.; Biwak Taveggia 3½ Std.; Rif. Longoni 4 Std.
  Rif. Ventina in unmittelbarer Nähe
- △ Monte Senevedo, 2561 m, 2 Std.; Pizzo Rachele, 2998 m, 4 Std.
  Pizzo Cassandra, 3226 m, 5 Std.; Punta Kennedy, 3286 m, 5½ Std.
  Torrione Porro, 2357 m, 2 Std.; Monte Disgrazia, 3678 m, 8 Std.
- Sondrio
- Chiareggio (01.07.-30.08.), sonst Chiesa-Valmalenco
- Chiareggio

Baita del Sole, Rifugio

1730 m; Prato Valentino; privat

- G. Saini
  ✆ 0342/780045
- Rif. Baita del Sole
  Prato Valentino
  I-23036 Teglio
  ✆ 0342/780045
- ✗ ganzjährig; 100 Schlafplätze; Duschgelegenheit
- 220 Volt
- ↗ von Teglio; Skipisten beim Haus; Zufahrt von Teglio möglich
- Tresenda-Teglio-Aprica
- Teglio
- Teglio – Talstation der

Bottani-Cornaggia, Bivacco

2372 m; erb. 1983
Gruppo Aquile Morbegno, C.P.
I-23017 Morbegno
✆ 0342/611022

✗ Ganzjährig zugänglich im Winter immer offen von Mai bis Sept. mit Schlüssel zugänglich, erhältlich im Alb. Belvedere in Piora, 10 ⊓
↗ Piora 4 Std.
→ Rif. Alessandro Volta im Valle di Ratti 5 Std.
△ Cima del Malvedello, 2640 m 2 Std.
Morbegno
Morbegno, Roncaglia oder Poira
Poira

Boval, Chamanna da (Bovalhütte)

2495 m; erb. 1913, umgeb. 1979
SAC Sektion Bernina
CH-7512 Champfèr

Hans Philipp
Chesa Lardelli
CH-7504 Pontresina
✆ 082/67848, Fax 082/67829

Bovalhütte
Postfach 31
CH-7504 Pontresina
✆ 082/66403

✗ Mitte März bis Mitte Mai
Mitte Juni bis Mitte Oktober
106 Schlafplätze

220/24 Volt mit Generator
offen; Decken, Holz und Kochgelegenheit vorhanden
↗ Station Morteratsch der Berninabahn 2 Std.
→ Berghaus Diavolezza 3 Std.; Rif. Marco e Rosa 4 – 5 Std.; Tschiervahütte 5½ Std.
△ Piz Palü, 3905 m, 5 Std.; Piz Bernina, 4049 m, 6 Std.; Piz Morteratsch, 3751 m, 5½ Std.; Piz Boval, 3353 m, 3 Std.; Bellavista 3922 m, 4 Std.
Morteratsch
Pontresina
Hotel Morteratsch

Bruno de Dosso, Rifugio

2119 m; am Lago Painale; erb. 1990
CAI Sektion Valtellinese
Via Trieste 27
I-23100 Sondrio
✆ 0342/214300

Betreut von der CAI Sektion Sondrio.
Hüttenwart:
Nesa Massimo
I-23020 Montagna in Valtellina
zugänglich mit von der Sektion; Wasser vorhanden
Kochgelegenheit; 8 Schlafplätze
Montagna-Carnale Val di Togno 3½ – 4 Std.
Valfontana – Passo Forame 4½ Std.
Rif. Cederna-Maffina 3 Std.; Rif. Val di Togno 2 Std.
△ Pizzo Scalino, 3323 m, 3 Std.
Sondrio oder Ponte in Valtellina
Montagna oder Ponte in Valtellina
Carnale (Val di Togno) oder Valfontana

Carate-Brianza, Rifugio

2636 m; erb. 1927, umgeb. 1986
CAI Sektion Carate-Brianza
c/o Torre Civica
Via Cusani
I-20048 Carate-Brianza

Luigi Bardea
Via Ganda
I-23020 Lanzada
✆ 0432/453297
Rif. Carate-Brianza
Bocchetta delle Fobici
I-23020 Lanzada
✆ 0432/452560
15.07. bis 15.09.
22 Schlafplätze
220 Volt mit Aggregat
offen; 3 ⌐
Franscia 3 Std.; Campo Moro 2½ Std.
Rif. Musella und Rif. Zoia 2 Std.; Rif. Marinelli-Bombardieri 1 Std.
Rif. Bignami 4 Std.
△ Cime d'Musella, 3088 m; Sasso Moro, 3108 m; Monte delle Forbici , 2910 m
Sondrio
Franscia
Franscia oder Campo Moro

Carlo Bosio, Rifugio

2086 m; erb. 1926, umgeb. 1983
CAI Sekt. Desio
Via Corso Italia 74
I-20033 Desio
✆ 0362/622797

- Giuseppe Lotti
  Via Sasso 36
  I-23023 Chiesa-Valmalenco
  ✆ 0342/451028
- Rif. Carlo Bosio
  Alpe Airale
  I-23020 Torre di Santa Maria
  ✆ 0342/451655
- 05.07. bis 30.09.; 35 Betten, 17 Lager
- 220 Volt mit Generator
- offen; 6 Lager, Kochgelegenheit
- ↗ Torre di Santa Maria 3½ Std.; Chiesa-Valmalenco 3 Std.
- → Rif. Desio 3 Std., Rif. Ponti 4 Std.; Rif. Porro und Rif. Ventina 6 Std.
  Rif. Grandi-Alpe Piasci 5 Std.
- △ Monte Caldenno, 2669 m, 2 Std.; Monte Disgrazia, 3678 m, 6 Std.
- Sondrio
- Torre di S. Maria oder Chiesa-Valmalenco
- Torre di S. Maria oder Chiesa-Valmalenco

Carlo Valli, Bivacco

1900 m; erb. 1946
CAI Sektion Como
Via A. Volta 56/58
I-22100 Como
✆ 031/264177

- Immer zugänglich; 9 Lager
  Wasser in 5 Min. Entfernung
- ↗ Novate Mezzola 6 Std.
- → Rif. Brasca 2 Std.
  Rif. A. Omio 3½ Std.
  Rif. A. Volta 3 Std.
- △ Pizzo Ligoncio, 3032 m, 5 Std.
  Punta Sfinge, 2802 m, 3½ Std.
  Pta. Bonazzola, 2940 m, 3 Std.
  Cima di Giazzo, 2920 m
  2½ – 3 Std.
- Novate Mezzola
- Novate Mezzola
- Novate Mezzola

Casorate-Sempione, Bivacco

2100 m; erb. 1979
CAI Sektion Gallarate
Via Volta 24
I-21013 Gallarate
Sottosez. Casorate-Sempione
Via Roma
I-21011 Casorate-Sempione

- ✗ Immer zugänglich; 12 ⊓; Wasser in etwa 100 m Entfernung
- ↗ Novate-Mezzola 5½ Std.
- → Rif. Volta; Biw. Valli
- △ Pizzo Bresciadega, 2666 m; Punta Magnaghi, 2871 m; Cima di Gaiazzo, 2920 m Sasso Manduino, 2888 m
- Novate-Mezzola
- Novate-Mezzola
- Mezzolpiano

Cederna-Maffina, Rifugio Capanna

2583 m; erb. 1903, umgeb. 1980
CAI Sektion Valtellinese
Via Trieste 27
I-23100 Sondrio
✆ 0342/214300

- Hüttenwart:
  Ezio Zucchi
  I-23026 Ponte in Valtellina
- ✗ Nicht bewirtschaftet; immer zugänglich; 30 Schlafplätze; Kochgelegenheit
- ↗ Ponte in Valtellina 13 km zur Alpe Campiascio, dann 3 Std
- → Rif. Cristina; Rif Zoia; Rif. Bruno de Dosso; Alpe Vicima
- △ Pizzo Scalino, 3323 m; Pizzo Canciano, 3103 m; Pizzo Painale, 3248 m Cima di Val Fontana, 3202 m; Cima Val di Togno, 3054 m
- Ponte in Valtellina
- Ponte in Valtellina
- Alpe Campiascio (Valfontana)

Cesare Ponti, Rifugio

2559 m; erb. 1928, umgeb. 1986
CAI Sektion Milano
Via Silvio Pellico 6
I-20121 Milano
✆ 02/86463516

- Ezio Cassina,
  I-23010 Filorera di Valmasino
  ✆ 0342/640860 und 640138

Rif. Cesare Ponti
Valle di Predarossa
I-23010 Valmasino
© 0342/611455

01.05. bis 30.06. an den Wochenenden; 01.07. bis 30.09. durchgehend; 1.10. bis 15.10. an den Wochenenden
65 Schlafplätze

220 Volt, teilweise Solarstrom

offen; 8 ⊓; Kochgelegenheit

↗ Preda Rossa 3 Std.
Cataeggio 5½ Std.

→ Rif. Allievi 5 – 6 Std.
Rif. Desio 1½ Std.
Rif. Bosio 4 Std.
Biv. Odello-Grandori 3½ Std.

Ardenno-Masino

Filorera-Cataeggio

Preda Rossa

Coaz, Chamanna (Coazhütte)

2610 m; erb. 1964, umgeb. 1982
SAC Sektion Rätia
CH-7000 Chur

Christan u. Irma Clavadetscher
Villa Maria
CH-7503 Samedan
© 082/65665

Coazhütte
Corvatschbahn
CH-7513 Silvaplana
© 082/66278

10.03. bis 01.06. ©gebiet
01.07. bis 06.10.; 80 ⊓

offen; 20 Schlafplätze

↗ Pontresina – Val Roseg 5 Std.; Hotel Roseg 2 Std.; im Sommer Corvatschbahn-Mittelstation, dann 2½ Std.; im Winter Corvatschbahn-Bergstation, dann 1 Std.

→ Tschiervahütte 3 Std.; Fuorcla Surlej 2½ Std.
Rif. Marinelli-Bombardieri 6½ Std.; Rif. Marco e Rosa 7 Std.

△ Piz Roseg, 3920 m, 5 Std.; Piz Sella, 3511 m, 3 Std.
Piz Glüschaint, 3594 m, 3½ Std.; Il Chapütschin, 3386 m, 3 Std.

Pontresina

Silvaplana-Surlej

Hotel Roseg (Pontresina), Silvaplana-Surlej

Colombo, Bivacco

3140 m; am Passo di Scerscen; erb. 1972
CAI Sektion Valtellinese
Via Trieste 27
I-23100 Sondrio
✆ 0342/214300

- ✗ Immer zugänglich; 8 ⊓; nur Schmelzwasser
- ↗ Rif. Entova-Scerscen 1½ – 2 Std.
- → Biv. Parravicini; Coazhütte; Rif. Marinelli-Bombardieri
- △ Pizzo Malenco, 3438 m; Sassa d'Entova, 3329 m; Piz Glüschaint, 3594 m
  Piz Tremoggia, 3441 m; La Sella, 3584 m
- Sondrio
- San Giuseppe oder Chiesa-Valmalenco
- Piano dei Buoi – Alpe Entova

Cometti-Grande, Rifugio

1720 m; privat

- Vittorio Cometti
  I-23100 Sondrio
  ✆ 0342/213764
- Rif. Cometti-Grande
  I-23020 Torre di Santa Maria
- ✗ 01.07. bis 15.09.
  20 Schlafplätze
- ↗ Torre di Santa Maria 2½ Std.
- → Rif. Bosio über Sasso Bianco
  5 Std.; Lago Arçoglio 2 Std.
- Sondrio
- Torre di Santa Maria
- Torre di Santa Maria-Ciappanico

Cristina, Rifugio

2287 m; erb. 1918, umgeb. 1986; privat

- Franca Bricalli
  Via Pizzo Scalino 33
  I-23020 Caspoggio
  ✆ 0342/452436
- Rif. Cristina
  I-23020 Caspoggio
  ✆ 0342/452398
- ✗ 01.07. bis 10.09.; 30 Betten, 10 ⊓
- ↗ Campo Moro – Franscia 1½ Std.; Caspoggio 3½ Std.
  Poschiavo zur Berninabahn 4½ Std.

→ Rif. Bignami 2½ Std.; Rifugio Marinelli-Bombardieri 4 Std. Rif. Zoia 1 Std.
△ Pizzo Scalino 3323 m 3 – 3½ Std.
Sondrio
Franscia-Lanzada
Campo Moro

Desio, Rifugio

2836 m; erb. 1924, umgeb. 1985
CAI Sektion Desio
Corso Italia 74
I-20033 Desio

Familie Lotti
✆ 0342/451028
Rif. Desio,
I-23020 Torre di Santa Maria
✕ 01.07. bis 15.09.
24 Schlafplätze
offen; 4 ⊓; Kochgelegenheit
↗ Torre di Santa Maria 6½ Std.
Chiesa-Valmalenco 6 Std.
Rif. Bosio 3 Std.
Rif. Ponti 1½ Std.
→ Biw. Rauzi 3 Std.; Rif. Porro über Passo Cassandra 4½ Std.
Rif. Ventina über Passo Cassandra 4½ Std.
△ Pizzo Cassandra, 3226 m, 2¾ Std.; Corni Bruciati, 3114 m, 1 Std.
Monte Disgrazia, 3678 m, 3 Std.
Sondrio
Torre di Santa Maria oder Chiesa-Valmalenco
Torre di Santa Maria oder Chiesa-Valmalenco

Diavolezza, Berghaus

2973 m
Besitzer:
Diavolezza-Bahn AG
CH-7504 Pontresina
✆ 082/66205

Berghaus Diavolezza
CH-7504 Pontresina
✆ 082/66205; Fax 082/66158
✕ Dezember bis April; 1 u. 1; Mitte Juni bis Ende September, nur
24, 160 ⊓, 50 ⊔
220 Volt

↗ von der Haltestelle Diavolezza der Berninabahn zum Haus
Station Bernina-Hospiz der Berninabahn 3 – 3½ Std.
Stat. Bernina Suot 2½ – 3 Std.

→ Bovalhütte 2½ Std.
Rif. Marco e Rosa 5 – 7 Std.
Biv. Pansera 4 – 6 Std.

△ Piz Palü, 3905 m, 4 – 5 Std.
Piz Bernina, 4049 m, 8 Std.;
Sass Queder, 3066 m, 20 Min.
Piz d'Arlas, 3358 m, 3½ Std.;
Munt Pers, 3207 m, 1¼ Std.

Bernina-Hospiz
Diavolezza-Talstation
oder Bernina Suot

Bernina-Hospiz
oder Diavolezza-Talstation

Talstation der Diavolezza-Bahn oder Bernina Suot

Entova-Scerscen, Rifugio

3001 m; privat
Besitzer:
Scerscen S.r.l.
I-23100 Sondrio
✆ 0342/219775

Rif. Entova-Scerscen
Loc. Alpe Entova
I-23023 Chiesa-Valmalenco
✆ 0342/451681

✕ Wintersaison
15.06. bis 30.09.
120 Schlafplätze
Duschmöglichkeit

220 Volt; Materialseilbahn

↗ San Giuseppe 3½ Std.
Piano dei Buoi (Alpe Entova) ¾ Std.

→ Rifugio Marinelli-Bombardieri 3 Std.; Rif. Carate 3½ Std.; Rif. Alpe Musella 4 Std.
Rif. Lago Palù 3½ Std.; Biv. Parravicini 3 Std.; Rif. Marco e Rosa 6 Std.

△ Sassa d'Entova, 3329 m

Sondrio

San Giuseppe oder Chiesa-Valmalenco

Piano dei Buoi-Alpe Entova

Forno, Capanna del (Fornohütte)

2574 m; erb. 1898, umgeb. 1986
alpines Ausbildungszentrum
SAC Sekt. Rorschach
Klaus Manser
Seefeldstr. 12
CH-9403 Goldach
✆ 071/418556-416688

- Hans Brunner
  CH-7516 Maloja
  ✆ 082/43230
- Fornohütte
  CH-7516 Maloja
  ✆ 082/43182
- 22.03. bis 22.05.; 25.06. bis 30.09.; 104 Schlafplätze
- 220 Volt; nur im Theorieraum des Ausbildungszentrums
  Videoanlage und Kursmaterial für Bergsteigerkurse vorhanden
- offen; 24 Schlafplätze; Kochherd vorhanden
- Maloja $3\frac{1}{2}$ Std.
- Albignahütte 5 Std.; Rif. Porro 5 Std.; Rif. Ponti 7 Std.; Rif. Allievi 5 Std.
- △ Cima di Rosso, 3366 m, 3 – 4 Std.; Monte Forno, 3215 m, 3 Std.
  Pizzo dei Rossi, 3026 m, $2\frac{1}{2}$ Std.; Cima di Val Bona, 3033 m, 3 Std.
  Monte Sissone, 3330 m, 5 Std.; Piz Bacun, 3244 m, 5 Std.
- St. Moritz
- Maloja-Kulmhotel
- Maloja-Villa Baldini

Fratelli Longoni, Rifugio

2450 m; erb. 1937, umgeb. 1982
CAI Sektion Seregno
Galleria Mazzini 10, C.P. 27
I-20038 Seregno

- Luciano Schenatti
  Via Funivia 7
  I-23023 Chiesa Valmalenco
  ✆ 0432/452605
- Rif. Fratelli Longoni
  Sassa d'Entova
  I-23023 Chiesa Valmalenco
  ✆ 0432/451120
- 01.07. bis 30.09.
  39 Schlafplätze
- mit Solaranlage
- Chiareggio $2\frac{1}{4}$ Std.; San Giuseppe 3 – $3\frac{1}{2}$ Std.; Straße zur Alpe d'Entova $1\frac{1}{2}$ Std.

→ Rif. Lago Palù 3½ Std.; Rif. Scerscen-Entova 2½ Std.; Rif. Porro 3 Std.
Rif. Marinelli-Bombardieri 5 Std.; Rif. Musella 5½ Std.
Rif. Carate-Brianza 5½ Std.; Sils-Maria (Engadin) über den Tre-Mogge-Paß
△ Piz Tremoggia, 3441 m, 5 Std.; Pizzo Malenco, 3438 m, 5 Std.
Sasa d'Entova, 3329 m, 4½ Std.; Piz Fora, 3363 m, 5½ Std.
Sondrio
Chiareggio (01.07.-30.08.); sonst Chiesa-Valmalenco
Chiareggio oder San Giuseppe

Fuorcla Surlej, Berghaus

2760 m; erb. vor 1900, umgeb. 1965/66; privat
Besitzer:
Ruth u. Claudia Rähmi
CH-7503 Samedan

Ruth Rähmi,
Chesa Maria
CH-7503 Samedan
✆ 082/65674

Berghaus Fuorcla Surlej
CH-7513 Silvaplana
✆ 082/66303

01.02. bis 30.04.; keine Nächtigung möglich; 01.07. bis 30.09.; 5 🛏, 55 ⊓; kein fliessend Wasser; keine Heizung

220 Volt mit Generator

↗ St. Moritz-Bad 3½ Std.; Silvaplana-Surlej 3 Std.; Champfer 3½ Std.
Pontresina 4 Std.; Sils-Maria/Fex über Prasüra-Marmorè 4 Std.
Hotel Roseg 2 Std.; von der Mittelstation der Corvatsch- ¾ Std.
→ Coaz-Hütte 2½ Std.; zur Bergstation der Corvatsch- 1½ Std.
△ Piz Corvatsch, 3451 m, 2½ Std.
St. Moritz
Silvaplana-Surlej
Silvaplana-Surlej oder Hotel Roseg

Grande-Camerini, Bivacco

2580 m; erb. 1936, umgeb. 1985
CAI Sektion Milano
Via S. Pellico 6
I-20121 Milano
✆ 02/86463516
Betreut durch:
CAI Sektion Sovico
Viale Brianza 2/A
I-20050 Sovico

- ✗ Beaufsichtigt Juli u. Sept. an Wochenenden; 01. – 22.08. durchgehend; sonst 🔑 erhältlich in Chiareggio, Alb. Genzianella; 10 ⊓; Kochgelegenheit; Wasser 150 m.
- ↗ Chiareggio 3 Std.
- → Fornohütte 2½ Std.; Biv. Manzi 5 Std.; Rif. Tartaglione-Crispo 2 Std.
- △ Cima di Vazzeda, 3301 m, 2½ Std.; Cima di Rosso, 3366 m, 5½ Std. Cima di Val Bona, 3033 m, 2 Std.; Monte Sissone, 3331 m
- Bahn: Sondrio
- Bus: Chiareggio oder Chiesa-Valmalenco
- Auto: Chiareggio

Lago Palù, Rifugio

1947 m; privat

- 🕴 Giuseppe dell'Andrino
  Via Vassalina 45
  I-23023 Chiesa Valmalenco
  ✆ 0342/453030
- ⌂ Rif. Lago Palù
  I-23023 Chiesa Valmalenco
  ✆ 0342/452201
- ✗ Mai bis Oktober
  45 🛏, 8 ⊓, 3 ⊔
- ⚡ 220 Volt
- ↗ San Giuseppe 1½ Std.
  Bergstation Costi-Alpe Palù ½ Std.
- → Rif. Motta 1 Std.
  Rif. Musella und Rif. Scerscen 2 Std.
  Rif. Longoni 4 Std.; Rif. Entova-Scerscen 5 Std.
- △ Sasso Nero, 2917 m, 3 Std.; Monte Motta, 2336 m, 1½ Std.
  Monte Roggione, 2361 m, 1½ Std.
- Bahn: Sondrio
- Bus: Chiesa Valmalenco
  San Giuseppe
- Auto: San Giuseppe-Rif. Barchi

Luigi Brasca, Rifugio

1304 m; erb. 1933, umgeb. 1948
CAI Sektion Milano
Via Silvio Pellico 6
I-20121 Milano
✆ 02/86463516

- 🕴 Luigi Biavaschi
  Via della Riva 22
  I-23025 Novate-Mezzola
  ✆ 0343/63077

Rif. Luigi Brasca
Val Codera
I-23025 Novate-Mezzola
01.06. bis 30.09., übrige Zeit auf Anfrage; 52 Schlafplätze
Novate-Mezzola 4 Std.
Rif. Omio 4½ Std.; Rif. Gianetti 5½ Std.; Bivacco Carlo Valli 2¼ Std.
Bivacco Vaninetti 4½ Std.; Sasc-Furä Hütte 6 – 7 Std.
△ Cima del Barbacan, 2738 m, 4 Std.
Novate-Mezzola
Novate-Mezzola
Novate-Mezzola

Luigi Gianetti, Rifugio

2534 m; erb. 1911, umgeb. 1949
CAI Sektion Milano
Via Silvio Pellico 6
I-20121 Milano
✆ 02/86463516

Giacomo Fiorelli
Via Chesia
I-23010 S. Martino-Valmasino
✆ 0342/640858
Rif. Gianetti
I-23010 S. Martino-Valmasino
✆ 0342/645252
25.06. bis 30.09.
80 Schlafplätze
220 Volt mit Generator
offen
Bagni del Masino 4 Std.
Rif. Omio 3½ Std.; Rif. Allievi-Bonacossa 4½ Std.; Rif. Brasca 5½ Std.
Rif. Sasc-Furä 6½ Std.; Sciorahütte 6 Std.; Bivacco Vaninetti 2½ Std.
Bivacco Molteni-Valsecchi 3 Std.; Bivacco Ronconi 2¾ Std.
△ Pizzo Badile, 3308 m, 3½ Std.; Pizzo Cengalo, 3370 m, 3½ Std.; Punta Sertori 3192 m, 3 Std.; Punta Torelli, 3000 m, 2 Std.; Pizzi Gemilli, 3262 m, 3 Std.
Ardenno-Masino
San Martino-Valmasino
Bagni del Masino

Marco e Rosa, Rifugio

3609 m; erb. 1913, umgeb. 1964
CAI Sektion Valtellinese
Via Trieste 27
I-23100 Sondrio
✆ 0432/214300

- Floriano Lenatti
  Via Sigismund 5
  I-23023 Chiesa-Valmalenco
  ✆ 0342/452273
- Rif. Marco e Rosa
  Forcola di Cresta Guzza
  I-23020 Lanzada
  ✆ 0342/515370
- 01.07. bis 20.09.
  50 Schlafplätze
- 220 Volt
- offen; 14 ⊓; Kochgelegenheit
- Campo Moro 6 Std.
  Rif. Marinelli 3 Std.
- Rif. Entova-Scerscen 4½ Std.
  Biv. Parravicini 3½ Std.
  Coazhütte 4 Std.
  Bovalhütte 4½ Std.; Tschiervahütte über den Biancograt 8 – 10 Std.
  Diavolezzahütte 4 Std.; Biv. Pansera (Sasso Rosso) – Rif. Bignami 4 Std.
- Piz Bernina, 4049 m, 1½ Std.; Piz Palü, 3905 m, 2½ Std.
  Piz Zupo, 3995 m, 2 Std.; Piz Argient, 3945 m, 1½ Std.
  Bellavista, 3922 m, 1½ Std.; Cresta Guzza, 3869 m, 1 Std.
- Sondrio oder Diavolezza (Berninabahn)
- Franscia oder Diavolezza
- Campo Moro oder Hotel Morteratsch

Marinella, Rifugio

1700 m; erb. 1967; privat

- Bongiolati Luigi Lido
  Via Pedemonte
  I-23010 Berbenno
  ✆ 0342/492087
- Rif. Marinella, Pra Maslin
  I-23010 Berbenno
  ✆ 0342/493828
- 01.06. bis 30.09.
  30 Schlafplätze
  Duschegelegenheit
- 220 Volt
- Berbenno 2 Std.; mit PKW bis
  Pra Maslin; in Hausnähe P
- Rif. Bosio 4 Std.; Rif. Ponti
  Lago Sermendone 3½ Std.
- S. Pietro-Berbenno
- Berbenno
- Pra Maslin

Marinelli-Bombardieri, Rifugio

2813 m; erb. 1880, umgeb. 1986
CAI Sektion Valtellinese
Via Trieste 27
I-23100 Sondrio
✆ 0432/214300

- Enrico Gianatti
  Via S. Francesco 48
  I-23020 Montagna i. Valtelina
  ✆ 0342/380212
- Rif. Marinelli-Bombardieri
  I-23020 Lanzada
  ✆ 0342/511577
- 01.04. bis 31.05. (⛷gebiet)
  25.06. bis 30.09.
  180 Schlafplätze gesamt
- 220 Volt
- offen; 14 ⊓; Kochgelegenheit
- Campo Moro 3½ Std.; Rif. Carate-Brianza 1 Std.; Franscia 4 – 5 Std.
- Rif. Longoni 4½ – 5 Std.; Rif. Marco e Rosa 3 Std.; Rif. Bignami 3 Std.
  Rif. Mitta u. Biv. Parravicini 2½ Std.; Coazhütte über denSellapaß 4 – 6 Std.
  Tschiervahütte über den Sellapaß 4 – 6 Std.
- △ Punta Marinelli, 3182 m, 1½ Std.; Piz Bernina, 4049 m, 5 Std.
  Piz Palü, 3905 m, 4 – 5 Std.; Piz Scerscen, 3971 m, 4 Std.
- Sondrio
- Franscia (Campo Moro)
- Campo Moro

Mitta, Rifugio

2046 m; auf der Alpe Musella; privat

- Maria Mitta
  I-23020 Torre di Santa Maria
  ✆ 0342/451581
- Rif. Mitta
  Alpe Musella
  I-23020 Lanzada-Franscia
  ✆ 0342/452579
- 01.07. bis 15.09.; 32 Schlafplätze
- 220 Volt; Duschmöglichkeit
- Franscia 1½ Std.
- Rif. Carate-Brianza 2 Std.; Rif. Marinelli-Bombardieri 2½ Std.
  Rif. Musella unmittelbar gegenüber
- Sondrio
- Franscia
- Franscia

Molteni-Valsecchi, Bivacco

2510 m; erb. 1946
CAI Sektion Como
Via Volta 56/58
I-22100 Como
✆ 031/264177

- ✗ Immer zugänglich; 9 ⊓; Wasser vorhanden
- ↗ San Martino-Valmasino 4½ Std.
- → Rif. Gianetti 3 Std.; Rif. Allievi-Bonacossa 3 Std.; Sciorahütte 5 Std.
- △ Pizzo Orient. del Ferro, 3199 m, 3½ Std.
- 🚂 Ardenno-Masino
- 🚌 San Martino-Valmasino
- 🚗 San Martino-Valmasino

Monte Motta, Rifugio

2142 m; erb. 1950; privat,
Besitzer:
Olga del'Zoppo
Albergo Fior di Roccia
Campo Franscia, I-23020 Lanzada
✆ 0342/453303

- 🚹 Andrea Savonitto
  Via Curlo 49
  I-23023 Chiesa Valmalenco
- ⌂ Rif. Monte Motta
  Alpe Motta
  I-23020 Lanzada
  ✆ 0342/451406
- ✗ ganzjährig; 05.11. bis 30.11. geschlossen; 25 🛏
- ⚡ 220 Volt mit Generator
- ↗ Curlo (Chiesa Valmalenco) 3 Std.; Campo Franscia 2½ Std.; Barchi (San Giuseppe) 1 Std.; Bergstation Costi – Alpe Palù ½ Std.
- → Rif. Lago Palù ¾ Std.; Rif. Scerscen 1 Std.; Rif. Ponte 1 Std.; Rif. Musella 2 Std. Rif. Mitta 2 Std.
- △ Monte Motta, 2336 m, ½ Std.; Monte Roggione, 2361 m Sasso Nero, 2917 m, 3 Std.
- 🚂 Sondrio
- 🚌 Chiesa-Valmalenco oder San Giuseppe
- 🚗 San Giuseppe (Rif. Barchi)

Natale Vaninetti, Bivacco (Bivacco Pedroni-Del Pra)

2592 m; erb. 1986
CAI Sektion Novate-Mezzola
c/o Scarpellini
I-23025 Novate-Mezzola

- Immer zugänglich; 6
- Rif. Brasca 4 Std.
- → Rif. Gianetti 2½ Std.; Sasc Furä Hütte 3 Std.; Sciorahütte 5 – 6 Std.
- △ Pizzo Porcellino, 3075 m; Pizzo Trubinasca, 2918 m
- Novate-Mezzola oder Ardenno-Masino
- Novate-Mezzola oder San Martino-Valmasino
- Novate-Mezzola oder Bagni del Masino

Odello-Grandori, Bivacco

2991 m; erb. 1948
CAAI-Zentrale
Via S. Pellico 6
I-20121 Milano
✆ 02/86463516

- Immer zugänglich; 6
  nur Schmelzwasser
- Chiareggio 5½ Std.
  Rif. Ponti 3½ Std.
  Cataeggio 6½ Std.
- → Bivacco Manzi 3½ Std.
  Biv. Grande-Camerini 3½ Std.
  Fornohütte über den Monte Sissone 6 Std.
- △ Monte Pioda, 3431 m
  Monte Sissone, 3331 m, 2½ Std.; Monte Disgrazia, 3678 m, 4 Std.
- Ardenno-Masino oder Sondrio
- Cataeggio oder Chiareggio (Chiesa-Valmalenco)
- Preda Rossa oder Chiareggio

Ospizio Bernina, Bahnhof-Büfett (Berninahospiz)

2256 m; erb. 1919, umgeb. 1987; Besitzer: Rhätische Bahn

- Giuseppe Pianta
  CH-7710 Ospizio Bernina
  ✆ 082/50307
- Büfett der Rhätischen Bahn: Giuseppe Pianta
  CH-7710 Ospizio Bernina
  ✆ 082/50307
- ganzjährig; 8, 22
- 220 Volt

- ↗ Station der Berninabahn
- → Sassal Masone, 1 Std.
  Berghaus Diavolezza 3½ Std.
  Saoseohütte 3½ Std.
  Livigno 4½ Std.
  Rif. Bignami 6½ Std.
- △ Piz Lagalb, 2959 m, 2½ Std.
  Piz Campascio, 2599 m
  2 Std.
- Bahn: Ospizio-Bernina
- Bus: Ospizio-Bernina
- Auto: Ospizio-Bernina P

Pansera, Bivacco (Bivacco Sasso Rosso)

3546 m; erb. 1936
CAI Sektion Valtellinese
Via Trieste 27
I-23100 Sondrio
✆ 0342/214300

- ✕ Immer zugänglich; 4 Lager; nur Schmelzwasser
- ↗ Rif. Marinelli-Bombardieri 3 Std.
- → Rif. Marco e Rosa 3¼ Std.; Berghaus Diavolezza 4½ Std.
  Alpe Grüm 4½ Std.; Rif. Bignami 4 – 4½ Std.; Bovalhütte 4 Std.
- △ Sasso Rosso, 3481 m; Piz Palü, 3905 m, 3 Std.
- Bahn: Sondrio
- Bus: Franscia
- Auto: Campo Moro

Parravicini, Bivacco

3183 m; erb. 1936
CAI Sektion Valtellinese
Via Trieste 27
I-23100 Sondrio
✆ 0342/214300

- ✕ Immer zugänglich; 6 Lager; nur Schmelzwasser
- ↗ Rif. Marinelli-Bombardieri 2½ Std.
- → Coazhütte 3½ Std.; Rif. Marco e Rosa 4 Std.
- △ Piz Roseg, 3937 m, 5½ Std.; Piz Scerscen, 3971 m; 6 Std.
  Ils Dschimels, 3497 m, 3 Std.; Piz Sella, 3511 m, 1½ Std.
- Bahn: Sondrio
- Bus: Franscia
- Auto: Campo Moro

Ponte, Rifugio

1521 m; privat

- 🚹 Carlo Parolini
  I-23020 Lanzada
  ✆ 0432/453080
- 🏠 Rif. Ponte
  Alpe Ponte
  I-23020 Lanzada
  ✆ 0432/451468
- ✗ 01.07. bis 30.09.; 9 🛏
- ⚡ 220 Volt
- ↗ Lanzada 1 Std.; PKW-Zufahrt
- → Rif. Motta 2 Std.; Rif. Scerscen über Alpe Campolungo 3 Std.
- 🚆 Sondrio
- 🚌 Lanzada
- 🚗 beim Haus P

Rauzi, Bivacco

3640 m; nahe dem Gipfel des Monte Disgrazia; Besitzer: Gruppe Amici di Chiareggio

- ✗ Immer zugänglich; 9 ⊓; nur Schmelzwasser
- ↗ Bivacco Oggioni 1½ Std.; Rif. Desio 3 Std.
- → Bivacco Taveggia über Punta Kennedy 3½ Std.; Bivacco Odello-Grandori 3 Std.
- △ Monte Disgrazia, 3678 m; nahe dem Biwak
- 🚆 Sondrio oder Ardenno-Masino
- 🚌 Chiesa-Valmalenco oder Cataeggio
- 🚗 Chiesa-Valmalenco oder Preda Rossa

Risorgimento, Rifugio

825 m; im Val Codera
Besitzer:
Gemeinde Novate Mezzola
I-23025 Novate-Mezzola

- 🚹 Mirko und Teo Colzada
  I-23025 Novate-Mezzola
  ✆ 0343/44375
- 🏠 Rif. Risorgimento
  Val Codera
  I-23025 Novate-Mezzola
  ✆ 0343/44145
- ✗ ganzjährig; Mittwoch Ruhetag; 32 🛏, 36 ⊓; Duschgelegenheit
- ⚡ 220 Volt
- ↗ Novate-Mezzola 1½ Std.
- → Rif. Brasca 2½ Std.

Novate-Mezzola
Novate-Mezzola
Mezzolpiano

Roberto Bignami, Rifugio

2385 m; erb. 1956
CAI Sektion Milano
Via Silvio Pellico 6
I-20121 Milano
✆ 02/86463516

Lorenzo Dell'Avo
Via Risorgimento 26
I-23020 Torre di Santa Maria
✆ 0432/454147
Rif. Bignami, Alpe Fellaria
I-23020 Lanzada
✆ 0432/451178
01.07. bis 15.09.; 50 u.
220 Volt mit Generator
offen; 8
Campo Gera (Franscia) 1 Std.
Rif. Zoja $1\frac{1}{2}$ Std.; Rif. Carate 4 Std.; Rif. Marinelli 3 Std.
Biv. Sasso Rosso $5\frac{1}{2}$ Std.
△ Sasso Moro, 3108 m, 3 Std.; Cima di Fellaria, 3080 m, 3 Std.
Sasso Rosso, 3481 m, 5 Std.; Piz Varuna, 3453 m, 6 Std.
Sondrio
Franscia
Campo Gera

Sasc-Furä, Capanna

1906 m; erb. 1960, umgeb. 1978
SAC Sektion Bergell (Bregaglia)
CH-7606 Promontogno
✆ 082/41710

Gian Lorenzo Borello
Casa Silvia
CH-7606 Bondo
✆ 082/41705
-Depot:
Dino Salis
Restaurant
CH-7606 Bondo
C. Capadrutt
Pension Sciora
CH-7606 Promontogno

⌂ Sasc-Furä-Hütte
CH-7606 Bondo
✆ 082/41252
✕ 01.07. bis 30.09.; 45 ⊓, 5 ⊔
❄ offen; 4 Schlafplätze
↗ Promontogno 3½ Std.; Laret (Ende der Straße von Promontogno) 1½ Std.
→ Sciorahütte 3 Std., mit Talabstieg; Rif. Gianetti 6 – 7 Std.
△ Piz Badile, 3308 m, 6 – 8 Std.; Piz Cengalo, 3370 m, 8 Std.
🚂 St. Moritz
🚌 Promontogno
🚗 Bondo-Laret

Sassal Masone

2377 m; erb. 1876, umgeb. 1955
privat
Besitzer:
Giuseppe Pianta
CH-7710 Ospizio Bernina
✆ 082/50323

🚶 Nicola Pianta
CH-7710 Ospizio Bernina
⌂ Sassal Masone
CH-7710 Ospizio Bernina
✆ 082/50323
✕ 01.07. bis 15.10.; 8 🛏
↗ Bernina-Hospiz 1 Std.
Alpe Grüm 50 Min.
→ Rif. Bignami 6 Std.
△ Sassal Mason, 3032 m, 2½ ; Std. Piz Caral, 3176 m, 3 Std.; Piz Palü, 3905 m, 7 Std.
🚂 Alpe Grüm oder Ospizio Bernina
🚌 Bernina Hospiz
🚗 Bernina Hospiz

Sasso Nero, Rifugio

1600 m; privat

🚶 A. Dellagosto
✆ 0432/451776
⌂ Rif. Sasso Nero
San Giuseppe
I-23023 Chiesa-Valmalenco
✆ 0432/452072
✕ 15.06. bis 15.09.; sonst bei Voranmeldung jederzeit; 24 Schlafplätze
Duschgelegenheit
⚡ 220 Volt
↗ San Giuseppe ¼ Std.; PKW-Zufahrt möglich

→ Rif. Lago Palù 1 Std.; Rif. Motta über Alpe Palù 2 Std.
△ Sasso Nero über Bocchel de Torno 4 Std.
Sondrio
San Giuseppe
beim Haus

Scerscen, Rifugio

1813 m; privat

Lina Rossi
✆ 0432/452377
Rif. Scerscen
Loc. Dossi di Vetto
I-23020 Lanzada
✗ 15.06. bis 30.09.; 15 Schlafplätze; Duschgelegenheit
↗ Franscia 50 Min.
→ Rif. Mitta und Rif. Musella 1 Std.; Rif. Carate-Brianza 3 Std.; Rif. Ristoro 1 Std.
Sondrio
Franscia
Franscia

Sciora, Capanna di (Sciorahütte)

2118 m; SAC Sektion Hoher Rohn
c/o Hermann Gassner
Stadionstr. 45
CH-8833 Samstagern
✆ 01/7842777

Bruno Hofmeister
CH-7606 Bondo
✆ 082/41164
Sciorahütte
CH-7606 Bondo
✆ 082/41138
✗ Ende Juni bis Mitte September sonst anfragen; 42 Schlafplätze
offen; 10 Schlafplätze
↗ Bondo über Laret 4 Std.; Ende der Mautstraße Bondo-Laret $2\frac{1}{4}$ Std.; Bewilligung im Restaurant in Bondo bei der Kirche; Promontogno $3\frac{1}{2}$ Std.
→ Albignahütte $3\frac{1}{2}$ Std.; Sasc-Furä-Hütte $2\frac{1}{2}$ Std.; Rif. Gianetti 6 Std.; Bivacco Ronconi am Bondopaß 4 Std.; Bivacco Vaninetti an der Punta Trubinasca 7 Std.
△ Pizzo Badile, 3308 m; Pizzo Cengalo, 3370 m; Pizzi Gemelli, 3262 m
St. Moritz
Promontogno
Bondo oder Ende der Mautstraße; auf eigene Gefahr

Scotti, Rifugio

1485 m; privat

- U. Scotti
  Via Roma
  I-23010 Cataeggio
- Rif. Scotti
  Loc. Sasso Bisolo
  I-23010 Cataeggio
- 15.06. bis 30.09.; 29 Schlafplätze
- 220 Volt
- Cataeggio $2\frac{1}{2}$ Std.
- → Rif. Ponti
- Ardenno-Masino
- Cataeggio
- Cataeggio

Silvio Saglio, Bivacco

2003 m; erb. 1977; neben dem Rif. Omio
CAI-SEM Societa Escursionisti Milanese
Via U. Foscolo 3
I-20121 Milano
✆ 02/864630
Betreut durch den Hüttenwirt vom Rif. Omio
Zugänge, Übergänge und Gipfel siehe dort

- Immer zugänglich; 9 ⌐¬; Kochgelegenheit; Wasser vorhanden; ist gleichzeitig der Winterraum vom Rif. Omio
- Ardenno-Masino
- San Martino
- Bagni del Masino

Tartaglione-Crispo, Rifugio

1832 m; erb. 1954
CAI Sekt. Milano
Via Silvio Pellico 6
I-20121 Milano
✆ 02/86463516

- Pietro Schenatti
  I-23023 Chiesa-Valmalenco
  ✆ 0342/452133
- Rif. Tartaglione-Crispo
  Loc. Forbicina
  I-23023 Chiesa-Valmalenco
- Juni an den Wochenenden; 01.07. bis 30.09. durchgehend; 24 Schlafplätze
- 220 Volt mit Aggregat

↗ Chiareggio $\frac{3}{4}$ Std.
→ Rif. Porro 2 Std.; Rif. Ventina 2$\frac{1}{4}$ Std.; Bivacco Grande-Camerini 2 Std.
Bivacco Odello-Grandori 5 Std.; Fornohütte 3$\frac{3}{4}$ Std.
△ Monte Sissone, 3331 m, 6 Std.; Cima di Vazzeda, 3201 m ,5 Std.
Monte Disgrazia, 3678 m; Cima di Chiareggio, 3107 m; Cima di Rosso, 3366 m
Sondrio
Chiareggio oder Chiesa-Valmalenco
Chiareggio

Tita Ronconi, Bivacco

3169 m
Besitzer:
Gruppe Edelweiß Morbegno
I-23017 Morbegno

✕ Immer zugänglich; 4 ⊓; nur Schmelzwasser
↗ Rif. Gianetti 2$\frac{3}{4}$ Std.; Sciorahütte 4 Std.
△ Pizzi del Ferro, 3199 m; Pizzi Gemilli, 3262 m; Cima dell Bondasca, 3289 m
Ardenno-Masino
San Martino
Bagni del Masino

Tschierva, Chamanna da

2583 m; erb. 1951, umgeb. 1969
SAC Sektion Bernina
CH-7512 Champfèr

Arnold Amstutz
CH-7504 Pontresina
✆ 082/67188
Chamanna Tschierva
CH-7504 Pontresina
✆ 082/66391
✕ 01.04. – 15.05.; 15.06. – 20.10.
100 ⊓
⊞ offen; 9 ⊓
↗ Pontresina – Val Roseg 3$\frac{1}{2}$ Std.
→ Bovalhütte 4 Std.
Coazhütte 3$\frac{1}{2}$ Std.
△ Piz Tschierva, 3546 m, 3 Std.; Piz Morteratsch, 3751 m, 5$\frac{1}{2}$ Std.
Piz Roseg, 3920 m, 6 Std.; Piz Bernina, 4049 m, 8 – 9 Std.
Pontresina
Pontresina
Pontresina

Val di Togno, Rifugio

1317 m; umgeb. 1985; privat

- Emanuele Bruno Scilironi
  Via Trieste 70
  I-23100 Sondrio
  ✆ 0342/212644
- Rif. Val di Togno
  Casella Postale 2
  I-23020 Spriana
  ✆ 0342/514983
- ✗ April bis September
  16 Betten, 20 Lager
- 220 Volt
- ↗ Bedoglio (Spriana) 1 Std.
  Carnale (Montagna in Valtelino) 1 Std.
- → Rif. De Dosso 2 Std.; Rif. Cristina 3½ Std.; Rif. Zoia 3½ Std.
  Rif. Bignami 5½ Std.; Rif. Musella und Rif. Mitta 5 Std.
- △ Monte Foppa, 2444 m, 3 Std.; Cima (Corno) Mara, 2807 m, 3 Std.
  Monte Palino, 2686 m, 3½ – 4 Std.; Pizzo Painale, 3248 m, 4½ Std.
- Sondrio
- Spriana oder Arquino
- Arquino oder Carnale

Ventina, Rifugio

1970 m; erb. 1946, umgeb. 1991
privat

- Diego Lenatti
  Via Bernina 75
  I-23023 Chiesa-Valmalenco
  ✆ 0342/451072
- Rif. Ventina
  Alpe Ventina
  I-23023 Chiareggio
  ✆ 0342/451458
- ✗ 01.05. bis 01.10. ; 46 Schlafpl.
- 220 Volt mit Generator
- ↗ Chiareggio 1 Std.
- → Rif. Porro 5 Min.; Rif. Tartaglione 1 Std.; Rif. Ponti 6 Std.; Rif. Bosio 6 Std.
  Rif. Desio 6½ Std.; Biv. Taveggia 3½ Std.; Biv. Oggione 6 Std.
- △ Monte Senevedo, 2561 m, 2 Std.; Torrione Porro, 2357 m, 2 Std.
  Pizzo Rachele, 2998 m, 4 Std.; Pizzo Cassandra, 3226 m, 5 Std.
  Punta Kennedy, 3286 m, 5½ Std.; Monte Disgrazia, 3678 m, 8 Std.
- Sondrio
- 01.07.-30.08. Chiareggio, sonst Chiesa Valmalenco
- Chiareggio

67 Livignoalpen

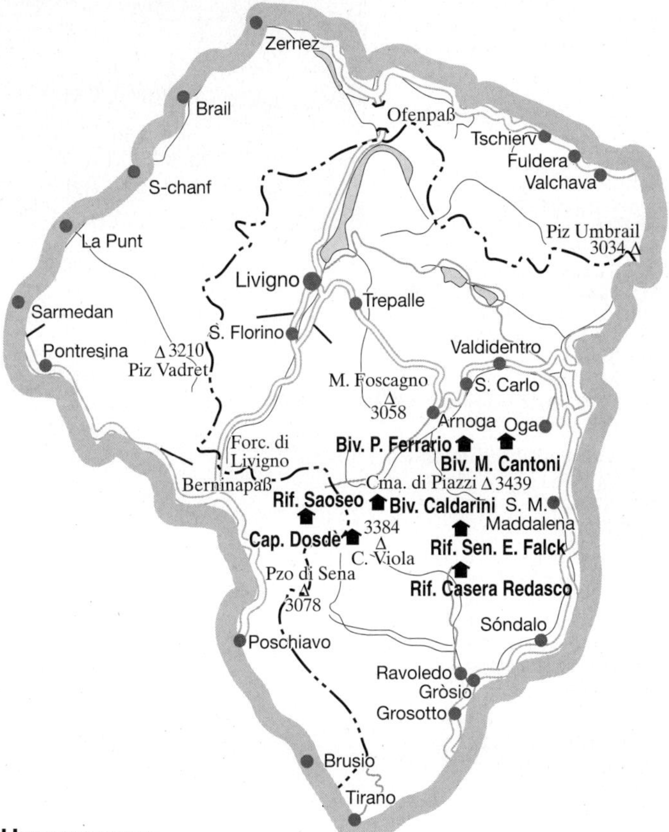

Umgrenzung

Zernez – Ofenpaß – Santa Maraia – Umbrailpaß – Bormio – entlang der Adda – Grosio – Tirano – Brusio – Poschiavo – Berninapaß – Pontresina – Samedan – La Punt – Zuoz – Chapella – Zernez

Alpe Campaccio Chaschauna, Berghaus Rif. Al Passo di Cassana

2601 m; erb. 1912, umgeb. 1983
Besitzer: Pianta Nelda
Postfach 19
CH-7744 Campocologno

- Pianta Nelda
  Via Grumello 20
  I-23020 Montagna/Valtellino
  © 0342/217087
- Rif. Al Passo di Cassana
  I-32020 Livigno
  © 0342/997205-996241
- Mitte Juli bis Mitte Sept.; 19 Betten
- 220 Volt
- S-chanf 3 Std.; Livigno 2 Std.
- Parkhütte Varusch 2 Std.; Blockhaus Cluozza 4 Std.; Rist. Val Fraele 3½ Std.
- Pta. Cassana, 3007 m, 1 Std.; Pta. Leverone, 3052 m, 2 Std.
  Pta. Saliente, 3048 m, 2 Std.
- S-chanf
- Val Federia (Livigno)
- Ponte Calcheira (Livigno), S-chanf – Varusch

Baitel dal Mont, Bivacco

2606 m; beim Lago del Monte
Besitzer: Moto Club Trela Pass
I-23030 Livigno

- Immer zugänglich; 6 Schlafplätze mit Decken
  Heizgelegenheit und Wasser vorhanden
- Livigno – Alpe Campaccio, dann 2 Std.
- Rif. Tridentina auf der Forc. di Livigno; La Stretta – Bernina Suot
- Monte Garone, 3030 m; Monte Gandio, 2790 m
- Tirano oder Bernina Suot
- Livigno

Caldarini, Bivacco

2556 m; erb. 1972
CAI Sektion Desio
Corso Italia 74
I-20033 Desio

- Immer zugänglich; 9 Lager mit Decken; Wasser vorhanden (etwa 100 m entfernt)
- Arnoga (Val di Dentro) – Val Viola 2½ Std., Grosio – Fusino – Eita (Rif. Della Chiesa), dann 4 Std.

→ Capanna Dosdè 1½ Std.; Rif. E. Falck
△ Corno Dosdè, 3232 m; Cima Saoseo, 3265 m; Cima Viola, 3384 m
Cime di Lago Spalmo, 3291 m
Tirano
Arnoga oder Fusino
im Val Viola oder Eita (Rif. Della Chiesa)

Casera Redasco, Rifugio

1976 m
CAI Sektion Sondalo
c/o Centro Polifunzionale
Via G. Verdi
I-23035 Sondalo

✗ Nur nach Voranmeldung mit zugänglich, erhältlich beim CAI-Sondalo oder Touristen-Informationsbüro Sondalo
9 Schlafplätze; Heiz- und Kochgelegenheit; Wasser vorhanden
keiner (Gas)
↗ Fusino 2 – 2½ Std.
→ Rif. Della Chiesa; Rif. Falck
△ Cima Redasco, 3139 m; Monte Storile, 2471 m; Cima Rossa, 3095 m
Tirano
Fusino
Pont dal Fúlin (Fusino)

Cluozza, Blockhaus

1880 m; erb. 1900
Besitzer: Schweizer Nationalpark
CH-7530 Zernez

Fam. Dumeng und Claudia Duschletta-Müller
Costa 135
CH-7530 Zernez
✆ 082/81235
✗ 20.06. bis 15.10.
15, 70
↗ Zernez 3 Std.
→ Naturfreundehaus Ova Spin über Murterpaß 5 Std.
Gasthof Il Fuorn über Murterpaß 5 Std.
Parkhütte Varusch über Fuorcla Val Sassa 8 Std.
△ Piz Quattervals, 3154 m, 5 Std.
Zernez
Zernez
Zernez

D. Strambini, Bivacco

2534 m
Besitzer: Gruppo Amici di Grosio
I-23033 Grosio

- ✗ immer zugänglich; 9 ⊓ mit Decken
  Wasser vorhanden, Kochgelegenheit und Licht (Gas)
- ↗ Rif. Malghera 2½ Std.
- Tirano
- Fusino
- Rif. Malghera

Della Chiesa, Rifugio (Ostaria Eita)

1703 m
Besitzer: Gemeinde Grosio
I-23033 Grosio
✆ 0432/845123

- Rif. Della Chiesa a Eita
  I-23033 Grosio
- ✗ Juni bis September; 11 Schlafplätze
- 220 Volt
- ↗ Zufahrt zum Haus möglich, Fusino 1½ Std.
- → Rif. Sen. E. Falck 1 Std., über Passo Verva ins Val Viola
- △ siehe Rif. Falck
- Tirano
- Fusino
- beim Haus P

Dosdè, Capanna

2824 m; erb. 1890, umgeb. 1955 u. 1982
CAI Sektion Bormio
Via De Simoni 42
Cas. Post. 40
I-23032 Bormio
✆ 0342/903300

- ✗ immer zugänglich; 13 Schlafplätze; Wasser 200 m entfernt
  betreut durch die CAI Sektion Bormio.
- ↗ Arnoga – Val di Dentro 5 Std.; Albergo Eita (Grosio) 3½ Std.
- → Biwak Caldarini 1½ Std.; Rif. Val Viola 3 Std.; Rif. Saoseo 5 Std.
- △ Cima Viola, 3384 m, 2 Std.; Cima di Saoseo, 3265 m, 1½ Std.
  Cima Lago Spalmo, 3291 m, 3 Std.
- Tirano
- Arnoga
- Arnoga, evtl. Baita Altumeira

Georgyhütte

3186 m; umgeb. 1968; privat

Hans Wöhrle
Chesa Islas
CH-7504 Pontresina
© 082/66813

Georgyhütte
Chesa Islas
CH-7504 Pontresina
© 082/36565

15.06. bis 25.10.; 24

220 Volt mit Generator

Pontresina – Alp Languard, dann 2½ Std.

Paradishütte 1¼ Std.
Segantinihütte 2 Std.

Piz Languard, 3261 m, 20 Min.; Piz Albris, 3166 m, 2 Std.

Pontresina

Pontresina-Postamt

Pontresina- Talstation

Malghera, Rifugio

1937 m
Besitzer: Gemeinde Grosio
I-23033 Grosio
© 0342/845123

Rif. Malghera
Alpe Malghera
I-23033 Grosio

ganzjährig; 50 Schlafplätze

220 Volt

Zufahrt zum Haus möglich; Grosio 3½ Std., Straße

Bivacco Strambini 2½ Std.; nach Poschiavo 6 Std.

Sassalbo, 2841 m; Sassanera, 2858 m; Piz di Sena, 3074 m

Tirano

Fusino

beim Haus P

Maurilio Cantoni, Bivacco

2625 m; erb. 1980
CAI Sektion Bormio
Via De Simoni 42
Cas. Post. 40
I-23032 Bormio
© 0342/903300

X immer zugänglich; 9 ⊓; Wasser 15 m entfernt
betreut durch die CAI Sektion Bormio.
↗ Isolaccia (Valle di Dentro) 4 Std.
→ Biwak Paolo Ferrario
△ Cima Piazzi, 3439 m 4 Std.
🚂 Tirano
🚌 Isolaccia
🚗 Isolaccia

Monte Scale, Ristoro

1980 m; privat
Besitzer: Monte Scale Park S.r.l.
Via Roma 87
I-23032 Bormio

† G. Cola
Piazzetta Molina 3
I-23038 Valle di Dentro
✆ 0342/905204
⌂ Rist. Monte Scale, Cancano
I-23038 Valle di Dentro
✆ 0342/904660
X Mai bis Oktober und zu den Weihnachtsferien; 12 🛏
↯ 220 Volt
↗ mit PKW zum Haus
Pedenosso (Valle di Dentro)
→ Stilfser Joch; Livigno durch das Tal und den Paß Alpisella
🚂 Tirano
🚌 Bormio oder Valle di Dentro
🚗 beim Haus P

Ova Spin, Naturfreundehütte

1879 m
TVN Sektion Engadin
Hans Berner
CH-7524 Zuoz

† Gian Schocher
Bahnhofstr. 228
CH-7503 Samedan
✆ 084/63142
⌂ Naturfreundehütte Ova Spin
CH-7531 Ova Spin
X 01.06. bis 15.10., Voranmeldung nötig; 20 🛏, 16 ⊓

220 Volt
↗ Zernez 1½ Std.; Straße zum Ofenpaß
→ Blockhaus Cluozza über Murterpaß 4½ Std.
Zernez
Ova Spin
beim Haus P

Paolo Ferrario, Bivacco

2450 m; erb. 1956, umgeb. 1988
CAI Sektion Dervio
Via San Giovanni Bosco
I-22050 Dervio

ganzjährig zugänglich
6 mit Matratzen und Kissen
nur Schmelzwasser
↗ Isolaccia (Valle di Dentro) 3 Std.
→ Rif. Sen. E. Falck 4 Std.
Rif. Dosde 6 Std.
△ C. de Piazzi, 3439 m, 4½ Std.
Corni di Verva, 3130 m
Tirano
Valle di Dentro
Clevo oder S. Carlo

Paradis, Chamanna

2540 m, erb. 1943, umgeb. 1992

Andri Grass
Chesa Ciglia
CH-7504 Pontresina
082/66537
Adresse siehe Hüttenwirt
nur im Sommer von 9.30 bis 17.00 Uhr, keine Nächtigungsmöglichkeit
↗ Pontresina-Alp Languard, dann 1½ Std.
→ Steinbockweg zur Muottas-Muragl 3½ Std.
Segantinihütte 2½ Std.
Georgyhütte 1½ Std.
△ Piz Languard, 3262 m, 2 Std.
Pontresina
Pontresina-Postamt
Pontresina-Talstation

Saoseo, Rifugio (Saoseohütte)

1985 m; erb. 1937, umgeb. 1980
SAC Sektion Bernina
CH-7512 Champfèr

- Bruno Heis
  CH-7742 Poschiavo
  © 082/51609
- Saoseo-Hütte
  CH-7742 Poschiavo
  © 082/50766
- 15.02. bis 10.05. gebiet
  15.06. bis 15.10.; 50 ⊓, 15 ⊔
- ↗ Sfazù 1½ Std.
- → Rif. Val Viola 2 Std.
- △ Corno di Campo, 3332 m, 4 Std.
  Piz Paradisino, 3302 m, 4½ Std.; Piz Valnera, 3160 m, 4 Std.
  Cima da Saoseo, 3264 m, 5½ Std.; Corno di Dosdè, 3232 m, 4½ Std.
- Poschiavo
- Berninapaßstraße
- Rest. Sfazù

Senatore Enrico Falck, Rifugio

2005 m; erb. 1961/63
CAI Sektion Dervio
Via San Giovanni Bosco
I-22050 Dervio

- Stefano Rinaldi
  Via Foianini 46
  I-23033 Grosio
  © 0342/845713
- Rif. Sen. E. Falck
  Valle di Verva
  I-23033 Grosio
- 15.06. bis 30.09.
  28 Schlafplätze
- ↗ Fusino (Val Grosina) 2½ Std.
  Rif. Della Chiesa (Eita); Arnoga (Val di Dentro) über den Vervapaß 4 Std.
- → Biv. Ferrario 4 Std.; Rif. Val Viola 5 Std.; Biv. Calderini 5½ Std.
- △ Pizzo di Dosde, 3280 m, 4 Std.; Cima di Piazzi, 3439 m, 5 Std.
  Sasso Maurigno, 3062 m, 3½ Std.
- Tirano
- Fusino
- Rif. Della Chiesa (Eita)

Tridentina, Rifugio

2315 m; auf der Forcola di Livigno; privat

- 🚹 Leonina Galli
  I-23030 Livigno
  ✆ 0342/996537
- ⌂ Rif. Tridentina
  Forc. di Livigno
  I-23030 Livigno
- ✗ 15.06. bis 15.10.; 18 🛏; Duschgelegenheit
- ⚡ 220 Volt
- ↗ Straße von Livigno 15 km; Berninapaß
- → Bivacco Baitel dal Mont; Rif. Saoseo
- △ Piz Minor, 3049 m
- 🚂 Bernina Ospizio oder Tirano
- 🚌 Livigno
- 🚗 beim Haus P

Val Viola, Rifugio

2355 m; privat

- 🚹 Soc. Fraquelli Marco e C.
  Via Monte Scale
  I-23030 Semogo-Val di Dentro
  ✆ 0342/985136
- ⌂ Rif. Val Viola
  Val di Dentro
  I-23030 Semogo
  ✆ 0342/589136
- ✗ 01.06. bis 30.09.; 25 🛏, 35 ⊓
- ⚡ 220 Volt
- ↗ Arnoga (Val di Dentro) 2 Std.; Baita Altumeira 1 Std.
- → Rif. Saoseo 2 Std.; Rif. Dosde 3 – 3½ Std.; Biv. A. Caldarini 2 Std.
  nach Tresenda durch das Cantone- und Minetal 5 Std.
- △ Corno Dosde, 3232 m, 5 Std.; Corno di Campo, 3232 m, 4½ Std.
  Cima Viola, 3384 m, 4 Std.; Piz Paradisino, 3302 m, 3 Std.
- 🚂 Tirano
- 🚌 Arnoga (Val di Dentro)
- 🚗 Baita Altumeira

Varusch, Parkhütte

1734 m; erb. 1927, umgeb. 1990
privat

- Gian Rico Blumenthal
  Postfach 44
  CH-7525 S-chanf
  ✆ 082/73122
- Parkhütte Varusch
  CH-7525 S-chanf
  ✆ 082/73122
- Anfang Juni bis Ende Oktober
  5 Betten, 25 Lager
- S-chanf 1½ Std.
  Parkplatz Prasuras ½ Std.
  Zufahrt mit Pferdekutsche möglich
- → Blockhaus Cluozza via Fuorcla Val Sassa 7½ Std.
  Rif. Caserma via Passo Chaschauna 3½ Std.
- S-chanf
- S-chanf
- Prasuras, 3 km von S-chanf

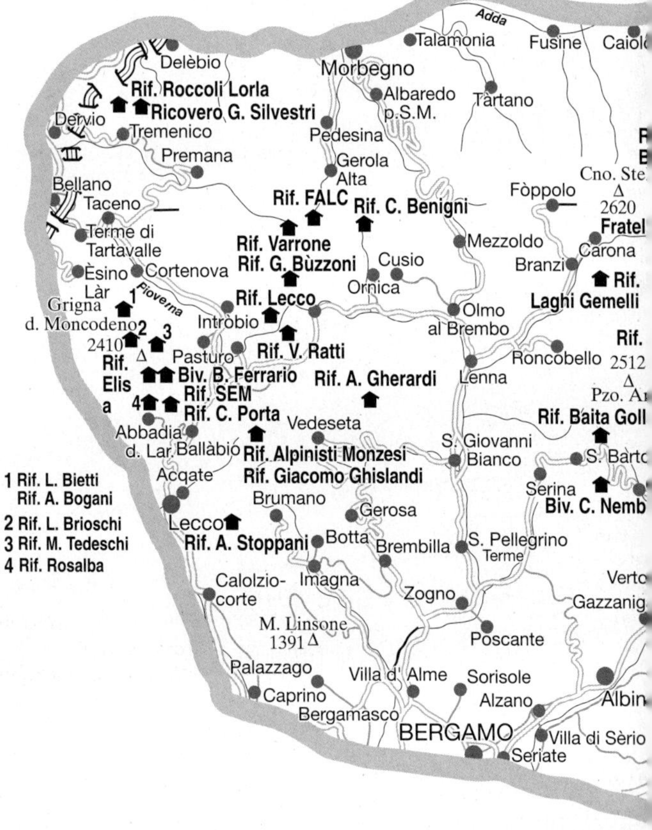
Adda
Talamonia
Fusine
Delèbio
Morbegno
Rif. Roccoli Lorla
Ricovero G. Silvestri
Albaredo p.S.M.
Tartano
Dervio
Tremenico
Pedesina
Premana
Gerola Alta
Bellano
Cno. Ste
2620
Fòppolo
Taceno
Rif. FALC
Rif. C. Benigni
Terme di Tartavalle
Rif. Varrone
Fratel
Mezzoldo
Carona
Rif. G. Bùzzoni
Cusio
Èsino Làr
Cortenova
Branzi
Ornica
Rif.
Laghi Gemelli
Pioverna
Grigna d. Moncodeno
2410
Rif. Lecco
Introbio
Olmo al Brembo
Rif.
Pasturo
Rif. V. Ratti
Roncobello
2512
Rif. Elisa
Biv. B. Ferrario
Rif. A. Gherardi
Lenna
Pzo. A
Rif. SEM
Rif. C. Porta
Rif. Baita Goll
Vedeseta
Abbadia d. Lar.
Ballàbio
Rif. Alpinisti Monzesi
S. Giovanni Bianco
S. Barto
Acqate
Rif. Giacomo Ghislandi
Serina
Brumano
Biv. C. Nemb
Lecco
Gerosa
Rif. A. Stoppani
Botta
Brembilla
S. Pellegrino Terme
Calolzio-corte
Imagna
Verto
Zogno
Gazzanig
M. Linsone
1391
Poscante
Palazzago
Villa d' Alme
Sorisole
Caprino Bergamasco
Alzano
Albin
BERGAMO
Villa di Sèrio
Seriate
1 Rif. L. Bietti
Rif. A. Bogani
2 Rif. L. Brioschi
3 Rif. M. Tedeschi
4 Rif. Rosalba

68 Bergamasker Alpen

Umgrenzung

Die Bergamasker Alpen sind die südwestlichste Berggruppe der Ostalpen. Begrenzt im Norden vom Valtellina, dem Passo d'Aprica und dem Val di Corteno; im Osten vom Val Camonica und dem Lago d'Iseo; im Süden von der oberitalienischen Tiefebene um Bergamo und im Westen vom Comersee, Lago di Lecco und dem Lago di Garlato.

Alberto Grassi, Rifugio

1987 m; erb. 1921, umgeb. 1946/87
SEL Societa Escursionisti Lecchesi
Via Roma 5
I-22053 Lecco
✆ 0341/283075

- Mauro Buzzoni
  Via Alle Ville 23
  I-22040 Introbio
  ✆ 0341/980766
- Rifugio A. Grassi
  Passo Camisolo
  I-24010 Valtorta
  ✆ 0345/87816
- ✗ Ende Juni bis Mitte Sept. sonst an den Wochenenden, Anfrage empfehlenswert; 52 Schlafplätze
- mit Aggregat
- ↗ Piani di Bobbio $2^1/_2$ Std.; Introbio 4 Std.; Introbio über Rifugio Buzzoni 5 Std.
- → Rifugio Benigni $3^1/_2$ Std.; Rifugio San Marco $6^1/_2$ Std.; Rifugio Cazzaniga $4^3/_4$ Std. Rif. Lecco $2^1/_2$ Std.; Rif. Vittorio Ratti $2^1/_2$ Std.; Rifugio Bocca di Biandino $1^1/_2$ Std.
- △ Pizzo Tre Signor, 2554 m, $1^1/_2$ Std.
- Lecco oder Bergamo
- Introbio, Valtorta oder Barzio
- Introbio, Valtorta oder Barzio

Aldo Frattini, Bivacco

2125 m; erb. 1970
CAI Sektion Bergamo
Via Ghislanzoni 15
I-24100 Bergamo
✆ 035/244273

- ✗ immer zugänglich; 9 ⊓
  Wasser in 50 m Entfernung
- ↗ Fiumenero 4 Std.
  Carona 5 Std.
- → Rifugio Calvi $2^1/_2$ Std.
  Rifugio Fratelli Longo $2^1/_2$ Std.
  Rif. Brunone 3 Std.
- △ Pizzo dell'Omo, 2773 m
  Pizzo Diavolo di Tenda, 2914 m
  Pizzo Salto, 2665 m, $2^1/_2$ Std.
  Pizzo Tendina, 2248 m
- Bergamo
- Fiumenero oder Carona
- Fiumenero oder Carona

Alfredo Corti, Bivacco

2499 m; erb. 1930, umgeb. 1979
CAI Sektion Valtellinese
Via Trieste 27
I-23100 Sondrio
✆ 0342/214300

- ✗ immer zugänglich; 6 – 8 ⊓; Wasser etwa 50 m entfernt
- ↗ Ponte in Valtellina – Arigna – Centrale Armisa, dann 4½ Std.
  Valbondione – Rifugio Coca – Vedretta del Lupo 4 Std.; Bivacco Resnati 2 Std.
- → Rifugio Mambretti; Bivacco Donati; Rifugio Coca 3 Std.
- △ Cima di Caronno, 2945 m, 2½ – 3 Std.; Pizzo di Scotes, 2879 m, 2½ Std.
- 🚂 Ponte in Valtellina
- 🚌 Arigna
- 🚗 Armisa-Centrale

Alippi, Rifugio

1183 m; privat; Besitzer: L. Alippi; Piani Resinelli; I-22040 Ballabio

- ⌂ Rifugio Alippi
  Piani Resinelli
  I-22040 Ballabio
  ✆ 0341/590119
- ✗ ganzjährig; 18 Schlafplätze
- ⚡ 220 Volt
- ↗ Zufahrt zum Haus möglich; Mandello Lario 3 Std.
- → Rifugio Rosalba 2½ Std.; Rifugio Carlo Porta 1 Std.; Bivacco Ferrario 3 Std.
- △ Grigna Meridionale, 2184 m, 3 Std.
- 🚂 Mandello Lario, Abbadia-Lariana
- 🚌 Piani Resinelli
- 🚗 Piani Resinelli, beim Haus P

Alpe Corte, Rifugio

1410 m; erb. 1948, umgeb. 1970
CAI Sektion Bergamo
Via Ghislanzoni 15
I-23100 Bergamo
✆ 035/244273

- 🚶 Alessandro Seghezzi
  Via Risorgimento 15
  I-24058 Ponte Nossa
  ✆ 035/703178
- ⌂ Rifugio Alpe Corte
  Corte Bassa
  I-24020 Ardesio
  ✆ 0346/35090

13.03. – 13.06.; 13.09. – 01.11. an Wochenenden; 14.06. –12.09. durchgehend
24 Schlafplätze
220 Volt mit Generator
Valcanale 1 Std.; Roncobello $3\frac{1}{2}$ Std.; Zorzone 4 Std.
Rifugio Laghi Gemelli 3 Std.; Rifugio Saba $2\frac{1}{2}$ Std.
Pizzo Arera, 2512 m, $4\frac{1}{2}$ Std.; Corna Piana, 2302 m; Monte Corte, 2493 m
Bergamo
Valcanale
Valcanale

Alpe Lago, Rifugio

1510 m; erb. 1969; privat

Michele Mazzoni
Via Case di Sopra 43
I-23010 Albaredo
© 0342/612918
Rifugio Alpe Lago
Via Passo S. Marco
I-23010 Albaredo/S.Marco
01.05.–15.06. am Wochenende; 15.06. bis 30.09. durchgehend; 10 Schlafplätze
220 Volt
P an der Straße Morbegno – Passo di S. Marco (19 km von Morbegno) $\frac{1}{4}$ Std.
Rifugio Contoniera di San Marco
Monte Pedena, 2399 m; Monte Lago, 2353 m; Monte Azzarini, 2431 m
Morbegno
Albaredo
an der Paßstraße (Hinweistafel)

Alpinisti Monzesi, Rifugio

1173 m; erb. 1945, umgeb. 1985
CAI Sektion Monza
Casella Postale 202
I-20052 Monza

Marco Airoldi
Via M. Ortigara 22
I-20137 Milano
© 02/5481725
Rifugio Alpinisti Monzesi
Val Negra
I-22053 Lecco
© 0341/505014
01.06. bis 30.09. an Wochenenden und Feiertagen; sonst nach Vereinbarung
35 Schlafplätze
220 Volt mit Generator
Erve $1\frac{3}{4}$ Std.; Pian d'Erna (Bergstation der) $1\frac{1}{4}$ Std.

→ Rifugio Stoppani 1¼ Std.; Rifugio Azzoni 2½ Std.
Bivacco Pizzo Magnodeno 2 Std; Bivacco Citta di Lecco ca. 2½ Std.
△ Resegone di Lecco, 1875 m, 2½ Std.
Lecco
Erve oder Talstation (5 km vom Bhf. Lecco)
Erve oder Talstation

A.N.A. Piateda, Rifugio

1550 m; erb. 1986
A.N.A. Gruppe Alpini Piateda
Via Roma 16
I-23020 Piateda
✆ 0342/370474

Vittore Togni
Via Galeazzi
I-23020 Piateda
✆ 0342/370474
Rifugio A.N.A.
Piateda Loc Le Piane
I-23020 Piateda
✗ 15.06.–30.09.
30; 30; 15
220 Volt mit Generator
offen; 6
↗ Piateda 2½ Std.; Zufahrt auf Schotterstraße möglich
→ Rifugio Donati 2½ – 3 Std.; Rifugio Mambretti 4 Std.
△ Pizzo di Rodes, 2831 m, 3 Std.
Piateda oder Sondrio
Piateda
beim Haus P

Angelo Gherardi, Rifugio

1650 m; erb. 1987
CAI Sektion Bergamo
Via Ghislanzoni 15
I-24100 Bergamo
✆ 035/244273

P. Gasparini, P. Salvioni
Via Bertelli 17
I-20127 Milano
✆ 02/2538570 u. 26142592
Rifugio A. Gherardi
Piani d'Alben
I-24010 Taleggio-Pizzino
✆ 0435/47302

✗ 27.02. bis 30.06. an den Wochenenden; 01.07. bis 31.08. durchgehend
01.09. bis 26.02. an den Wochenenden; 67 Schlafplätze
⏦ 220 Volt mit Generator
⊞ offen; 3 ⊓; Kochgelegenheit
↗ Pizzino 2 Std.; Quindicina 1 Std.
→ Rifugio Cazzaniga 1 Std.; Piani di Bobbio 3 Std.
△ Monte Venturosa, 1999 m; Monte Aralata, 2008 m; Monte Sodadura, 2010 m
🚂 Bergamo
🚌 Pizzino (Val Taleggio)
🚗 Quindicina

Antonio Curò, Rifugio

1895 m; erb. 1886; umgeb. 1950 (altes Haus); daneben das neue Haus, erb. 1973
CAI Sektion Bergamo
Via Ghislanzoni 15
I-24100 Bergamo
✆ 035/244273

🕴 F.lli Martinelli
Via Bellora 152
I-24020 Cene
✆ 035/712785
718943, 719042

⌂ Rifugio A. Curo
Lago del Barbellino
I-24020 Valbondione,
✆ 0346/44076 (Tal)

✗ 1.5. – 13.6. und 20.9. – 1.11. am Wochenende; 14.06. bis 15.09. durchgehend
100 Schlafplätze im neuen Haus; 70 Schlafplätze im alten Haus
⏦ 220 Volt
⊞ offen, im alten Haus
↗ Grumetti 2 Std.; Valbondione 3 Std.; Lizzola 3 Std.
→ Rif. Coca 3 Std.; Rif. Tagliaferri 4½ Std.; Rif. Albani 7½ Std.; Rif. Cima Bianca 7 Std.
△ Pizzo Recastello, 2888 m, 3½ Std.; Monte Torena, 2911 m, 4 Std.
Pizzo di Coca, 3052 m, 4 Std.; Pizzo dei Tre Confini, 2823 m, 3½ Std.
🚂 Bergamo
🚌 Valbondione
🚗 Grumetti-Valbondione

Antonio Stoppani, Rifugio

890 m; erb. 1895, umgeb. 1948/78
CAI Sektion Lecco
Via Roma 51
I-22053 Lecco
✆ 0341/363588

🚹 Giuseppina Gattinoni
Via per Erna 21
I-22053 Falghera di Lecco
✆ 0341/250076
⌂ Rifugio Antonio Stoppani
Loc. Costa
I-22053 Lecco
✕ 01.07.–30.08.; sonst Wochenende; vorherige Anfrage empfehlenswert; 25 Schlafplätze
⚡ 220 Volt mit Generator
↗ Versasio (Lecco) 1 Std.
→ Rifugio Azzoni 3 Std.
Rifugio Alpinisti Monzesi 2 Std.
△ Resegone, 1860 m, 3 Std.
Piani d'Erna, 1250 m, 1¾ Std.
🚆 Lecco
🚌 Versasio (Lecco)
🚗 Versasio

Aprica, Bivacco

2227 m; erb. 1980
CAI Sektion Aprica
Via Europa
I-23031 Aprica

✕ mit 🔑 zugänglich; 13 Schlafplätze; Wasser vorhanden; 🔑 erhältlich im Ufficio Turista und bei Sig. Plona in Aprica (✆ 0342/746184) oder bei der Bergstation der 🚡 Magnolta
↗ Magnolta 1¼ Std.
△ Monte Venerocolo, 2589 m; Dosso Paso, 2575 m, 1 Std.
🚆 Tresenda-Aprica-Teglio
🚌 Aprica
🚗 Magnolta

Arnaldo Bogani, Rifugio

1811 m; erb. 1901, Neubau 1946
CAI Sektion Monza
Casella Postale 202
I-20052 Monza

🚹 Emma Barindelli
I-22050 Esino Lario
✆ 0341/860244
⌂ Rifugio A. Bogani
I-22050 Esino Lario
✕ 20.06. bis 20.09.; 50 Schlafplätze

↗ Prato S. Pietro 4 Std.; Passo Cainallo 2 Std.; 🅿 Valle di Cino 1½ Std.
→ Rif. Riva 3½ Std.; Rif. Brioschi 2½ Std.; Biv. Brigatta ¾ Std.; Rif. Bietti 2 Std.
△ Grigna Settentrionale, 2409 m, 2½ Std.
🚂 Bellano
🚌 Prato S. Pietro
🚗 Valle di Cino

Baita al Lago Cernello, Rif.

1966 m; erb. 1942, umgeb. 1978
CAI Sektion Bergamo
Via Ghislanzoni 15
I-24100 Bergamo
✆ 035/244273
Betreut vom CAI Sottosez. Alzano-Lombardo
Via Locatelli 17
I-24022 Alzano-Lombardo
✆ 035/511544

⌂ Rifugio Baita Cernello
Loc. Lago Cernello
I-24020 Valgoglio
✗ 15.05. bis 30.09. am Wochenende; ✆ Anmeldung erforderlich (Di u. Fr 20.30 – 22.30 Uhr)
✆ 035/511544; Gruppen können nach Vereinbarung auch mit Speisen und Getränken versorgt werden; 20 Schlafplätze
∿ 220 Volt
↗ Valgoglio 2½ – 3 Std.
→ Rifugio Laghi Gemelli 3 Std.; Rifugio F.lli Calvi 2¼ Std.
△ Monte Madonnina, 2502 m, 2¼ Std.; Monte Cabianca, 2601 m, 3 Std.
🚂 Bergamo
🚌 Valgoglio
🚗 Valgoglio

Baita Alpe Grem, Rifugio

1098 m; erb. 1967
Besitzer: Gemeinde Gorno
I-24020 Gorno

👤 A. Guerinoni
I-24020 Gorno
✆ 035/707256
✗ 01.06. bis 07.09.; sonst am Wochenende; 32 Schlafplätze
∿ 220 Volt
↗ Oneta 1 Std.; Villassio 1½ Std.; Zambla-Alta 1 Std.; PKW-Zufahrt möglich
→ Rifugio Santa Maria in Leten 3½ Std.; Rifugio Capanna 2000 3 Std.

- Bergamo
- Oneta
- beim Haus P

Baita Armentarga, Rifugio

1816 m; erb. 1925, umgeb. 1972
Gruppo Alpinistico Penne
Nere-Boccaleone
Via B. Capitano 90
I-24125 Bergamo
✆ 035/311364

- Rifugio Baita Armentarga
  Valle Armentarga
  I-24010 Carona
- Mai bis Sept. durchgehend
  März, April, Okt. am Wochenende; 38 Schlafplätze
- 220 Volt
- Carona 3 Std.
- Rifugio Calvi 1/2 Std.
  Rifugio Longo 2 1/2 Std.
  Rifugio Brunone 4 Std.; Rifugio Laghi Gemelli 4 Std.
- △ Monte Aga, 2720 m, 2 1/2 Std.; Monte Grabiasca, 2705 m, 2 1/2 Std.
  Pizzi del Diavolo, 2914 m, 3 Std.; Monte Cabianc,a 2601 m, 3 1/2 Std.
- Bergamo
- Carona
- Carona

Baita Golla, Rifugio

1756 m; erb. 1990
CAI Sektion Bergamo
Via Ghislanzoni 15
I-24100 Bergamo
✆ 035/244273
Betreut vom CAI Sottosez. Leffe
Via Castello (Palazzo Mosconi)
I-24026 Leffe
✆ 035/727035

- Rifugio Baita Golla
  Cascinetto Golla
  I-24020 Gorno
- 1.5. – 31.9. Sa nachmittags und So; ✆ Anmeldung erforderlich (Freitag von 20.30 – 22.30 Uhr) ✆ 035/727035; Gruppen können nach Vereinbarung auch mit Speisen und Getränken versorgt werden; 20 Betten; 30 Lager

⚡ mit Solaranlage
↗ Gorno-Villassio-Alpe Grem 2 Std.
→ Rifugio Alpe Corte über Passo del Re 5 Std.
△ Cima di Grem, 2049 m; Monte Golla, 1982 m; Pizzo Arera, 2512 m
🚆 Bergamo
🚌 Gorno
🚗 Alpe Grem

Baita Iseo, Rifugio

1335 m; erb. 1980
CAI Brescia Zweigsektion Iseo
Via Pieve
I-25049 Iseo
✆ 030/980709 (Sig.ra Consoli Pellizzari)

🚶 Lidia Patti
I-25050 Ono San Pietro
✆ 0364/433038
🏠 Rifugio Baita Iseo; I-25050 Ono San Pietro
✕ 01.05. bis 20.09. am Wochenende; sonst nach vorheriger Vereinbarung mit dem Bewirtschafter; 25 Schlafplätze
⚡ 220 Volt mit Generator
↗ Ono San Pietro 2 Std.; Baita del Duil 1¼ Std.
→ Schilpario über Passo Campelli; Bivacco Val Baione
△ Cima dei Ladrinai, 2403 m; Gruppe la Concarena
🚆 Badetto-Ceto
🚌 Ono San Pietro
🚗 Baita dei Duil

Bellano, Rifugio

1200 m
Besitzer:
Societa Escursionisti Bellano
I-22051 Bellano

🏠 Rifugio Bellano
I-22050 Sueglio
✆ 0341/850556
✕ betreut durch die Mitglieder; 01.06. bis 30.09. an den Wochenenden; im August ca. 3 Wochen durchgehend; 12 Schlafplätze
⚡ 220 Volt
↗ PKW-Zufahrt von Sueglio möglich; Sueglio 1¾ Std.
→ Rifugio Roccoli Lorla ¾ Std.; Rifugio Guido Silvestri 3 Std.
△ Monte Legnocino, 1714 m, 1½ Std.; Monte Legnone, 2609 m, 4¼ Std.
🚆 Dervio
🚌 Sueglio
🚗 Sueglio oder P beim Haus

Beniamino, Rifugio

1508 m; privat
Besitzer: C. Gusmeroli
I-23100 Sondrio
✆ 0342/213360

- 🏠 Rifugio Beniamino
  I-23010 Tartano – Alpe Arale
  ✆ 0342/645024
- ✕ 15.05. bis 15.11.; 60 Schlafplätze
- ⚡ 220 Volt
- ↗ Tartano 1½ Std.; PKW-Zufahrt bis etwa 5 Min. vom Haus möglich
- → Lago di Bernasca im Val Cogola 3½ Std.; Fusine 6 Std.
- △ Cima di Lemma, 2348 m, 2¾ Std.
- 🚂 Ardenno-Masino
- 🚌 Tartano
- 🚗 Tartano oder P in Hüttennähe

Bocca di Biandino, Rif.

1500 m; privat

- † Eugenia Bonacina
  Via Roma 8
  I-22040 Introbio
  ✆ 0341/980466
- 🏠 Rifugio Bocca di Biandino
  I-22040 Introbio – Val Biandino
  ✆ 0341/980451
- ✕ 01.07. bis 31.08.; bis Mitte Dez. und im Frühjahr an den Wochenenden; 50 Schlafplätze
- ⚡ 220 Volt
- ❄ mit 🔑 zugänglich
- ↗ Introbio 2½ Std.
  Zufahrt mit PKW möglich
- → Rif. Grassi 1½ Std.; Rif. Madonna delle Neve ½ Std.; Rif. Santa Rita 1½ Std.
- △ Pizzo Tre Signori, 2554 m, 3½ Std.
- 🚂 Lecco oder Bellano
- 🚌 Introbio
- 🚗 beim Haus P

Brunino, Rifugio

1015 m; privat

- 🏠 Rifugio Brunino
  I-22040 Ballabio – Colle di Balisio
  ✆ 0341/363862

- ganzjährig; 8 Schlafplätze
- 220 Volt
- Colle di Balisio 1 Std.; PKW-Zufahrt möglich
- Rifugio Mario Tedeschi 1½ Std.; Rifugio Riva; Rifugio Brioschi 4½ Std.
- Grigna Settentrionale, 2409 m, 4½ Std.
- Lecco oder Ballabio
- Colle di Balisio
- Colle di Balisio oder P beim Haus

Bruno Ferrario, Bivacco

2181 m; erb. 1968; am Gipfel der Grigna Meridionale
CAI Sektion Lecco
Gruppe Ragni
Via Roma 54
I-22053 Lecco
✆ 0341/363588

- immer zugänglich; 10 Schlafplätze nur für Notfälle; kein Wasser, kein Herd
- Rifugio Carlo Porta 2 Std.
- Rifugio Elisa; Rifugio Rosalba
- Lecco
- Piani Resinelli
- Piani Resinelli

Brunone, Rifugio (Rifugio Baroni)

2295 m; erb. 1894, umgeb. 1977
CAI Sektion Bergamo,
Via Ghislanzoni 15
I-24100 Bergamo
✆ 035/244273

- Flora Maria Mazzocchi
  Via Riccardi 33
  I-24020 Valbondione
  ✆ 0346/44147
- Rifugio Brunone
  Passo della Scaletta,
  I-24020 Valbondione
  ✆ 0346/43215
- 5.6. – 4.7. und 13.9. – 17.10. an den Wochenenden; 05.07. bis 12.09. durchgehend; 64 Schlafplätze
- 220 Volt mit Generator
- offen; 8 ⊓; mit Kochgelegenheit
- Fiumenero 4 Std.; Valbondione 5 Std.
- Rifugio F.lli Calvi 5½ Std.; Rifugio F.lli Longo 5½ Std.; Bivacco Frattini 2¾ Std. Rifugio Coca 4 Std.; Rifugio Mambretti

△ Pizzo di Rodes, 2831 m, 3 Std.; Punta di Scais, 3039 m, 3 – 4 Std.
Pizzo di Redorta, 3037 m, 3 Std.; Cima Solvia, 2710 m; Pizzo Gro, 2653 m
Pizzo di Porola, 2981 m
🚂 Bergamo
🚌 Fiumenero oder Valbondione
🚗 Fiumenero

Cantoniera di San Marco, Rifugio

1832 m; Besitzer: Provinz Bergamo

† Claudio Balicco
Via Salvini 10
I-24010 Mezzoldo
✆ 0345/86017
⌂ Rifugio Cà. San Marco
Loc. Ancogno
I-24010 Averara
✆ 0345/86020
✗ 01.06. bis 31.11. durchgehend
01.12. bis 31.05. an den Wochenenden; 50 Schlafplätze
~ 220 Volt
↗ Mezzoldo (Soliva) $2\frac{3}{4}$ Std.
Mezzoldo (Ponte dell'Acqua) $1\frac{1}{2}$ Std.; Averara (Valmoresca) $2\frac{1}{2}$ Std.; Zufahrt von Mezzoldo oder Morbegno
→ Rifugio Benigni 3 Std.; Rifugio Grassi 7 Std.; Baita Camoscio 4 Std.
△ Monte Verobbio, 2139 m, 3 Std.; Monte Colombarolo, 2309 m, 2 Std.
Monte Ponterancia, 2378 m, $2\frac{1}{2}$ Std.
🚂 Morbegno
🚌 Mezzoldo
🚗 in der Nähe des Hauses

Capanna 2000, Rifugio

2000 m; privat, Besitzer: VOIC

† S. Tiraboschi
I-24013 Oltre il Colle
✆ 0435/95250 oder 95077
⌂ Rifugio Capanna 2000
I-24013 Oltre il Colle
✗ 15.05. bis 25.06. und 11.09 bis 31.10. am Wochenende; 25.06. bis 10.09. durchgehend; 28 Schlafplätze (30 Schlafplätze im Nebengebäude)
~ 220 Volt
↗ ⛏ von Plassa zum Haus; Plassa $2\frac{1}{4}$ Std.
→ Rifugio Santa Maria in Leten $1\frac{3}{4}$ Std.; Rifugio Alpe Corte 3 Std.
△ Pizzo Arera, 2512 m, $1\frac{1}{2}$ – $2\frac{1}{2}$ Std.

- Bergamo
- Oltre il Colle
- Plassa

Carlo Nembrini, Bivacco

1780 m; erb. 1975
CAI Sektion Bergamo
Via Ghislanzoni 15
I-24100 Bergamo
✆ 035/244273

- immer zugänglich; 15 Schlafplätze; Wasser 150 m entfernt
- Zambla 1½ Std.
  Cornalba 2½ Std.
- △ Monte Alben, 2019 m, ¾ Std.
  Cima della Croce, 1978 m
- Bergamo
- Zambla Alta
- Zambla Alta

Carlo Porta, Rifugio

1426 m; erb. 1911; CAI Sektion Milano
Via S. Pellico 6
I-20121 Milano
✆ 02/86463516

- Nicola Antonioli
  I-22040 Ballabio – Piani Resinelli
- Rifugio Carlo Porta
  Piani Resinelli
  I-22040 Ballabio
  ✆ 0341/590105
- ganzjährig; 51 Schlafplätze
- 220 Volt
- Piani Resinelli ¼ Std.
- → Rif. SEM E. Cavaletti; Bivacco Ferrario 2½ Std.; Rifugio Rosalba 2¼ Std.
- △ Grigna Meridionale, 2184 m, 2½ Std.
- Lecco
- Piani Resinelli
- Piani Resinelli

Casari, Rifugio

1670 m; Besitzer: F. Casari
I-22040 Moggio
✆ 0341/997022

- Rifugio Casari
  Piani di Artavaggio
  I-22040 Moggio
  ✆ 0341/997837
- ganzjährig; 28 Schlafplätze
- 220 Volt
- Bergstation der von Moggio 15 Min.; Moggio 2½ Std.
  weitere Zugänge, Übergänge und Gipfel siehe Rifugio Sassi-Castelli
- Bellano
- Moggio – Barzio
- Talstation in Moggio

Casera Vecchia di Varrone, Rifugio

1670 m; erb. 1981, umgeb. 1986
CAI Sektion Premana
Via Vittorio Emanuele 4
I-22050 Premana
✆ 0341/890427

- Rifugio Cas. Vecchia-Varrone
  Alta Val Varrone
  I-22050 Premana
- 20.06. bis 15.09.; übrige Zeit in der Bar Roma in Premana erhältlich; 24 Schlafplätze
- Premana 2½ – 3 Std.
  Gerole Alta 4 Std.
  Pian di Bobbio 4 Std.
- → Rifugio Falck 1½ Std.
  Rifugio Santa Rita 1½ Std.; Rifugio Madonna delle Neve 2¾ Std.
- △ Pizzo Tre Signori, 2554 m, 2 Std.; Pizzo Melaccio, 2465 m, 2 Std.
  Pizzo Trona, 2510 m, 2 Std.; Pizzo Rotondo, 2266 m, 3 Std.
  Pizzo Varone, 2126 m, 1½ Std.
- Bellano
- Premana
- Premana

Cazzaniga-Merlini, Rifugio

1889 m
Besitzer:ANA Sektion Lecco
I-22053 Lecco
✆ 0341/364108

- F. Cavallin u. A. Bovetta
  I-20099 Sesto S. Giovanni
  ✆ 02/2481033

- Rifugio Cazzaniga-Merlini
  I-22040 Barzio
  ✆ 0341/997839
- 20.07. bis 31.08. an Wochenenden und Feiertagen
  51 Schlafplätze
- 220 Volt
- Bergstation Piani di Artavaggio ½ Std.
  Valorta 2¾ Std.
  Casiglio 4½ Std.
- Rifugio C. Battisti ¾ Std.
  Rifugio Sassi-Castelli ½ Std.
  Rifugio Casari ½ Std.
  Rifugio Lecco 2 Std.
- △ Zuccone Campelli, 2161 m
  1½ Std.
- Bellano
- Moggio-Barzio
- Talstation in Moggio

Cesare Benigni, Rifugio

2222 m; erb. 1983
CAI Sektion Bergamo
Sottosez. Alta Valla Brembana
I-24014 Piazza Brembana

- Maria Clara Geneletti
  Via Vetta 41
  I-24016 San Pelegrine Terme
  ✆ 0345/23489
- Rifugio C. Benigni
  Lago Piazzotti
  I-24010 Ornica
  ✆ 0345/89033
- 29.5. – 30.6. und 13. – 26.9. am Wochenende; 1.7. – 12.9. durchgehend; 20 Schlafplätze
- 220 Volt mit Solaranlage
- offen; 8 ⊓; mit Kochgelegenheit
- Cusio 2¼ Std.; Ornica 3½ Std.; Pescegallo 2¼ Std.
- Rifugio Grassi 3 Std.; Rifugio San Marco 3 Std.; Rifugio Varrone 3 Std.
- △ Pizzo Trona, 2510 m; Monte Valetto, 2371 m; Pizzo dei Tre Signori, 2554 m, 3 Std.; Dente di Mezzaluna, 2282 m; Cima Occidentale dei Piazzoti, 2349 m, ½ Std.
- Morbegno oder Bergamo
- Cusio, Ornica oder Gerole Alta
- Cusio, Ornica oder Pescegallo

Cima Bianca, Rifugio

2165 m
Besitzer: S.I.R.P.A. Spa.
Via Tortola
I-24020 Colere
✆ 0346/54192

- Vinicio Borlini
  I-24028 Ponte Nossa
  ✆ 0346/54343 oder
  035/702670
- Rifugio Cima Bianca
  I-24020 Colere
  ✆ 0346/51579
- 1.12. – 1.5.; 15.7. – 31.8.
  45 Betten
- 220 Volt
- beim Hüttenwirt
- Colere 2½ Std.; Lift zum Haus
- Rifugio Albani ¼ Std.; Rifugio Curo 6 Std.
- M. Ferrante, 2427 m, 1 Std.; Cima Verde, 2120 m; Pizzo delle Presolana, 2521 m
- Bergamo
- Colere
- Colere; Carbonera Lift-Talstation

Citta di Clusone, Bivacco

2050 m; erb. 1969
CAI Sektion Clusone
I-24023 Clusone

- immer zugänglich; 9 Lager; Schmelzwasser
- Giogo della Presolana (3 km von Castione) 3 Std.; Passo della Presolana 2 Std.
- Rifugio Albani 2½ Std.
- Pizzo della Presolana, 2521 m, 1½ Std.; Monte Visolo, 2369 m, 1 Std.
- Bergamo, Pisogne oder Darfo
- Castione della Presolana
- Passo della Presolana

Citta di Lecco, Bivacco

1860 m; erb. 1984
Besitzer: SEL Societa Escursionisti Lecchesi
I-22053 Lecco
✆ 0341/373330
Das Bivacco steht nahe beim Rifugio Azzoni. Zugänge, Übergänge und Gipfel, Bahnstation, Busstation und Parkplatz siehe dort

- immer zugänglich; 20 Schlafplätze; Wasser vorhanden

Coca, Rifugio

1892 m; erb. 1919, umgeb. 1957
CAI Sektion Bergamo
Via Ghislanzoni 15
I-24100 Bergamo
✆ 035/244273

- Giancarlo Seghezzi
  Via Roma 77
  I-24028 Ponte Nossa
  ✆ 035/701515
- Rifugio Coca
  Lago di Coca – Val di Coca
  I-24020 Valbondione
  ✆ 0346/44035
- 15.5. – 10.7. u. 13.9. – 24.10.
  an den Wochenenden
  11.7. bis 12.9. durchgehend; 68 Schlafplätze
- 220 Volt
- offen; 8 ⊓
- ↗ Valbondione 3 Std.; Arigna über den Cocapaß 5 Std.
- → Rif. Brunone (Rif. Baroni) 4 Std.; Rifugio Curò 3 Std.; Bivacco Alfredo Corti 3 Std.
- △ Pizzo Coca, 3052 m, 3½ Std.; Cima di Arigna, 2926 m, 3 Std.
  Dente di Coca, 2926 m, 3½ Std.; Pizzo di Porola, 2981 m, 3¾ Std.
  Pizzo di Retorda, 3037 m, 3½ Std.; Punta di Scais, 3039 m, 3 – 5 Std.
- Bergamo
- Valbondione
- Valbondione

Corno Medale, Rifugio

550 m; privat; Besitzer: Adamoli-Poli
I-22053 Lecco
✆ 0341/496449

- Rifugio Corno Medale
  Laorca
  I-22053 Lecco
  ✆ 0341/496649
- ganzjährig; 18 Schlafplätze
- 220 Volt
- ↗ Laorca (3 km von Lecco) ½ Std.
- → Piani Resinelli
- △ Corno Medale, 1028 m, 1½ Std.
- Lecco
- Laorca
- Laorca

Dante Testa, Bivacco

1489 m; erb. 1980
Besitzer: Gruppe Alpinistico Vertovese GAV
I-24029 Vertova

- 6 ⊓; Kochgelegenheit; immer zugänglich; Quelle in 5 Min. erreichbar
- Passo Dasla 1¾ Std.; Chignolo 2¼ Std.; Baita Roset (3 km von Vertova) 3 Std.
- Bivacco La Plana ¾ Std.
- Monte Secrolondo, 1556 m; Monte Alben, 2019 m
- Bergamo
- Vertova
- Passo Dasla oder Chignolo

Dino Tavecchio, Rifugio

1498 m; erb. 1956; privat
Übergänge,Gipfel, Bahnstation, Busstation und Parkplatz siehe Rif. di Biandino

- Rifugio Tavecchio
  Val Biandino
  I-22040 Introbio
  © 0341/980572
- 15.06. bis 30.09. durchgehend; sonst an den Wochenenden; 80 Schlafplätze
- 220 Volt
- Introbio 2½ Std.

Elisa, Rifugio

1515 m; erb. 1927, umgeb. 1975
CAI Sektion Grigne
Via F'lli Pini
I-22054 Mandello Lario

- G. Bonaschi
  I-22050 Lecco
  M. Cariboni
  I-22054 Mandello Lario
- Adresse siehe Sektion
- 1.8. – 20.8. durchgehend; 1.5. – 30.7. und 21.8. – 15.10. an Wochenenden und Feiertagen
  18 Schlafplätze
- 220 Volt mit Aggregat
- Rongio 3 Std.
  Colle di Balisio 4½ Std.
- Rifugio Bietti 2½ Std.; Rifugio Rosalba 2½ Std.; Bivacco Bruno Ferrario 2½ Std.
- Grigna Settentrionale, 2409 m, 2¾ Std.; Grigna Meridionale, 2184 m, 2½ Std.
- Mandello Lario
- Rongio

Enrico Resnati, Bivacco

1920 m; neu erb. 1973
CAI Sektion Macherio, Zweig Biassono
Via Umberto 1
I-20040 Biassono

- ✗ immer zugänglich; 4 Schlafplätze ohne Decken; Wasser am Gletscher 15 Min. oder am Aufstieg.
- ↗ Pozzolo 3 Std.; Station Ponte in Valtelino 5 Std.
- → Bivacco Corti 2 Std.
- △ Pizzo di Coca, 3052 m, 3 – 4 Std.
- Bahn: Ponte in Valtelina
- Bus: Arigna
- Auto: Pozzolo (Centrale dell'Armisa)

F.A.L.C., Rifugio

2120 m; erb. 1949
CAI Milano
Sektion Società Alpinistica F.A.L.C.
Via G. B. Bertini 19
I-20154 Milano
✆ 02/3452057

- Auskunft bei Antello Chiodo ✆ 02/6176374
- siehe Sektionsadresse
- ✗ 1.6. – 15.7. und September an Wochenenden und Feiertagen; 16.7. – 31.8. durchgehend; 18 Schlafplätze
- ↗ Gerola Alta 3 Std.
  Premana 4 Std.
  Pescegallo 4 Std.
- → Rif. Cas. Varrone 1 Std.; Rif. Benigni 2 Std.; Rif. Grassi 1½ Std.; Rif. San Rita 1 Std.
- △ Pizzo Tre Signori, 2554 m, 1½ Std.; Pizzo d'Trona, 2510 m, 1½ Std.
  Pizzo Varrone 2126 m 1 Std.
- Bahn: Morbegno
- Bus: Gerola Alta
- Auto: Gerola Alta

Fratelli Calvi, Rifugio

2015 m; erb. 1935, umgeb. 1984
CAI Sektion Bergamo
Via Ghislanzoni 15
I-24100 Bergamo
✆ 035/244273

S. Azzola-Aurelio Bortolotti
Via Sicilia 1
I-24100 Bergamo
Ⓒ 035/315891

Rifugio F.lli Calvi
Lago Rotondo
I-24010 Carona
Ⓒ 0345/77047

6.4. – 12.6. u. 19.9. – 1.11. an Wochenenden; 13.6. – 18.9. durchgehend; 93 Schlafplätze

220 Volt; teilweise Solarstrom

offen; 8

Carona 3 Std.; Gromo 4½ Std.

Rifugio Brunone 5½ Std.
Bivacco Aldo Frattini 2½ Std.
Rifugio Laghi Gemilli 3¾ Std.
Rifugio Fratelli Longo 2½ Std.; Rifugio Baita Cernello 1¾ Std.

Monte Grabiasca, 2705 m, 2½ Std.; Pizzo Poris, 2712 m, 3 Std.
Monte Madonnina, 2502 m, 2 Std.; Pizzo del Diavolo di Tenda, 2914 m, 3 Std.

Bergamo

Carona

Carona

Fratelli Longo, Rifugio

2028 m; erb. 1923, umgeb. 1961
CAI Sektion Bergamo
Via Ghislanzoni 15
I-24100 Bergamo
Ⓒ 035/244273

Alpina Scais
Via Greppi 6
I-24100 Bergamo
Ⓒ 035/311169

Rifugio F.lli Longo
Lago del Diavolo
I-24010 Carona
Ⓒ 0345/77070

15.5. – 10.7. u. 13.9. – 24.10. an den Wochenenden
11.7. bis 12.9. durchgehend
40 Schlafplätze

Carona 3 Std.

Rif. Calvi über Baita Armentarga 2½ Std.; Rif. Brunone (Rif. Baroni) 5½ Std.

Monte Aga, 2720 m, 2½ Std.; Monte Masoni, 2663 m
Pizzo del Diavolo di Tenda 2914 m

- Bergamo
- Carona
- Carona

G. Palazzi, Rifugio (Bivacco Cima di Menna)

2000 m
Besitzer: Gruppe 4 Cime M.A.G.A.
I-24013 Oltre il Colle

- A. Epis
  I-24013 Oltre il Colle
  © 0345/95107
- siehe Adresse Hüttenwart
- betreut von 01.07. bis 31.08. an den Wochenenden; Anfrage beim Hüttenwart empfehlenswert; 12 Schlafplätzen und Küche
- Zorzone 3 Std.; Roncobello 3 Std.
- Cima di Menna, 2300 m, 1 Std.
- Bergamo
- Oltre il Colle
- Zorzone oder Roncobello

Giacomo Ghislandi, Rifugio (Rifugio Esposito)

1284 m; erb. 1982
CAI Sektion Calolziocorte
Piazza V. Veneto 12
I-24032 Caloziocorte
Betreut durch die Sektion

- F. Maver
  © 0341/680025
- 9 Schlafplätze; Wasser 120 m entfernt
- mit Generator
- Erve 1½ Std.; Malnago (Lecco) 1½ Std.; Brumano 1½ Std.
  Bergstation der Seilbahn 1½ Std.
- Rif. Alpinisti Monzesi ¼ Std.; weitere Übergänge siehe Rifugio Alpinisti Monzesi
- Resegone di Lecco, 1875 m, 2¼ Std.
- Lecco
- Erve oder Brumano
- Erve, Brumano oder Seilbahn-Talstation

Giovanni Riva, Rifugio

1020 m; erb. 1950, umgeb. 1989; privat
Besitzer: Domenica Tagliaferri
Via A. Diaz 8
I-22040 Primaluna
© 0341/980080

- 🏠 Rifugio Giovanni Riva
  Alpe Piattedo
  I-22040 Primaluna
  Fraz. Pessina
- ✕ 01.07. bis 01.10. durchgehend
  März bis Ende Juni; Okt. und
  Nov. am Wochenende; 15 🛏
- ⚡ 220 Volt mit Aggregat
- ↗ Primaluna 1½ Std.
  Forststraße von Primaluna bis
  in Hausnähe;
  Pasturo Baiedo 1 Std.
- → Rifugio Brioschi 4 Std.
  Rifugio Bogani-Monza 4 Std.
- 🚂 Lecco oder Bellano
- 🚌 Primaluna
- 🚗 Primaluna oder Baiedo

Giuseppe Buzzoni, Rifugio

1610 m; erb. 1982
CAI Sektion Introbio
Piazza dei Gringioni 3
I-22040 Introbio
✆ 0341/981059

- 🚶 Brigida Rupani
  Via L. Longoni 11
  I-22040 Introbio
  ✆ 0341/980388
- 🏠 Rifugio Buzzoni
  Loc. Alpe Motta
  I-22040 Introbio
  ✆ 0341/980388
- ✕ 20.06. bis 15.09. durchgehend; sonst nur an Wochenenden und Feiertagen
  ✆ Anfrage wird empfohlen; 34 Schlafplätze
- ⚡ 220 Volt mit Solaranlage
- ❄ offen; 4 ⊓
- ↗ Introbio 2¼ Std.; Barzio 3 Std.; Bergstation der 🚡 Pian de Bobbio 1 Std.
- → Rifugio Lecco 1½ Std.; Rifugio Grassi 2 Std.
- △ Cima Campelli, 2170 m, 2½ Std.; Pizzo dei Tre Signori, 2554 m, 3½ Std.
- 🚂 Lecco
- 🚌 Introbio oder Barzio
- 🚗 Introbio oder Barzio

Gualtiero Laeng, Rifugio

1760 m; erb. 1982
CAI Sektion Cedegolo
Via Nazionale 103
I-25051 Cedegolo
✆ 0364/61070

- Luigi Fanti
  Via Rago 1
  I-25040 Bienno
  ✆ 0364/40234
- Rifugio G. Laeng
  I-25042 Borno
- 15.06. bis 15.09.; sonst nach Vereinbarung; evtl. mit zugänglich
  Auskunft auch beim Pro Loco Borno; 12 Schlafplätze; Wasser etwa 20 m entfernt
- keiner; Gas
- 3 Schlafplätze mit Kochgelegenheit; Geschirr vorhanden
- ↗ Borno 2½ Std.; Lozio 1¾ Std.
- → Rifugio San Fermo 1 Std.
- △ Pizzo Camino, 2491 m, 2 Std.; Cima Moren, 2418 m; Corna San Fermo, 2329 m
- Civitate-Malegno
- Borno
- Borno

Guido Silvestri, Ricovero (Casera del Legnone)

2100 m; erb. 1984
CAI Sektion Dervio
Via San Giovanni Bosco 2
I-22050 Dervio

- immer zugänglich, aber nur für Notfälle; keine ; nur Tisch, Stühle und Ofen; Wasser 60 m entfernt
- ↗ Rifugio Roccoli Lorla 2 Std.
- → Rifugio Scoggione 2 Std.
- △ Monte Legnone, 2609 m, 1 Std.
  Pizzo Alto, 2512 m, 4 Std.
- Dervio
- Tremènico
- Rifugio Roccoli Lorla

La Plana, Bivacco

1238 m
Besitzer: Gruppe Alpinistico Chignolo di Oneta GAC

✗ immer zugänglich; 12 ⊓; Kochgelegenheit; Wasser vorhanden
↗ Chignolo 1½ Std.
→ Bivacco Dante Testa 1 Std.
△ Monte Secretondo, 1556 m
Bergamo
Gorno-Villassio
Chignolo

Laghi Gemelli, Rifugio

1968 m; erb. 1948
CAI Sektion Bergamo
Via Ghislanzoni 15
I-24100 Bergamo
✆ 035/244273

Giacomo Vitali-Maurizio Nava
Via F.lli Roncelli 58
I-24030 Almenno-S. Bartol.
✆ 035/540636

Rifugio Laghi Gemelli
I-24010 Branzi
✆ 0345/71212

✗ 1.5. – 12.6. und 20.9. – 1.11. am Wochenende; 13.6. – 19.9. durchgehend; 85 Schlafplätze
220 Volt
offen; 8 ⊓; mit Kochgelegenheit
↗ Carona 3 Std.; Roncobello 4 Std.; Branzi 3½ Std.; Valcanale 3½ Std.
→ Rifugio Calvi 4 Std.; Rifugio Alpe Corti 3 Std.
△ Pizzo Farno, 2506 m, 2 Std.; Pizzo del Becco, 2507 m, 2¼ Std.
Bergamo
Branzi oder Carona
Carona

Lecco, Rifugio

1779 m; erb. 1967; CAI Sektion Lecco
Via Roma 51
I-22053 Lecco
✆ 0341/363588

Piero Rupani
Via Valleggio 16
I-22040 Introbio
✆ 0341/980411

Rifugio Lecco
I-22040 Barzio – Vallone dei Camosci
✆ 0341/998573

✗ ganzjährig; vorherige Anfrage empfehlenswert; 25 Schlafplätze
220 Volt; 30 Min.
↗ Bergstation der Kabinenbahn von Barzio ½ Std.; Barzio 2 Std.; Valtorta 2½ Std.
→ Rifugio Grassi 2½ Std.; Rifugio Vittorio Ratti ½ Std.; Rifugio Cazzaniga 3 Std.
△ Zucco Campelli, 2159 m, 2½ Std.
Lecco
Barzio
Barzio

Leonida Magnolini, Rif.

1605 m; erb. 1948, umgeb. 1980
CAI Sektion Lovere
Via XX. Settembre
I-24065 Lovere

Iolanda Macario
✆ 035/258673
Rifugio Magnolini
I-24020 Bratto
✆ 0346/65145
✗ 15.06. bis 15.09.; 20.12. bis 06.01.; an Wochenenden und Feiertagen auf Anfrage
22 ; 22
220 Volt
↗ Ciar (Ceratello) 1½ Std.
Bossico 2½ Std.
Onore – Valle di Rigrizzolo 2½ Std.; Malga Alta di Pora (Bratto) ½ Std.
→ Presolanapaß 2 Std.
△ Monte Alto, 1723 m, 20 Min.
Monte Pora, 1880 m, 1 Std.
Bergamo
Bratto, Monte Pora (01.08. bis 20.08.)
Valzelli di Pora

Luigi Albani, Rifugio

1939 m; erb. 1967
CAI Sektion Bergamo
Via Ghislanzoni 15
I-24100 Bergamo
✆ 035/244273

Nordis Chiorda Luciana
Via Pezzottal 13
I-24021 Albino
✆ 035/751063

- Rifugio L. Albani
  Versante Nord della Presolana
  I-24020 Colere
  ✆ 0346/51105
- 06.02.–13.06. und 13.09.– 01.11. an den Wochenenden
  14.06.–12.09. durchgehend; 54 Schlafplätze
- 220 Volt
- offen; 8 ⊓; Kochgelegenheit
- ↗ Colere 2½ Std.; Valzuri 4 Std. Stalle Möschel 2½ Std.,
  Teveno – Malga Polzone 1½ Std.; Colere – Rifugio Cima Bianca, dann ¼ Std.
- → Rifugio Curo 7½ Std.; Malga Cassinelli 4½ Std.
- △ Pizzo della Presolana, 2521 m; Monte Ferrante, 2467 m, 1¾ Std.
  Monte Visolo, 2369 m, 2½ Std.
- Bergamo
- Colere oder Valzurio
- Colere oder Valzurio

Luigi Azzoni, Rifugio

1860 m; erb. 1925, neugeb. 1947
Besitzer: SEL Societa Escursionisti Lecchesi
I-22053 Lecco
✆ 0341/373330

- A. Invernizci
  I-22053 Lecco
  ✆ 0341/530966
- Rifugio L. Azzoni
  Monte Serada
  I-22053 Lecco
- Mitte Juli bis Ende August durchgehend
  ab Mai und bis Ende Oktober am Wochenende; 6 Betten; 12 ⊓
- keiner (in der Nähe das Bivacco Citta di Lecco)
- ↗ Bergstation der Pian d'Erna 2½ Std.; Morterone 2 Std.
  Forcella d'Olino 2½ Std.; Brumano 3 Std.
- → Rifugio Alpinisti Monzesi 2 Std.; Rifugio Stoppani 3 Std.
- △ Resegone di Lecco, 1875 m, in unmittelbarer Nähe
- Lecco
- Talstation oder Brumano
- Forcella d'Olino oder Morterone

Luigi Bietti, Rifugio

1719 m; erb. 1886, Neubau 1950
CAI Sektion Milano
Via S. Pellico 6
I-20121 Milano
✆ 02/86463516

- Enrico Comini
  Via Monte Santo 9/A,
  I-22054 Mandello Lario
  ✆ 0341/735917
- Rifugio L. Bietti
  I-22054 Mandello Lario
  ✆ 0342/51178
- 01.05. bis 15.05.; 33 Schlafplätze
- 220 Volt
- Passo Cainallo 2½ Std.; Sonvico 4¼ Std.; Rongio 4½ Std.
  P Valle di Cino 1¾ Std.
- Rifugio Brioschi 2½ Std.; Rifugio Bogani 2 Std.; Bivacco Merlini 2 Std.
  Rifugio Elisa 3½ Std.; Bivacco Brigatta ½ Std.
- △ Grigna Settentrionale, 2409 m, 2¾ Std.
- Mandello Lario
- Rongio
- Vale di Cino

Luigi Brioschi, Rifugio

2409 m; erb. 1876, Neubau 1948; in unmittelbarer Nähe der Grigna Settentrionale
CAI Sektion Milano
Via S. Pellico 6
I-20121 Milano
✆ 02/86463516

- Domenico Berluzzi
  Via Emilia 48
  I-20077 Melegnano
  ✆ 02/9830698
- Rifugio L. Brioschi
  I-22040 Pasturo
  ✆ 0341/996080
- ganzjährig; 28 Schlafplätze
- 220 Volt; Solaranlage
- Pasturo 4¾ Std.; Rifugio Bietti 2¾ Std.; Rifugio Bogani 2½ Std.
  Rifugio Elisa 2¾ Std.; Rifugio Mario Tedeschi – Pialeral 2¾ Std.
- Bivacco Merlini 1 Std.
- Ballabio
- Pasturo
- Pialeral

Luigi Mambretti, Rifugio

2004 m; erb. 1925, umgeb. 1984
CAI Sektion Valtellinese
Via Trieste 27
I-23100 Sondrio
✆ 0432/214300

- Giuseppe Valsecchi
  I-23100 Sondrio
- nicht bewirtschaftet; mit Schlüssel zugänglich, erhältlich beim Staudammwärter am Lago Scais, ✆ 0342/213281 oder im Schuhgeschäft Pietro Meago, Piazzale Bertacchi 30
  I-23100 Sondrio
  ✆ 0432/217015 oder 216940
  24 Schlafplätze
  Wasser vorhanden
- Solarstrom-Anlage
- 4 ⊓; immer zugänglich
- ↗ Agneda 2½ Std.
- → Rifugio Brunone 4 Std.
  Bivacco Donati 2½ – 3 Std.
  Bivacco Corti
- △ Pizzi di Rodes, 2831 m, 3 Std.; Punta di Scais, 3039 m, 3 – 4 Std.
  Pizzo di Redorta, 3037 m, 3½ Std.
- Sondrio oder Piateda
- Piateda
- Agneda

Madonna delle Neve, Rifugio

1595 m; privat

- Rifugio Madonna delle Neve
  Val Biandino
  I-22040 Introbio
- 01.07. bis 31.08.; 30 Schlafplätze
- 220 Volt
- ↗ Introbio 3 Std.
- → Rifugio Tavecchio ½ Std.; Rifugio Bocca di Biandino ½ Std.; Rifugio S. Rita 1 Std.
- △ Pizzo Tre Signori, 2554 m, 3 Std.
- Lecco oder Bellano
- Introbio
- Bocca di Biandino

Madonna delle Nevi, Rifugio

1336 m; privat

- M. don Togni
  ✆ 035/237279
- Rifugio Madonna delle Nevi
  I-24010 Mezzoldo
  ✆ 0345/86047

- ✕ 15.06. bis 15.09.; 85 Betten; 20 Lager
- 220 Volt
- ↗ Zufahrt von Mezzoldo auf der Straße zum Passo di S. Marco
- → Rifugio Arale 5 – 6 Std.
- △ Monte Azzareda, 2112 m, 2½ Std.
- Bahn: Morbegno
- Bus: Mezzoldo
- Auto: P an der Paßstraße in Hausnähe

Malga Campo, Rifugio

1528 m; erb. 1930, umgeb. 1985
Besitzer: Gemeinde Castione della Presolana; Piazza Roma
I-24020 Castione della Presolana

- ✕ Selbstversorgerhütte
  24 Schlafplätze
- 220 Volt mit Aggregat
- mit Schlüssel zugänglich; erhältlich bei S. Vigili, ✆ 0346/61188
- ↗ Rusio 1¾ Std.
- → Rifugio Rino Olmo 1 Std.
  Rifugio Albani 4½ Std.
  Rifugio Cima Bianca 4½ Std.
- △ Cime Vette della Presolana, 2521 m, 3 Std.
- Bahn: Bergamo
- Bus: Castione della Presolana
- Auto: Rusio

Mario Tedeschi, Rifugio

(1375 m; erb. 1908, Neubau 1988
CAI-SEM Milano
Via U. Foscolo 3
I-20121 Milano
✆ 02/8059191

- Hüttenwirt: ✆ 0341/955462 oder 732941
- Hütte: Rifugio Mario Tedeschi; I-22040 Pasturo
- ✕ 01.07. bis 15.09. einfach an den Wochenenden; 30 Schlafplätze
- 220 Volt
- ↗ Pasturo 2 Std.; Colle di Balisio 2 Std.; Rifugio Brunino 1½ Std.
- → Rifugio Riva; Bivacco Merlini 2 Std.; Rifugio Brioschi 2¾ Std.
- △ Grigna Settentrionale, 2409 m, 2¾ Std.
- Bahn: Bellano oder Lecco
- Bus: Pasturo
- Auto: Pasturo

Monte Farno, Rifugio

1248 m; privat
Caterina Ungaro
I-24024 Gandino

- Rifugio Monte Farno
  I-24024 Gandino
  ✆ 035/745286
- ganzjährig; Restaurant Mittwoch Ruhetag; 30
- 220 Volt
- Gandino 4 Std.; PKW-Zufahrt möglich
- → Rifugio San Lucio 2 Std.
- △ Pizzo Formico 1636 m 1 Std.
- Bergamo
- Gandino
- beim Haus P

Monte Zucco, Rifugio

1150 m; erb. 1981
Besitzer: Gemeinde
San Pellegrino Terme
Via Papa Giovanni 23
I-24016 San Pellegrino-Terme
✆ 0345/21037
Betreut durch: G.E.S.P. (Gruppo escursionisti S. Pelegrino-Terme
Via S. Francesco d'Assisi 21
I-24016 San Pellegrino-Terme
✆ 0345/23050

- Rifugio Monte Zucco
  Loc. Foppi Mte. Zucco
  I-24019 Zogno
- 1.4. – 30.9. nur an Wochenenden und Feiertagen; 20 Schlafplätze
- 220 Volt
- keiner; Schlüssel zur Hütte erhältlich bei:
  Sig. Presenti Michele
  V. Lungo Brembo 7
  I-24016 San Pellegrino-Terme
  ✆ 0345/23050
- San Pellegrino-Terme 2 Std.; Zogno
- → Rifugio Pizzo Cerro, 1285 m, 1½ Std.
- Bergamo
- San Pellegrino-Terme oder Zogno
- San Pellegrino

Monte Zuccone, Rifugio

1545 m; privat

- F. Bianchi
  I-24010 Piazzatorre
  ✆ 0345/85034
- Rifugio Monte Zuccone
  I-24010 Piazzatorre
- 01.11. bis 15.05.; 01.07. bis 31.08.; 30 Betten; 30 Lager
- 220 Volt
- Seilbahn von Piazzatorre zum Haus; Piazzatorre 1½ Std.
- → Rifugio Torcola ¾ Std.
- △ Monte Torcola, 1789 m, ¾ Std.
- Bergamo
- Piazzatorre
- Piazzatorre

Nani Tagliaferri, Rifugio

2328 m; erb. 1985
CAI Sektion Bergamo
Via Ghislanzoni 15
I-24100 Bergamo
✆ 035/244273

- Sottosez. CAI P. Piantoni
  Palazzo Giustizia
  I-24020 Vilminore di Scalve
  ✆ 0346/51228
- Rifugio Tagliaferri
  Passo del Venano
  I-24020 Schilpario
  ✆ 0346/55355
- 20.6. – 15.9. durchgehend
  16.9. – 19.10. am Wochenende; 20 Schlafplätze; Winterraum
- 220 Volt mit Generator
- Schilpario – Ronco 4 Std.
- → Rifugio Curò 4 Std.; Rifugio Vivione 4½ Std.
- △ Monte Gleno, 2882 m, 1½ Std.; Monte Demignone, 2586 m, 1½ Std.
  Pizzo Tornello, 2687 m, 1 Std.; Monte Venerocolo, 2590 m, 2 Std.
- Bergamo oder Darfo
- Ronco di Schilpario
- Ronco di Schilpario

Ottorino Donati, Bivacco

2500 m; erb. 1984
CAI Sektion Valtellinese
Via Trieste 27
I-23100 Sondrio
✆ 0432/214300
Betreut durch Arialdo Donati
Briotti
I-23026 Ponte in Valtellina
✆ 0342/482000

- ✗ zugänglich mit ⚷, erhältlich in der Bar in Briotti, ✆ 0432/483428
  14 ⊓; Kochgelegenheit; Wasser vorhanden
- ⊠ 2 ⊓; immer zugänglich
- ↗ Briotti über Lago di S. Stefano – Val Reguzzo 5 Std.
- → Rifugio Mambretti 2½ – 3 Std.; Bivacco Alfredo Corti
- △ Punta di S. Stefano, 2693 m, 2 Std.; Pizzo di Rodes, 2829 m, 2 Std.
- 🚆 Ponte in Valtellina
- 🚌 Briotti
- 🚗 Briotti

Pio X., Rifugio

1688 m; privat

- ⌂ Rifugio Pio X.
  I-22040 Introbio – Val Biandino
- ✗ 15.06. bis 15.09.
- ↗ Introbio 4 Std.; Bocca di Biandino 1 Std.
- → Rifugio Grassi 1½ Std.; Rifugio S. Rita 1 Std.
- △ Pizzo Tre Signori, 2554 m, 3 Std.
- 🚆 Lecco oder Bellano
- 🚌 Introbio
- 🚗 Bocca di Biandino

Pizzo Alto, Rifugio

1470 m; erb. 1964; privat
Silvio Gianola
Via Roma 27
I-22050 Premana
✆ 0341/890201

- ⌂ Rifugio Pizzo Alto
  Loc. Premaniga
  I-22050 Premana
  ✆ 0341/840448
- ✗ 20.07. bis 31.08.; sonst am Wochenende; 18 Schlafplätze

↗ Premana 1¾ Std.
→ Rifugio Roccoli Lorla 7 Std.; Rifugio F.A.L.C. 5 Std.; Bivacco Taeggio 2½ Std.
△ Pizzo Alto, 2510 m, 2½ Std.; Monte Legnone, 2609 m, 4 Std.
🚆 Lecco
🚌 Premana
🚗 Premana

Rino Olmo, Rifugio

1819 m; erb. 1900, umgeb. 1992
CAI Sektion Clusone
Via Dante
I-24023 Clusone
✆ 0346/25452 (Fr ab 20.30 Uhr)

- Luciano Piazza
  I-24023 Clusone
  ✆ 0346/20870
✕ 20.07. bis 30.08.; Juni und September nur an den Wochenenden; 30 Schlafplätze
⚡ 220 Volt
❄ offen
↗ Rusio 2½ Std.
Stalle Möschel 1¼ Std.
→ Rifugio Albani 2½ Std.
Rifugio Albani über Passo della Porta 5½ Std.; Rifugio Cima Bianca 3½ Std.
Rifugio Malga Campo ¾ Std.; Bivacco Citta di Clusone 1½ Std.
△ Cime Vetta della Presolana, 2521 m, 2 Std.
🚆 Clusone oder Bergamo
🚌 Castione della Presolana
🚗 Rusio, Presolana-Paß oder Stalle Möschel

Roccoli Lorla, Rifugio

1460 m; erb. 1951, umgeb. 1980
CAI Sektion Dervio
Via San Giovanni Bosco
I-22050 Dervio

- Luigi Sceresini
  I-23020 Montagna i. Valtellina
  ✆ 0342/380477
☎ Rifugio Roccoli Lorla
  I-22050 Introzzo
  ✆ 0341/875014
✕ 01.06. bis 30.10.; sonst an Wochenenden und Feiertagen; 60 Schlafplätze

- 220 Volt
- Tremènico 2 Std.; mit PKW auf steiler Straße zum Haus
- Rifugio Bellano ¾ Std.; Ricovero Guido Silvestri (Capanna d. Legnone) 2 Std.
- Monte Legnone, 2609 m, 3½ Std.; Monte Legnoncino, 1714 m, ¾ Std.
  Pizzo Rotondo, 2266 m; Pizzo dei Tre Signori, 2554 m
- Dervio
- Tremènico
- Tremènico oder beim Haus P

Rosalba, Rifugio

1730 m; erb. 1906, umgeb. 1955
CAI Sektion Milano
Via Silvio Pellico 6
I-20121 Milano; ✆ 02/86463516

- Sergio Pestarino
  Via De Gasperi 10
  I-22033 Asso
  ✆ 031/681331
- Rifugio Rosalba
  Cresta Ovest d'Grigna
  Meridionale
  I-22054 Mandelo del Lario
- 16.06. bis 10.09. und nach Vereinbarung; 38 Betten, 20 Lager
- 220 Volt mit Aggregat
- offen
- Piani Resinelli 2½ Std.; Mandello Lario 4 Std.
  Rifugio Alippi 2½ Std.; Rifugio Porta 2¾ Std.
- Rif. Elisa 2½ Std.; Rif. Brioschi 4 Std.; Rif. Bietti 5 Std.; Biv. Ferrario 2 Std.
- Grigna Meridionale, 2184 m, 2 Std.
- Lecco oder Mandello Lario
- Ballabio (Piani dei Resinelli)
- Piani dei Resinelli

Salmurano, Rifugio

1840 m; privat; Besitzer: Gianna Passerini

- Rifugio Salmurano
  Pescegallo
  I-23010 Gerola Alta
  ✆ 0364/690014
- 01.12. bis 15.05.; 01.07. bis 31.08.; 40 Schlafplätze
- 220 Volt
- Seilbahn von Pescegallo zum Haus; Pescegallo 1¼ Std.
- Rifugio Cà del Sud (Albergo Monte Avaro) 2 Std.; Rifugio Benigni 1 Std.
- Monte Avaro, 2088 m, 1¼ Std.; Pizzo dei Tre Signori, 2554 m, 4 Std.

Morbegno
Gerola Alta (Pescegallo)
Pescegallo

San Fermo, Rifugio

1868 m; erb. 1900, umgeb. 1965/73
CAI Sektion Borno
c/o Pro Loco Borno
I-25042 Borno
© 0364/41022

Luise Tancredi
Via Imavilla 11
I-25042 Borno
© 0364/41140

Rifugio San Fermo
Colle di San Fermo
I-25042 Borno
© 0364/418020

01.07. bis 30.09. durchgehend; Mai, Juni und Oktober an Wochenenden und Feiertagen; 25 Schlafplätze

220 Volt mit Aggregat

offen; 6 ⊓; Kochgelegenheit

Borno $2\frac{1}{2}$ Std.

→ Rifugio Gualtiero Laeng 1 Std.

△ Pizzo Camino, 2491 m, 2 Std.; Cima Moren, 2418 m, $2\frac{1}{2}$ Std.

Civitate Camuno
Borno
Borno

Santa Maria in Leten, Rif.

1765 m; erb. ca. 1970; Besitzer:
Gemeinde Ponte Nossa
I-24028 Ponte Nossa

Reginaldo Peracchi
Via G. Marconi 17
I-24028 Ponte Nossa
© 035/701537

siehe Adresse Hüttenwirt

Zeit beim Bewirtschafter erfragen, dort ist auch der Schlüssel erhältlich; 22 Schlafplätze

Ponte Nossa 4 Std.
Premolo $3\frac{1}{2}$ Std.; Parre 4 Std.

→ Rifugio Saba 2 Std.; Rifugio Alpe Grem 3½ Std.; Capanna 2000 1¾ Std.
Passo del Re ½ Std.; Rifugio Alpe Corte 3 Std.
△ Pizzo Arera, 2512 m, 3 Std.; Cima di Valmora, 2198 m, 1½ Std.
Cima del Fop, 2322 m, 2 Std.; Cima di Grem, 2049 m
Bergamo
Ponte Nossa
Premolo

Santa Rita, Rifugio

1999 m; privat

Rifugio S. Rita
I-22040 Introbio – Val Biandino
✆ 0341/980714 oder 980412
✗ 15.07. bis 31.08.; 30 Schlafplätze
↗ Introbio 5 Std.; Alpe Forno (Premana) 3 Std.
→ Rif. Falck 1 Std.; Rif. Varrone 2 Std.; Rif. Grassi 2 Std.; Rif. Benigni 4 Std.
Rifugio Bocca di Biandino 1 Std.; Rifugio Tavecchio 1 Std.; Rifugio Pio X. 1 Std.
△ Pizzo Tre Signori, 2554 m, 3½ Std.
Lecco, Bellano oder Morbegno
Introbio, Premana (Alpe Forno) od. Gerola Alta
Bocca di Biandino, Alpe Forno od. Gerola Alta

Sassi-Castelli, Rifugio

1649 m; Besitzer: SEL Societa Escursionisti Lecchesi
I-22053 Lecco

Rifugio Sassi-Castelli
I-22040 Barzio – Piani di Artavaggio
✆ 0341/997938
✗ ganzjährig; 35 Schlafplätze
220 Volt
↗ Bergstation der von Moggio 10 Min.; Moggio 2 Std.
Culmine S. Pietro 2 Std.; Sottochiesa 3 Std.
→ Rifugio C. Battisti 1 Std.; Rifugio Cazzaniga-Merlini 1 Std.; Rifugio Lecco 2 Std.
△ Zuccone Campelli, 2161 m, 2½ Std.; Monte Sodadura, 2010 m, 1 Std.
Bellano
Moggio – Barzio
Talstation in Moggio

SEM Eubole Cavaletti, Rifugio

1349 m; erb. 1899, umgeb. 1985
CAI-SEM Milano
Via Foscolo 3
I-20121 Milano
✆ 02/8059191

- Rifugio SEM-Cavaletti
  Piani Resinelli
  I-22040 Ballabio; ✆ 0341/590130
- ganzjährig; 40 Betten; 24 Lager
- 220 Volt
- Straße von Ballabio zum Haus; Piani Resinelli ½ Std.
- Rif. Carlo Porta; Biv. B. Ferrario 3 Std.; Rif. Rosalba; Rif. M. Tedeschi
- △ Grigna Meridionale, 2184 m, 3 Std.
- Lecco
- Piani Resinelli
- beim Haus P

Torcola, Rifugio

1789 m; privat

- Rifugio Torcola
  I-24010 Piazzatorre
  ✆ 0345/85054 oder 85351
- Wintersaison; 15.07. bis 31.08.; 50 Schlafplätze
- 220 Volt
- Kabinenbahn und Lift von Piazzatorre zum Haus; Piazzatorre 2¼ Std.
- Rifugio Monte Zuccone ½ Std.
- Bergamo
- Piazzatorre
- Piazzatorre

Ugo Merlini, Bivacco

2108 m; erb. 1976

- immer zugänglich; 2 Schlafplätze; Tisch, Bank und Kamin
- Pasturo 4 Std.; Rifugio Mario Tedeschi 2 Std.; Rifugio Elisa
  Rifugio Brioschi 1 Std.; Rifugio Bietti
- △ Grigna Settentrionale, 2409 m, 1 Std.
- Bellano oder Lecco
- Pasturo
- Pasturo

Val Baione, Bivacco

2016 m; erb. 1967
CAI Sektion Cedegolo
Via Nazionale 103
I-25051 Cedegolo
✆ 0364/61070

- immer zugänglich; Schlüssel evtl. über der Türe; 12 Lager; Schmelzwasser
- Sommaprada 3 Std.
- Rifugio Baita Iseo; Rifugio G. Laeng; Passo Campelli

△ Cima Bacchetta, 2549 m; Cima Ladrinai, 2403 m; Cima Mengol, 2421 m
🚂 Breno
🚌 Lozio-Sommaprada
🚗 Sommaprada

Vittorio Ratti, Rifugio

1662 m; erb. 1946, umgeb. 1979
CAI Sektion Lecco
Via Roma 51
I-22053 Lecco
✆ 0341/363588

- Livio Magni
  Via alle Prade
  I-22040 Introbio
  ✆ 0341/980777
- Rifugio Vittorio Ratti
  Piani di Bobbio
  I-22040 Barzio
  ✆ 0341/996533
- ✗ ganzjährig; vorherige Anfrage empfehlenswert; 74 Schlafplätze
- 220 Volt; 10 Min.
- ↗ Bergstation der Kabinenbahn von Barzio 10 Min.
  Barzio 1½ Std.; Valtorta 2½ Std.
- → Rifugio Lecco ½ Std.; Rifugio Grassi 2½ Std.; Rifugio Cazzaniga 2½ – 3 Std.
- △ Zucco Campelli, 2159 m, 3 Std.; Pizzo dei Tre Signori, 2554 m, 4½ Std.
- 🚂 Lecco
- 🚌 Barzio
- 🚗 Barzio

Register aller Hütten

Die Zahlen hinter den Begriffen verweisen auf die Seitenzahlen.

Alpenvereins-karten

Maßstab 1: 25 000 (falls nicht anders angegeben)

NORDALPEN

	Allgäuer-Lechtaler Alpen
2/1	Allgäuer-Lechtaler Alpen West
2/2	Allgäuer-Lechtaler Alpen Ost
3/2	Lechtaler Alpen, Arlberggeb.
3/2	– mit Skirouten
3/3	Lechtaler Alpen, Parseierspitze
3/4	Lechtaler Alpen, Heiterwand
	Wetterstein-Mieminger-Gebirge
4/1	Westliches Blatt
4/2	Mittleres Blatt
4/3	Östliches Blatt
	Karwendelgebirge
5/1	Westliches Blatt
5/2	Mittleres Blatt
5/3	Östliches Blatt
6	**Rofan**
8	**Kaisergebirge**
9	**Loferer und Leoganger Steinberge**
	Berchtesgadener Alpen
10/1	Steinernes Meer
10/1	– mit Skirouten
10/2	Hochkönig/Hagengebirge
14	**Dachstein**
14b	Gosaukamm
	Totes Gebirge
15/1	Westliches Blatt
15/1	– mit Skirouten
15/2	Mittleres Blatt
15/2	– mit Skirouten
15/3	Östliches Blatt
	Ennstaler Alpen
16	Gesäuse

ZENTRALALPEN

26	**Silvrettagruppe**
26	– mit Skirouten
	Verwallgruppe
28/2	Mittleres Blatt
	Ötztaler Alpen
30/1	Gurgl
30/1	– mit Skirouten
30/2	Weißkugel
30/2	– mit Skirouten
30/3	Kaunergrat
30/4	Nauderer Berge
30/4	– mit Skirouten
30/5	Geigenkamm
30/6	Wildspitze
30/6	– mit Skirouten
	Stubaier Alpen
31/1	Hochstubai
31/1	– mit Skirouten
31/2	Sellrain
31/2	– mit Skirouten
31/3	Brennerberge 1: 50 000
31/3	– mit Skirouten
31/5	**Innsbruck und Umgebung** 1: 50 000
31/5	– mit Skirouten
	Kitzbüheler Alpen 1: 50 000
34/1	Westliches Blatt

Alpenvereins-Skiführer

Allgäuer Alpen
Kitzbüheler Alpen
Ortleralpen
Ostalpen 2, Geigelstein – Ankogel
Ostalpen 3, Allgäu – Engadin
Ostalpen 4, Hafnergr. – Seckauer T.
Ostalpen 5, Gesäuse – Schneeberg
Ostalpen 6, Südtirol Ost
Ostalpen 7, Südtirol West
Ötztaler Alpen
Silvretta und Rätikon
Stubaier Alpen
Zillertaler Alpen

Rother Skiführer

Bayerische Alpen
Engadin
Sellrain

Rother Wanderführer

Achensee und Brandenberger Tal
Allgäu 1 – Oberallgäu
Allgäu 2 – Ostallgäu
Allgäu 3 – Westallgäu
Aostatal
Appenzeller Land
Außerfern
Bayerischer Wald
Berchtesgadener Land
Berner Oberland West / Ost
Bodensee bis Brandnertal
Bregenzerwald
Chiemgau
Rund um den Comer See
Dachstein-Tauern-Region
Dolomiten
Dolomiten 1 – Grödner Tal
Dolomiten 3 – Gadertal
Dolomiten 4 – Fassatal
Dolomiten 5 – Sexten
Eifel
Elbsandsteingebirge
Fränkische Schweiz
Gardaseeberge
Gasteiner Tal
Harz mit Kyffhäuser
Rund um den Hochkönig
Hochschwab
Rund um Innsbruck
Isarwinkel
Rund um den Wilden Kaiser
Kärnten – Kärntner Seen
Karwendel
Korsika
Kreta West / Ost
Mallorca
Rund um Meran
Montafon
Rund um den Mont Blanc
Oberengadin
Ossola-Täler
Osttirol
Ötztal
La Palma
Pinzgau
Pitztal
Rhön
Riesengebirge
Salzkammergut
Sardinien
Sauerland
Schwäbische Alb Ost / West
Schwarzwald Nord und Mitte / Süd
Seefeld – Leutasch
Stubai
Tannheimer Tal
Hohe Tatra
Tauern-Höhenweg
Tegernseer und Schlierseer Berge
Teneriffa
Tessin
Teutoburger Wald
Thüringer Wald
Unterengadin
Vierwaldstätter See
Vinschgau
Vogesen
Vorarlberg und Liechtenstein
Wachau
Wallis
Großes Walsertal
Weserbergland
Rund um Wien
Wiener Hausberge
Wildschönau und Alpbachtal
Zillertal
Rund um die Zugspitze

Rother Selection

bike & hike Allgäuer Alpen und Vorarlberg
bike & hike Oberbayern und Tirol
Bergwandern in Deutschland
Dolomiten – Genußklettereien III–VI
5000er – Trekking und Bergsteigen weltweit
Klettersteigatlas Alpen